W0032235

MERIDIANE
Aus aller Welt
Band 31

Georges-Arthur Goldschmidt

Über die Flüsse

Autobiographie

Aus dem Französischen übersetzt vom Verfasser

Ammann Verlag

Die Originalausgabe erschien 1999 unter dem Titel
»La traversée des fleuves« bei Éditions du Seuil, Paris.

Erste Auflage
Im 20./21. Jahr des Ammann Verlags

Homepage: www.ammann.ch

Satz: Gaby Michel, Hamburg
Druck und Bindung: Clausen & Bosse, Leck
ISBN 3-250-60031-8

Für Thomas, Camille und Maxime
dieses Porträt ihres Großvaters

Deutsche Fassung
für Gabriele Wennemer

Vorwort

Möglicherweise weiß doch der Autor am besten, was und wie er es meinte, er versteht den Text, so wie er ihn im Entstehen in sich fühlte; jedenfalls, wenn er das Glück hat, »zweisprachig« und selber Übersetzer zu sein, weiß er genau, wie und ob er seinen Text in der anderen Sprache erkennen würde. Er weiß, wie seine Inbilder aussehen, wie sie liegen, und es kommt darauf an, daß diese Inbilder auch für ihn in der anderen Sprache die gleichen sind, daß sie erkennbar bleiben, in ihm so stehen, wie er sie empfand. Es geht darum, daß es derselbe Text bleibt. Es geht auch darum, daß der Text nicht von der anderen Sprache umgestaltet wird. Deshalb wurde so genau, so wortgetreu wie nur möglich übersetzt, ohne vom Text abzuweichen. Die seltenen Fälle, wo es geschehen ist, werden durch eine Fußnote gekennzeichnet. Der Autor-Übersetzer wurde immer von dem Hintergedanken der möglichen Rückübersetzung geleitet. Es galt dem Ursprungstext so nahe zu bleiben wie nur möglich, ohne hineinzuinterpretieren, ohne den Text der Zielsprache mehr als nötig anzupassen. Und doch, durch den anderen Sprachklang, durch die anderen Sprachvorstellungen ist es ein anderer Text geworden.

Gerade der Übergang von einer Sprache in die andere ist das interessante Problem. Wie bei jeder Übersetzung aber bleibt ein Rest hängen, es ist derselbe Text, dennoch wird er ganz anders, da die Zielsprache eine ganz andere ist. Über den Rand der Sprache kommt man nie in die andere, und der Rand bleibt hinten. Die eine Sprache läßt man liegen mit allem, was sie ausmacht, und versetzt seinen Stoff in eine völlig andere Sprache.

Gerade dies ist das Rätsel des Übersetzens, das Risiko, dem sich jeder Übersetzer ausliefert.

Das Erlebte, das »leibliche Empfinden«, soll von der Lebenssprache (das Französische) in die Muttersprache (das Deutsche) übertragen werden, ohne umgefärbt zu werden. Wie kann man, immer wieder stellt sich diese Frage, bei jedem Satz, der geschrieben wird, in die Sprache zurückfinden, aus der man ausgeschlossen wurde? Meine Muttersprache war mir verboten worden, und doch verwechselte ich sie nie mit den Verbrechen, die mittels ihrer begangen wurden. Menschen zu beseitigen, nur weil sie geboren waren.

Vor allem soll gezeigt werden, daß keiner die Sprache eines anderen bestimmen kann im Namen irgendwelcher sogenannter Zugehörigkeit. Jede Sprache gehört jedem. Mir aber wurde von den Hitlerbarbaren die deutsche Sprache verboten, ich wurde als zehnjähriger Junge aus ihr verstoßen. Mir wurde bestellt, ich löge, wenn ich ein deutsches Wort in den Mund nähme, ich sei nicht zum Deutschen berechtigt. In der deutschen Sprache wurden auch alle Vorkehrungen erdacht und getroffen, um meinesgleichen abzuschaffen. Das Deutsche wurde die Sprache des Verbrechens und des Mordens, die Sprache wurde geschändet und verdorben wie sonst keine andere, Paul Celan hat es in Bremen gesagt: »Sie ging hindurch und gab keine Worte her für das, was geschah«, aber, wie er auch sagte: »Sie, die Sprache, blieb unverloren, ja trotz allem«, und mir, trotz allem, wurde sie zurückgeschenkt, bewahrt geblieben.

Das Französische, die Sprache der Befreiung und des Widerstands, hat mir das Deutsche zurückgeschenkt, wieder verfügbar und wie unversehrt. Die Sprache blieb erhalten, gerettet, wieder brauchbar gemacht wurde sie durch die andere Sprache, die Sprache der Aufnahme und der Rettung, die auch das Menschenbild bewahren konnte. Daher aus derselben Hand die deutsche Fassung des französischen Textes.

Auch soll versucht werden, denselben Text von einer Sprache des »Understatements«, des Auslassens, des Überspringens, der Andeutung und des Einvernehmens in eine Sprache zu bringen, die eben nichts verschweigt, alles analysiert und darlegt, die den ganzen Weg beschreibt, wo das Französische nur das entfernte Ziel im Auge hat. Die Schwierigkeit besteht darin, von einer Sprache, in der das Psychologische, die Beziehungen der Menschen zueinander besonders ausgearbeitet und ausgeprägt sind, das Französische, in eine viel sachlichere, mehr auf materielle, auf räumliche Genauigkeit gerichtete Sprache, das Deutsche, zu kommen. Im Buch *Als Freud das Meer sah* wurde versucht, solche Differenzen zu erklären, die hier bei der Übersetzung angegangen worden sind. Es geht um die Übermittelbarkeit des Erlebten, welches zwischen den Sprachen liegt, aber sich nur in der Sprache verwirklicht. Auch braucht der Übersetzer-Autor das Übersetzen als Bestätigung der dargestellten Inwelt, und dabei merkt man, daß man doch nur aus einem stummen Vortext, der schon immer da war, übersetzt hat. Hat man nun wirklich das Glück gehabt, von diesem Vortext als vom eigenen Unbewußten geleitet worden zu sein, kann man dann selber, soweit man sie beherrscht, den Text in alle Sprachen der Welt übertragen, denn das Sprachliche überhaupt ist doch das Allermenschlichste an sich.

Die Anregung zu diesem Buche kam mir von meinem Freund und Verleger Denis Roche, der bei Le Seuil die Sammlung »Fiction & Cie« leitet; ohne seine freundschaftlichen Ermutigungen wäre es nie geschrieben worden.

O Schlafsäle meiner Schule, ihr hattet weitere Melancholien, als ich sie in der Wüste gefunden habe.

Gustave Flaubert, am 24. April 1852
an Louise Collet

Wer in seinem Leben sei es nur einmal ein Krebstier von vorne beobachtet hat, kann nicht mehr an der Seltsamkeit des Existierens zweifeln.

Jean-Luc Benoziglio – *Bilder einer Ex*

Luxuskoffer, aus Leder, aus Krokodil, andere aus Pappmaché, Reisetaschen, Schrankkoffer mit Etiketten der Schiffahrtsgesellschaften – alle übereinander gestapelt.

Patrick Modiano, *Dora Bruder*

I

Die Herkunft

Im langen Korridor der Wohnung im Pariser Saint-Fargeau-Viertel, in der ich nun schon über vierzig Jahre wohne und in der meine Frau geboren ist, hängt das Porträt meiner Ur-Urgroßmutter und im Zimmer daneben jenes ihres Mannes. Die beiden ovalen Bilder in vergoldeten, mit Palmetten und Laubranken geschmückten Rahmen, eine kleine Mahagonikommode, ein Jugendstilsessel und mit G graviertes Silber sind die einzigen Erbstücke, die mir zuteil wurden.

Der Ur-Urgroßvater Schwabe ist in Öl auf Leinwand gemalt, wahrscheinlich 1798. Das Porträt der Ur-Urgroßmutter ist ein hervorragend erhaltenes Pastell.

Der Urahne hatte ein puppenhaftes Gesicht mit wenig ausgeprägten Zügen, er hieß Markus Herz Schwabe und wurde am 23. Februar 1766 in Ovelgönne bei Bremen geboren. Er starb in Hamburg am 16. Juni 1862, ein für die damalige Zeit erstaunlich langes Leben. Der Familienüberlieferung nach soll er ein besonders rechtschaffener Geschäftsmann von absoluter Ehrlichkeit gewesen sein. Es wurde erzählt, er hätte nie einen Vertrag zum Nachteil eines Geschäftspartners unterzeichnet.

Die Schwabes waren sehr reich, wenn die Enkelkinder zu Besuch waren, bekamen sie jedesmal eine Goldmünze. Unter anderen Grundstücken besaßen sie den Grindel, ein damals unbebautes Gelände vor den Toren Hamburgs, wo sich heute eines der lebendigsten Stadtviertel befindet. Sie waren sogenannte liberale Juden, die sich unter dem Einfluß der Aufklärung von den alten einengenden Traditionen entfernt hatten, ohne jedoch im geringsten ihren Glauben wie auch die

Grundlagen dieser Tradition aufgegeben zu haben. Erst Mitte des 18. Jahrhunderts konnten sie ihren Willen zur Integration in die sie umgebende Gesellschaft manifestieren. Sehr schnell wurde dieser Wille in den wohlhabenden jüdischen Kreisen, die ihr totales Aufgehen in der deutschen Gesellschaft wünschten, immer drängender. Die Konversion zum Protestantismus war das unausgesprochene und noch entfernte Ziel. Auf jeden Fall »Parias oder Parvenüs«, wie Hannah Arendt sie nennt, war ihre zivile Existenz nie gesichert, denn erst sehr spät, im Laufe des 19. Jahrhunderts, konnten sie den Status normaler Staatsbürger wie alle anderen erwerben, der ihnen dann 1933 abgesprochen werden sollte, trotz oder vielleicht gerade wegen ihrer vollständigen Integrierung und ihrem geleisteten Beitrag zum Aufbau der deutschen Nation.

Meine Familie war der des Philosophen Moses Mendelssohn sehr ähnlich, und wie der Musiker Felix Mendelssohn Bartholdy, ein Bekannter und Freund meiner Vorfahren, stand sie kaum noch in Beziehung zum Judentum, das für sie nur noch eine Herkunftsbezeichnung war. Diese Menschen fühlten sich als Preußen oder Hamburger. Die Juden lebten immer unter dem Zeichen einer Bedrohung und empfanden daher ihre Zugehörigkeit mit um so mehr Sensibilität und Öffnungsbereitschaft.

Die jüdische Gemeinde Hamburgs zählte Ende des 17. Jahrhunderts an die 2000 Seelen, eine der größten Deutschlands. Die in der Stadt ansässigen Juden sahen mit großem Unwillen von überall jüdische Bettler, Trödler, Taschendiebe und Landstreicher heranströmen, eine Menge Elender, die es nach Möglichkeit galt, nicht in die Stadt hereinzulassen. Schon 1710 hatte eine ganz präzise Regelung den Zugang der Juden sehr stark begrenzt, sie gab ihnen aber die Möglichkeit, nach Altona unter den Schutz des dänischen Königs zu flüchten. Altona war wahrscheinlich aus Handelsgründen viel toleranter als die große Nachbarstadt, wo die antisemitischen Ausbrüche erst um 1850 aufgehört haben. Interessant ist, daß die Wappen der beiden Städte die gleichen sind: eine Burg mit drei gleich hohen Türmen, deren Tor in Hamburg geschlossen ist und in Altona offen, als ob die eine den Eintritt gewährt, den die andere verweigert.

Diese Regelungen der Stadt Hamburg wurden 1734 geändert. Das einzige Tor, durch welches Juden versuchen konnten, in die Stadt zu kommen, war zusätzlich noch von einem jüdischen Hilfswächter besetzt, der ihnen erklärte, daß sie keinen Einlaß erhalten konnten. Die Gemeinde lebte nämlich unter der Drohung ständiger Anklagen, gegen welche sie sich von vorneherein unbedingt schützen wollte.

Vom »normalen« Recht ausgeschlossen, war Geld für Juden das einzige Mittel, sich vor Ausfälligkeiten und Angriffen zu schützen. Sie waren in jeder Beziehung der Gutwilligkeit oder der Boshaftigkeit der Leute ausgesetzt, wie es gerade kam. Von den Autoritäten konnten sie höchstens erwarten, mit Schutzgeldzahlungen gegen Totschlag einigermaßen gefeit zu sein.

Im Jahre 1732 gab es in Hamburg 39 jüdische Schulen (Jeschiwas), meistens in einem einzigen Zimmer untergebrachte Zwergschulen, die Kinder zwischen 5 und 13 Jahren aufnahmen. Sie lernten auschließlich Hebraïsch durch die Tora. Der Unterricht bestand aus Wiederholen und Auswendiglernen. Hochdeutsch und lateinische Schreibschrift wurden nicht gelehrt.

Zu dieser Zeit begann man die hebräische Schrift aufzugeben, um zur lateinischen oder zur Schreibschrift überzugehen. Jedoch besuchte nur eine verschwindende Minderheit das Gymnasium, welches sich erst 1802, also zur »Franzosenzeit«, den jüdischen Schülern zum ersten Mal öffnete. Die ärmeren Juden waren davon ausgeschlossen, und da sie nur Jiddisch mit portugiesischem Einschlag, mit einigen Wörtern Platt und Hebräisch vermischt, konnten, waren sie dem ständigen Spott und Hohngelächter der Umgebung ausgesetzt. Immer mehr wohlhabende jüdische Eltern schickten daher ihre Kinder auf christliche Privatschulen und ließen ihnen Religionsunterricht zu Hause erteilen. Die ganze Gemeinde, vor allem die bemittelten Kreise, fühlten sich jedoch den weniger Privilegierten verpflichtet. Deshalb bemühten sie sich um die Einrichtung eines deutschsprachigen Lehrwesens, welches eine rasche Integrierung der »unteren Schichten« fördern sollte.

Die Ur-Urahnin Schwabe trägt auf dem Pastellporträt ein dunkelviolettes Kleid mit einem rötlichen Schultertuch. Ein doppelter Spitzenbesatz umschließt ihren Hals. Sie wurde als Jette Lazarus in Neustadt-Göden geboren und starb am 12. Dezember 1826 in Hamburg. Sie war mit dem Dichter Heinrich Heine verwandt. Von einer anderen Seite der Familie her bin ich nochmals mit Heine verwandt, und zwar über Salomon Heine, des Dichters Onkel, der ihm sehr oft finanziell aus der Klemme half.

Nach dem Großbrand, der vom 5. bis zum 8. Mai 1842 ein Drittel Hamburgs in Asche legte, spielte Salomon Heine eine entscheidende Rolle; er spendete sehr große Geldsummen für den Wiederaufbau, ließ Krankenhäuser und Unterkünfte für die obdachlos gewordenen Einwohner errichten, schenkte der Stadt ein Gutteil seines Vermögens, wurde aber trotz dieser großzügigen Spenden nie zum Bürger erhoben. Halb Hamburg nahm an seiner Beerdigung teil. Salomon Heine hatte die Tochter meines Ur-Urgroßvaters David Abraham Goldschmidt, Betty Goldschmidt (1777–1835), geheiratet. Heine, ihr Dichterneffe, widmete ihr zum Geburtstag das Gedicht »Sonnenaufgang« (aus dem Zyklus »Nordsee«), das er 1825 auf Norderney geschrieben hatte.

Von 1990 bis 1998 bin ich als Franzose Mitglied der Düsseldorfer Jury des Heine-Preises gewesen, und es ist eigentlich eine schöne Ironie des Schicksals, daß ein französisches Mitglied der Jury ein entfernter Verwandter Heines ist.

Schwabes hatten mehrere Kinder, unter ihnen eine Tochter, Johanna, die sich am 9. September 1827 mit meinem Urgroßvater Moritz David Goldschmidt vermählte, der am 9. Februar 1794 in Hamburg geboren worden war. Die Archive der Stadt Hamburg zeigen, daß es eine große Hochzeit gewesen ist, eine Hochzeit mit vier Musikanten und einer unbeschränkten Zahl Gäste, wo doch gewöhnlich jüdische Hochzeiten zu zwei Musikanten und einer begrenzten Zahl Gäste berechtigt waren. Die damaligen Hochzeitsfeiern, insbesondere die jüdischen, unterlagen sehr präzisen Vorschriften.

Moritz Goldschmidt war ein »Jude erster Klasse«, das heißt, er bezahlte die meisten Steuern. Er war damals weder Stadtbürger noch wahlberechtigt, er wurde es erst am 13. April 1849. Im Jahr 1834 hatte er mit Salomon Heine und dem zukünftigen Präsidenten der deutschen Nationalversammlung, Riesser, einer Delegation angehört, welche die Wiedererlangung der von Napoleon eingeführten Gleichberechtigung der Juden verlangte, die nach dem Wiener Kongreß 1815 von der Stadt Hamburg, als einer der allerersten, wieder aufgehoben wurde, so daß die Juden in einen völlig von Willkür abhängenden Zustand zurückfielen.

Ich habe also einen zur Zeit der Französischen Revolution, vor mehr als zweihundert Jahren, geborenen Urgroßvater. Das zeigt eindeutig die Kürze der geschichtlichen Zeiten. Moritz David Goldschmidt war der Sohn von David Abraham Goldschmidt, genannt Oldenburg, der, wie der gleichnamige Briefkorrespondent des großen Philosophen Spinoza, in Ovelgönne bei Bremen geboren wurde. David Abraham Goldschmidt starb am 20. März 1806 in Hamburg. Sein Geburtsdatum bleibt unbekannt, weil die standesamtliche Eintragung der Juden erst in der zweiten Hälfte des 18. Jahrhunderts begann. Davor gab es nur Grabsteine, die selten erhalten blieben. Die verschiedenen Protokolle und Urkunden, soweit sie erhalten sind, können selten die Stammbäume vervollständigen.

Die Familie jedenfalls lebte bereits am Ende des 18. Jahrhunderts ungefähr so wie die Buddenbrooks von Thomas Mann in geräumigen und prunkvollen Wohnungen. Man hatte Dienstboten, die sehr schlecht bezahlt, karg untergebracht und anständig behandelt wurden. Die »Herrschaften« konnten mehrere Sprachen, um, wenn nötig, weder vom Personal noch von den Kindern verstanden zu werden.

Trotz der Vorbehalte der jüdischen Gemeinde einerseits und vor allem der Stadt andererseits gehörten in Hamburg die Juden immer mehr zum Stadtleben. Die ältesten Dokumente aus dem 16. Jahrhundert bezeugen die Präsenz von Juden. Es waren Anfang des 17. Jahrhunderts kaum hundert Seelen, wahrscheinlich meistens portugiesischer Herkunft. Sie unterstanden einer besonderen, höchst willkürlichen Rechtsprechung, dem sogenannten Judenrecht, das ihnen ab 1623 angeblich personelle Sicherheit garantierte, ihnen aber den Besitz von Grund und Boden verbot. Die jüdische Gemeinde war unentwegt mit der lutherischen Verwaltung in Konflikt. Sie durfte in Hamburg keine Synagoge errichten.

Unzählige Vorfälle und zahlreiche Pogrome, zu denen die Pastoren von der Kanzel herunter anspornten, veranlaßten die Juden, die es konnten, sich drei Kilometer von Hamburg entfernt in Dänemark, und zwar in Altona, niederzulassen. Der König Christian IV. und sein Nachfolger gewährten ihnen Schutz und Gleichberechtigung unter der Bedingung, sie galt jedenfalls für die Aschkenazen, das heißt Juden deutscher Herkunft, eines zu bezahlenden *Schutzgeldes.* Natürlich gab es immer wieder Konflikte innerhalb der Gemeinde, die sich mit dem Erscheinen der überaus modernen Idee verschärften, daß jeder Mensch das Recht habe, über sich selber und über seine Gedanken und Ansichten zu verfügen. Die Aufklärung meinte nichts anderes. 1806, mit dem alten, von Napoleon aufgehobenen Recht, verschwand auch der alte Status der Juden als abgesondertes Volk. Die französische Gesetzgebung, wie sie mehr oder weniger provisorisch in manchen deutschen Gegenden eingeführt wurde, machte aus den Juden Bürger wie alle anderen auch. Die traditionalistischen Juden opponierten dagegen. In Hamburg stieß diese Gesetzgebung allerseits sowieso auf starke Vorbehalte und trat nie in Kraft. Noch 1819 fanden Pogrome statt, wie in ganz Deutschland, trotz des Eingreifens der lokalen Autoritäten zur Erhaltung des Bürgerfriedens.

Die jüdischen Frauen spielten eine wichtige Rolle in dieser Situation und trugen entscheidend dazu bei, die Isolierung der jüdischen Gemeinde zu durchbrechen, wie zum Beispiel die Baronin Varnhagen, die berühmte Rahel Levin. In ihrem Berliner Salon verkehrten die großen Schriftsteller der Zeit und die ersten jüdischen Intellektuellen. Sie wurde als Kuriosität betrachtet und geschätzt, nie aber als Mensch wahrgenommen, wie Hannah Arendt bemerkt. Ihr Gatte, der Baron Varnhagen, war einer der treuesten Freunde Heinrich Heines.

Zu dieser Zeit war Hamburg schon der wichtigste Hafen Deutschlands. Es war eine freie Stadt, die weder vom König noch von Preußen abhängig war, es hatte wie alle Hansestädte eine Sonderstellung. Hamburg zählte Anfang des 19. Jahrhunderts schon über vierhunderttausend Einwohner und war bedeutender als Amsterdam. Ende des 18. Jahrhunderts lebten ein sehr armes, aber selten unterernährtes Proletariat und ein besonders reiches Reeder- und Bankiersbürgertum zusammen, dessen Leben besonders luxuriös in Prunk und Üppigkeit verlief.

In den Vororten Ottensen und Blankenese entstanden zu der Zeit große Luxusvillen, die zu den schönsten Deutschlands zählen, mit wunderbarer Aussicht auf die dreißig Meter tiefer liegende Elbe.

Die Hansestädte Bremen, Hamburg, Lübeck, Rostock, Wismar, Stettin, Stralsund hatten bereits im 15. Jahrhundert eine mächtige Handelsverbindung geschaffen, die sie von der Vormundschaft jeder fremden politischen Staatsgewalt befreite, sie unterhielten Niederlassungen in ganz Europa (Honfleur in der Normandie war ein Kontor der Hanse). Hamburg, wie viele andere Großstädte, Frankfurt, Köln oder Berlin, hatte sich den ausländischen Einflüssen geöffnet; Theater und Musik spielten eine wesentliche Rolle. Man braucht nur an Lessing zu denken, vor Goethe der bekannteste Theaterdichter deutscher Sprache. Es gab auch eine aktive Malerschule, die in enger Verbindung mit München und den skandinavischen Schulen stand.

Auf deutschem Boden, schon seit den Römern gegenwärtig, lebten die Juden bis zur partiellen Emanzipation von 1851 und dann bis zur vollständigen 1869 in Preußen in ständiger Bedrohung. Die Juden wurden verbrannt, verfolgt, verjagt seit 1096, ein fatales Datum der europäischen Geschichte, nach welchem man von relativer Toleranz und Nebeneinander zur völligen Ausgrenzung überging und zu einer mehr und mehr unduldsamen und geschlossenen Gesellschaft. Die Juden lebten immer mehr in der Isolierung, zugleich mitten und außerhalb der deutschen Gesellschaft. Während des 15. und 16. Jahrhunderts waren sie ununterbrochen die Opfer von Pogromen, vor denen sie massenweise nach Polen flüchteten, wo ihr Deutsch zum Jiddisch wurde.

Im 17. Jahrhundert entstand aus finanziellen Gründen das Hofjudentum. Zum Geldwechsel verpflichtet und von allen Zünften und Handwerken von vornherein ausgeschlossen konnten die Juden nur Bettler, Trödler, Händler oder Spekulanten sein. Das Geldgeschäft war Christen aus religiösen Gründen verboten, es war jedoch unentbehrlich. Der jüdische Glaube ist vielleicht mehr ein Arrangement mit der Wirklichkeit denn eine Mystik des Entsagens. Mit Luther, des römischen Ablaßhandels wegen, nahm die Verdammung des Geldes auch politische Dimensionen an.

Die jüdischen Financiers haben vielen Residenzen Deutschlands überhaupt das Überleben ermöglicht und sie oft vor der wirtschaftlichen Katastrophe bewahrt, indem sie ihnen Auswege und Einkommen erfanden, von denen sie selbstverständlich selber profitierten. »Jud Süss« ist dazu ein tragisches Beispiel.

Erst mit der Goethezeit konnten die Juden der »Haskala«, der jüdischen Aufklärung, sich als Deutsche behaupten und versuchen, sich ins literarische und soziale Leben zu integrieren. Innerhalb ihrer Gemeinschaft, jedenfalls in Hamburg, blieben sie in der Minderheit. Immer wieder zeigte sich die Umwelt feindlich gesinnt, und zu ihrem Unglück waren es liberale preußische Aristokraten, die ihre Integration in das normale Leben in die Wege leiteten, es war weder das Volk noch eine parlamentarische Entscheidung, da es keine Parlamente gab. So erschienen die Juden dazu auch noch als Knechte der Macht, was ihnen zum Vorwurf gemacht wurde, genau wie man sie hundertfünfzig Jahre später sowohl ähnlich und umgekehrt als Handlanger des Bolschewismus anklagen wird.

Zu dieser Zeit kennt das deutsche Judentum eine tiefe Krise. Unter dem Einfluß der Aufklärung, von Moses Mendelssohn vertreten, versuchen viele Juden sich von den Zwängen der Tradition zu befreien, um in der modernen Welt Fuß zu fassen, ohne jedoch ihren Glauben aufzugeben. Das nannte man den Konflikt zwischen der »Synagoge« und dem »Neuen Tempel«. Die jüdische Aufklärung in diesen Kreisen verdankt Spinoza vieles, sie gehört zur allgemeinen Bewegung der Zeit, wie sie sich besonders in Berlin in der Umgebung von Hegel manifestiert. Zum Beispiel Chamisso oder die Brüder Schlegel, obgleich sie keine Aufklärer waren, bedeuteten doch für die damaligen Aufklärer unter den Juden die Öffnung hin zur modernen Zeit.

Viele Juden gaben jegliche äußere Erkennungszeichen auf, zu denen sie nicht mehr von den christlichen Verfolgern verpflichtet waren, und versuchten das Judentum dem Christentum anzunähern. Mit Leidenschaft und Begeisterung wurden die Juden bald noch deutscher als die Deutschen selbst. Dem war jedenfalls so in meiner Familie, einer an sich deutschen Familie*.

Meine Urgroßmutter Johanna Goldschmidt spielte in dieser Beziehung eine entscheidende Rolle. 1848 gründete sie mit ihrer evangelischen Freundin Amalie Westendarp einen *Frauenverein zur Bekämpfung und Ausgleichung religiöser Vorurteile.* Bereits 1847 hatte sie einen Briefroman (anonym) unter dem Titel *Rebecca und Amalia* veröffentlicht: ein junges Mädchen jüdischer Herkunft lehnt eine vorteilhafte Hochzeit mit einem Protestanten ab, der ihr gefällt, um der Konfession ihrer Eltern treu zu bleiben, was zeigen dürfte, daß die Mischehen in der Gesellschaft eine Rolle zu spielen begannen. Wie ihre Heldin hat Johanna Goldschmidt lebenslang eine »opportunistische« Konversion abgelehnt. Sie kämpfte für die Gleichstellung der Menschen im Sinn der Aufklärung und für die religiöse Gleichstelltung.

Ein wenig ihretwegen trat die religiöse Gleichstellung des jüdischen mit dem christlichen Glauben am 23. Februar 1849 in

* Siehe *Die Geschichte der Juden in Hamburg (1590–1990),* Dolling & Gollitz, Hamburg 1990.

Hamburg in Kraft. Zu dieser Gelegenheit wurde im Hause der christlichen Philanthropin Emilie Wüstenfeld (1817–1874) ein großes Fest gegeben. Meine Urgroßmutter unterhielt viele Beziehungen zu den liberalen Kreisen der Stadt, wahrscheinlich war sie sehr von der »Franzosenzeit« geprägt worden, die dem Menschsein in Deutschland neue Wege geöffnet hatte.

Von nun an widmete sich Johanna, in Übereinstimmung mit den Auffassungen der Zeit, der Förderung der Frauenbildung. Sie gründete im März 1850 den ersten Kindergarten Hamburgs. Die Idee eines Ortes, wo das Kind frei seine Talente entwickeln könnte, stammt vom Schweizer »Pädagogen« Fröbel, der 1840 den ersten Kindergarten überhaupt gründete. Diese Initiative wurde als subversiv eingestuft und in Bayern sowie in Preußen wegen der Verbreitung »liberaler Ideen« verboten.

Trotz dieses Verbots errichtete Johanna Goldschmidt weiter Kindergärten, die sie, eine kühne Neuigkeit damals, für Kinder jeder Herkunft öffnete und wo vor allem auch Kinder aus ganz armen Familien aufgenommen wurden, was einen großen Skandal auslöste. Mit einer reichen Witwe aus »guter« Hamburger Gesellschaft, Charlotte Paulsen (1798–1862), gründete sie einen interkonfessionellen Verein zur Bekämpfung der Armut durch Bildung, sie war schon weit entfernt vom karitativen Paternalismus der Zeit. Johanna ließ die Kinder zeichnen, wie es Fröbel initiiert hatte, wiederum ein »pädagogischer« Skandal.

Meine Urgroßmutter hat auch sehr aktiv Johann Hinrich Wichern unterstützt, der eine der allerersten Erziehungsanstalten eingerichtet hatte, wo man die Kinder erzog oder mit Hilfe zum Beispiel der Musik umerzog. Diese Einrichtung hieß (und heißt noch) das Rauhe Haus, nach dem Namen des ehemaligen Grundstückbesitzers. Man scheint da mit Erfolg die Methoden des Schweizer »Pädagogen« Pestalozzi angewendet zu haben.

Jene Zeit war nämlich in Deutschland sehr reich an pädagogischen Theorien aller Art, manchmal den schlimmsten, von denen die heutigen Theorien nur der Abklatsch sind. Außer pädagogischen Werken und feministischen Arbeiten hatte Johanna auch einen »Salon« gegründet und hielt zahlreiche Vorträge vor feministischen Kreisen, wo sie für eine moderne und liberale Pädagogik eintrat, aber auch für die Verbesserung der Ausbildung der Kinderbetreuer. Sie unterhielt eine umfangreiche Korrespondenz mit vielen deutschen wie ausländischen »Persönlichkeiten«. Nichts scheint von diesem Briefaustausch erhalten geblieben zu sein.

Johannna schrieb unter anderem ein Buch mit dem Titel *Muttersorgen und Mutterfreuden,* wo folgende für die Zeit recht erstaunliche Zeilen zu lesen stehen: »Es sollte aber billigerweise kein Kind sogenannten christlichen Gehorsam und christliche Demut als besonders anzuempfehlende Eigenschaften betrachten lernen, denn müssen wir nicht zunächst einen ganz freien Menschen bilden, der die ewigen Prinzipien des Göttlichen frei von jeder konfessionellen Richtung in sich aufnimmt? Möge später, wenn der prüfende Geist die Verschiedenartigkeit der Bekenntnisse zu sondern vermag, sich für das zu entscheiden, welches seinem Sinne am meisten entspricht; aus dem zarten Alter aber entfernt den Hochmutsteufel der sogenannten konfessionellen Tugenden, denn dem Erzieher kann es, darf es nicht unbekannt sein, daß jede Religionslehre dieselben Tugenden gebietet und man daher für die Vortrefflichkeit der Menschen am besten sorgt, wenn man ihnen die Grundlage alles Guten als festwurzelnd in den ewigen Geboten heiliger Menschenliebe zeigt.«* Man erkennt in solchen Ausführungen den Einfluß Spinozas durch Moses Mendelssohn und vor allem des protestantischen Pietismus, den meine Urgroßmutter sehr gut kannte.

Durch Erziehung wollte Johanna zu einer demokratischen

* Zitiert nach Maya Fassmann – »Die Frauenrechtlerin Johanna Goldschmidt« in *Die Juden in Hamburg 1590 bis 1990,* Hamburg 1991.

Gestaltung der Gesellschaft kommen. So korrespondierte sie mit Malvida von Meisenburg, einer berühmten Revolutionärin der Zeit, die viele politische Texte schrieb, die meistens verboten wurden – es gab sogar polizeiliche Hausdurchsuchungen in Johannas Wohnung. Carl Schurz, einer der Begründer der deutschen Sozialdemokratie, versteckte sich bei ihr auf der Flucht nach Amerika, um der Verhaftung zu entkommen.

Johanna ist ein Beispiel gelungener Integration, sie verkehrte mit vielen liberalen Protestanten und Juden, die dem *Neuen Verein des israelitischen Tempels* angehörten, der 1817 gegründet wurde und wo man versuchte, die religiösen Praktiken zu laizisieren und sich in die deutsche Gesellschaft zu integrieren, besonders durch systematisches Aufgeben des Jiddischen. Bei Schwabes und Goldschmidts scheint das Jiddische nie gebraucht gewesen zu sein, in den Familien wahrscheinlich portugiesischer Herkunft war das Jiddische unbekannt oder höchstens bekannt als das Kauderwelsch der armen Ostjuden, denn das Deutsche war von Anfang an ihre natürliche Sprache.

Bei meiner Urgroßmutter wurde viel Musik gespielt, und ein Familiengerücht will, daß Mendelssohn mehrmals bei ihr am Klavier saß, es scheint auch familiäre Beziehungen zwischen den beiden Familien gegeben zu haben. Man sammelte eifrig Bücher, die man auch las, so besitze ich noch eine alte abgenutzte Cotta-Ausgabe der Werke Goethes aus dem Jahre 1857, wie sie in allen bürgerlichen Familien zu finden war, sowie eine Bibel, 1830 gedruckt, in der Lutherübersetzung, die Johanna gehört hat.

Johanna hatte acht Kinder. Drei ihrer Söhne spielen eine gewisse Rolle in dieser Lebenserzählung, einer hieß Emil und wurde Kaufmann, Alfred war mein Großvater, Otto war ein bekannter Musiker, mit Johanna der zweite Stolz der Familie, eine solche Verwandschaft war sehr geeignet für das sonntägliche Abspeisen der Familie, so hatte man immerhin etwas zu erzählen.

Otto Goldschmidt (1824–1907) war ein hervorragender Pianist, er war 1848 in Paris Schüler von Mendelssohn und wahrscheinlich von Chopin. Er wurde der Begleiter der berühmten Sängerin Jenny Lind, der »schwedischen Nachtigall«, die er 1852 heiratete. 1863 wurde Otto Goldschmidt Leiter der Royal Academy of Music und gründete 1875 den Bach Choir of London. Mit Mendelssohn war er einer der Musiker, die das Werk Johann Sebastian Bachs wiederentdeckten und es verbreiteten. Er war auch der Mitherausgeber des Choral Book of England und wurde der Lieblingsmusiker Königin Victorias. Er hat viele heute völlig vergessene Oratorien, zum Beispiel *Ruth,* komponiert sowie Trios und Klavierkonzerte, die anscheinend keinen überwältigenden Nachhall in der Musikgeschichte hinterlassen haben. Seit meiner Kindheit schon weiß ich, daß er wie alle »großen Männer« Englands in Westminster Abbey begraben liegt. Im Geheimen war ich darauf äußerst stolz. Wegen der vielen Abenteuer des Lebens gelang mir ziemlich spät, erst 1951, nachzuprüfen, ob es auch stimmte, bei Gelegenheit einer Reise, die mir eine entfernte Kusine spendierte, von der noch, weiter unten, die Rede sein wird.

Jenny Lind wurde von Barnum »gemanagt«, wie vor ihr Lola Montès, was ihr 176 000 Dollar einbrachte. Ihr beträchtliches Vermögen erlaubte Jenny Lind und Otto Goldschmidt die Unterstützung vieler junger schwedischer Musiker. Jenny spielte auch eine große Rolle im Leben Andersens, des Verfassers der kleinen Streichholzverkäuferin. Otto und sie hatten drei Kinder, die nach dem ersten Weltkrieg jegliche Form von Beziehung mit dem in Deutschland verbliebenen Teil der Familie aufgaben.

Königin Victoria schenkte Jenny Lind eine sehr schöne Kamee, welche Jenny dann meiner Großmutter vermachte. 1935, als die »Nicht-Arier« weder Gold noch Silber mehr besitzen durften, unter welcher Form es auch sei, ließ mein Vater die goldene Fassung abnehmen, die er dem Nazi-Staat abgeben mußte. 1950 ließ meine ältere Schwester die Kamee wieder in Gold fassen.

Als 1938 die Ereignisse sozusagen an Deutlichkeit nichts mehr zu wünschen übrig ließen und es darum ging, für seine beiden Söhne einen Unterschlupf zu finden, nahm mein Vater Kontakt mit seinen Vettern, den Kindern Otto Goldschmidts, auf, mit dem englischen Teil der Familie, der inzwischen wahrscheinlich seinen Namen anglisiert hatte. Sie ließen ihn wissen, es geschehe ihm ganz recht, da er doch Deutscher hatte bleiben wollen, und sie würden nicht den kleinen Finger für ihn rühren.

Mein Großvater, der Alfred hieß, wurde am 15. April 1832 geboren, auch er war musikalisch sehr begabt und wäre gerne Historiker geworden, da aber schon ein Bruder studierte, mußte er sich mit dem Handel begnügen, für den er weder Geschmack noch Begabung hatte. Eine Zeitlang wohnte er in Berlin-Steglitz, wo er sich mit Theodor Fontane anfreundete, der ihn in *Schach von Wuthenow* kurz auftreten läßt, in Erinnerung an die unzähligen »66er«-Spiele, die sie auf dem Balkon des gemeinsamen Wohnhauses gespielt hatten. Am 1. Juli 1868 erklärte mein Großvater per Brief seinen Austritt aus der Deutsch-Israelitischen Gemeinde, es ist aber nicht erwiesen, daß er sich dann evangelisch hat taufen lassen.

Mein Großvater ging immer wieder pleite, mußte stets wieder von vorne anfangen, seine Familie kam ihm jedoch immer zu Hilfe und ließ ihn nie sitzen. 1889 – mein Vater war damals sechzehnjährig – verließ mein Großvater Berlin, um nach Hamburg zurückzukehren. Er übernahm die Leitung der Firma Hirsch, zeichnete sich aber nicht durch seine kommerziellen Leistungen aus. Wahrscheinlich starb er 1898. Meine Großmutter, geborene Pauline Lassar, lebte von da an in einer großen Sechszimmerwohnung von den reichhaltigen Zuschüssen ihrer reichen und großzügigen Familie. Sie war eine winzige, immer heitere und witzige, in ihrer Nachbarschaft wohlbekannte Erscheinung. Sie starb 1921, über neunzig Jahre alt. Einer ihrer Brüder war ein berühmter Hautarzt, einer der Ärzte des russischen Zaren Alexanders III., der im Gegensatz zu seinem Vorgänger wieder das russische Volk tyrannisierte.

Dieser Arzt ist der Urheber der damals modernistisch klingenden Formulierung, die zuerst ganz Deutschland skandalisierte, um dann sehr rasch Modeerscheinung zu werden: »Jedem Deutschen wöchentlich ein Bad.« Das rief Vorstellungen von Nacktheit hervor, die eine Herausforderung waren an die viktorianische Prüderie jener Zeit.

Man muß sich eine zugleich noch feudale und paternalistische Gesellschaft vorstellen, in der aber die sozialen Unterschiede immer deutlicher zu Tage traten, mit extremstem Reichtum und äußerstem Elend. Man konnte zusammen in Gartenlokalen sitzen, aber die Bierverbrüderungen waren nur Schein, und die hierarchischen, vom den Ton angebenden Militär vererbten Trennungen traten stärker hervor als je.

Jenes völlig assimilierte Bürgertum lebte wie in den Romanen Fontanes. Man wohnte üppig: grüntapeziert und hellgrün bezogen. Schlichte Eleganz war allgemein beliebt und »vornehm«. Man lebte bequem-versteift in diesem konformistischen und völlig ritualisierten Milieu, das jedoch kulturellen und künstlerischen Neuigkeiten gegenüber offenstand. Man fuhr gerne Kutsche oder Eisenbahn, welche in den Gesprächen eine große Rolle spielten.

Auf den Abbildungen der damaligen Zeit unterscheidet die Juden überhaupt nichts von den anderen Deutschen, dieselbe Bekleidung, der gleiche Lebensrahmen, die Briefe und Familiendokumente sind genau dieselben wie die der anderen Mitbürger. Dazu gab es so gut wie keine Beziehungen zu den polnischen oder russischen Juden im Osten. Jedenfalls gibt es dafür keine Belege. Ich weiß nur, daß mein Großvater, wenn welche bei ihm anklopften, sie so schnell wie möglich von seinem Kutscher abfertigen ließ. Jeder bekam eine gar nicht so kleine Summe in die Hand, mußte dann aber so schnell wie möglich verschwinden. Er wollte sich nicht mit ärmlichen Fremden kompromittieren, den Bettlern besonders, die sowieso nur mauschelten. In der Familie wurde immer nur Platt und Hochdeutsch gesprochen. Das Mauscheln war eine offene Wunde inmitten eines Deutschtums, das man den Juden immer noch absprach, so vollkommen auch die Integration gewesen sein mochte, sogar die Bekehrung zum Protestantismus wurde angezweifelt, so innig auch der Glaube sein konnte. Jede Art von Konversion wurde als opportunistisch eingestuft und die Nichtbekehrung als Starrköpfigkeit, es gab keinen Ausweg, »was ein Jude tut, es ist doch immer falsch«.

Im 19. Jahrhundert bereits gehörten die Goldschmidts zum modernistischen Lager und waren nationalliberal und daher der Kritik der Konservativen ausgesetzt. Keiner aus der Familie jedenfalls scheint irgendwie der Sozialdemokratie beigetreten zu sein, die seit Bismarck ihre politischen Grundlagen gefestigt hatte und deren Rolle immer wichtiger wurde. Auch wenn Johanna, ihr Mann und deren Kinder große Sympathien für die Arbeiterbewegung empfanden, sie vermieden doch alles, was in den Augen der Konservativen als undeutsch oder als unvereinbar mit der erwarteten Form des Deutschtums hätte erscheinen können. Es ging nicht mehr um Integration, die war schon lange gewährleistet, sondern um ein vorbehaltloses Verschmelzen mit dem Vaterland. Gegen die Sozialdemokratie wurde oft der Vorwurf erhoben, sie sei in den Händen der Feinde Deutschlands.

Nach dem großen Brand 1842, der mehr als ein Drittel der

Stadt Hamburg in Asche legte, wurde den Juden schrittweise erlaubt, die wenigen Straßen zu verlassen, wo es ihnen gestattet war, sich niederzulassen – es gab kein Ghetto in Hamburg. Nun durften die Juden sich einrichten, wo sie wollten, und seit 1860 etablierten sich viele in Harvestehude oder Rotherbaum, wo sie sich in großen Gärten meistens sehr aufwendige Villen bauen ließen. Jeder fünfte Einwohner dieser schicken Stadtviertel war am Anfang des 20. Jahrhunderts jüdischer Herkunft. Noch 1850 gab es antisemitische Ausbrüche und Krawalle, aber dieses Phänomen verschwand dann während der letzten Hälfte des 19. Jahrhunderts zusehends.

Erst nach dem ersten Weltkrieg gab es wieder, diesmal von den Nazis angezettelt, antisemitische Ausbrüche und Angriffe. Die jüdischen Beamten und Angestellten wurden genauso wie die anderen behandelt, und in dieser Beziehung unterschied sich Hamburg positiv von Preußen, antisemitische Kundgebungen wurden nicht mehr geduldet. In allen Klassen der Gesellschaft gab es Gleichberechtigung, bis zu einem gewissen Grad, es war aber durchaus selten, daß man in bürgerliche Kreise Juden einlud, und seien diese auch getauft.

Mütterlicherseits war man noch »deutscher«. Die Familie meiner Mutter hatte noch entschiedener als die meines Vaters die Beziehungen zur jüdischen Gemeinde abgebrochen. Sie hießen Horschitz und waren schon eine Generation früher zum Protestantismus übergetreten. Sie gehörten zur »gehobenen« Bourgeoisie, achteten nur auf ihr mondänes Leben und ihren Standard, was natürlich zahlreiche Dienstboten in Anspruch nahm. In dieser Familie herrschte eine oberflächliche und nur auf das Äußerliche gerichtete Lebensauffassung, es war ein völlig anderes Milieu als das strengere und künstlerisch begabtere der Goldschmidts.

Mein Urgroßvater mütterlicherseits hieß Moritz Horschitz.

Er wohnte in Kassel, wo er am 8. Januar 1838 ein Mädchen namens Wallach heiratete. Er wurde Kommerzienrat der Stadt, viel mehr ist sonst nicht über ihn bekannt. Mein Großvater Julius Horschitz, sein Sohn, wurde im Jahre 1843 ebenfalls in Kassel geboren. Meine Großmutter Ilka Fleischel wurde am 11. Oktober 1860 geboren und heiratete ihn kaum siebzehnjährig. Er starb 1910 in Hamburg und war 1881 Hamburger Stadtbürger geworden.

Beiderseits braucht es also nur drei Generationen, um zur Französischen Revolution und zum Napoleonischen Konsulat zurückversetzt zu werden. Eine solche zeitliche Nähe, sei es nur durch die Übermittlung der Anekdoten und Erzählungen, des Wortschatzes, der Gewohnheiten, ja sogar der Verhaltensweisen, ergibt eine verkürzte Geschichtszeit, so daß ich den Eindruck habe, mitten im 19. Jahrhundert geboren zu sein.

Mein Urgroßvater mütterlicherseits hieß August Fleischel, und meine Urgroßmutter Regina war eine geborene Oppenheimer, sie starb 1936 sechsundneunzigjährig. Sie hatte fünf Kinder, die Älteste war meine Großmutter Ilka. Eine zweite Tochter vermählte sich mit einem italienischen Oberst namens Matassi, sie verbrachte ihr ganzes, sehr langes Leben in Florenz. Eine dritte Tochter bekam selber eine Tochter, die ein Mitglied der Goerdelergruppe heiratete, der Gruppe des Leipziger Bürgermeisters, der parallel zu den Personen des 20. Juli 1944 ein Attentat gegen Hitler zur Rettung Deutschlands vorbereitete. Er hieß Wilhelm Martens, wurde nach dem Krieg Präsident des Oberlandesgericht Baden-Würtemberg. Er hat in meinem Leben eine sehr wichtige Rolle gespielt, auf die ich weiter unten noch zurückkommen werde. Einer der Söhne meiner Urgroßmutter, Egon Fleischel, wurde Verleger in Berlin und publizierte einen vor dem ersten Weltkrieg sehr berühmten Romancier, Cäsar Fleischlen, und die heute wiederentdeckte Dichterin Gertrud Kolmar.

Oppenheimers waren schließlich mit fast sämtlichen jüdischen Familien Hamburgs verwandt. Der berühmte amerikanische Physiker gehörte zur selben Familie. Die Schwester meiner Urgroßmutter Regina heiratete einen Halphen aus der großen Pariser Familie Bordelaiser Herkunft. Dieser Halphen war höherer Berufsoffizier der französischen Armee. Seine Tochter Noémie, also meine Kusine zweiten Grades, wurde die Frau des Barons Maurice de Rothschild. Die Fleischels waren Ungarn, einer von ihnen, mein Urgroßonkel, war der Medizinprofessor von Fleischel, der Lehrer und Freund Sigmund Freuds, der ihn mit Kokain versorgte. Sein Bruder war Pferdezüchter, der auch immer wieder pleite ging und völlig verwilderte und nicht verwertbare Großbesitze in Hinterpommern kaufte, die er nicht bezahlen konnte.

Die Horschitz saßen so ziemlich auf dem hohen Roß und müssen sehr »betucht« gewesen sein, jedoch hatte meine Großmutter mit fünfundzwanzig Jahren schon fünf Kinder, darunter meine Mutter und vier Söhne. Der Lieblingsbruder meiner Mutter hieß Walter, der sehr gut aussah, ein Frauenheld war, aber auch ein hervorragender Cellist, jedoch zerstreut und unkonzentriert, so daß er keine Karriere machen konnte. Seine Frau war eine Französin, die 1917 in Berlin an Typhus starb. Er hatte das große Glück, nicht gegen Frankreich kämpfen zu müssen, sondern als Offizier auf dem Balkan zu dienen. Er wurde später Bankier und reformierte Anfang der zwanziger Jahre das iranische Bankwesen. 1923 heiratete er eine sehr reiche Erbin, die die deutsche Übersetzerin Hemingways wurde. Dann noch eine dritte Vermählung mit einer Carla, die 1932 »Miss Germany« wurde. Er starb in London 1944 an einem Gehirntumor. Ein anderer Bruder meiner Mutter, Edgar, gehörte dem englischen Intelligence Service an, als fahrender Krawattenhändler kostümiert, er wurde von den Nazis geschnappt und 1942 wahrscheinlich in Riga zu Tode gefoltert.

Meine Großmutter war eine kluge Frau. Bei der großen Cholerawelle von 1890 verbat sie allen Menschen ihrer Umgebung, irgend etwas anderes als sorgfältig abgekochtes Wasser zu trinken, so daß es kein einziges Choleraopfer unter ihnen gab. Sie hatte großen Charme, in Hamburg wurde sie auf französisch »la belle laide« (die schöne Häßliche) genannt.

Damals herrschte die »Dienstbotenkultur«; in allen Schichten der Bourgeoisie lebte man nur dank des unterbezahlten, manchmal gar nicht bezahlten »Personals«, welches oft fast zur Familie gehörte. Es kam öfters vor, daß »Dienstboten« oder »Mädchen«, deren Funktion man inzwischen vergessen hatte, dreißig oder vierzig Jahre in derselben Familie verbrachten.

Meine Großmutter mütterlicherseits scheint eine ziemlich kapriziöse, schwierige und anspruchsvolle Chefin gewesen zu sein; sie »schwamm im Geld«, aber mein Vater war es, der die Rechnungen beglich. Sie starb 1930, bei meinen Eltern, als ich zwei Jahre alt war.

Alle diese Goldschmidt, Oppenheimer, Lassar, Fleischel, Horschitz, oder wie sie alle hießen, waren derart in das gerade entstehende Deutschland integriert, daß sie sich die extremsten Formen des Nationalismus zu eigen machten. So sagte eine Schwester meines Vaters während des ersten Weltkrieges als Morgengruß: »Gott strafe England.« Ihre Tochter Olga aber nahm sich 1937 das Leben aus Verzweiflung, daß Deutschland sich der Naziinfamie ergeben hatte. Man fand sie ins schwarz-weiß-rote Fahnentuch gewickelt auf ihrem Bett.

Mütterlicherseits reichte die Angleichung fast bis zum ausgesprochenen Antisemitismus. Meine Großeltern waren keineswegs begeistert, daß ihre Tochter irgendeinen hergelaufenen, konvertierten Juden heiratete, sie hatten sich als gute jüdischdeutsche Bürger für ihre Tochter einen schönen preußischen Offizier, wenn nicht gar einen Junker gewünscht, mit gewichstem Schnurrbart, um so mehr, als es in der schon lange konvertierten Familie etliche Oberleutnants und Oberste gab (höher gelangte man als Judensprößling nicht).

Ab 1871 nahm der jüdische Teil der Bevölkerung deutlich zu. Hamburg, das Tor zur Welt, war eine Insel der Sicherheit für die vielen Ostjuden, die nach Amerika weiterwollten und denen dazu die Bank Warburg zu Hilfe kam. Andererseits genossen die jüdischen Arbeitgeber einen sehr guten Ruf. Die Juden hatten ihr Möglichstes getan, die Stadt und sich selbst zum allgemeinen Wohlstand zu bringen. Eigentlich aber war der Antisemitismus latent, und sofort nach Hitlers Machtergreifung wurde die rassistische Gesetzgebung methodisch und mit besonderem Eifer angewendet. So wurde in Hamburg das sogenannte *Gesetz zum Schutz des deutschen Blutes und der deutschen Ehre,* welches jegliche Beziehung zwischen Ariern und Nicht-Ariern untersagte (als Nicht-Arier wurde jeder angesehen, der mehr als zwei »jüdische Großeltern« hatte), aufs schärfste eingehalten. Die Rolle, die ein gewisser Rothenberger, Präsident des Oberlandesgerichts, von 1937 bis 1945 spielte, war besonders schändlich. Haßerfüllt, rachsüchtig und unmenschlich, kam dieser begabte Jurist dem Nazidelirium mit Grausamkeit und Wirksamkeit sogar noch zuvor.

Von den 500000 Juden, die 1933 in Deutschland lebten, waren ungefähr zehn Prozent zu einer der beiden großen christlichen Konfessionen übergetreten. Wenige unter ihnen hatten jedoch, was selbstverständlich ist, ihre Beziehungen zur jüdisch gebliebenen Verwandtschaft oder zum Freundeskreis abgebrochen. In der Hamburger Gesellschaft nahmen sie eine Sonderstellung ein. Sehr beneidet, empfingen sie ganz Hamburg, wurden selber aber nie eingeladen, jedenfalls nicht in den höheren Kreisen der Gesellschaft, dabei waren sie doch auf Hamburg besonders stolz und begeisterte Patrioten.

In Hamburg wurden Empfänge und Diners aller Art besonders gepflegt, und die gedeckten Tische allein waren schon ein Spektakel. Zur Zeit meiner Kindheit, als meine Eltern noch die finanziellen Mittel dazu hatten, erlaubte man mir, die Silberbestecke und die Kristallgläser auf der blendend weißen Tischdecke zu bewundern. Man stellte den Gästen die Kinder vor und schob sie dann der Kinderfrau zu, um sie möglichst schnell los zu sein.

Was dieses damalige »bessere« Milieu auszeichnete, war nämlich das Betragen den Kindern gegenüber, die in weiß gestrichenen Räumen lebten, die Eltern dagegen in dunkleren. Die Kinder, extra dafür angezogen, erschienen an der Hand der Kinderfrau, die selber, wie das ganze Personal, mehrmals am Tag, je nach Anlaß, die Kleider wechseln mußte. Den Großeltern oder Verwandten statteten die Kinder dann ihren sonntäglichen Besuch ab.

Die wenigen Ahnenfotos, die mir bleiben, stellen immer Knaben in Matrosenanzügen dar und unglückliche Mädchen in Reifröcken. Die Kinder trugen sonst Seppelhosen und die ganz armen bis an die Knie reichende kurze Hosen. Die Volksschullehrer behandelten die Schüler oft nach der Kleidung. Die Kinder aus »guten Häusern« wurden nie geschlagen.*

* Im französischen Text steht: »n'étaient jamais fessés«, was genau übersetzt »wurden nie gezüchtigt« hätte heißen müssen. Nun aber fehlt es den deutschen Zeitwörtern »züchtigen« oder »prügeln« an jedem noch so leichten erotischen Beiklang. Im Französischen kommt »fessée«, die Strafe auf den Hintern, von »fesse«, die doch irgendwie erotisierte Bezeichnung des entsprechenden Körperteil, und die dazu passende Strafe hat etwas Niedliches, nie Grausames und immer erotisch Gefärbtes, allein deshalb, weil das Wort »fesses« an Schönheit der Form denken läßt. Da in diesem Buch la »fessée« eine große Rolle spielt, wird hier vom Autor an den sinnlichen Beiklang der Sache verwiesen, da dem Übersetzer das entsprechende Wort fehlt.

II

Die Eltern

Meine Eltern, Arthur Goldschmidt und Katharina Horschitz, heirateten am 10. Mai 1904 in Kassel-Wilhelmshöhe. Mein Vater war dreißig Jahre alt, er wurde am 30. April 1873 geboren. Meine Mutter war elf Jahre jünger.

Es wurde eine große Hochzeit mit einer Reise an den Genfersee, wie es damals Mode war; man stieg in vornehmen« Palaces« ab, es war ein wenig die »Hohe Welt«, wie sie Marcel Proust beschrieben hat, aber zwei Stufen niedriger. 1910 unternahmen die Eltern auch die Kulturreise nach Rom, wie es sich so gehörte. Sie blieben da mehrere Wochen und kamen auch nach Paris und London, absolvierten also alle Reisen, zu denen das salonfähige Bürgertum verpflichtet war, den Baedeker in der Hand. Natürlich trug man sein Gepäck nicht selbst, was einen aber nicht hinderte, es selber zu überwachen.

Die »Aussteuer« enthielt natürlich Silberbesteck und ein 1909 signiertes Service von Peter Behrens, einem der Begründer der berühmten Darmstädter Künstlerkolonie, wo modernistisch und romantisch-pathetisch zugleich »gestaltet« wurde. Behrens und seine Freunde waren die Mitbegründer des »modern style«.

Ich erinnere mich noch sehr gut an den altertümlichen riesigen Bahnkoffer mit Holzbügeln und Einsatz, auf dem schwarz eingebrannt die Buchstaben FAG standen (Felix Alfred Goldschmidt). Natürlich waren es Kutscher und Gepäckträger, die sich damit abrackerten. In solchen Bahnkoffern waren die Einsätze nach Art der Bekleidung getrennt. Für Vatermörder und Mieder gab es extra ausgesparte Nischen.

Mein Vater hatte eine sehr glückliche Kindheit und Jugend verlebt. Er erinnerte sich noch an den Ausbruch des Vulkans Perbuatan auf der Insel Krakatau, als er zehn Jahre alt war, den ganzen Sommer 1883 war der Himmel über Berlin dunstig und weißblau geblieben, der die Welt umschwebenden Asche des Vulkans wegen, obgleich der Vulkan mehr als zehntausend Kilometer entfernt lag. Er hat mir oft von seinen Fahrten in den gelben Postkutschen erzählt, mit den Postillons auf dem Bock. Einer seiner Brüder, Alfred, 1870 geboren, wurde ein postimpressionistischer Maler, der gleich zu Beginn seiner Karriere als Leutnant im ersten Weltkrieg fiel. Er arbeitete unter dem Einfluß von Max Slevogt, von Lovis Corinth und den französischen Fauves, er hatte sein Atelier in Paris, wo er auch lebte. Er scheint viele damalige Maler näher gekannt zu haben, unter ihnen Robert Delaunay. Mein Vater war selbst ein sehr guter Zeichner und begabter Maler, wie es die erschütternden Zeichnungen zeigen, die er zwischen 1942 und 1945 im Konzentrationslager Theresienstadt machte, wohin er deportiert worden war. Ein anderer seiner Brüder wurde Landschaftsmaler in den USA.

Die Kinder aus wohlhabenden Familien, zu denen mein Vater zählte, lernten alle zeichnen, daher die vielen exzellenten Zeichnungen aus dem vorigen Jahrhundert. Mein Vater war eher ein »Augenmensch«, der im Gegensatz zur sonstigen Familie ziemlich unmusikalisch war. Dagegen war sein Farbengedächtnis besonders entwickelt. Einige seiner Gemälde, inzwischen leider in den »guten« Häusern meines Geburtsdorfes verteilt, konnten es fast mit Sisley oder Täubner aufnehmen. Er hatte aber nie gedacht, etwas anderes als ein sehr guter Amateurmaler zu werden.

Er interessierte sich sehr für Maler wie Slevogt und gehörte der Lichtwarkstiftung an, einer postimpressionistischen Malergesellschaft, wo er die Bekanntschaft des Malers Thomas

Herbst machte. Er war auch mit dem Dichter Detlev von Liliencron (1844–1909) befreundet.

Mein Vater studierte Jura, und da er wahrscheinlich acht- oder zehnjährig getauft wurde – seine Eltern hatten bereits vor seiner Geburt die israelitische Gemeinde verlassen –, standen ihm alle Tore offen, insbesondere die des öffentlichen Dienstes, um so mehr, als das junge wilheminische Kaiserreich möglichst viele kluge Köpfe benötigte. Er studierte unter anderem in Freiburg und wurde 1896 Doktor der Rechte. Er hatte einer schlagenden Verbindung angehört, wo man die Duelle noch pflegte im Gegensatz zu den liberalen Burschenschaften, die sich solche regressiven Bräuche verbaten. Die barbarische Tradition der Duelle hat, wie man weiß, eine bedeutende Rolle in der Entwicklung des wilhelminischen Kaiserreichs gespielt. In seinen *Studien über die Deutschen* hat Norbert Elias die Konsequenzen solcher Traditionen gezeigt, Kastenmentalität und Unterwerfung unter fixierte nationale Einstellungen, Kult des Bluts und des Opfers, vor allem, wenn es die anderen anging, Paternalismus und deutsche Überlegenheit in Europa, Überzeugungen, die mein Vater trotz seiner Bildung durchaus teilte.

Er trug seine »Schmisse« mit großem Stolz, die er auf Stirn und Wangen hatte, drei im ganzen, sie waren seine Visitenkarte, bewiesen dem ersten besten Passanten daß er es mit einem richtigen Deutschen zu tun hatte und dazu noch einem Akademiker, der also ein wichtiges Amt bekleidete.

Bereits Anfang des Jahrhunderts wurde er Richter am Amtsgericht Hamburg. Er arbeitete sehr schnell, was ihm viel Zeit zum Malen ließ. Er malte vor allem in der Umgebung Hamburgs, in Escheburg, einem Dorf am Ufer der Elbe, wo das Licht wegen der Höhenunterschiede besonders farbig war. Manche seiner dort gemalten Bilder sind voller Leben und farblicher Erfindungen, die meisten sonst aber recht eintönig.

Von 1908 bis 1913 mieteten meine Eltern jeden Sommer drei

Monate lang eine Dreizimmerwohnung bei einem Bauern namens Steffens, der ein treuer Freund wurde. Er bewohnte einen Haubarg mit riesigem Strohdach und gemütlichen Räumen. Steffens war ein wohlhabender Bauer. 1933 weigerte er sich, Hakenkreuz zu flaggen, und hißte immer nur die schwarz-weiß-rote Fahne, um seine Opposition gegen die Nazigaunerschaft zu demonstrieren. 1942, als die Deportationen niemandem mehr verheimlicht werden konnten, schlug er meinen Eltern vor, sie bei sich in seinem Hof zu verstecken. Mein Vater schlug die großherzige Geste aus, um ihn nicht zu gefährden. Er erneuerte sein Angebot nach dem Tod meiner Mutter, aber nochmals weigerte sich mein Vater, ihn der Gefahr der Verhaftung auszusetzen.

Die Eltern kamen sommers nach Escheburg mit Möbeln und Zubehör, in Begleitung eines richtigen Möbelwagens. Da mein Vater nur einmal die Woche zum Gericht fahren mußte, stellte ein solcher Sommeraufenthalt keine beruflichen Probleme dar, um so weniger, als zu dieser Zeit Escheburg schon an das S-Bahn-Netz angeschlossen war und der Zug nur vierzig Minuten bis Hamburg brauchte. Pfeifenraucher, fuhr er zweiter Klasse, die mit gestreiftem Samt gepolstert war. Er kletterte immer voll Schwung in sein Abteil mit dem kleinen, roten, länglichen Schild, wo RAUCHER in weißen Buchstaben stand. Damals gab es noch eine vierte Klasse, die nach dem ersten Weltkrieg dann verschwand.

Mein Vater fertigte auch Gutachten für Schiedsgerichte an, die ihm sehr hohe Honorare einbrachten. Er schrieb seine Gutachten im Zug, sehr schnell, in Gabelsberger Stenographie, die damals benutzt wurde, aber heute in Vergessenheit geraten ist und die keiner mehr kennt.

Die Beschlüsse meines Vaters wurden von seinen Kollegen immer als ausgezeichnet bewertet. Aus diesem Grund wurde er 1920 an das Hamburger Oberlandesgericht als Rat berufen, eine Funktion, die er bis zu seiner Zwangspensionierung 1933 bekleidete. Das sogenannte *Gesetz zur Wiederherstellung und zum Schutz des Berufsbeamtentums* schloß alle Beamten, die irgendwie jüdischer Herkunft waren, aus dem staatlichen Dienst aus. Das war der erste Schritt auf dem Weg, der nach Auschwitz führte.

Zweimal wurde mein Vater an das Reichsgericht nach Leipzig berufen, aber jedesmal schlug er die Berufung aus, weil er meiner Mutter, die »romantisch« und auf grün eingestellt war, nicht aus ihrem geliebten Haus zwingen wollte, ein Wohnungswechsel, den sie wegen ihrer Depressionen schwer verwunden hätte. Andererseits brachte ihm seine Arbeit am Schiedsgericht viel Geld ein. Er war ein ehrgeiziger Mensch, von absoluter Ehrlichkeit, er schätzte das Zusammensein mit anderen Menschen ganz besonders. Seine Bildung und sein natürlicher Charme brachten ihm viele Freunde. Er war ein Mensch des 19. Jahrhunderts, der noch auf allen Gebieten etwas wußte und darüber reden konnte und sich vorstellte, die Realitäten der Welt meistern zu können.

Viele Jahre lang saß er im Gemeinderat meiner Geburtsstadt, damals noch Dorf, Reinbek, als Nationalliberaler. Er war auch Mitglied des evangelischen Kirchenrates, dessen Oberhaupt in diesem Fall der Kaiser war, da es doch keine Trennung zwischen Kirche und Staat gab, was größtenteils die begeisterte Mitarbeit der deutschen Kirchen mit der Nazibestialität und ihre Unterstützung bei der Judenverfolgung erklären kann. Die Stimmen, die sich dagegen erhoben, waren, wie man weiß, selten.

Sogar ein so kluger und gebildeter Mensch wie mein Vater war ganz von autoritärer Denkweise durchdrungen; er war Monarchist und glaubte an eine konstitutionelle Monarchie. Trotz seiner Verantwortung für den Krieg und dessen Weiterführung hielt mein Vater einzig Wilhelm II. für den legitimen

Herrscher über Deutschland. In seinen Augen war der einzige Feind der Kommunismus, die Sozialdemokratie schien ihm verweiblicht und träge. Hitler war für ihn keine wirkliche Gefahr. Mein Vater war das Opfer der totalen und unwiderruflichen Verblendungen seiner Zeit. Nichts konnte seinen Patriotismus zum Wanken bringen. 1945, nach seiner Rückkehr aus der Deportation ins Konzentrationslager Theresienstadt, meinte er immer noch, Gegenstand eines monströsen Irrtums gewesen zu sein. Drei Jahre im Konzentrationslager, in Furcht und Schrecken, Schmutz und Hunger hatte es sozusagen nicht gegeben, zu diesen Leuten gehörte er eigentlich nicht, die dorthin deportiert worden waren, war er doch immer der gute Deutsche geblieben, so wie man sich diesen vorstellte.

Um 1895 oder 1897 hatte er einmal die »Ehre«, von der er sich nie wieder erholte, in einem Zug zwischen Berlin und Leipzig zu reisen, an den die drei Wagen Seiner Majestät angekuppelt worden waren. Offiziere waren durch die Harmonikas zwischen den Wagen durchgegangen und hatten die »besseren« Studenten, die da erster oder noch zweiter Klasse mitfuhren, inspiziert. Auf dieser eher kurzen Strecke ließ sich Majestät, zur Zerstreuung und für die Popularität, salonfähige Untertanen vorstellen, die krawattiert und gekämmt nacheinander vor Seiner Majestät defilierten, die auf einem fein vergoldeten Stuhl saß, und ihren Bückling ausführten und Majestät ihnen sagen hörten: »Machen Se's gut für Deutschland, junger Mann.« Viele haben sich nachher bestimmt lange nicht die Hände gewaschen, und dieselben gingen bestimmt, soweit sie Berliner waren, unter den Fenstern des kaiserlichen Palais spazieren und sangen mit größter Finesse:

Parademarsch, Parademarsch
Der Kaiser hat ein Loch im Arsch.

Den »Bückling« ausführen lernten die Jungen seit frühester Kindheit, jenes Grüßen, bei dem der Kopf unter dem horizontal gehaltenen Arm zu verschwinden hatte. Eine solche Art zu grüßen festigte die hierarchische Ordnung der Gesellschaft im Deutschland des ausgehenden 19. Jahrhunderts fast mehr als alles andere, genau wie der Knicks der Mädchen. Der Jüngere oder der Untertan war verpflichtet, den Älteren oder den Vorgesetzten auf diese Weise zu grüßen. So blieb es bis Ende der sechziger Jahre des 20. Jahrhunderts.

Der Konservatismus meines Vaters ließ ihn die Deutsche Volkspartei wählen, die er im Gemeinderat vertrat, sie überschritt nie fünf Prozent der Wähler. Die DVP entsprach der ehemaligen französischen MRP* in der Zeit zwischen 1946 und 1958, es war eine christlich-demokratische Partei, eine sogenannte gemäßigte Rechte, aber deutlich »national« eingestellt.

Ende der zwanziger Jahre gab es sogar eine gegen meinen Vater gerichtete Demonstration, an der Ecke der beiden Alleen, an denen das Grundstück meiner Eltern lag, weil mein Vater sich gegen die KPD besonders hervorgetan hatte. Die Demonstration war von SPD und KPD, für einmal vereint, zusammen organisiert worden. Man brüllte Parolen über die Hecke hinweg, und alles endete mit einem fröhlichen Biergelage im Garten meiner Eltern. Das hinderte meinen Vater nicht, den in der Gewerkschaft aktiven Arbeitern aus Prahlsdorf oder Schöningstedt juristisch zu helfen und arbeitslose Kommunisten zu beschäftigen, wo er nur konnte.

Mein Vater war, trotz aller Klugheit und Bildung, von der deutschen Überlegenheit überzeugt. Er betrachtete sich als Diener des Kaisers, natürlich war er »für« die Kultur, und diese konnte nur deutsch sein. Das Bessere war immer und auf jeden Fall deutsch. Als der erste Weltkrieg ausbrach, meldete

* Mouvement Républicain pour la Paix.

sich mein Vater als Freiwilliger, wurde aber seines Rheumas wegen zurückgestellt und empfand das als eine Verletzung seiner Ehre. Er wurde den juristischen Abteilungen zugewiesen, auch seines Alters wegen, hat diese Zurücksetzung aber nie ganz verwinden können.

Er war ein eifriger Leser von Otto Weininger, dessen Buch *Geschlecht und Charakter* die »Entartung« auf die Feminisierung zurückführt, und die »Juden« waren eben das feminine Element, zu denen Weininger übrigens gehörte. Er ist ein gutes Beispiel für die damalige, die ganze Gesellschaft erdrückende Verdrängung, die an dem »Suizid Europas« 1914–18 bestimmt mitverantwortlich war. Da Verblendung aber grenzenlos ist, wurde er später, 1927, auch ein Briefpartner von Hans Grimm, dem damals berühmten expansionistischen Schriftsteller, dessen *Volk ohne Raum* dem Nazismus und seinem Eroberungswahn viele Argumente lieferte.

Bis 1938 blieb mein Vater überzeugt, wie so viele andere, daß Hitler ein Popanz war, daß sich das alles legen und der Kaiser den Thron wieder besteigen würde und die alte Ordnung der Dinge wiederkäme.

Erst die Okkupation der Tschechoslowakei am 15. März 1939 öffnete ihm die Augen, da verstand er auf einmal, was der Nazismus eigentlich bedeutete, und dabei war er doch schon von den Gesetzen gegen die Nicht-Arier betroffen. Sogar die Abreise seiner beiden Söhne nach Italien scheint ihm nicht vollkommen die Augen geöffnet zu haben, obschon ab 1933, nach und nach, die »Juden« aus allen Gebieten des normalen Lebens ausgeschlossen worden waren. So konnten »nicht-arische« Kinder nicht mehr aufs Gymnasium, aus diesem Grund schickten uns unsere Eltern nach Italien, ohne vielleicht die tragische Richtigkeit ihrer Entscheidung zu ermessen. Nach der »Kristallnacht« des 9. November 1938 nahmen die antisemitischen Verfolgungen eine noch zynischere Form an, die »Nicht-

Arier« durften nicht mehr ins Theater, ins Kino oder in öffentliche Veranstaltungen, sie durften sich auch nicht mehr in Parks auf Bänke setzen oder Haustiere halten usw.

1941 fingen die Massendeportationen an, und so wurde mein Vater am 20. Juli 1942, nach dem Tod meiner Mutter, ins Konzentrationslager Theresienstadt deportiert. Dieses Lager wurde in einer ehemaligen Garnisonstadt aus der Zeit des Kaisers Josephs II. »eingerichtet«, in Böhmen, nicht weit von Leitmeritz an der Elbe. Es war eine schön regelmäßig gebaute Stadt, deren Einwohner ausgesiedelt wurden, um den »Juden«, die für Auschwitz bestimmt waren, Platz zu machen. Es handelte sich vor allem um Kinder, Frauen und alte Leute, ihre Zahl schwankte zwischen dreißigtausend und sechzigtausend Menschen, in einer für fünftausend Einwohner bemessenen Stadt. Dieses Lager war auch für die Propaganda bestimmt: *Der Führer schenkt den Juden eine Stadt* hieß ein Film über das Lager, welcher zeigen sollte, wie gut es die Juden doch hatten, gerade in der Zeit, als der Genozid voll in Gang war.

1942 gab es 25 000 Tote auf 35 000 Insassen. Die SS hatte die Verwaltung einem »Ältestenrat« übertragen, der mit der Ausführung der »Abtransporte« nach Auschwitz beauftragt war, aber auch das Innenleben des Lagers zu organisieren hatte, wo Elend, Hunger und Entsetzen natürlich maßlos waren. 1942 wurden 17 Menschen gehenkt, und unter ihnen ein sechzehnjähriger Junge, der versucht hatte, seiner Mutter eine Postkarte mit den Worten »Ich habe Hunger« zukommen zu lassen. Innerhalb der Stadt gab es die »kleine Festung«, wo Folterungen, Hinrichtungen und Exzesse aller Art begangen wurden.

Das Lager war eine Mischung aus allen Schicksalen und Berufen oder Gesellschaftsschichten, von Menschen aller Art aus ganz Europa, unter ihnen auch welche, die keine Beziehungen zu ihrem Judentum mehr hatten und zum Glauben schon gar nicht, sie wurden nur von den Nürnberger Gesetzen als Juden eingestuft und waren meistens Christen. Alle Menschen im Lager lebten in der Erwartung des Abtransports nach Auschwitz. Jeder wußte, was ihn erwartete, im Lager wie außerhalb. Ganz Europa wußte das, ob von den Nazis besetzt oder nicht, nur wußte man nicht, wie die Vernichtung verlief.

Sehr schnell, nach dem Prinzip und im Sinne der schmalkaldischen Artikel, einer Art Grundverfassung des deutschen Protestantismus, daß ein jeder predigen darf, wenn kein Geistlicher zugegen ist, wurde mein Vater der Pastor der protestantischen Juden in Theresienstadt. Die Gottesdienste blieben immer halb geheim auf irgendwelchen Dachböden, bis sie dann 1943, halb offiziell, von der SS toleriert wurden. Der Ältestenrat, zuerst verblüfft, inmitten der religiösen oder nicht religiösen Juden Protestanten und Katholiken zu finden, zeigte sich dann äußerst zuvorkommend: »Rückwärts betrachtet«, schrieb mein Vater, »muß anerkannt werden, daß die Verwaltung einer gesollt und gewollt jüdisch aufgebauten Gemeinschaft, die naturgemäß eine christliche Gemeinde als Fremdkörper empfinden mußte, im ganzen doch großes Entgegenkommen bewiesen hat.«

Er blieb der Seelsorger der Gemeinde bis zur Befreiung des Lagers und hatte das Glück, nicht nach Auschwitz abtransportiert zu werden. Ist es auf den Wunsch des Ältestenrats zurückzuführen, sich nicht dem Anschein auszusetzen, als verfolge man nun selber die getauften Juden, oder war es einfach Zufall?

1948 jedenfalls erschien in Tübingen das schmale Buch, das er darüber geschrieben hat und am 6. Dezember 1946 abgeschlossen hatte. Es blieb ihm sogar noch die Zeit, die ersten Druckfahnen zu korrigieren, bevor er am 6. Februar 1947 starb, kurz vor Erscheinen seiner *Geschichte der evangelischen Gemeinde Theresienstadt,* 36 Seiten. Schade ist nur, daß er nicht mit genügend Akribie auf die verbrecherische Absurdität der Nürnberger Gesetze zurückgekommen ist, die eine Religion in eine Rasse verwandeln. Wenn man seine Schrift liest, hat man manchmal den Eindruck, er fühle sich nicht unbedingt mit den Opfern solidarisch, da er doch ein Deutscher war, wie man es besser nicht sein konnte. Er hat seine Deportation immer als ein ungeheures Unrecht angesehen, in gewisser Weise noch skandalöser als die Deportation an sich.

Der Nazismus war für alle diese »Nicht-Arier« um so tragischer, als sie Deutsche mit fast religiöser Inbrunst gewesen waren, so sehr, daß sie oft am »jüdischen Selbsthaß« litten, jenem Selbsthaß, der so seltsam dem deutschen Selbsthaß entspricht, so daß sie ständig zwischen den beiden Identitäten pendelten.

Mein Vater war einer der besten Freunde Albert Ballins, des Begründers der HAPAG, der Schiffahrtsgesellschaft, die die Dampfer der Hamburg-New-York-Linie besaß. Albert Ballin, 1875 geboren, gestorben 1918 an einer Überdosis an Drogen, war der Sohn eines jüdischen Handwerkers aus dem dänischen Jütland und wurde 1895 ein Intimus Wilhelms II. Er war Monarchist, aber auch einer der ersten »Grünen«, die schon viel früher als viele andere die Konsequenzen der industriellen Boden- und Luftverschmutzung voraussahen. Von stürmischem Charakter, war er ein sogenannter Kraftmensch. Er war einer der wenigen Personen, die die kaiserliche Regierung vor den ungeheuren Risiken eines Krieges warnten, aber wie man weiß, wurde er nicht gehört.

Mein Vater war auch ein naher Freund eines Arztes, der in Thomas Manns *Zauberberg* als Hofrath Behrens auftritt. Er hieß Jessen, und nachdem er sich aus dem Sanatorium, das er vor dem ersten Weltkrieg in Davos gegründet hatte, zurückgezogen hatte, war er nach Aumühle gezogen, wo er eine Praxis und eine Klinik eröffnete. Die Frau von Thomas Mann, eine geborene Pringsheim, war eine entfernte Bekannte meiner Mutter. Es ist nicht ausgeschlossen, daß der Jadassohn aus Heinrich Manns *Untertan* manche Züge meines Vaters aufweist, er war nämlich ein Streber, der zeigen wollte, wie deutschnational und welch ein guter Patriot er war. Aumühle war der Bahnhof vor Friedrichsruh, wohin sich Bismarck 1890 zurückgezogen hatte. Wie viele junge Leute seiner Zeit war mein Vater mit dem Vorortszug dorthin gepilgert, um ihn durch den Sachsenwald mit seinen Schnauzhunden spazieren zu sehen. Man erzählte damals, daß Bismarck sich gerne ansprechen ließ und die Studenten ins Schloß mitnahm, wo er ihnen stundenlang seine Memoiren diktierte, um sie dann mit dem letzten Zug nach Hause zu schicken.

Mein Vater war ein kleiner Mann, 1,60 m lang, er hatte eine Glatze. Meine ganze Kindheit hat sich unter Männern abgespielt, deren Glatzen auf groteske Weise, wie Autos oder Blechbüchsen, unter dem Licht aufblinkten. Hutschwenken, Glatze und Zigarrengeruch bezeichnen ziemlich genau die Männerbourgeoisie der Weimarer Republik. Damals gab es viele kahlköpfige Männer in Deutschland, so daß die Straßen immer von Herren begangen wurden, die sich alle paar Schritte auf- und abdeckten und dabei aufblinkten.

Oft kletterte ich auf einen Stuhl, den ich hinter den schleppte, auf dem mein Vater beim Frühstück saß, spuckte ihm auf den Kopf und bohnerte ihm dann den Schädel mit einem Tuch aus der Küche, was er gerne geschehen ließ, während er weiter frühstückte. Unter mir leuchtete wundervoll appetitlich im Teller das warme Gelb der Spiegeleier.

Der Vater war ein eifriger Radfahrer; er stieg von hinten auf, ergriff die Lenkstange mit beiden Händen, dazu mußte er sich fast der Länge nach über das Fahrrad legen, setzte einen Fuß auf einen kurzen und flachen Metallsporn, der aus der Hinterachse herausragte, und stieß mit dem anderen Fuß, pferdartig ab, lief also neben seinem Rad immer schneller einher, bis er mit gespreizten Beinen auf einmal in den Sattel sprang und schwankend dahinfuhr und, so stark er konnte, in die Pedale trat, um ins Gleichgewicht zu kommen. Wenn es eine Kurve gab, sah man ihn so schnell verschwinden, wie er aufgestiegen war. Und jedesmal mußte ich Tränen lachen, wie er sich da dick und rund, samt Hut und Pfeife, zwischen den Wiesen auf seinem dünnen Gestänge entfernte. Er hatte nämlich 1883, ungefähr, auf einem der allerersten Fahrräder fahren gelernt.

Meine Mutter wurde am 9. Februar 1882 geboren. Es gibt Lichtbilder von ihr aus den Jahren 1895 oder 1897, ein verwirrend schönes, großes und schlankes Mädchen. Sie fiel wegen ihres zugleich weiten und doch stechenden Blickes auf. Sie hatte eine sanfte und warme Stimme. Sie war ein Kind »aus gutem Hause« und verlebte die ersten Jahre ihrer Kindheit von Kinderfrauen umgeben. Das mondäne Leben meiner Großeltern mütterlicherseits ließ ihnen nicht viel Zeit übrig für das Familienleben, man ahmte die Manieren, wie man glaubte, des »vornehmen« England nach. Sorglosigkeit und Oberflächlichkeit scheinen die wesentlichen Züge dieser meiner Vorfahren gewesen zu sein. Meine Mutter war eine gute Schülerin, die aber besonders für Handarbeiten begabt war. Sie stickte sehr gut und schenkte ihren Eltern zur goldenen Hochzeit eine Spitzendecke von großer Finesse, die sie selber gehäkelt hatte, begleitet von selbst verfaßten Gedichten, säuberlich in ein Album eingetragen, wie es damals Brauch war.

Meine Mutter dachte nur ans Tanzen und ging von Ball zu Ball. Einen ganzen Winter lang lebte sie in Berlin, bei der Familie Arnhold, einem Fabrikbesitzer und Industriellen, auch ein Intimus von Wilhelm II., der Residenzen in Florenz und in Bayern besaß und vor allem eine Luxusvilla am Wannsee. Als meine Mutter einige Monate später von Berlin nach Kassel zurückkehrte, war meine doch so mondäne und schicke Großmutter erschrocken, ihre Tochter derart frivol geworden wiederzufinden. Meine Mutter aber war nicht auf ihr neues Lebensgefühl hereingefallen und fing sofort für mehrere Monate bei einem Gärtner zu arbeiten an. Ihr Leben lang begeisterte sie sich für Gärtnerei, sie hatte ein besonderes Verhältnis zu Tieren und Pflanzen. Sie hatte einen »grünen Daumen«. Von überall her, und daran erinnere ich mich noch heute, brachte man ihr verkommene, verdorrte Blumentöpfe, aus denen alles herunterhing. Nach wenigen Tagen fing sich das alles an zu regen und blühte nach einigen Wochen in voller Blust wieder auf.

Anfang des 20. Jahrhunderts zog ihre Familie wieder von Kassel nach Hamburg zurück und setzte ihr sorgloses Luxusleben fort und empfing weiter ganz Europa. Zu dieser Zeit verband eine enge Freundschaft meine Mutter mit der sehr schönen und ganz jungen Noémie Halphen, ihrer Kusine aus Paris.

Die damals so ausgeprägten sozialen Unterschiede und Einteilungen in Klassen ließen meine Mutter völlig gleichgültig. Sie verkehrte mit jedem, der ihr unter die Augen kam und ihr sympathisch war, so daß sie fast jeden, mit dem sie Bekanntschaft machte, eben charmant fand, was ihre bourgeoise Familie skandalisierte. Sie konnte auch sehr schön erzählen, denn ihr passierte immer etwas. Nie kam sie von irgendwoher zurück, ohne etwas Kurioses oder Interessantes bemerkt zu haben. Was die Leute ihr auch erzählten, sie fand es sofort großartig, und unterbrach jemand seine Erzählung auf der Straße aus irgendeinem Grund, verlangte sie deren Fortsetzung bei der nächsten Begegnung. Jahre später konnte sie einen Passanten an irgend etwas erinnern, das er ganz beiläufig gesagt haben konnte. Sie vermochte es, sich den anderen so vorzustellen, wie er sich vielleicht selber verstand. Gerade diese Fähigkeit, sich an die Stelle anderer zu versetzen, ließ ihr jede Form der sozialen Hierarchie als besonders absurd und albern erscheinen. Aus diesem Grund auch stand sie immer in heftigster Opposition zu den eher konservativen politischen Ansichten meines Vaters.

Auf manchen Gebieten war meine Mutter von ausnehmender Begabung, besonders auf musikalischem Gebiet, sie war aber zu jeder methodischen Konzentration unfähig und kam unentwegt von einem aufs andere. Hervorragende Pianistin, die sie war, konnte sie sogar beruflichen Musikern imponieren, aber nach zehn Minuten, höchstens einer Viertelstunde war es dann damit aus. Ihr ganzes Leben spielte sich derart in einem ständigen Wechsel zwischen Depression und Exaltation ab, wobei alles Angefangene immer liegenblieb, obgleich sie sich für alles interessierte und sie nichts gleichgültig ließ. Wären nicht ihre immer tieferen Depressionen gewesen, hätte sie ihre ganze Umgebung mit Lebensfreude erfüllen können, weil sie jedem neue Perspektiven und ungeahnte Möglichkeiten eröffnete.

Uneingeschüchtert verkehrte sie, mit wem sie wollte, so unbeschwert charmant und fesch mit einem Minister wie mit einem Arbeiter oder mit den Zigeunern von nebenan. Eine meiner Kindheitserinnerungen: das Innere eines grün angestrichenen Wohnwagens am Rand einer Wiese mit dem ein wenig weiter grasenden kleinen Pferd. Aus diesem kleinen kubischen Raum herauszukommen und sich in der unendlich ausgebreiteten Ebene mit dem riesigem Wolkentraben über sich wiederzufinden, das war jedesmal ein richtiges Abenteuer. Von überall her mit dem Draußen umringt, bildete der Wohnwagen, innerhalb seiner selbst, ein richtiges kleines Zimmer, das da einfach auf der Wiese stand, mit Gardinen, Betten Tisch, Stühlen und allem Zubehör. Auf dem Tisch ein rotkariertes Wachstuch, die rote Farbe abgeschabt, da, wo man sich mit den Ell-

bogen aufstützte. Meine Mutter spielte »66« mit ihrer Freundin,
der Zigeunerin, die ihr einmal Körbe verkauft hatte. Sie nahm
mich jedesmal mit, zum Entrüsten meines Vaters, der ganz in
den Vorurteilen seiner Kaste gefangen blieb.

Mit meiner Mutter ging nichts wie mit anderen Leuten,
dafür war sie eben meine Mutter. Keine Mutter ist wie die anderen, aber bei ihr kam noch etwas Unkonformes dazu. Um
irgendwohin zu gelangen, ging sie nicht den kürzesten oder
sonstigen Weg, sondern nahm einen Umweg, wenn sie etwas
erblickte, was ihr neu schien. Eine Rauchfahne am Horizont,
wenn man es eilig hatte, das genügte, und man mußte sie zurückhalten, damit sie nicht hinradelte. In den Geschäften ging
sie hinter die Theke oder in die dahinterliegende Wohnung
hinein, wenn sie einen schönen Blumenstrauß oder irgendeinen
besonderen Gegenstand gesehen hatte. Beim Arzt ging sie nie
ins Wartezimmer, sondern klopfte direkt an die Tür der Ordi-
nation an. Überall kam sie immer in letzter Minute an, und auf
dem Bahnhof hat der arme Vorortzug mehr als einmal auf sie
warten müssen. Jeder Sache vermochte sie ein anderes Aussehen zu verleihen, als es hatte, sie sah immer die Einzelheiten,
die das Gesamtbild veränderten. Eine Knospe, eine Blüte, ein
Blatt, ein Sonnenfleck auf einem Dach, ein Schornstein hinter
einem Baum, mit allem wußte sie den Blick eines Kindes zu
bereichern. Im Wald, und der war nur einige Schritte vom
Haus entfernt, nahm sie nicht die Waldwege, sondern schnitt
querdurch, ging, wie es gerade kam, und fand natürlich den
Teich, den keiner bemerkt hatte, oder den Baum mit den zwei
zusammengewachsenen Stämmen oder die vergessene Ruine.
Sie sprach mit jedem und nach fünf Minuten war sie schon im
Schlafzimmer unbekannter Leute und bewunderte alles. Nie
sprach sie boshaft von dem, was sie gesehen hatte, und erzählte
uns, als käme sie von einer weiten Reise zurück. Jedesmal,
wenn sie mit dem Vorortzug nach Hamburg fuhr, was oft ge-

schah, brachte sie etwas mit und erzählte ganz kleine alltägliche Begebenheiten, aus denen sie epische und pittoreske Abenteuer machte.

Als ich noch klein war, so um 1932, kurz vor dem Beginn der Katastrophe, trotz all ihrer Liebenswürdigkeit, zogen Köchinnen und Kammerfrauen im schnellen Rhythmus an uns vorbei; alle ohne Ausnahme liebten meine Mutter wirklich, konnten aber dem ständigen Hin und Her und den gegensätzlichen Befehlen nicht standhalten. Wegen ihres charmanten, aber dennoch unberechenbaren und völlig unkohärenten Charakters wußten sie bald nicht mehr ein noch aus. Meine Mutter konnte ihnen noch so schöne Geschenke machen oder ihnen von ihren schönsten Kleidern überlassen, alle fanden sich am Ende im Arbeitszimmer meines Vaters ein, über den sie ihr Unglück ausschütteten. Manchmal gewann er sie zurück und versprach ihnen höheres Gehalt und bat sie, sie sollten sich die Anweisungen bei ihm einholen, was natürlich alles noch schlimmer machte. Alle schickten sie uns stets Weihnachtsgrüße.

Das Verblüffende an diesem Milieu war die totale Leichtfertigkeit, die fröhliche Unbesorgtheit, mit welcher alle diese vorlauten und unvorsichtigen Bourgeois dahinlebten, als wüßten sie nicht, was sie an der nächsten Straßenecke erwartete und was sich bald zeigen würde. Die betrübende Illusion all dieser Goldschmidts und Horschitzens, bei letzteren war Arroganz und Größenwahn fast schon zum Wesenszug geworden, war, daß sie geglaubt hatten, sie gehörten dazu, wo sie doch nur auf einem dünnen Brett über einer Mördergrube standen. Sie waren doch nichts anderes als »Parvenüs minderwertiger Rasse«, wie es damals so freundlich im »Volksmund« hieß.

III

Der Ort und das Haus

Die Leidenschaft meiner Mutter für das Grüne ließ meinen Vater 1915, mitten im Krieg, Hamburg verlassen, um nach Reinbek, 18 Kilometer von der Stadt entfernt, zu ziehen. Reinbek, auf der Linie Berlin–Hamburg, liegt an einem kleinen Nebenfluß der Elbe, der Bille, die durch eine Schleuse zu einem großen Teich aufgestaut wird, man konnte neben einem ehemaligen fürstlichen Schloß bootfahren und rudern; heute ist das Schloß Kulturzentrum. Das Dorf, heute eine Stadt, liegt an einem Abhang über dem zugleich steilen und breiten Billetal. Obgleich der Höhenunterschied nur ungefähr zwanzig Meter beträgt, ergibt er einen ständigen Farben- und Aussichtswechsel. Es öffnen sich ständige Perspektivenwechsel, die von einem Schritt zum anderen wechseln.

Zwei ausfächernde Straßen verbinden sich auf der Anhöhe zu einem baumgesäumten Platz, an dem die Maria-Magdalenen-Kirche steht, die 1910 in grellrotem Backstein nach einem in Norddeutschland sehr verbreiteten Muster erbaut wurde, vor allem in den Vorstädten von Hamburg und Bremen: hoch und steif mit steilem, grünspanbedecktem, kupfernem Glockenturm.

Der untere Teil des Dorfes war das Geschäftsviertel, die meisten Läden waren in stattlichen Häusern eingerichtet, durch winzige Vorgärten von der Straße getrennt, durch die man erst hindurch mußte, um zum Schaufenster zu gelangen.

Erst unten beim Dorfplatz sah es ein wenig nach Stadt aus. Zwei-, drei-, vierstöckige Häuser standen sich da gegenüber. Wenige Schritte weiter, und sofort war man im Wald unter riesigen alten Buchen, die bis ins Dorf hineinreichten, als wäre dieses aus dem Wald herausgeschnitten worden. Am Rand standen Luxusvillen, fast alle nach 1855 im Tudorstil erbaut, als die Bahn nach Hamburg gelegt wurde. Ursprünglich waren sie als Sommersitze für die großen Reeder und Bankiers Hamburgs gedacht, sie wurden aber rasch Dauerwohnungen der höheren Angestellten und waren alle kaum zehn Minuten zu Fuß vom Bahnhof entfernt. Manche waren richtige Schlösser mit parkähnlichen Gärten.

Nachdem 1868 Reinbek, das bis dahin zu Dänemark gehört hatte, preußisch geworden war, entwickelte es sich als Ausflugs- und Erholungsort für reiche Hamburger. Die Hansestadt kannte zu dieser Zeit einen besonderen Aufschwung, und es entstanden große Vermögen, die mondänes Leben im »Grünen« erlaubten. Es waren die Glanzstunden der »Dienstbotenkultur«. Diese Bourgeoisie, zu der meine Eltern gehörten, obgleich auf einer nur mittleren Stufe, verdankte den »Dienstboten« das sorglose und verschwenderische Leben, das sie führte. Wegen der kleinsten Nichtigkeit vor die Tür gesetzt – was ihnen verwehrte, eine andere Stelle anzunehmen –, hatten die »Dienstboten« eine sehr gute oder eine sehr schlechte Stellung. Im ersteren Fall gehörten sie allmählich zur Familie, im zweiten war ihr Leben keineswegs beneidenswert. In beiden Fällen wurden sie immer schlecht bezahlt. Erst zu Anfang des 20. Jahrhunderts verbesserte sich allmählich ihre Lage. Die Geschichte der »Dienstboten« bleibt noch zu erzählen, sollte es dazu genügend Dokumente geben, um eine solche, lange sprachlose, Geschichte zu belegen. Ohne Dienstboten jedenfalls hätte es kein Bürgertum gegeben.

In vielen Häusern arbeiteten zwei oder drei »Bedienstete«, im allgemeinen waren es zwei, mit Vollversorgung und einem freien Tag alle zwei Wochen. Ab 1905 hatte meine Mutter auch eine Köchin und ein »Fräulein«, sie blieben am Anfang mehrere Jahre und standen sehr gut mit ihr; sie hausten in den kleinsten Zimmern des Hauses. Alles war unter Verschluß, und meine Mutter ging mit einem kleinen Korb voller Schlüssel herum, um Schränke und Speicher auf Bitten zu öffnen. Man konnte einfach die Idee nicht loswerden, daß die Dienerschaft einem hinterrücks alles klauen würde, das ging so weit, daß meine Mutter ihnen am Anfang der Woche ihre Ration Butter und Kaffee zuteilte. Man warb sie unter sich an, von Haus zu Haus oder per Telefon, welches damals noch eine Rarität war, per Zeugnis, das das soziale Niveau des vorigen »Arbeitgebers« garantierte. Man war derart in seinen Vorurteilen befangen, daß Prunk und Angabe (Telefon und Auto) eine absolute Garantie für alles bedeuteten. Die »guten« Häuser Reinbeks warben bei den Bauern an, da kostete Dienstpersonal noch weniger, besonders wenn es deren erste Stelle war und man dem »Mädchen« noch alles beibringen mußte.

Der obere Teil des Dorfes, wo die beiden Straßen zusammentrafen, war deutlich »proletarischer« und freier, jedenfalls »kleinbürgerlicher«. Da gab es Kaufmann, Kohlenhändler, Friseur und vor allem die Schmiede, wo ich mir immer das Beschlagen der Pferde ansah. Auf der gegenüberliegenden Seite der Straße lagen die Villen. In zwei, drei Schritten kam man von hohen Buchen in Parks zu Lattenzäunen und Gemüsegärten. Zwei Raumbeschaffenheiten glitten in großen Lichtübergängen ineinander über.

In Schöningstedt, dem Nachbardorf, wurde 1933 noch zu mehr als 40 Prozent für die KPD gestimmt, dabei waren schon alle Wahlbüros von der SS kontrolliert. Diese kleine Kommune hatte schon immer, seit den ersten freien Wahlen in den letzten Jahren des 19. Jahrhunderts, zu mehr als 65 Prozent für die Linke gewählt. In Reinbek selber dagegen war die Mehrheit immer konservativ und bald sogar nationalsozialistisch gewesen. In Schöningstedt wohnten die hilfsbereiten Arbeiter, in Reinbek die behausten Groß- und Kleinbürger.

Unsere Villa lag an einer sandigen, ungepflasterten Allee, die hinter einem Getreidefeld den Wald säumte. Die Gartenbäume ließen die Lichtreflexe ineinanderspielen, voll Nuancenmischungen und Horizontlinien, die sich verschoben und die mein Vater mich sehen lehrte.

Das Haus war gelb getüncht, es hatte Freitreppe und Veranda mit grün gestrichenen Säulchen. In der Mitte, zwischen den schieferbedeckten Dachwalmen, thronte ein breiter Giebel. Das Haus stand in einem großen Garten, ein von drei Straßen umsäumtes Viereck, aber nur eine davon war gepflastert. Zur Straße hin war der Garten ein wenig verwildert, mit Gemüsebeeten, wo alles zusammenwucherte, einem Tennisplatz und einem kleinen, immer leise rauschenden Pappelhain. Zur Allee hin war der parkartige Garten wie aus dem Wald ausgespart.

Zwei ganz verschiedene Landschaften gingen am selben Ort ineinander, wie von einer unsichtbaren Linie in Morgen- und Nachmittagslandschaft aufgeteilt. Zum Norden hin waren es Felder, weit bis ins Unendliche, auf der anderen Seite hohe Bäume und weite Öffnungen. Man stand zwischen zwei Welten, und man brauchte sich nur umzudrehen, und schon vermeinte man eine weite Reise unternommen zu haben.

Die Räume waren groß und alle von hohen Fenstern erleuchtet; hohe Fenster zeigten, daß man »dazugehörte«. Ganz oben ein paar winzige längliche Fenster, die Zimmerlein für das Personal. Wie es sich gehörte, war man dreifarbig möbliert: mahagonihell im Musikzimmer der Mutter, mit etwas Rosigem dazu, damals war es die Farbe der Damen, im Gegensatz zum grün tapezierten Eßzimmer. Die Möbel waren steif und im »englischen Stil«. Die geladenen Gäste waren also im Bilde, man entsprach in jeder Beziehung den Anforderungen der sozialen Klasse, der man angehörte. Meine Eltern taten alles, um nicht aufzufallen, als kämen sie aus der Verblüffung nicht heraus, doch als »salonfähig« erachtet zu werden.

Dunkles Mahagoni für das Wohnzimmer, dem die Veranda vorgebaut war, für die Sommergäste. So sah das Haus ein wenig russisch aus, das war auch Mode. Dunkles Ebenholz für das »Herrenzimmer«, mit gepolsteter Doppeltür, damit man von »ernsten« Gesprächen bloß nichts zu hören bekam. Weiß lackierte Möbel für die Kinderzimmer.

Man war grün tapeziert, aber in vielen Schattierungen, gestreift oder geblümt. Grün war die deutsche Farbe, und man wollte doch zeigen, wie deutsch man war, sogar die Eßzimmerstühle waren grün bezogen. Alles war üppig und edel, ein wenig steif und auf diskrete Weise elegant, wie es einem höheren Beamten zustand, der ein wenig Deutschland verkörperte und darauf sehr stolz war, wie einige tausend andere, die nicht wußten, was sie erwartete.

Eine Doppeltreppe, mit Podest und Kupferkugel auf dem Geländerpfosten, war natürlich auch grün ausgelegt. Sie war dazu da, um dem Herunterrauschen der Hausfrau den geeigneten Auftritt zu geben und den in der Halle wartenden Gästen zu zeigen, wie elegant man war.*

Der Schnitt der Räume im Erdgeschoß fand sich auf der Etage wieder, aber in Hell. Türenbekleidung und Rahmen waren weiß lackiert, so wollte es die »Pädagogik«, die gerade die Gesundheit der Kinder entdeckt hatte. Das Haus war nämlich 1901 so erbaut worden, wie es den Erwartungen der Bourgeoisie entsprach. Zwei Garderoben mit Toilette und zwei Wohnzimmer zeigten dem Ankommenden mit wem er es zu tun hatte. Das Haus entsprach dem, was man sich in den »Grün-

* Hier wird der Übersetzer auf einmal bissig, der Autor war es keineswegs.

derjahren« des noch ganz jungen II. Reiches so vorstellte. Diese Zeit, zu der die wirtschaftliche Entwicklung der politischen entgegengesetzt verlief, hat Stefan Zweig sehr genau und einleuchtend in seinem Buch *»Die Welt von gestern«* dargestellt. Strom, Zentralheizung, alles trug dazu bei, einen Reichtum zu untermauern, der sich zugleich ausbreitete und vervielfältigte. Die Freizeit war das wichtigste Merkmal des Wohlstands, und alles richtete sich nach der »Muße« ein.

In der Etage lagen die Kinderzimmer gegen Sonnenaufgang, auch eine Empfehlung der Hygieniker. War es unten ein wenig dunkel und vornehm, so war es oben zur Kinderseite hin blendend hell und betont fröhlich, die Eltern, auf der selben Etage, wohnten dunkler, im Schatten der Gartenbäume. Das waren so die Überraschungen der Kindheit, mit einem Schritt vom Hellen ins Dunkle zu kommen oder die Mutter plötzlich ins Zimmer hereinkommen zu sehen, als hätte sie ein viereckiges Loch in die Wand gestoßen.

Das Elternzimmer lag neben dem Zimmer, in dem mein Bruder und ich schliefen, wieder durch eine gepolsterte Doppeltür getrennt, diesmal wohl wegen der »Urszene«. Über dem Doppelbett der Eltern hing groß eingerahmt eine Abbildung der *Geburt der Venus* von Veronese. Das Zimmer lag zum Hintergarten hin nach Westen, wo das Licht von Birkenzweigen durchzirpt schien, die immer in feiner, kaum merkbarer Bewegung hin und her wogten. Im Hintergrund hörte man aus der Entfernung die Fuhrwerke auf der Schöningstedter Straße. In dieser Richtung lag die weite, unbekannte, ein wenig unheimliche Welt, man hörte die Hufeisen, das sandig-kreischende Rollen der Stahlfelgen der Wagen und manchmal das damals seltene Rattern von Lastwagen, die noch auf Vollgummireifen fuhren, und die Personenwagen, deren Marken man am Tuckern des Motors erkannte. In der Ritze zwischen den beiden Elternbetten liegend, atmete ich genußvoll den leicht pfeffrigen Geruch ein, der so seltsam war wie die überraschenden Speisedüfte, die in die Etage hinaufzogen.

Eine große, rot und weiß gekachelte Terrasse lag vor den Kinderzimmern, die durch eine türlose Öffnung miteinander verbunden waren. In diesem Durchgang hing bei Regenwetter die Schaukel meines Bruders, der einige Male beim Schaukeln mit dem Kopf gegen die Decke stieß. Nichts war für mich absurder als so ein Gegenstand für das Draußen, der da mitten im Zimmer hing, als hätte es zum Beispiel auch Pferde in einem Wohnzimmer geben können.

Im Haus herrschte eine ständige Unruhe, immer schlug irgendwo eine Tür, ein Deckel oder ein Stuhl fielen herunter, oder die Mutter rief irgend etwas Unverständliches aus einem Zimmer, wo man sie nicht vermutete, und dann dasselbe wieder von woanders her. Man hörte das vom Garten aus, und wieder war es so eigenartig, draußen das Drinnen zu hören, und ich schämte mich meiner Mutter wegen, wenn Fußgänger auf der Allee zum Haus hin horchten, und schämte mich dann wieder, daß ich mich meiner Mutter wegen schämte.

In allem, was sie machte, war es, als ob sie schneller sein wollte als sie selber, als ob ein Bild, das sie von sich selber hätte, ihr vorauseilte, das sie nie einholen konnte, und sie war zutiefst unglücklich, weil sie immer wieder von ihr selbst enttäuscht war. Sie radelte zu schnell, um noch rechtzeitig am Bahnhof zu sein, stürzte und rutschte waagrecht über den ganzen Vorplatz, und die Leute glotzten sie an; ich dachte dabei, ich wäre gemeint. Sie trug zu schwer, und ihre Netze platzten mitten im Dorf auf, und da waren nun alle Passanten über die Straße gebeugt, beim Äpfelauflesen. Das ganze Dorf wußte, was bei uns los war, und hörte, daß für die Gesundheit die Fenster offen sein sollten, daß man tief einatmen sollte und daß die Gärten für die Erholung der Kinder da seien.

Der Garten mit seinen zwei verschiedenen Landschaften

war zugleich vertraut und ein wenig unheimlich, und vor allem schien er abenteuerlich groß. Ich hatte Stellen ausgeforscht, wo ich aber nicht hinging und die ich mir zur weiteren Erforschung aufbewahrte. Das Spiel aber, verdeckt von anderen Spielen, wie einen Stein irgendwohin tragen oder den kleinen Schubkarren holen, bestand darin, von einer Gegend des Gartens in eine andere zu kommen, als wäre die eine die Rückseite der anderen. Vom hellen Rasen, der fensterlosen riesigen gelben Rückwand entlang, kam man in den struppigen Hintergarten, wo kleine Pfadansätze im Dickicht verschwanden und ein wiesenartiger Grasstreifen den alten rostigen Zaun des Tennisplatzes umgab. Das Rätselhafte war, daß man in wenigen Schritten von einer Landschaft in eine völlig andere kommen konnte. Man versuchte dann immer wieder den Augenblick einzufangen, wo das eine zum anderen wird, wo der Übergang von hell zu dunkel stattfindet, von sonnig zu schattig, von Tag zu Nacht.

Es gab auch Stellen im Garten, wo ich noch nie gewesen war, ein winziges Hügelchen, das sich zwischen Büschen verlor. Ich ließ mir Stellen für die Zukunft, winzige Partien, Ecken im Gemüsegarten, die hinter den Stachelbeer- und Johannisbeersträuchern wieder ansetzten, als ob da nicht hinzugehen die Gewißheit gäbe, daß man weiterleben würde, als ob sich Orte aufbewahren ließen, als Zeichen, daß alles so weitergehen würde.

Erfahren, wie die Raumbeschaffenheit der Landschaften um einen herum aussah, das war ein wenig schon sich selber erfahren lernen. Die Kleinkindheit hatte darin bestanden, den eigenen Körper im Raum einzurichten, ihn allmählich zu unterscheiden, der Höhe, der Breite, der Länge, den Farben nach, von dem, was ihn umgab.

Rechts vom Haus lag ein anderes Grundstück, dessen Beleuchtungen, Raumfluchten und Schattierungen, Bäume und Pflanzen man durch das Gebüsch hindurch erblicken konnte. Was mich aber verwirrte und ärgerte, war, daß das Nachbarhaus genau das gleiche war, sogar das Gelb des Anstrichs war dasselbe. Alles war genau symmetrisch. Jeden Tag entdeckte ich Einzelheiten, die die gleichen waren, und wieder andere, ganz verschiedene. Das war das Störende.

Wenn man aus dem Haus kam, wurde es zwischen den Gartenzäunen und den Stauden der Nachbarschaft sofort abenteuerlich. Der Blick reichte nie sehr weit weg, hohes Gras oder Grünzeug umschloß ihn sofort. Im Lauf der Tage wurden aber die Entfernungen kürzer, und die Wegbiegung, in die man sich noch nicht alleine getraut hatte, mündete in einen geraden Weg, jeder Tag erweiterte die Entdeckungen.

Jenseits der Villen, die den Horizont bestimmten, in östlicher Richtung, es war schon so weit weg, daß man nur an der Hand des Vaters hingehen konnte, lag ein weites, leicht abschüssiges Kornfeld, und ganz oben davon, und das war noch seltsamer als die Verdoppelung des elterlichen Hauses, stand die Windmühle, ganz im Draußen, mit nichts um sie herum, zugleich rund, sich verjüngend und hoch, ein riesiger, weiblicher Körper, der, obgleich er doch ein Haus war, um sich selber rotieren konnte und Arme hatte, die sich mitten im Himmel drehten.

In den schwarz gestrichenen rundlichen und gediegen geschwungenen Flanken öffneten sich übereinander drei winzige Fenster, als wolle die Mühle die Landschaft sehen, als wäre sie jemand. Obenauf war eine Art Haube montiert, wie ein umgekipptes Boot, aus der Balken wie Hörner hervorstachen. Seile hingen herunter, und manchmal sah man den wie ein Pferd angeschirrten Müller, der sein eigenes Gehäuse um sich selber herumzog, um die Flügel wieder richtig in den Wind zu bringen. Die stummen Flügel, auf dem Himmelsgrund wie zusammengeknotet, schienen, vom Fuß des Hügels aus gesehen, sich einer nach dem anderen immer wieder in den Boden zu bohren.

Sie drehten sich schnell, denn der Wind hörte nie auf zu wehen in dieser den Böen der Nord- oder der Ostsee ausgesetzten Gegend. Die völlig ruhigen Tage waren selten. Unaufhörlich bewegte sich irgendwo ein Geäst oder eine Baumkrone, und oft wurden alle Bäume zugleich von einem Luftzug erfaßt, deren Laub er nacheinander umstülpte. Die Böen kamen meistens von Westen, von der Nordsee, und die Flügel waren danach gerichtet, während hinter dem aufgekippten Schiffsrumpf ein senkrechtes Steuerruder mit kleinen dreieckigen Segeln die Richtung anzugeben schien.

Wenn man in Höhe der Mühle ankam, hörte man sie knirschen, seufzen und röhren wie ein Schiff auf hoher See. Im Inneren, kathedralenhoch, rumorte eine ganze Holzmaschinerie, von einem Schleier aus Mehlstaub umgeben, der sich in einer grauen Kruste auf den Balken niedergeschlagen hatte. Das Innere war von den kleinen Fenstern übereinander beleuchtet. In diesen enormen Hohlraum schlug der Wind ein und schallte durch den ganzen Raum, während die großen hölzernen Zahnräder ineinandergriffen. In einem breiten gezimmerten Kasten drehten sich die Mühlsteine menschengroß, denen ähnlich, die gegen den Backsteinsockel gelehnt waren.

Der Müller rauchte Pfeife und trug einen Hut von derselben Farbe wie die Balken. Er sprach mit heiserer Stimme. Mein Vater brauchte mehrere Anläufe, bevor der Müller uns, meinen älteren Bruder und mich, die Mühle besichtigen ließ. Danach bin ich aber einige Male dort gewesen. Jedesmal war es dasselbe Abenteuer der hohen, hohlen Leere und des Knatterns. Die Mühle rollte dahin durch die Lüfte, und die Landschaft defilierte unter ihr vorbei. Wenn man aus der Tür trat, die ein kleines helles Viereck in der riesigen dunklen Wand ausschnitt, sah man den oberen Mühlenrand und die Flügel in voller Geschwindigkeit unter dem Himmel davonziehen, so schnell, als sollte die Mühle umkippen.

IV

Die ersten Jahre

Ich wurde am 2. Mai 1928 in Reinbek in Holstein im ersten Stock des eben beschriebenen Hauses geboren, wie es damals Brauch war, als die Mütter zu Hause ihre Kinder zur Welt brachten. Meine Geburt muß ein großes Familienereignis gewesen sein, nach so vielen Jahren und mehreren Fehlgeburten, zwischen meiner Schwester, die achtzehn Jahre älter als mein Bruder und einundzwanzig Jahre älter als ich war. Meine Mutter wollte unbedingt mehrere Kinder, und sie war also schon über vierzig Jahre alt, als ihr Wunsch endlich in Erfüllung ging.

Am 30. Dezember 1928 wurde ich vom alten Pastor Fries getauft, den ich dann im Kindergottesdient kennenlernen sollte und an den ich mich noch lebhaft erinnere. Wie es in den protestantischen Familien öfters der Fall war, hatte ich mehrere Patenonkel und eine Patentante. Meine Patentante war mit einem Volkswirtschaftler verheiratet, der 1950 der Ministerialdirektor des Wirtschaftsministers Adenauers, Ludwig Erhard, wurde. Einer meiner drei Paten war ein gewisser Hermann Bielenberg, von dem ich nichts weiß, und ein anderer, ein Industrieller, der der Wehrmacht Metall verkaufte und der für wenig Geld das Haus meiner Eltern aufkaufte, damit sie weiter darin leben konnten, als die »Nicht-Arier« weder Besitzer noch Mieter, gar Landstreicher mehr sein durften. Es war übrigens nur eine Art Rückzahlung, denn 1921 hatte mein Vater seine Karriere und sein Vermögen aufs Spiel gesetzt, um für diesen Industriellen, edelmütig und nobel, eine Bürgschaft zu übernehmen, damit dieser Herr, der doch nichts anderes als ein Nachbar war, nicht pleite ging. Mein dritter Pate war ein entzückender Herr, ein klientenloser Rechtsanwalt, der ungefähr nur von den Prozessen lebte, bei denen er als vom Gericht bestellter Advokat plädierte, er war ein Neffe eines berühmten Erfinders, und irgendwie war er auch mit dem Bildhauer Schadow verwandt. Später verband mich eine wirkliche Freundschaft mit dieser charmanten Persönlichkeit aus der Zeit vor 1914, er war ein eleganter Causeur, ein schmetterlingshafter Schöngeist, der die feierlichen und spektakulären Gesten schätzte.

Der Ort meiner allerersten Erinnerungen ist jenes Haus meiner Geburt und Taufe. Das allererste erinnerte Bild hat mich lebenslang begleitet und ist immer gleich scharf geblieben, wie am ersten Tag, als wäre es das erste Aufblitzen des Bewußtseins gewesen: Ich sitze auf einer sich um mich herum ausbreitenden roten und glatten Fläche, ringsherum ein warmgrünes Blattgewucher und Myriaden von violett-roten und gelben Funken, die diese warmwabernde Fülle umschwirren*.

In einem einzigen blitzartigen Augenblick werde ich mir da sitzend bewußt; das Sehen kommt von mir, und so zum erstenmal fühle ich die Räumlichkeit, alles breitet sich von mir her aus. Die Fläche, auf der ich sitze, begrenzt genau meine Räumlichkeit, die ich jedoch in mir und von mir weg viel weiter reichen fühle. Von mir kommt dieser bauschende Stoff, unter dem eine viel kleinere Fläche wegrutscht, sie ist braun und weiß umrandet, und darauf sehe ich einen Schiffsbug und wußte genau, was es war. Man hatte mir also schon Schiffe im Hamburger Hafen gezeigt.

Ungefähr zur selben Zeit stehe ich in Bleylehöschen, wie es

* »Des myriades de minuscules étoiles violettes rouges et jaunes parcourent cette surface« meint das Französische. Im Deutschen sind aber die vieles umfassenden Zeitwörter wie »parcourir« selten. Die Übersetzung muß hier, um das auszugleichen, pointiert zielsicher vorgehen, als könne man durch die Zuspitzung den Mangel an Verallgemeinerung ausgleichen.

damals hieß, in der linken Ecke des Zimmers. An der Wand der weiße Spielschrank mit den dunklen rundlichen Stellen, wo die Farbe nagelartig abgesprungen ist; gegenüber die beiden Fenstertüren, die auf den Balkon führen: der Raumumfang legt sich um mich.

Aus einem anderen Zimmer eintretend, steht plötzlich meine Großmutter vor mir, ich sehe sie von unten, wie ein Hochhaus aufgebaut, violett aufgestockt, sie lehnt sich über mich, dachartig, und ich fürchte, sie könnte auseinanderbrechen, sie hält eine Metallschachtel mit Katzenzungen, die sie vor meinen Augen schüttelt. Dieses große violette, senkrechte Etwas schüchterte mich ein, ihr Gesicht schaute mich waagerecht wie mit umgekehrten Augen an.

Meine Großmutter starb 1930, ich war also zwei Jahre alt, ich sehe die Szene aber genauestens, wie fotografiert, mit ihren Farben, ihrer Taghelle und den Möbeln. Das Licht kam von rechts.

Die ersten Erinnerungen bestehen aus Farben und Formen, und dann mischen sich allmählich Begebenheiten in sie ein. So jenes Pferd zum Beispiel, welches zwischen Johannisbeerstauden einhergeht. Man ist überrascht, es von hinten zu sehen, wo man es gerade von vorne gesehen hat. Und jene Erleichterung, daß es im letzten Augenblick noch gut gegangen ist, denn man hätte genausogut eben dieses Pferd sein können. Und es bleibt jene Angst in eine andere Form, als man sie ist, zurückfallen zu können, mit jener Gewißheit zugleich, daß die Tiere wissen, daß sie keine Arme haben und keine Menschen sind.

Eine Doppeltür aus Ebenholz geht auf einen Zwischenraum auf, nach welchem man den Veranda-Salon erreicht. Mein großer Spaß war, mich zwischen den beiden Türen aufzuhalten, in diesem schmalen und dunklen Spalt, und man stellte sich vor, selber die Tragsäule des ganzen Gebäudes zu sein. Nach Belieben konnte man zwei Räume zugleich an den ausgestreckten Armen halten, je nachdem eine Tür oder die andere sich öffnete, oder beide zugleich.

Aber mein Lieblingsspiel war es, auf dem Bauch unter dem Arbeitstisch meines Vaters zu liegen und die Bilder der dicken Bände anzusehen, die er mir einen nach dem anderen aus den Regalen zog. Mein vier Jahre älterer Bruder hatte dieses Spiel entdeckt, wenn er aber in der Schule war, konnte ich es in seiner Abwesenheit spielen. Unter den Kunstbüchern, die mich fast immer langweilten, waren auch Geschichtsbücher mit vielen Stichen und farbigen Abbildungen von Schlachten unter unendlichen Himmelfluchten bei Sonnenuntergang über zugeschneiten Ebenen. Rot oder blau uniformierte Reiter galoppierten in Hohlwegen, Soldaten in weißen Uniformen lagen auf einem Feld am Waldrand. Die Farbabbildungen waren jede von einer dünnen Folie Seidenpapier geschützt, die man vorsichtig umschlagen mußte, und so hatte das Bild darunter, bevor man es entdeckte, etwas Verschleiert-Rätselhaftes und Ungenaues, und man wartete auf die Überraschung. Verwirrt wurde man besonders von den Abbildungen der Gemälde, die Folterungen oder Hinrichtungen darstellten, der schuldige Blick kam immer wieder darauf zurück, und man stellte sich selber als den Verurteilten vor, den man im letzten Augenblick retten würde. Abends vor dem Einschlafen stellt sich die ganze Szene wieder ein, von erstaunlicher Genauigkeit, man wird nackt ausgezogen und im letzten Augenblick doch noch befreit.

So entdeckte ich eines Tages eine Farbtafel, auch mit hauchdünnem Seidenpapier überdeckt, die den heiligen Sebastian von Antonello da Messina darstellte, die mich bis ins Tiefste meines Selbst verwirrte, ein fast existentielles Abenteuer, und so bat ich immer wieder meinen Vater, er möge mir das Buch über die italienische Kunst geben, um »die schönen Bilder« anzusehen. Mein armer, entzückter Vater glaubte, in mir eine

Frühberufung zum Künstler zu entdecken. Hätte er gewußt! So lebte ich von einer perversen Lüge in die andere, was übrigens zeigen dürfte, daß man Kindern nie große Kunstwerke zeigen sollte, sondern sie vor das Fernsehen setzen, wo sie wirklich nicht Gefahr laufen, von der Kunst zur Verwirrung der Gefühle verleitet zu werden.

Die Porträts, ich war zu jung, um sie schätzen zu können, versetzten mich in dunkelste Langweile, da war alles nahe und flach, wo man in Landschaften mit fernen Kirchen und Palästen, mit den Augen weite Spaziergänge auf den dargestellten Straßen und Wegen, durch Gebirge und Täler unternehmen konnte. Ich las nichts, aber fraß mich in jedes Landschaftsbild hinein, das mir unter die Augen kam, Bilder auf Kakaobüchsen, auf Plakaten, Reklameschildern oder in Märchenbüchern waren Weltreisen. Die meiste Zeit, wenn ich nicht draußen war, zeichnete ich hohe Kirchen mit spitzen Türmen.

In der Bibliothek meines Vaters war es voll von Namen auf ledernen Bücherrücken, Goethe, Schiller, Hebbel, Heine, Shakespeare, die kannte ich alle, manchmal die dazu passenden Gesichter. Goethe und Schiller gab es natürlich vollständig, vierzig Bände für den einen, zehn nur für den anderen, er starb allerdings viel jünger, das alles in Cotta-Ausgaben 1854. Solche Autoren befanden sich in allen damaligen Bücherschränken, in den selben, ein wenig feierlichen und schlichten Einbänden mit goldener Beschriftung, das gehörte einfach zur bürgerlichen Ausstattung. Sonntags nach dem Braten wurde ein wenig hineingeblättert, mein Vater aber hatte wirklich alles gelesen und las es immer wieder.

Heine gab es in viel kleineren Bänden und nicht so sorgfältig gebunden, das gehörte sich so, der war doch ein Jude und frech war er dazu, so ein aus Opportunismus zum Protestantismus übergelaufener dubioser Kerl, der seine Zeit in Paris

vergeudete. Er gehörte zu den kuriosen und gefährlichen Autoren, den unanständigen auf jeden Fall. Mein Vater verab-
scheute ihn, fand ihn aber amüsant.

Diese deutsche jüdische Bourgeoise, zum liberalen Protestantismus konvertiert und vom Kaiserreich in den normalen
Bürgerstand erhoben, verstand es ganz besonders, eine zugleich
modernistische und den »klassischen Werten« ergebene Ideo-
logie zu verbreiten, einen germanophilen Eifer, einen begeisterten Patriotismus, in welchem Romantik und Fortschritt
eine eigentümliche, dennoch originelle und stimulierende Vermählung eingingen. Keine besseren Deutschen als diese Leute.
Heinrich Mann hat sie so richtig wie bissig im *Untertan* beschrieben.

Heine war bei den konvertierten Juden ganz besonders gefürchtet: er erinnerte sie ständig an die Unsicherheit ihrer Lage
und daß sie bestenfalls immer nur »Deutsche auf Widerruf«
waren, wie es ihnen die Geschichte sehr bald zeigen sollte.
Heine, das war die Taube auf dem Dach, der dem Gedanken
der endgültigen Verwurzelung mit deutschem Boden so vollkommen widersprach, er, der konvertierte deutsche Jude, ein
Emigrierter noch dazu und intimer Freund des berüchtigten
Baudelaire oder der »linksradikalen« George Sand und vieler
anderer subversiver Franzosen. Und doch, deutscher als er ging
es kaum.

Nach 1918 roch Heine noch mehr nach »vaterlandslosem
Gesellen« und nach Verräter, obgleich er bereits 1856 gestorben war, er war ein »Nestbeschmutzer«, wie man im Deutschen so pittoresk sagt. Es galt unbedingt, jegliche Anspielung
auf ihn zu vermeiden. Kürzlich zugelassen, in einer gerade geborenen Nation Bürger geworden: – die Integration der Juden
stimmt fast genau mit der Gründung des Reiches überein –,
waren diese Unglücklichen doch immer zu einer unüberwind-
lichen Malaise verurteilt, so deutsch sie sich auch fühlten, man

warf es ihnen vor, und es war eigentlich vollkommen gleichgültig, ob sie sich als Patrioten fühlten oder nicht, »vaterlandslose Gesellen« waren sie auf jeden Fall.

Der Stolz dieser Leute endlich einem Land anzugehören, welches das ihrige schon seit Jahrhunderten war, ist heute schwer nachzuempfinden. Man wird auch kaum ermessen können, was Deutschland ihnen alles verdankt und umgekehrt. Zu ihrem Unglück wäre es ohne sie vielleicht nicht ganz so zu dem Aufschwung, den Deutschland in der Zeit von 1871 bis 1914 genommen hat, gekommen.

Im Wohnzimmer meiner Mutter stand der Flügel, aber es gab da keine oder kaum Bücher. Das Innere des Hauses ist mehr mit der Erinnerung an den Vater als an die Mutter verbunden, als ob das Vergessen hier eine schützende Funktion hätte. Sofort beim Abschied habe ich die Erinnerung an meine Mutter von mir abstoßen müssen, sie jedenfalls so weit wie möglich hinter das Gedächtnis zurückgedrängt, um nicht vor Kummer und Heimweh umzukommen.

Meine Mutter – sie war sechsundvierzig Jahre alt bei meiner Geburt – wurde sehr schnell müde und wechselte ungemein rasch von einem aufs andere. Sie war ganz fröhlich, voll Charme und Liebe, und im nächsten Augenblick brach sie in Tränen aus und wandte sich von uns ab. Sie küßte und schmuste, und im nächsten Augenblick stieß sie einen weg und schimpfte. Ich erinnere mich an Augenblicke des körperlichen Zusammenschmelzens mit ihr, als wären wir nur noch eine einzige Existenz, denen ein Zustand des Erstickens, der Abweisung folgte, wo man nur noch als senkrechte Insel in gelber Leere stand: es waren die Augenblicke, in denen sie ihre Depression und ihre Ermattung nicht mehr meistern konnte. Zugleich wollte sie mich ganz für sich haben, ich war ihr aber sofort lästig, fühlte mich schuldig und haßte sie aus Liebe.

Sosehr ich durch meinen eigenen Körper die Gegenwart meiner Mutter fühlte, ich war nur wie ein Teil von ihr selbst, wie es jedes Kind ist, so sehr fühlte ich zu gewissen Augenblicken, wie ihre Gesten und Worte verlogen und künstlich waren, wie auswendig gelernt. Was sie machte oder sagte, war eigens für mich einstudiert worden: ohne daß es mir gelungen wäre, es eigentlich zu formulieren, war es mir, als ob sie das alles meintewegen anders machte und sagte als sonst, daß sie sich mir nur vormachte und ich dabei in einen Abgrund stürzte, der sich unter mir immer weiter öffnete. Vielleicht ist da der Ursprung der ungeheuerlichen Wutanfälle zu suchen, die sich meiner bemächtigten, Zornausbrüche, wo ich nur noch boshafte, zielsichere und verzweifelte Gewalttätigkeit war.

Ich zerbrach, zerschmiß, zerriß alles was ich erreichen konnte, und doch hätte eine einzige gutgezielte Ohrfeige genügt, um alles umzustülpen und mich durch das Weinen zu retten, aber damals war den deutschen Kindern, und sie wußten es irgendwie von Anfang an schon, die Herrlichkeit von fließenden Tränen versagt, man glaubte sie ihnen einfach nicht. Weinen war verpönt und verboten, als verweichlicht angesehen, und doch hätte Weinen so viel und so vieles erlöst. Darin ist vielleicht einer der Gründe des deutschen Verbrechens im 20. Jahrhundert zu suchen.*

Entweder bildeten meine Mutter und ich nur ein einziges Wesen, wir fühlten, schauten und verstanden völlig gleich und dasselbe, oder es legte sich eine Trennwand zwischen uns, die

* Diese Bemerkung ist dem Übersetzer seit einiger Zeit (1999) in aller Deutlichkeit durch das Entsetzen in Jugoslawien und vielen anderen Gebieten, Sudan, Tschetschenien, Algerien usw., gekommen. Wer weiß, ob das erschreckende »Ein deutscher Junge weint nicht« eins der Elemente gewesen ist, die den Nazismus gefördert haben, genauso läßt sich das Wort »compassion« nicht übersetzen, als gehöre es zu den Denkverboten, durch welche sich die »Obrigkeit« in Deutschland Gehorsam verschaffen konnte.

nichts durchließ und hinter der ich erstickte. Die Jahre der Kindheit gehen derart in eine einzige Dauer über, deren Beschaffenheit aus jenem Wechsel zwischen Nähe und Ferne besteht. Entweder war die ganze Umgebung sonnenbeleuchtet, waagerecht und sanft, oder es stürzte alles um und glitt eine unbestimmte, schiefe Fläche hinunter, die ich dann beim Aufwachen unter der Form von rötlich durchschimmernden Massen erblickte. Es waren unzählige fleischfarbene, weiche Lamellen, die unentwegt hin und her wogten wie unter einem heißen Wind. Jahrelang blieb es immer die gleiche Vision dieses rötlichen, wabbernden Gekröses. Handelte es sich da um eine pränatale Vision, noch aus der Gebärmutter, wenn es so etwas überhaupt gibt? Wie dem auch sei, ein solcher Innenblick war auf jeden Fall mit meiner Mutter verbunden.

Oder ganz anders, hohes Gras, höher als man selbst, hart und lang, das einem zwischen die Schenkel schneidet, von stechender, spitzer Trockenheit, bei immer kurzem Blickfeld, die Himmel von Grashalmen und Zweigen durchzogen, davor alles überdeckend, monumental, der Rock, handgroß kariert, darin meine so liebtuende Mutter, die so macht, als wäre sie es selbst da vor diesem kleinen Jungen, der genau weiß, daß man ihn splitternackt hingestellt hat mitten ins Gras und der schon die ganze Lächerlichkeit davon empfindet.

Dieses Nacktsein gehörte dazu, es war organisiert, betont, verkündigt, man war vom pädagogischen Hygienismus durchdrungen, und was man doch so vehement überall versteckte, man verlor keine einzige Gelegenheit, es vor aller Augen auszustellen. Dieser vollkommen deserotisierte Nacktheitskult war nicht ohne Zusammenhang mit dem, was in kurzer Zeit Deutschland überschwemmen sollte. Ich weiß jedenfalls, daß ich mich unsäglich schämte. Der Zufall aber wollte, daß ich bis in ein schon sehr fortgeschrittenes Alter der Adoleszenz in einem Internat in Hoch-Savoyen den körperlichen Strafen unterworfen wurde, als ob das Schicksal es so bestimmt hätte, alles einer tieferen Bestimmung nach einzurichten.

Jener Rasen schien sozusagen für die ersten wesentlichen Entdeckungen dazusein, und zwar der Nacktheit, er war aber auch da für die Überraschung der Ostereier in farbigem Glanzpapier. Nichts Seltsameres als solche glatten, blinkenden Gegenstände, die auf einmal auf dem rauhen Boden und im Grasgestrüpp lagen. Jedesmal, wenn ich konnte, trug ich einen metallenen Gegenstand, einen Löffel oder einen Ring, hinaus, um zu erfahren, wie so etwas glatt Metallenes sich ausnahm im »Draußen«, wo es doch so gar nicht hingehörte. Dieses Erstaunen ist geblieben, und mehr als sechzig Jahre später bin ich immer noch gleich verwundert vom glatten Glänzen eines Autos auf einer Landstraße. Ähnlich war ich von den Inschriften verblüfft, die man da senkrecht stehen sah, draußen, an den Fassaden, oder manchmal sogar nacheinander stehend, einfach da, jeder Buchstabe für sich, den man unter dem Arm hätte mitnehmen können, dieselben Buchstaben wie in den Büchern.

Oft brachten mich die Eltern ins Dorf, bis ich sechs war, auf dem Gepäckträger ihrer Räder, und ich sehe noch den hin und her wogenden Rücken der Mutter, aus welchem ein Wortschwall herausklang, holprig vom Pflasterstein nach vorne geschrien. Im unteren Teil des Dorfes umgaben Geschäfte den dreieckigen Platz, eins war ganz neu hergerichtet, die Buchhandlung ERDMANN, das Schaufenster reichte bis zum Bürgersteig herunter, in einem Stück, und darüber liefen jeder für sich allein die Buchstaben E R D M A N N, und einen jeden hätte man mit sich mitnehmen und sie ins Gras oder unter Bäumen aufstellen können; das war genauso albern und grotesk wie die Metallgegenstände draußen.

Zu der Entdeckung der Raumbeschaffenheit, der Stellen und Orte kam die Festlegung der Geräusche und Gerüche hinzu, und aus ihnen bestehen die Erinnerungen der frühen

Kindheit viel mehr als aus den Begebenheiten und Tatsachen, welche die Erwachsenen bemerken. Die unterschwelligen Konsistenzen der Kindheit begleiten jeden sein Leben lang, da sie doch den Stoff aller Ereignisse ausmachen und man sich eher an diese als an die Begebenheiten selber erinnert. Die Geräusche, die Beleuchtungen sind der eigentliche Inhalt der Erinnerungen: das Ausklopfen der Pfeife des Vaters auf dem Aschenbecher, das Knarren der Türen oder das Kreischen der Eisenräder der Pferdewagen auf dem Pflaster, das Hin- und Hersingen des Wetzsteins am Sensenblatt, auf der Wiese, alles situierte um mich herum den ganzen Klangraum.

Das Eigenartigste war, draußen die Drinnengeräusche zu hören, meine Mutter, die sich auf einmal ans Klavier setzte. In den anderen Zimmern blieben die angefangenen Gesten hängen, und jeder hörte zu. Im allgemeinen kam sie gerade mit aufgelösten Haaren und in Schürze aus der Küche oder aus dem Eßzimmer mit einem Schaumschläger oder einem Staublappen und fing ohne Grund zu spielen an, immer zu den unerwartetsten und ungelegensten Momenten, wenn jeder sie im Dorf vermutete oder beim Mittagsschlaf, sie brach damit dann aber genauso plötzlich ab, wie sie das Spiel angefangen hatte.

In jedem Zimmer klang es anders, man vermutete den Flügel anderswo, als er in Wirklichkeit war, mehr links oder gerade unter einem. Es war genauso eigenartig, wie sie aus dem Garten heraus spielen zu hören oder von der Allee aus, die an der Villa entlangführte. Es war so überraschend, wie es war, meinen Vater vom Garten aus seine Pfeife ausklopfen zu hören oder von hinten die Leinwand auf der Staffelei zu sehen, die er gerade von vorne bemalte.

Seltsames war immer überall, daß man vom Dunklen ins Helle konnte, vom Schattigen ins Licht, und dabei vom Übergang nichts fühlte. Ich kam von einem Raum in den anderen, ohne fassen zu können, wie man vom einen in den anderen gelangte, vom schattenumrandeten Licht des Arbeitszimmers des Vaters in die treibhausartige Helle des mittleren Wohnzimmers, in welchem das Licht vom Wintergarten hereinleuchtete.

Das Seltsame kam selten von der Natur. Die alte Buche, deren beiden Stämme in halber Höhe ineinandergewachsen waren, oder der Baum, dessen Wurzeln einen extra auf mich zugeschnittenen Thron bildeten, überraschten mich keineswegs. Das Sonderbare aber, das einem den Rücken einbog und zwang, die Schultern zu strecken, hatte immer mit jemandem oder mit einem Gegenstand zu tun. So erschien mir die am weißlackierten Türsturz befestigte Schaukel als der fast obszöne Gipfel der Albernheit. Man stellte sich das auf dem Brett schaukelnde Kind vor, wie es gerade mit der Stirn gegen die Decke in dem einen oder anderen Zimmer anschlug. Nichts Absurderes als diese Draußengegenstände, die man auf einmal in der Wohnung wiederfand, es ließ einen vor Scham erschauern, wie ein Fahrrad auf einem Balkon oder ein Kleiderbügel an einem Fenstergriff. Das Seltsamste waren alle diese Erwachsenen, deren Körper kein Ende nahm und den sie zusammenbogen, streckten, forttrugen oder irgendwohin brachten, je nach Bedarf. Was konnten sie überhaupt damit anstellen, während sie selber darüber hinwegredeten?

V

Entdeckungen

Der Reihe nach veranstalteten die Oberlandesgerichtsräte Hamburgs prächtige Festessen, die man wochenlang vorbereitete und die fast zum einzigen Unterhaltungsthema der Erwachsenen wurden. Der dann gedeckte Tisch leuchtete und funkelte vor Kristall, Blumen und Silberbesteck, im Eßzimmer brannten hohe Kerzen und lag ein Weihnachtsduft, der um so unpassender roch, als man doch schon im Frühling war.

Der alte Odefey, der Hausarzt, der lange den zweiten Weltkrieg überlebte und der unaufhörlich seine Solidarität mit meiner Familie unterstrich, versicherte, daß solche Diners, wenn sie bei meinen Eltern stattfanden, die prächtigsten und auch die charmantesten waren, an denen er in den ersten dreißig Jahren des Jahrhunderts teilgenommen hatte. Meine Mutter, hieß es, hatte eine besondere Begabung, die Leute nach ihren Affinitäten und Eigenschaften um sich zu versammeln. Kaufleute aus Hamburg, Reeder, Universitätsprofessoren, Künstler und Ärzte, sie hatte alles, was sie brauchte, zu einer »passenden Auslese«.

Die Kinder gehörten nicht zum Fest. Sie durften den gedeckten Tisch betrachten und verschwinden. Man verfrachtete sie auf die Etage, wo alles neblig, kurzfristig und eingeschrumpft schien, dabei war alles vertraut und nichts jedoch an seinem Platz, als hinge man in einer sonderbaren bräunlichen Lichtigkeit, die Gesten waren einem wie eingefroren. Meine Mutter hatte mich verraten, sie hatte mich verlassen. Mein Vater bereitete sich in einem eigenen Zimmer vor, zwischen Schlafzimmer und Badezimmer, eine Art persönliche Ankleidekammer, und wenn er seinen Frack anzog, was auch manchmal sonntags oder für gewisse Feste geschah, schien es, als ob er sich ein umgekipptes weißes gotisches Kirchenfenster anziehe, vom Schwarz des Anzugs umrandet.

Von unten kam Rumoren, Geraschel, die das Ohr sofort situierte und doch nicht wiedererkannte. Dann waren es Stimmen, Getrampel, laute Ausrufe, die verstummten und ein wenig weiter wieder ansetzten. Das Kinderfräulein versuchte unsere Aufmerksamkeit auf irgend etwas zu lenken, aber ich hörte nur dem zu, was unten passierte, und wagte es doch nicht hinunterzugehen. Plötzlich stürzte meine Mutter durch das helle Viereck der offenen Tür herein, umarmte mich hastig, sie roch anders als sonst, und meine Finger glitten über einen steifen und glatten Stoff, den ich sonst noch nie an ihr berührt hatte.

Zwei- oder dreimal die Woche begab sich damals mein Vater ins Gericht, und jedesmal war es die Gelegenheit eines kleinen Auftritts, er fand sein Taschentuch nicht, oder seine Mappe hatte er verlegt, oder die Mutter entdeckte im letzten Augenblick einen unsichtbaren Fleck auf seinem Anzug, Türen schlugen, meine Mutter schrie, mein Vater lachte, und dann war es still.

Aber ab 1933, ich war fünf, ging mein Vater nicht mehr ins Gericht, er war zwangspensioniert worden, seiner »Herkunft« wegen durch das Gesetz vom 7. April 1933, genannt *Wiederherstellung des Beamtentums,* welches die »Juden« und »Halb-Juden« (sic!) aus den Staatsdiensten ausschloß.

Also kam er morgens nicht mehr die Treppe herunter, angezogen, als wäre es Sonntag. Meistens trug er nun einen weißen Kittel über seinem Anzug, um keine Farbflecken zu bekommen, er verbrachte hauptsächlich seine Zeit mit Malen, entweder im Garten, im Wald oder am Rand des kleinen Flusses, der Bille, die zwanzig Kilometer weiter in die Elbe mündet. Er malte und versuchte die Lichtreflexe mitzubekommen, und manche seiner Gemälde waren bemerkenswert, er stand unter dem Einfluß seines älteren Bruders Alfred.

Mein Vater hat auch hervorragende Pastelle gemalt, Blumen, Wiesenränder. Malen und Zeichnen füllten von nun an sein Leben aus, und das »Herrenzimmer«, aus dem er sein Atelier gemacht hatte, roch wunderbar nach Terpentin, ein Geruch, der meine ganze Kindheit durchdringt.

Auf dem Dachboden stapelten sich die Bilder; senkrecht gestanden, hintereinander, wie riesige Kartenspiele. Mit einem Finger konnte man sie durchblättern, und so zogen Waldränder, Brücken, Windmühlen, Dörfer oder sonnige Wiesen vorbei. Manchmal war es auch ein nackter Mann, der eine Eisenstange hielt, oder eine liegende Nackte. Man schlug dann das Gemälde zurück, um es länger anzusehen, in der Furcht, beim Betrachten dieser Nacktheiten, von denen das Auge nicht loskam, überrascht zu werden.

Mein Vater hatte also diese Personen ganz nackt gesehen, er hatte das Verbotene gemalt, die Stelle, wo sich »das« befand, schon bei diesem Gedanken schüttelte man sich vor Scham.

Der Gedanke ließ nun von mir nicht mehr ab, mein Vater müsse mich nackt malen, es war mir aber unmöglich, es zu sagen, sogar in seiner Gegenwart einen solchen Gedanken in mir aufkommen zu lassen, als könne er ihn in mir lesen. Mehrmals jedoch hatte er schon versucht, mich zu porträtieren, da ich mich aber unaufhörlich bewegte, hatte er aufgegeben. So versprach ich, völlig stillzuhalten, als ob ich einen annehmbaren Vorwand erfinden müßte, um zum Ziel zu gelangen – der Gedanke an das Verbotene ließ mich jedesmal aufzucken.

So lernte ich aber, lange Minuten vollkommen stillzuhalten, ohne die leiseste Bewegung, so daß ich daran allmählich Lust bekam. Nichts war seltsamer und faszinierender, als derart von der Dauer durchzogen zu werden, sich in der Mitte des

Selbsts existieren zu fühlen, weiter in diesem Hohlraum des Selbstseins, so in der eigenen Mitte zu stehen. Trotz meiner ständigen Hektik und Nervosität kostete ich sehr rasch diese völlige Unbeweglichkeit aus, die zu einem ziemlich schwindelerregenden Abenteuer wurde und zu einer wirklichen Versuchung.

Einige Jahre später, auf dem Höhepunkt der mystischen Krise der Adoleszens, empfand ich einige Zeitlang das heftige Begehren, Mönch zu werden, um mich ganz der Exaltation hinzugeben, die ich beständig in mir fühlte, als eine Art fröhliche Adoration. Am Ende, wenn man einem Maler Modell sitzt, leert man sich in sich selber hinein und hört nur noch jenes unbestimmbare innere Raunen. Den Blick immer auf denselben Punkt gerichtet, verwechselt man sich selber auch so gut mit dem, was der Maler sieht. Man empfindet keine Langeweile, man denkt nicht, hört auf nichts, und dann ist die Aufmerksamkeit am schärfsten, es setzt eine Art konzentrische Empfindung ein, die sich in einem zugleich weit und punktartig ausbreitet.

Auf einmal, ohne daß ich es selber erwartet hätte, kam es aus mir heraus: »Papi, male mich als Akt.« Es konnte um so leichter gesagt werden, als man im Deutschen das Ding sagen konnte, ohne das Wort dafür auszusprechen. Statt »nackt« genügte es, »Akt« zu sagen. Ich brauchte also meine eigene Nacktheit nicht in Kauf zu nehmen.

Einige Zeit vorher hatte ich die Tochter meines Patenonkels B. – sie war genauso alt wie ich – völlig nackt gesehen. Sie hatte einen mir vollkommen ähnlichen Körper, nur daß bei ihr das Glatte weiter bis zwischen die Beine reichte. Ich fand das sehr elegant und mehr zur Nacktheit passend als diesen kleinen Haut- und Fleischzipfel, der bei mir herunterhing, den ich mit nichts in Zusammenhang setzen konnte und besonders nicht mit dieser Steifheit, die mir manchmal abends an der Stelle erwuchs.

Von da an hörte die Nacktheit nicht mehr auf, mich zu beschäftigen, sie nahm in meiner Vorstellungskraft ihren Platz ein, und da man doch nackt war, nur um Prügel zu erhalten, wie in der Schule, wünschte ich mir, die Hose herunter zu bekommen und gezüchtigt zu werden. Die ganze Zeit der Adoleszenz baute sich um dieses Begehren herum auf, und seltsamerweise kreuzten sich für einmal sehr genau die Wirklichkeit und die Wege der Phantasie.

An meiner Mutter, die ich eines Tages, ohne es zu wollen, ganz nackt vor ihrem Spiegelschrank sitzend, auf einmal verdoppelt vorfand*, gab es schwarzes, krauses Gehaare, um sich selbst gerollt, dessen Büschel nach allen Seiten schossen, eine Art kurzer und krausiger Frisur am falschen, am verbotenen Ort. Tagelang schüttelte ich mich vor Abscheu und Scham: auf dem glatten Rosa oder dem Weiß, so sanft beim Berühren, konnte es also jenes schwarze Gewächs geben, das unter den Fingern knirschte.

Ich wollte, daß mein Vater mich nackt male, um ihm zu zeigen, daß ich solche Abscheulichkeit an mir nicht hatte. Er tat, als hörte er nichts. Es gab da also auch etwas Verbotenes, und ich verstand, man sollte seine Glätte für sich alleine bewahren.

Was mich aber am meisten wunderte, war, daß es ihm gelang, mit seinem Pinsel und seinen Farben etwas, das man mit den Fingern anfassen konnte, darzustellen, den Ausdruck von Menschen zu »kriegen«, die man kannte, und daß er sie flach hintun konnte auf eine Leinwand: meinen Onkel zu Besuch,

* Hier ist der Übersetzer dem Autor wieder nicht ganz treu, im Französischen steht »ce qui la fit être deux«, genau: »was aus ihr zwei machte«, die Formulierung schien dem Übersetzer zugleich zu präzise und zu ungenau, während das »doppelt« genau die Idee des Leibes und dessen Spiegelbild wiedergibt. Das Wort »Gewächs« ein wenig weiter unten ist auch ein Zusatz, der dem Gemeinten aber voll entspricht.

meinen Bruder oder mich im Matrosenanzug. Die erkannten *mich,* und doch war ich nicht derjenige. Im Herrenzimmer stehend, erkannte man auf ähnliche Weise in kleine Vierecke gedrängt Waldpartien, Gartenstellen oder Innenansichten des Hauses, es war dasselbe, aber in klein und flach, ganz dünn aufgetragen, das war eben das Unverständliche: das Bild.

Mein Vater lehrte mich sehen, das heißt mich wundern, den Blick sich ganz von dem einfangen zu lassen, was er gerade sah, er lehrte mich unbeweglich zu bleiben, bis der Name der Dinge verschwinde und davon nur die Formen und Farben blieben, womit das Wunder beginnt.

Mit acht oder neun wollte ich es ihm gleichtun und fing an Bauten zu zeichnen: Bahnhöfe und gotische Kathedralen, und da mein Vater mir mehrmals den Hamburger Hafen gezeigt hatte, zeichnete ich auch eine Unmenge von Frachtern mit Steuerhaus, Schornstein und allem Zubehör, nie aber konnte ich sie richtig auf See bekommen, und jedesmal überkam mich die Wut, denn die Striche überdeckten und verwirrten sich, und ich zerriß alles und zerfetzte das Blatt mit dem Bleistift.

Eines Tages, als ich wieder einmal vergeblich versuchte, einen Frachter auf hoher See zu zeichnen, nahm mir mein Vater, der hinter mir stand, den Bleistift aus der Hand, und ohne ein Wort zu sagen, zog er einfach einen waagerechten Strich oberhalb des Frachters, und auf einmal hatte ich die Kimm, ganz in der Ferne über der See. Alles rückte auf einmal zurecht, mit einem einzigen Strich legte sich die Welt um mich herum zurecht.*

* »Le monde se disposa autour de moi«, schreibt hier das Französische. Hier begegnet man wieder der Schwierigkeit des Übersetzens der Zeitwörter mit fast unbegrenztem Umfeld, deren es im Französischen viele gibt, wie »disposer«, für welche man jedesmal viele deutsche Zeitwörter wie in diesem Fall einrichten, aufstellen, zusammenrücken, usw. zur Verfügung hatte, denen es an Reichweite jedesmal fehlt, was wiederum den Sinn präzisieren kann und zur Genauigkeit zwingt.

Mein Vater war es, der mich die Wasserspiegelungen am Gewölbe der Backsteinbrücke sehen lehrte, der mir beibrachte, wie man die Fährten der Tiere erkennt: Rehe, Füchse oder Hasen, nicht nur am Boden, sondern auch auf dem Gras und im Geblätter, wie man die Pflanzen voneinander unterscheidet.

Wenn am Morgen im Sommer die Baumstämme sich vom blendenden Sonnengrund abhoben und die Ernte begann, ging mein Vater mit mir über die Allee zu den Mähern, die er alle kannte. Das Schleifen der Sensen klingt mir für immer in der Erinnerung nach, ein abwechselnder Gesang, der seinen eigenen Ton anspitzt, dünner und kürzer am Spieß werden läßt, voller und tiefer in der Mitte des Blattes. Manchmal tauchten die Mäher ihren länglichen Schleifstein in den wassergefüllten Becher, den sie am Gürtel trugen, und ihnen im Gegenüber, als ob es stünde, blinkte das Sensenblatt in der Sonne. Hinter dem geschnittenen Gras stand die senkrechte Wand des danebenliegenden Getreidefelds.

Einige Tage später dann kam die von zwei Pferden gezogene Mähmaschine, und im Felde drehten sich die waagerechten Holzrechen, die die Halme vor das Schneidewerk bogen. Ein Staubschleier stand vor der Sonne. Wenn die Garben zu Hokken aufgestellt waren, kam mein Vater und steckte seine Staffelei mitten ins Feld.

Sehr oft ging er aufs »Motiv« mit seinem ganzen Malbedarf auf dem Gepäckträger seines Fahrrads. Manchmal begleitete ich ihn, und es war dann die Entdeckung der dichtgepflanzten Tannenforste mit dem trockenen, grauen Boden, oder es waren ausgedehnte Wiesen mit niedriggewachsenen Hecken dazwischen, hinter welchen, wie mir mein Vater sagte, sehr weit Großstädte lagen, deren Richtung er mir zeigte. Wir gingen oft zusammen spazieren und erlebten die hellen Sommernächte mit den riesigen, im Himmel stehenden Wetterleuchten, oder er zeigte mir, wie man sich den Großen Bären mit dem Reiter in der Mitte merkt und den Polarstern findet. Von ihm habe ich erfahren, daß alles einen anderen Blick verlangt, daß für jedes Ding, das man sieht, der Blick etwas anderes entdeckt, daß es für alles einen geeigneten Blick gibt. Meine Mutter begleitete uns selten.

VI

Meine Mutter und ich

Meine Mutter, die hervorragend Klavier spielte, hat es immer abgelehnt, mir, so wenig es auch sei, davon beizubringen. Ich kann nicht einmal Noten lesen. Ich war ihr zu hektisch, ich nervte sie, ich störte ihre ästhetische Ordnung, und dazu war sie auch viel zu müde, um sich um ein Kind in meinem Alter kümmern zu können.

Ihre innige Liebe für meinen Bruder und mich, sie hatte sich so lange mehr Kinder gewünscht, schloß uns in eine ganz vorgebaute, vorbereitete Welt ein, wo alles im voraus geregelt war, und wenn die Dinge dem nicht entsprachen, war sie zutiefst beunruhigt. Das war um so erstaunlicher, als ihr Urteilsvermögen von ganz besonderer Selbständigkeit war und sie das Unkonforme geradezu suchte, für alles Unerwartete war sie immer empfänglich oder fand Originelles mitten in scheinbarer Banalität immer sofort heraus. Mein Vater fand sie »romantisch«. So zum Beispiel durfte der Rasen wegen der Gänseblümchen nie gemäht werden. Die Wäsche blieb tagelang draußen hängen, weil sie die weißen viereckigen Flächen so entzückend fand, aber als ob ich das Abbild eines unbewußten Teils ihrer selbst wäre, welches sie beunruhigte, erwartete sie von mir Brauchbarkeit und sichere Gesten, sie wollte mich adrett und geschickt haben.

Sie turnte mir auf dem Rasen trotz der – seltenen – Passanten vor. Man mußte den Rumpf nach vorne, zur Seite oder nach hinten drehen, das Bein oder die Arme heben, es wurde über einen verfügt, als wäre man nicht mehr man selber, und allmählich überkam mich die Wut, daß meine Mutter uns derart lächerlich machen konnte. Nichts als Verrat war das. Vor Wut brüllend, versuchte ich die Bäumchen am Rand auszureißen, um sie ihr ins Gesicht zu schmeißen. Die ganze Nachbarschaft, einmal mehr, war schon im Bilde. Verzweifelt gab sie auf und schrie zum offenen Fenster meines Vaters, der im Herrenzimmer malte: »Der Kleine ist verrückt, der Kleine ist verrückt!«

Sie tauchte immer da auf, wo man sie nicht erwartete, ganz hinten im Garten oder zwischen den Beeten oder zwischen den Johannisbeersträuchern. Eines Tages, mich hinter sich her an der Hand ziehend, schleppte sie mich ins Eßzimmer und hieß mich, mich auf einen der grünbezogenen Stühle zu setzen, stellte eine bauchige Glaskanne mit einem langen Hals, die ich noch nie gesehen hatte, vor mir auf den Tisch. Ich fragte mich, wo meine Mutter sie wohl hatte auftreiben können. Sie nahm ein Kinderlätzchen, eins von mir von früher, und versuchte mir beizubringen, wie man einen ganz gewöhnlichen Knoten machte. Ich konnte noch nicht meine Schuhsenkel schnüren und trug deshalb, acht- oder neunjährig, noch aufknöpfbare Halbschuhe, was mich manchmal mich selber für ein Mädchen halten ließ und mich zutiefst verwirrte. Meine Knoten band ich ohne weiteres, ohne daran zu denken, wenn meine Mutter nicht da war. In ihrer Gegenwart aber war ich gelähmt, idiotisch, blöde, leer. Mir gegenüber sitzend, mühte sie sich ab, mir verständlich zu machen, wie man den einen Senkel unter den anderen kriegt, um den Knoten zu binden, ich war aber unfähig, es ihr nachzutun. Ich konnte nicht erklären, daß ich, ihr gegenüber, ihre Bewegungen umgekehrt sah und nichts davon verstand. Ich hätte ihr zur Seite sitzen müssen, um verstehen zu können, wie sie es machte, um so mehr, als ich immer Schwierigkeiten gehabt habe, meine eigene Rechte von der Linken zu unterscheiden, ganz besonders natürlich bei jemandem, der mir gegenüber ist.

Sie war völlig verstört, kurz und gut, ich war nun wirklich ein Kretin, ein hektisches, behindertes Kind. Es genügte schon, daß sie mir irgend etwas beibrachte, und in meinem Kopf gab es nur noch Brei. Sobald sie mir etwas beibringen wollte, war es aus. Von ihr habe ich kaum etwas lernen können, weder das mindeste an Musik, noch Bälle aufzufangen oder gar zu rechnen. Sofort war mir, als schlüge sie sich auf die Seite der anderen und hörte auf, die Mutter zu sein. Es kam öfters vor, daß sie plötzlich mit den Fäusten auf mich eintrommelte, auf den Oberarm, damit es nicht weh tue, dachte sie sich wahrscheinlich, und dabei Mozart trällerte, um mich im nächsten Augenblick an sich zu drücken, zu schmusen und mich ihren »armen Kleinen« zu nennen. Alles, was von ihr kam, schien mir wie von außen zu kommen und zur Außenwelt zu gehören, ich verwarf es mit allen Kräften. Zu meinem Bruder waren ihre Beziehungen viel gelassener, einfacher, ausgeglichener, wie im voraus vereinbart.

So war es mir fünfzig Jahre lang unmöglich, auch nur ein Häppchen Honig zu essen, ohne von Ekel geschüttelt zu werden. 1978 in Saugues, einem rotdächig stadtartigen, festungsrunden Dorf, mitten im menschenleeren Velay im riesigen wellenartigen Gebirge der südlichen Auvergne, fand meine Frau einen besonders schmackhaften Honig, zugleich rauh und voll Duft, irgendwie auch nach Rauch schmeckend. Sie überzeugte mich davon, ein ganz wenig auf einer Messerspitze nur mit der Zunge abzutasten: es war köstlich, würzig, und auf einmal gab es vor meinen Augen das dreiteilige Fenster der Ankleidekammer, die zum Hintergarten hinaus lag, es war Nachmittag, ein hoher Wolkenhimmel, durch den die Sonne sticht, meine Mutter will mich zwingen, ein Honigbrot zu essen. Es ist seit diesem Tag, daß ich keinen Honig mehr essen konnte, es handelt sich bestimmt um eine sogenannte Deckerinnerung, in welcher der Honig nur einen Konflikt mit meiner Mutter überdeckt und welche sich im Honig kristallisiert hat.*

Während der drei oder vier ersten Jahre meines Lebens wurde meine Mutter von einem Kinderfräulein unterstützt, die bis zu ihrer Heirat mit dem Chauffeur meines Paten, dieses Carl Dobbertin, unseres Nachbarn gen Norden, bei uns blieb. Unser Kinderfräulein hieß Erna Zimmermannn, wir nannten sie Nana, sie war eine dicke Frau mit beruhigendem, breitem Gesicht, sie war voll Gleichmut und Güte und wußte augenblicklich, mit wem sie es zu tun hatte. Meine Eltern stellten ihr immer ihre Gäste vor, und sie erriet sofort die tiefere Natur der Leute. Nana hat in meiner Kleinkindheit eine entscheidende Rolle gespielt und dann wieder viel später in den schwierigen Zeiten einer verspäteten Adoleszenz. 1972, es war gerade der Geismar-Prozeß** in Paris, hatte ich die Freude, sie nach Paris einladen zu können. Ich hatte mich mit ihr am Place du Châtelet verabredet, sie saß hinter drei Reihen lachender, bewaffneter Gendarmen, ohne auch nur zu merken, daß sie auf dem völlig leeren, fast unter Standrecht stehenden Platz die einzige Zivilperson war, bequem auf dem Brunnenrand sitzend, betrachtete sie den Himmel zwischen den Maschinenpistolen.

Sie verlangte immer nur von einem Kind, was es leisten konnte, und mutete ihm nur das zu, was ihm entsprach. Auch konnte sie immer neue Spiele erfinden, voll Verstand und Großzügigkeit, gewann sie sofort das Vertrauen eines jeden Kindes. Nana bildete eine Schutzwand und einen Übergang

* Hier wurde im französischen Text das Zeitwort »déverser«, ausschütten, auswerfen, benutzt, dem Übersetzer fiel dabei das Wort »kristallisieren« ein, was auch den kleinen Kristallisationen des Honigs entspricht, das zeigt, daß ein Text zu einem gewissen Zeitpunkt auch hätte anders geschrieben werden können und daß auch die Übersetzung eine zeitliche Verschiebung bedeutet.

** Alain Geismar hatte einer anarchistischen, halb terroristischen Gruppe nach 1968 angehört und zu Gelegenheit seines Prozesses fürchtete man Attentate seitens seiner Freunde. Er ist heute ein hoher Staatsbeamter (!).

zur Außenwelt, mit ihr war die Wirklichkeit nicht mehr unheimlich.

Als sie uns wegen ihrer Heirat verließ – meine Mutter hatte alles mögliche unternommen, sie zurückzuhalten –, verschwand dieser Schutz, und ich stellte fest, daß meine Mutter nicht ganz mir gehörte, daß ich ihren Rücken sehen konnte, während sie etwas anderes machte, was mit mir nichts zu tun hatte. Ich verstand nicht, daß es außer mir noch etwas anderes für sie geben konnte.

Oft ging sie plötzlich von mir weg, sie wußte also, daß ich an etwas schuld war. Jedesmal, wenn sie irgendwo hinging, war es ein fürchterliches Theater, Haus und Garten widerhallten von meinem Gebrüll. Sobald man mir etwas Außergewöhnliches zeigen wollte oder wenn man mir die ersten reifen Erdbeeren zeigen wollte, wußte ich sofort, daß meine Mutter am anderen Gartenende gerade wegging; ich kam dann zu spät und sah sie noch auf dem Rad, viel zu weit schon. Wie die Hunde wußte ich schon am Stimmenklang oder wie mein Vater den Stuhl zurückschob, daß meine Mutter in die Stadt fuhr und mich zurückließ. Derart erpreßte ich mit meinem Brüllen, an welches ich selber nicht glaubte, meine ganze Familie, daß man Finten erfinden mußte, um mich zumindest für einen Augenblick loszuwerden. Im Grunde schämte ich mich, daß jene momentane Abwesenheit meiner Mutter mir eigentlich wenig ausmachte, und ich brüllte um so mehr, als meine Gefühle unsicherer waren. Ich wußte, daß ich ein verdorbenes, böses Kind war, und das mußten dann die anderen ausbaden.

Meine Mutter, die an Schlaflosigkeit litt, verlangte, daß ich nachmittags schlief, und das ganze Haus hatte zu schweigen, und es durfte nicht das leiseste Geräusch gemacht werden: kaum durfte mein Vater noch im Erdgeschoß seine Pfeife ausklopfen. Meine Mutter saß reglos am Bettrand, und ich war gespannt zu wissen, wie lange sie es aushalten würde, ob sie sich nicht endlich irgendwie regen würde, und ich dachte an die Modelle meines Vaters, die so lange völlig still sitzenbleiben konnten. Es dauerte immer sehr lange, und verzweifelt sah ich das Licht sich allmählich ändern, die hohe Sommersonne niedriger werden. Im warmen Kubus des Zimmers, wo man vor lauter Verhängen der Fenster mit Decken und Tüchern endlich doch ungefähr Dunkelheit geschafft hatte, drang die Helle oberhalb der Gardinen und zur Seite ein, an der Decke zog sie stellenweise ausgefranste Linien, in denen sich leichte Schatten bewegten. Im Garten mußte währenddessen bestimmt Interessantes geschehen.

Jedesmal gab es Gezeter und Geschrei, Betteln und Gewimmer. Sogar mein Vater kam zu Hilfe und versuchte meine Mutter von der Nutzlosigkeit ihrer Schlafpädagogik zu überzeugen. Bald aber erfand ich eine weniger anstrengende und wirksamere Technik: ich tat, als schliefe ich ganz fest, nur hatte diese Technik einen Nachteil, und zwar, daß ich dann tatsächlich dabei einschlief, manchmal sehr lange, und schon war der Nachmittag fast vorbei. In den anderen Fällen stellte sich meine Mutter irgendwo in einer Ecke auf Posten, um mich abzufangen, und natürlich gab es neues Geschrei: sie riß sich die Haare, rief meinen Vater und redete Englisch auf ihn ein. Das alles passierte in großen Zimmern mit hohen Fenstern. Um sicher zu sein, daß ich liegenblieb, zog man mir ein Nachthemd an, wo es doch Tag war, und ich haßte meine Mutter und schämte mich, sie zu hassen, ich war korsettiert, gemiedert, erstickte unter einem auf mir lastenden Gemäuer.

So gezwungen, am hellichten Nachmittag zu schlafen, war es kein Wunder, daß ich anfing, »böse Gewohnheiten« zu entwickeln, wodurch ich mich in meiner Langeweile zu zerstreuen suchte. Ich stellte mich mir als gefolterten Missionar vor, den man noch im letzten Augenblick rettet. Meine Mutter überraschte mich natürlich dabei, da doch die ganze Erziehung jener Zeit die Leute dazu führte, fast ausschließlich darauf und fast auf nichts andereres ihre ganze Aufmerksamkeit zu richten. Die Erwachsenen waren in dieser Beziehung unvergleichliche Experten geworden, denen nichts entging, was mehr oder weniger der Onanie ähnlich sein konnte, so sehr, daß sie einer Art Spionierwahn verfielen, der ganze Generationen von Kindern geängstigt hat und wahrscheinlich reichlich dazu beigetragen hat, aus Europa einen Kontinent von Geisteskranken zu machen. Und wieder Drama, Gekeife, Gekreische, Hinunter- und Herauflaufen, Türenschlagen, Geflüster, neues Türenschlagen, Stille.

Meine Familie, die sich ihrer Herkunft so schämte, war überangepaßt, alles wurde überbetont, um vollkommener noch mit dem, was die Umwelt vermeintlich erwartete, im Einklang zu sein. Die sexuelle Verdrängung war ganz besonders vehement, da doch alles Sexuelle für das damalige Bürgertum das Böse an sich war. Das war der Grund, weshalb meine Mutter sich derart Sorgen darüber machte. Zum Glück wußte sie nichts von den masochistischen Begleitbildern. Alles war da vorhanden, was aus dieser Familie die idealste Kundschaft für einen Psychoanalytiker gemacht hätte.

Jedoch sollte es nicht sehr lange dauern, bis ich das Mittel fand, vermeintlichen Schlaf und dramatisches Aufwachen zu kombinieren, um endlich diese »Mittagsschläfchen« loszuwerden: eines Tages, als es meiner Mutter gerade gelungen war, auf Fußpitzen den Raum zu verlassen, wo ihr endlich eingeschlafenes Kind ruhte, wartete ich eine Zeitlang und stieß mir den Fingernagel so tief ich konnte in das Zahnfleisch, bis mir die Tränen kamen und ich laut weinen mußte. Meine Mutter, die auf der Lauer hinter der Tür stand, war sofort an meinem Bett, und mit überzeugter und betrübter Stimme sagte ich ihr, und die Tränen liefen mir dabei die Wangen herunter: »Mutti! Ich denke an die armen Gefangenen in ihren Gefängnissen.«

Entzückt von so viel plötzlicher Barmherzigkeit, eilte sie zum Vater hinunter, um ihm Bericht zu erstatten, und ich benutzte die Gelegenheit, um mich »aus dem Staub« zu machen.

Von diesem kleinen Wilden, immer in Bewegung und Aufregung, der plötzlich eines Tages des Jahres 1928 sozusagen bei seinen eigenen Großeltern auftauchte, waren die Eltern buchstäblich überfordert. Ich verstand nichts, und alles, was man von mir wollte, glitt von mir ab. Es existierte nur, was ich auf Augenhöhe hatte, es gab nur diese rätselhaften, immer weiterführenden Passagen zwischen den Gebüschen, die sich überall wie Überraschungen zu allen Seiten hin verzweigten, man ging da auf trockenem Geblätter in einer Welt, über die sich die Erwachsenen erst herunterbeugen mußten, ohne in sie eindringen zu können.

Ich sollte sehr rasch entdecken – vielleicht wurde auch nichts unternommen, um mich von diesem Gedanken abzubringen –, daß ich, ohne zu wissen, auf welche Weise, zum Teil für die Müdigkeit meiner Mutter verantwortlich war. Ich formulierte das nicht für mich selber, aber fühlte mich beständig wenn nicht schuldig, so doch ununterbrochen angeklagt. Sie konnte mich völlig übersehen und mich gar nicht wahrnehmen, so wie sie sich auf mich stürzen konnte, um mich abzuküssen und mich in ihren Armen fast zu erdrücken. Uns verband eine innige, fast animalische, irre und wüste Liebe.

Sie war von einer verblüffenden Geschicklichkeit, sie konnte alles reparieren oder wieder instand setzen und sollte sich sogar in Motoren auskennen. Jedenfalls konnte sie, ohne weiteres, einen stehengebliebenen Wecker auseinandernehmen und ihn wieder zum Gehen bringen. Mein Bruder und ich brachten ihr unsere kaputten Lokomotiven oder Spielautos, die ich immer so sehr aufzog, daß die Feder sprang, um dann besser darüber weinen zu können. Mit einer Haarnadel war sie imstande, jedes Spielzeug zu reparieren. Mit derselben Haarnadel untersuchte sie das Klosettbecken, damals waren sie in Deutschland noch flach, um die Kinderproduktion besser studieren zu können, auf der Suche nach dem möglichen Bandwurm. Es war die Zeit der überspannten Familienhygiene, was daraus wurde, ist leider allzu bekannt.

Auf einmal, aus irgendeinem Grund plötzlich irritiert, schmiß sie das Spielzeug in eine Ecke, und ihre Faustschläge hagelten mir auf den Oberarm, und dabei summte sie wieder einmal Mozart. Ununterbrochen gab es Zank zwischen meinem Bruder und mir, das Haus hallte nur so von unserem Gezeter wider. Nach vier Jahren uneingeschränkter Herrschaft sah sich mein Bruder auf einmal gezwungen, mit einem anderen die Liebe und Pflege seiner Eltern zu teilen, er hat daran zutiefst gelitten; er zahlte mir das mit Faustschlägen in den Rücken heim, die mir den Atem nahmen und die eine der selten genauen Erinnerungen unserer gemeinsamen Kindheit bleiben. Meine Eltern erzählten in seiner Gegenwart, daß er mir mit einer Stricknadel die Augen hatte ausstechen wollen und daß mein Vater ihn, schon über die Wiege gebeugt, noch hatte zurückhalten können. Gänzlich überfordert wußte meine Mutter nicht, auf wessen Seite sie sich schlagen sollte.

Es kam vor, daß sie mich plötzlich an der Hand nahm, mitten am schon sinkenden Nachmittag mit den großen Sonnenschneisen, die zwischen den Bäumen niederstrahlten, und daß sie mit mir über Felder und Wiesen ging, und es wurden dann wunderbare Spaziergänge durch den benachbarten Wald, wo große vereinzelte Buchen mitten im blonden wogenden Waldgras wuchsen. Alles war da deutlich und übersehbar, und meine Mutter beschrieb alles, sie kannte alle Pflanzen und erzählte deren Eigentümlichkeiten, Befruchtung und Fortpflanzung, wie eine Geschichte. Da, wo man nichts gesehen hatte, entdeckte sie immer etwas und brachte wundervolle Blumensträuße nach Hause, die nur aus Feldblumen und

Kräutern bestanden, die sie aber nach Form und Farbe zusammenband.

Sie zeigte mir auch, wie man die Vögel unterschied, wie man, ohne gehört zu werden, gehen kann, um Specht oder Kuckuck von nahem zu sehen. Diese Spaziergänge, sie waren selten, begeisterten mich, schenkten mich mir selber zurück, rückten mich in mir selber wieder zurecht. Eine Fotografie zeigt uns auf einem Baumstamm nebeneinander sitzend, wir haben beide ein und denselben Blick.

Am nächsten Tag konnte es auch gut vorkommen, daß sie den ganzen Tag im Nachthemd durch das Haus lief, und dann war es, als ob ich nicht da wäre, als ob niemand da wäre. Und wieder gab es in der Brust jene Schwere, jenes Gewicht, jenes Gefühl, in freier Luft zu ersticken. Unter irgendeinem Vorwand gab ich mich dann einem meiner Wutanfälle hin, und es brauchte all die Körperkraft meines Vaters, daß ich nicht Stühle, Schachteln oder Vasen durch die Zimmer warf.

Ich brüllte durch das ganze Haus auf der Suche nach irgendeiner nicht wieder gutzumachenden, endgültigen Gewalttat. So gab es auf dem Flur der Etage eine Art kremefarbener Kredenz, deren Oberteil verglast war. Meine Mutter hing sehr an diesem Möbelstück, und am liebsten hätte ich es umgekippt, die Glasfenster zertrampelt, und ich stellte mir meine Mutter vor, auf der Treppe sitzend, den Kopf in den Händen, wie sie da weinte über ihr Kind, das ihre schöne Kredenz zerstört hatte, und es überkam mich ein beißender Schmerz, der mich noch lauter aufheulen ließ. Scham, Abscheu und Entsetzen schüttelten mich, daß ich das Böse derart in mir hatte. Ich war ein grausames Kind, das genau zu zielen verstand und die Wörter und Gesten fand, die weh taten.

Aber wie durch ein Wunder verhinderte dieselbe Vorstellung jedesmal, wenn ich vor Wut raste, das Heillose zu begehen. Kaum entstand in mir das Bild der schönen Halskette zum Beispiel, die ich in Stücke zerriß, fühlte ich den Kummer, den ich verursachen würde, daß ich vermeinte, das Opfer dieser Missetat selbst zu sein. Einzig die Strafe konnte mich wirklich befreien, meine Mutter aber stürzte dann sofort herbei, und meine Befreiung aus mir selber erfolgte nicht. Wenn ich aber doch bestraft wurde, wirkte die Strafe wie eine Besänftigung.

Solche Auftritte vermehrten sich um so mehr, als der Nervenzustand meiner Mutter sich zusehends verschlechterte, dermaßen, daß mein Pate, der gegenüber gerade Tennis spielte, mich über die Allee hinweg anschrie und mir drohte. Das wirkte, brachte mich sofort zur Ruhe und zeigt sehr gut die perverse Natur dieser Wutausbrüche.

Eines Abends aber, ich schlief trotz meiner neun Jahre noch im Gitterbett, begleiteten mich Mutter und Vater beide zu Bett, was sonst nie geschah. Sie sahen irgendwie ungewöhnlich aus, betonten zu sehr, was sie sagten und taten, als wäre alles wie sonst. Auf einmal ergriff die Mutter meine Hände, und mein Vater, der sich genierte, zog einen Bindfaden aus der Tasche, mit dem meine Mutter mir die Hände an einen der Stäbe des Bettes zu binden versuchte. Eine Wut, größer als ich selbst, ein wie steinerner Block aus Haß stand in mir, blitzartig verstand ich die Blickaustausche der letzten Zeit, die Heimlichtuereien, die Geflüster und die stete Beobachtung abends beim Bad. Vor Wut gelang es mir, das Bett umzuschmeißen und die Kinderstühle gegen die Wände zu schleudern, eine Art Zerstörungswahn übermannte mich. Hinter mir standen die Eltern und machten sich gegenseitig Vorwürfe. Einige Schläge mit dem Rohrstock auf die Waden, mein Vater, außer sich, schlug mit ganzen Kräften, genügten aber, um mich augenblicklich zur Vernunft zu bringen.

Vor dem Einschlafen ließ ich in mir die Bilderwelt aufsteigen, die mir, ich weiß nicht von woher, zugekommen war: ich war nackt, an den Marterpfahl gebunden, ich war Missionar, aber im letzten Augenblick erschienen bewaffnete Naturforscher, die die Fesseln durchschnitten und mich auf eine Bahre legten. Es war immer ein wunderbarer Moment, Wogen überliefen mich, und ich ließ mich forttragen, wiegen, geborgen, und wenn ich aufwachte, war es heller Morgen und die Stäbe des Bettes durchzogen dunkel die Tageshelle. Es war bestimmt diese Träumerei, die man mir verbieten wollte. Ich war also an etwas schuldig, das ich nicht verstand. Dabei fuhr man mich öfters nach Hamburg, und das Schaukeln des Vorortzuges, das Vorbeiziehen der Lichterketten den leeren Straßen entlang ließen in mir dieselben Bilder aufsteigen. Man trug mich in den Armen fort, wie im Traum, man fuhr in einem Pferdewagen, im Rhythmus des Aufschlagens der Hufe und des Knirschens des Sandes; es roch nach Pfeife und Terpentin, dasselbe Geträume. Man legte mich in ein weißes Bett, ich war nackt, ich war gerettet.

Vielleicht hatte man mir die Hände wegen der Schule binden wollen, wegen der Gesten, die ich die Großen hatte machen sehen und die ich mich nicht getraut hatte zu verstehen. Sie hatten das Wunder des Körpers entdeckt, sie sprachen untereinander davon mit Wörtern, die man zu überhören vermeinte. Ich wußte nun, daß es gewisse Dinge gab, die man verheimlichen mußte und die gerade die wertvollsten waren.

Meine Mutter, so schien mir, zielte mit ihrem Blick immer zu weit nach unten, und dann erst blickte sie mir in die Augen. Wenn sie mit meinem Vater sprach und sie auf einmal aufhörten, wenn ich dazutrat, war ich sicher, sie unterhielten sich »darüber«, sie hatten diesen unglücklichen und insistierenden Blick, den ich haßte, und wenn sie mich dann anredeten, wurden ihre Stimmen so merkwürdig liebevoll und überzeugend.

Zu dieser Zeit kränkelte ich öfters, hustete, die Rauchschwaden kamen direkt aus Hamburg, bei Nebel war die Luft schon ziemlich verseucht, und so kam der Hausarzt öfter als sonst. Der Doktor Odefey trug eine dicke Hornbrille und hatte ein breites Gesicht, auf dem es viel zu sehen gab. Gewöhnlich genügte es, wenn ich im Bett saß und er mir Hals und Rücken untersuchte und sagte: »Atme mal ganz tief.«

Wenig später nach jenem abendlichen Vorfall, eines windi-gen Tages unter dem trockenen und genauen Licht des Früh-lings, wurden Schritte auf dem Gartenkies hörbar, das Knar-ren der Eingangstür unten und die Stimme Odefeys. Er war also für mich gekommen, und doch hustete ich nicht mehr, das Warten fing an, mir den Rücken auszuhöhlen, engte mir den Körper ein beim Gedanken an das, was der Doktor wußte. Es war die erste Begegnung mit jenem Bangen, in Erwartung der Strafe.

Die Stimmen setzten wieder an, die meiner Mutter kam dazu und im Zimmer dann jene senkrechte Masse, die heran-kam, sich über mich beugte, ich versuchte mich mit der Dau-nendecke zu schützen, aber man zog sie mir weg, der Arzt strich mit dem Finger den Leisten entlang und sagte, wie meine Mutter es sich wünschte, ich hörte es aus seiner beson-ders tiefen Stimme heraus:; »Was du da tust, das tun nur die ganz Bösen, und wenn Du so weiter machst, wird man dich operieren müssen.«

VII

Eine schuldhafte Kindheit

Oft wachte ich am Morgen auf, vor Entsetzen zusam-
mengeschrumpft, daß ich um ein Haar Pferd geworden
wäre, als ob ich noch aus mir heraus, in Bodenhöhe, in ein run-
des, stummes Leben kippen könnte. Ich hätte genauso gut in
einen armlosen Körper geworfen werden können und erstickte
vor Angst. Dann erzählte ich meiner Mutter diese Art Träumereien, und sie vervollständigte sie, als hätte sie es im eigenen
Körper teilweise miterlebt. Mutter und Sohn waren eine einzige Leiblichkeit.

Einige Stunden später fuhr sie mit dem Rad auf dem Pedal
stehend über den Dorfplatz und schrie den Passanten zu: »Sagen Sie ihm, er soll warten.« Vor Scham versteckte ich mich
außer Sichtweite, wenn ich sie die kurze abschüssige Bahnhof-
straße hinunterfahren und den puffenden Zug seiner ganzen
Länge nach warten sah. Jedesmal bog ich mich vor Lachen, ich
konnte nicht anders. Die Beamten kannten sie alle, und wenn
der Zug weg war, schüttelten sie sich alle und schlugen sich auf
die Schenkel, und ich hätte sie am liebsten alle ermordet.

Bei den Kaufleuten im Dorf lächelte man belustigt-schalk-
haft, man hielt ihr die Tür weit auf, und jedesmal blieb sie daran
hängen vor lauter Paketen, die sie dann im nächsten Geschäft
vergaß. Es geschah immer etwas, womit sie sich lächerlich
machte, und ich schämte mich, daß ich mich ihretwegen
schämte und daß man wußte, daß sie meine Mutter war. Wäre
sie es nicht gewesen, hätte man sie vielleicht gar nicht bemerkt,
vielleicht war ich der Grund des Gelächters, wenn sie vorbeizog.

Eine Zeitlang kam meine ältere Schwester im Haus wohnen, sie war einundzwanzig Jahre älter als ich und sah aus, als wäre sie meine viel jüngere Mutter. Sie kümmerte sich überhaupt nicht um uns, war aber sehr nett und freundlich. Sie schaute von oben herab auf uns, als wäre sie glücklich, kein Kind mehr zu sein. Sie bewohnte ein sehr großes zweifenstriges Zimmer neben dem Spielzimmer, in welchem sie ab und zu erschien, ich fand sie ganz toll.

Sie war mit einem jungen Mann, der Knickerbockers trug, verlobt. Meine Mutter konnte ihn nicht ausstehen, und doch sollte er in Kürze mein Schwager werden.

Er wohnte in der Nachbarvilla, die genauso aussah wie die meiner Eltern. Er aß bei uns mit. Um ihn zu rufen, stellte meine Mutter einen Gong auf den Rasen, das schallte dann über die ganze Umgebung, und sie schrie »esssenn«, zur Verwunderung der Passanten, die gerade dann immer auftauchten. Die Bäume, die Wiesen, die Häuser, alles machte diese groteske Szene mit. Dann sah man den unteren Teil der Knickerbockers des zukünftigen Schwagers sich der Hecke entlang fortbewegen und ihn komplett ankommen. Er war Wiener und Philosoph, er war der letzte Assistent Edmund Husserls, des Begründers der Phänomenologie, aus welcher die Heideggersche Attrappe entstanden ist.

Er hieß Ludwig Landgrebe, 1901 geboren, verlor er seinen Vater, als er ein Jahr alt war. Von einer sehr strengen Großmutter und einer Tante erzogen, verbrachte er keine glückliche Kindheit. 1907 spielte er eines Tages Reifen im Park zu Schönbrunn, rutschte aus und stürzte zu Boden, ein alter Herr mit Bart kam ihn aufheben und verband ihm das Knie mit einem Taschentuch, führte ihn dann bis zum Schloß und ließ ihn von einem Kutscher nach Hause bringen. Mein Schwager behielt sein Leben lang dieses mit der kaiserlichen Krone bestickte Taschentuch, das Franz Joseph in Person ihm gegeben hatte.

1923 ging Landgrebe nach Deutschland und studierte in Freiburg weiter, 1926 wurde er Husserls Assistent. Als Husserl 1928 emeritierte, wollte sein Nachfolger, der Philosoph und Mitglied der NSDAP, Heidegger, ihn als Assistenten nicht mehr haben. Landgrebe, als Schüler des Juden Husserl von den Nazis an seiner Habilitation gehindert, wurde mein Schwager. Dank des Philosophen Oskar Kraus konnte er Privatdozent an der Universität Prag werden, mit der Ordnung der Manuskripte Husserls beauftragt. Der alte, damals fünfundsiebzigjährige Philosoph Husserl lebte in Freiburg, 1936, in völliger Isolierung und in Erwartung seiner Verbannung ins Ausland.

Heidegger, Husserls Assistent und Freund und Nachfolger, hütete sich seit November 1932, als die Machtergreifung der Nazis so gut wie sicher war, ihn zu besuchen. Vorher hatte er sehr oft am Mittwoch, nach seiner Vorlesung, sein Mittagsschläfchen bei ihm gehalten, und doch kam er ihm später nie zu Hilfe. 1938 wurde sein Betragen so feige, wie es von jemandem zu erwarten war, der nachhaltig zur Einreihung vieler junger Intellektueller in die NSDAP beigetragen hatte. Wie zu anderen Gelegenheiten auch war dieses Benehmen eines von gewissen französischen Kreisen so bewunderten Philosophen schlicht unwürdig.

1933, trotz des Nazismus, der sogenannte Mischehen verbot, heiratete Landgrebe meine Schwester, was allerdings nobel von ihm war, und noch edelmütiger war, daß er meiner Schwester trotz aller Gefahren und Risiken die Treue gehalten hat.

Mein Vater schrieb meinem zukünftigen Schwager einen Brief, in welchem er ihn wissen ließ, daß er, so wie die Dinge lagen, es normal finden würde, auf eine so gefährliche Vermählung lieber zu verzichten. Landgrebe war vornehm genug, nicht aufzugeben. Meine Mutter war überzeugt, daß er den

Wohlstand der Familie heiraten wollte, den es seit Jahren überhaupt nicht mehr gab, sie brauchte lange, um sich eines Besseren belehren zu lassen.

Zur Hochzeit zog man mir Pumphosen an. Dann wurde von der gelben Dunkelheit der Kirche aus durch das weit geöffnete Tor in die riesige Helle des spitzbogenartig ausgesparten Draußen getreten: Ich hielt einen Korb voll Rosenblätter, die ich auf Schwester und Schwager streuen sollte, die ich von hinten schwarz und weiß vor mir stehen sah.

Kurz nach der Hochzeit zog die Schwester nach Prag; ab und zu kam sie wieder und legte ihren Koffer aufs Bett, sie roch nach Parfüm, und schon war sie wieder verschwunden. Sie bekam einen Sohn namens Carl-Rainer, der mir erst, als er zwei Jahre alt war, bewußt wurde, als meine Schwester für die Geburt ihres zweiten Sohns Detlev zurückkam, es war 1937, und ich war neun Jahre alt. Er schlief in einem kleinen weißen Gitterbett, im großen Zimmer meiner Schwester. Beim Aufwachen am Morgen war ich stolz, ihm zu zeigen, wie groß ich war und daß ich schon zu den Erwachsenen gehörte. Das Bett hatte merkwürdigerweise große hölzerne Scheibenräder mit ganz dünnen Gummireifen.

Eines Morgens hing ein solcher Reifen am Bettpfosten. Im Zimmer herrschte jene helle Dunkelheit bei zugezogenen Gardinen an sonnigen Frühlingstagen. Das Kind stand im Bett und hielt sich mit beiden Händen am Rand fest: ich fand es wunderbar, daß ein so kleines Kind schon senkrecht und frei stehen konnte, und ich war stolz auf seine bereits vollständig geformten Finger, darauf, daß an einem so kleinen Körper schon alles dran war. Er schaute mich an und lachte. Ich fühlte mich wichtig und verpflichtet, ihn zu amüsieren. Ich nahm den Reifen, dessen seltsame dünne Rundung die Finger überraschte, und legte ihn mir um den Hals und sagte dem kleinen Kind:

»Schau mal, was für eine schöne Halskette ich habe.« Danach, dessen bin ich sicher, hängte ich den Reifen wieder an den Bettpfosten zurück und ging durch die andere Tür des Zimmers weg, warum, weiß ich nicht mehr, wahrscheinlich, um mich angesichts des kleinen Kindes wieder wichtig zu machen.

Nach einiger Zeit gab es einen Schrei, jemand brüllte, heulte; dumpfe Geräusche, schlagende Türen, schnelle Schritte. Ich durfte nicht herein, man zog mich weg, in den Garten hinunter, wo man mit steifen Gebärden mit mir spielte, mit abgewendetem Gesicht, falscher Stimme und woanders hinschauenden Augen. Dann, mit jenem Mienenspiel und diesen Wörtern, an denen ich sofort das »Schonen«, erkannte, sagte man mir, was ich bereits verstanden hatte. Carl-Rainer war tot, vom an den Pfosten hängenden Reifen erwürgt, es war unverständlich. Mein Blut, wie man so zu sagen pflegt, gefror mir in den Adern. Eine kalte, präzise Panik überkam mich, es gab mich nur noch an der Spitze meiner selbst, vor Schrecken erstarrt, aber auch sofort beruhigt. Keiner hatte mich gesehen, und keiner durfte je wissen, daß ich es gewesen war, der den Reifen an den Bettpfosten zurückgehängt hatte, um keinen Preis.

Augenblicklich wurde dem jungen, für meinen Neffen engagierten Kindermädchen gekündigt. Es fehlte wenig, daß man sie des Kindermordes bezichtigte. Dann, einige Stunden später, mit kaltem Herz und ruhigem, entschiedenem Geist, durfte ich zu meinem toten Neffen, von meiner tränenüberströmten Schwester zum Bett geführt. Sein Gesicht war wie sonst, nur ein wenig violett und unbeweglich unter einer Anhäufung von Blumen.

Ich hatte ein Verbrechen begangen, dachte ich, und zu meinem Schrecken empfand ich keine Reue, nur die Angst, entdeckt zu werden, engte mir die Brust ein. Ich gestand mein »Verbrechen« meiner Schwester erst dreißig Jahre später, dabei hatten ungeheure Geschehnisse alles von Grund auf umgestülpt, und der Gedanke, daß ich mich so lange hatte schuldig fühlen können, ließ sie laut auflachen.

Im Hintergrund lauerte immer die Schuld in mir und wurde nach und nach zur Substanz meiner selbst, ich war beinahe stolz darauf. Allmählich ließ meine Angst, »entlarvt« zu werden, von mir ab. Wie hatte sich der Reifen da in greifbarer Nähe befinden können? Alles verwirrte sich, vielleicht war ich nicht einmal schuldig. Schließlich dachte ich nicht mehr daran.

Zur gleichen Zeit gab es andere Ereignisse, die ich nicht verstand. Oft fuhren wir, mein Vater, mein Bruder und ich, auf schmalen grauen Wegen, zwischen Büschen, zum »Tonteich«, der mir ungemein groß schien. Er war ganz rund und von wucherndem und warmem Grünzeug umrandet. Der Teich lag da wie in einer Art Trichter. Man fuhr im Gänsemarsch hin, und in der Stille erscholl der Reihe nach das Knacken der Pedale. Vor sich hatte man das Fahrrad mit dem sich von alleine fortbewegenden Sattel, unter welchem gestrampelt wurde. Wenn man dann gebadet hatte, ließ man dunkle Spuren auf den grauen Brettern hinter sich und wunderte sich über die Form der eigenen Füße. Die Leute standen herum, von ihren Badehosen in zwei Teile übereinander gestülpt, als hätte man sie von oben nach unten verkehrtherum aufeinandergeschraubt.

Aber auf einmal gingen wir nicht mehr hin. Mein Vater ging auch nicht mehr Golf spielen. Und doch war er Meister bei irgendeinem Spiel gewesen; auf seinem Schreibtisch lag eine schwere Bronzemedaille, die einen Golfspieler darstellte mit einem farbigen Wappen in der Mitte, ich durfte sie sogar in die Hand nehmen. Mein Vater nahm uns jeden nacheinander auch zum Golfplatz mit, und ich war stolz, den kleinen Caddie hinter mir herziehen zu dürfen mit seinen kleinen Rädern, und den richtigen Schläger, Driver, Spoon oder Putter zu reichen. Und auf einmal kam es nicht mehr in Frage, wo doch mein Vater sonst mehrmals in der Woche hingegangen war.

Jahrzehnte später erst erfuhr ich, daß die Nazigesetze den »Nicht-Ariern« die Mitgliedschaft auch in Klubs und Verbänden verbot, also Sportplätze und Schwimmbecken zu besuchen. Daß sie in den öffentlichen Gärten oder in den Bahnhöfen nicht sitzen durften, unter anderem. Es war den »Nicht-Ariern« noch nicht verboten, in die Volksschule zu gehen, und mit mehr als einem Jahr Verspätung und Zögern wurde ich doch zur Schule geschickt.

Die Abc-Schützen-Tüte, die ich bekam, war nur oben auf dem zerknüllten Seidenpapier mit einer dünnen Bonbonschicht bedeckt. Ich schämte mich, daß ich geglaubt hatte, sie könnte von oben bis unten voll sein. Ich verstand, daß meine Eltern nun kein Geld mehr hatten; es gehörte alles zusammen. Das zerknüllte Seidenpapier in der rotglänzenden Papptüte entdeckte mir plötzlich den Zusammenhang: es gab bei meinen Eltern niemand mehr mit weißer Schürze, der kam, wenn man ihn rief. Meine Mutter machte alles alleine und lief unaufhörlich von einer Ecke des Hauses zur anderen und die Etagen hinauf und hinab. Die »Nürnberger Gesetze« verboten nämlich den »Nicht-Ariern«, arisches Personal zu unterhalten. Meine Eltern hatten auch nicht mehr die Mittel dazu, vielleicht reichte es gerade für das alltägliche Leben.

Ich fürchtete mich vor der Schule, ich verstand nichts, wußte nichts, lernte nichts, saß da in einer Art lähmender Idiotie. Man hatte mir so sehr die Schule als schrecklich eingepaukt, daß ich mich anstrengen und mir viel Mühe geben müsse, daß es mir nicht gelang, zu verstehen, was ich eigentlich verstehen und ohne Mühe behalten konnte. Ich konnte einfach nicht verstehen, daß Verstehen gerade dies war, wie es in mir passierte, es mußte doch etwas besonders »Schweres« sein, wozu ich nur völlig unfähig sein mußte und das ich nicht einmal wahrnahm. Ich wußte, daß ich ein ausgesprochener Kretin war, und war sicher, daß ich mich in allem irrte, was ich zu verstehen vermeinte.

Ich war außerstande, irgend etwas zu lernen, und sehr schnell genoß ich den Ruf des Zurückgebliebenen, der mir im Grunde sehr gut paßte. Jedermann schien die Meinung meiner Mutter zu teilen: ich war nicht »normal«, ich war eben ein Idiot.

Die ganze Zeit schaute ich nur durch die großen Fenster des sehr modernen und hellen Klassenzimmers. Mein erster Lehrer hieß Herr Lindemann, er war sehr freundlich und stellte mir nie Fragen, weil er genau wußte, er würde keine Antwort bekommen oder sie würde daneben sein.

Die Schule, das war ein Hohlraum, wo man mich zwang, sitzen zu bleiben mit anderen zusammen. Zu meiner Linken vor mir saß ein großes Mädchen mit Zöpfen, die schon wie eine Erwachsene sprach und deren Eltern Nazis waren, neben mir mein Freund Günter Picker, der im oberen Dorfteil wohnte, hinter den Schrebergärten, in einem hohen und schmalen Haus.

Man erreichte seine Wohnung über eine steile Freitreppe, die direkt in die Küche führte: von da oben übersah man die ganze Landschaft. Die Küche war braun, in der Mitte ein raumfüllender großer Tisch mit einem karierten Wachstuch, es war da immer voll Kinder und Erwachsener, voll würziger Gerüche, es wurde viel gelacht, ich fühlte mich da mehr als sonstwo geschützt und in Sicherheit. Es hatte irgendeine Abmachung mit meinen Eltern geben müssen, denn von der Schule zurück mit meinem Freund Günter, aß ich bei seinen Eltern.

Günters Vater war Kommunist, er war Arbeiter in einer kleinen Werkstatt in Schöningstedt. Mehr als dreißig Jahre später erfuhr ich, daß er einer Gruppe von Parteimitgliedern angehört hatte, die versucht hatten, den Widerstand gegen die

Nazibarbarei zu organisieren, aber natürlich sofort neutralisiert worden waren.

Stimmte der untere Teil Reinbeks fast einstimmig für die Nazis (die Wahlerfolge der NSDAP waren von Anfang an immer bedeutend gewesen), so blieben Prahlsdorf und Schöningstedt in der großen Mehrheit sozialdemokratisch oder kommunistisch. Ich kannte vom Sehen, er radelte oft an unserem Haus vorbei, einen Kommunisten, Johannes Bauer, der, nachdem er 1933 einige Tage im Dorfgefängnis verbracht hatte, wieder nach Hause konnte, er wohnte in der Nähe von meinem Freund Picker. Solche Freilassungen waren ein geeignetes Mittel, um die Bevölkerung zu terrorisieren, nach einigen Monaten vermeintlicher Freiheit wurde er wieder verhaftet und nach Neuengamme deportiert, wo er dann 1941 hingerichtet wurde.

Günter Picker war ein sanfter und treuer Knabe, dessen Freundschaft nie nachließ, wir haben uns erst viel später in Paris wiedergesehen. Er erzählte mir, daß sein Vater vielleicht, weil der Bürgermeister ihn schützte, der sich dann auch für meine Eltern einsetzte, nicht von der Gestapo verhaftet wurde, im Gegensatz zu zahllosen anderen Mitgliedern oder einfachen Sympathisanten der KPD.

Günter kam oft zum Spielen zu uns. Wir versteckten uns unter den Büschen auf der dunkleren Seite des Gartens, am Rand der Schöningstedter Straße; der Boden war von Blättern teppichartig bedeckt, es war wie eine weite ausgefächerte Kammer, von Stauden durchbrochen, wo man von einer Ecke in die andere konnte, ohne je von den Erwachsenen erblickt zu werden.

Eines Tages, ich war gerade neun, schlug ich ihm vor, wir sollten Arzt spielen. Jeder sollte sich dann als Kranker ausziehen. Als ich ihm das sagte, war es wie ein Ruck, der mich durchzuckte. Aber Schritte wurden draußen in der Allee dem

Gebüsch entlang hörbar, die uns im selben Augenblick die kaum begonnenen Gesten unterbrechen ließen. Wir hatten nie mehr Gelegenheit, das Spiel neu zu beginnen.

Ich war schuldig, wie wenn mich Dr. Odefey untersuchte, der, dessen war ich sicher, alles wußte. Ich fürchtete mich so sehr vor ihm, daß es mir gelang, als ich einmal vom Rad fiel, am abschüssigen Ende der Allee, an der wir wohnten, mein Rad über die Hecke zu werfen und mich dahinter zu verstekken, um nicht von ihm gesehen zu werden. Er hätte mein blutendes Knie gesehen. Ich legte mir die Hand auf den Mund, damit er mich nicht im Vorbeigehen weinen hörte.

Eine weitere Begegnung mit der Nacktheit fand in der Turnhalle statt, einem Backsteingebäude, das isoliert unterhalb einer steilen Wiese stand, die ein schmaler Pfad durchschnitt, von hohem Gras gesäumt, so hochgewachsen, daß man kaum darüber hinwegblicken konnte. Das Überraschende war dieses hohle Gebäude, dessen Inneres, wie eine Schachtel, das Äußere genau umgekehrt wiederholte. Von unten reichte es ohne Unterbrechung bis zum Dachfirst, dessen beide Walme, hellgelb gestrichen, sich schräg gegenüberstanden. Es gab da immer viel Kinder, deren Stimmen gegen die Wände hallten. Beim Turnen konnte man den Blicken der anderen nicht entkommen. Ich war aber so faul, daß ich noch lieber »gesehen« wurde, als daß ich mich angestrengt hätte, es nicht zu werden. Meine Ungeschicklichkeit, nun einmal erkannt, war so groß, daß man mich so ziemlich in Frieden ließ, da ich doch nicht zu gebrauchen war. Mit uns turnten auch die ganz »Großen«, die Fünfzehn- oder Sechzehnjährigen, die im Sporthemd und kurzen Höschen übten.

Eines Tages mußten wir alle im selben Teil der Halle zusammentreten, und dann sah man einen großen Jungen, den ich vom Sehen her kannte, ein Pferd durch die Halle schieben, einen waagerechten Lederkörper, der sich auf vier steifen Beinen vor dem gelben Mauerhintergrund bewegte. Der Junge schob es, dagegengestemmt, bis in die Mitte, dann blieb er dahinter stehen, den Rücken zu uns gekehrt. Der Lehrer der oberen Klassen, er hieß Tralau, ein wohlbekannter sadistischer Nazi mit rotem, flachem Nacken ohne Hals, zog ihm sein Höschen herunter, und vor Staunen und Angst gelähmt, sah ich weiß, rund und prall, was ich noch nie gesehen hatte. Ich merkte kaum, daß der große fünfzehnjährige Junge weinte. Er legte sich über das Pferd, und mit dem plötzlich erschienenen Rohrstock zog ihm der Lehrer sechs scharfe Hiebe mit langen Pausen dazwischen über das nackte Gesäß. Ich erstickte fast, als er nach drei Schlägen aufschrie und mit vor Tränen verschleierter und immer schrillerer Stimme die Hiebe zählte. Weinend zog er sich wieder an.

Alles war unter fasziniertem Schweigen der anderen Kinder geschehen, deren Augen alle dieselbe Stelle fixiert hatten. Die Beklemmung schnürte mir die Brust zu und auch eine seltsame Wonne beim Anblick jenes Körperteils, an den bloß zu denken doch verboten war. Es war zugleich unheimlich und köstlich: man hatte das überhaupt Verbotene vor mir entblößt. Vielleicht hat dies ein Gutteil meiner selbst orientiert. Da doch die Ereignisse aneinander gekettet sind und es ist, als ob sie sich gegenseitig erkennten, ergab es sich, daß wenig später, wegen ich weiß nicht welchen Vergehens, mein Vater mich züchtigen wollte.

Oben auf der weiß lackierten Kredenz lag, wie in jedem damaligen Haushalt, der Rohrstock, der »gelbe Onkel«, und mich am Kragen festhaltend, fing er an, mir die nackten Schenkel zu striemen. Unter dem ungeheuren, überraschenden Schmerz bäumte ich mich auf, aber bevor ich noch zum ersten Schrei überhaupt Zeit hatte, stürzte meine Mutter die Treppe herunter, warf sich gegen meinen Vater und schrie: »Dieses Kind rührst du mir nicht an.«

Im ersten Augenblick war ich erleichtert, aber allmählich bedauerte ich, nicht das erlebt zu haben, was der große Schüler erlitten hatte, und der Rohrstock fing an, auf mich eine seltsame Faszination auszuüben, so sehr, daß eines Tages, als ich einmal alleine in der Halle war, alle anderen waren im Garten, ich auf einen Stuhl stieg und den Rohrstock ergriff. Ich ließ ihn durch die Finger ziehen, dann schlug ich damit in der Luft herum. Eine seltsame, noch nie empfundene Verwirrung ergriff mich und lastete mir auf der Brust, ich kam kaum noch zu Atem. Ich stellte mir vor, ich sei der große Junge, der entblößt über dem Pferd lag. Es war ein unverschämter, schandvoller Taumel. Ich hörte aber etwas, und ich beeilte mich, den Rohrstock wieder zurückzulegen. Ich dachte nicht mehr daran, spielte den Unschuldigen, wußte aber, daß es in mir bleiben würde, am Rand des Bewußtseins, rätselhaft gegenwärtig. Es wurde wie ein Zeichen einer wartenden Zukunft, als ob ich schon alles wüßte von meinem Flehen, Betteln, Heulen, von der lodernden Glut, die da kommen sollte, als wüßte ich alles im voraus von der Verwirrung, die dem folgen würde, es war wie ein unverständliches Aufbegehren.

Der Lehrer, der den Fünfzehnjährigen gezüchtigt hatte, hatte mir auch Strafe angedroht, eine erschreckende Drohung, denn dieser »Lehrer« stellte sich vor uns in scheißbrauner SA-Uniform auf. Er brüllte uns mit seinem Hitlergegeifer an, und wir mußten, in einer Reihe stehend, alle deutsch grüßen, als wären wir zusammen die eine Seite eines Dachgestühls, es war grotesk und fürchterlich zugleich. Ohne zu wissen, weshalb – oder vielleicht wußte ich es zu gut –, drückte mir die Angst den Magen ein, es war dasselbe für meinen Freund Günter, dessen Vater Kommunist war.

Man durfte nicht mehr »Guten Morgen« sagen oder »Guten Abend«, sondern mußte mit ausgestrecktem Arm »Heil Hitler« brüllen. Vergaß man es, wurde man zurechtgewiesen oder ausgeschimpft, was man von weitem hören konnte, das Deutsche ist nun einmal eine laute Sprache. Sehr schnell hatte man gelernt, sich die zehn gefährlichen Kretins zu merken, den zweiten Bürgermeister, den evangelischen Pfarrer, einen besonders widerlichen Kriecher, der Hartung hieß, den Kohlenhändler und den Schulpauker Tralau, die man unbedingt auf diese Weise grüßen mußte. Und doch, als ich den Kohlenhändler so grüßte, fing er an zu brüllen, daß ich nicht das Recht hätte, diesen Gruß anzuwenden, daß Deutschland ein solches Pack möglichst schnell loswerden müsse und daß er mir das nächste Mal den nackten Arsch bis aufs Blut auspeitschen würde. Ich verstand überhaupt nichts mehr. Allerdings ist zu sagen, daß ich noch nichts von meiner Herkunft ahnte. Der Hitlergruß hatte ausgereicht, um ein ganzes Volk kleinzukriegen. Jeder, der nicht auf diese Weise grüßte, war sofort als »Volksfeind« identifiziert, mehr brauchte es nicht, um den Terror einzurichten. Das funktionierte sogar über alle Hoffnungen hinaus.

In meinem Dorf, den Kohlenhändler ausgenommen, gab es drei oder vier andere, die in kackbrauner Uniform herumliefen, ich lebte immer, ohne genau zu wissen, weshalb, in der Furcht, ihnen zu begegnen oder von den ganz Großen »gekriegt« zu werden, die gar nicht mehr zur Schule gingen und der HJ angehörten; manchmal warteten sie auf mich in der »Wildkoppel«, einem Buchenwäldchen, welches das Dorf von der Villenpartie trennte, wo wir wohnten. Eines Tages hatten sie mich umringt mit ihren Fahrrädern, ich hatte aber derart geschrien vor Angst, daß sie mich loslassen mußten, vielleicht hatten sie Erwachsene in der Umgebung gesehen. Am Ende des Wäldchens erhob sich das Kriegerdenkmal, ein riesiger Findling, wie ein fetter Leib mit hängenden Schultern, bemoost, grünlich, unbeweglich, den ich durch das Gezweig hindurch erblickte. Ich wußte, daß mein Vater die schmiedeeisernen Buchstaben und die Zahlen 1914–1918 spendiert hatte.

Die Rückkehr aus der Schule war von Gefahren und Drohungen umgeben, und doch gab es immer so vieles zu entdecken. Lange blieb ich immer mit meinem Freund Günter vor der Dorfschmiede stehen, wo der Schmied Dobberkau die glühenden Eisen hämmerte und dann die Pferde beschlug, wobei es zischte, man sah das Hufeisen in das Horn sich einfügen, und es roch nach Brand.

VIII

Ahnungen

Allmählich bildete sich mein geographisches Gefühl weiter aus, ich konnte mein Heimatdorf auf einer Karte situieren, ich wußte, in welcher Richtung Hamburg oder Berlin, Kopenhagen oder Rom lagen. Ich orientierte mich und stellte fest, daß ich immer in der Mitte eines unendlichen Kreises stand, den ich unaufhörlich überall mit mir mitnahm. So fing ich auch an, die Zeit in mir zu situieren: das Vor-Weihnachten und Vor-Ostern oder der Vor-Geburtstag und vor allem die freien Nachmittage, nach der Schule. Die Schule, vor allem, hat die Zeit aufgeteilt, die Schule, die mir immer mehr zuwider war und mich auch immer mehr interessierte. Man lernte da Lesen in Fibeln in Fraktur und Antiqua, also in lateinischen und gotischen Buchstaben, und man lernte Sütterlin oder Spitzschrift schreiben. Man hatte Anfang des 19. Jahrhunderts diese Schreibart verbessert, man meinte damals, das »Gotische« wäre typisch deutsch und die Spitzschrift sei die deutsche Schreibart an sich, so hatte man die beiden Schriftarten zu lernen, die sich nur bei den Vokalen deckten.

Selbstverständlich hatte ich die größten Schwierigkeiten, schreiben zu lernen, obgleich ich schon über sieben war. Das gab meiner Mutter Gelegenheit, wieder um das Haus herum zu rennen, die Ellbogen nach vorne, wie Puffer um den Kopf, und zu brüllen: »Der Kleine ist verrückt, der Kleine ist verrückt.« Zu dieser Zeit versuchten die Eltern mich für einige Tage an die Ostsee zu schicken, in ein kleines Kinderheim in Niendorf, es wurde zu einer absoluten Katastrophe. Ich lebte in einem konfusen, von dunklen Farbschwaden durchzuckten

Nebelschwarm, brüllte den ganzen Tag und brach am Ende einem anderen Kind mit Fußtritten das Bein. Einige Tage später sah ich über dem Lattenzaun des Gartens die kleine Figur meines Vaters auftauchen, ich schämte mich derart, daß ich ihn für das Leben lang in mich hinein fotografierte. Einmal mehr, da meine Missetat keine Reue in mir hatte aufkommen lassen, wußte ich, daß ich ein Krimineller, ein Verbrecher war und daß die Sühne früh oder spät doch einmal kommen würde. Ich kam wieder zur Schule, in mir bohrte der Gedanke, ich sei doch nur ein Böser, und eine Zeitlang hatten die Eltern Ruhe, ich benahm mich irgendwie artig. Sie haben aber bestimmt großen Schadenersatz zahlen müssen.

Da es aber besorgniserregend wurde, kam eines Tages mein Vater, mich von der Schule abzuholen, es war sonst noch nie passiert, und so zärtlich, wie er es konnte, erzählte er mir, daß meine Mutter krank und sehr müde sei, ich müßte sie aber genauso lieb haben. Da fuhr ein Lieferwagen vorbei, und ich sagte: »Das ist das neue Auto vom Bäcker.« Mein Vater, als ahne er plötzlich etwas oder weil er aufpaßte, was um ihn herum geschah, fragte, warum ich es wüßte. »Es steht doch drauf geschrieben.« Da merkte man, daß ich schon ungefähr lesen konnte, in Wortpaketen, ohne daß ich es selber gemerkt hätte. In der Kirche, beim Kindergottesdienst, hatte ich gelernt, im Gesangbuch gewisse immer wiederkehrende Wörter zu isolieren und wiederzuerkennen und mir so allmählich die Buchstaben zu merken.

Beim Frühstück, wenn mein Vater laut die Schlagzeilen der Zeitung vorlas, hatte ich mir die Zeichen gemerkt. Ich wußte aber nicht, daß man nichts anderes von mir erwartete als das. Als ich dann verstand, daß es nichts zu verstehen gab als das, was ich bereits verstanden hatte, ging es ziemlich schnell und ich blieb nur einige Monate bei meinem ersten Lehrer, Herrn Lindemann, der die Abc-Schützen unterrichtete und von denen ich mit meinen bald acht Jahren der älteste war. Dieser Lehrer hatte sieben Kinder, und um weiter im Beruf bleiben zu können, mußte er Parteimitglied werden. Er beging nichts Böses und schloß sich nur unwillig an. 1945 wurde er als Parteimitglied von den Engländern eingesperrt. Es bedurfte des Zuspruchs meines gerade aus dem KZ zurückgekehrten Vaters, um ihn wieder freizubekommen. Ich kam dann in die Klasse von Fräulein Wernecke, wo schon mein Freund Günter saß, sie war strenger als Lindemann, aber ganz so wie er tat sie, als höre sie nichts, wenn ein Schüler plötzlich in der Klasse sagte, ein Nachbar hätte schlecht über die Nazis geredet, das war immer einer, der unter dem direkten Einfluß eines größeren stand, der der HJ angehörte, wo die Jungen zu Denunzianten erzogen wurden.

Wie man weiß, war das Denunzieren das Fundament des Naziregimes, genau wie der Hitlergruß, das eine wie das andere war dazu da, die »Feinde der Volksgemeinschaft« zu entlarven, das eine wie das andere sollte die Bevölkerung unterwerfen, und die Kinder waren das privilegierte Instrument solcher »Gleichschaltung«. Skrupellos wurde dazu ihre Begeisterungsfähigkeit ausgebeutet. Die, die nicht mitmachen wollten, konnten sich nur noch ducken, um nicht aufzufallen, es war schon zu spät.

Wir lasen kurze Texte und lernten Gedichte auswendig. Alle Knaben trugen kurze Seppelhosen, die die Großen noch besonders hoch aufkrempelten. Diese Hosen hatten etwas mit den viel praktizierten Körperstrafen zu tun. Die »schuldigen« Knaben mußten zum Direktor Tralau, der ihnen, wie in der Turnhalle, drei oder sechs Rohrstockschläge auf den nackten Hintern versetzte, je nach dem vermeintlich begangenen Fehler. Es war zugleich verwirrend und erschreckend, und solche Praktiken haben nicht wenig zur Machtergreifung der Nazis und zur Unterwerfung der Volkes beigetragen, seit der Kindheit eingefangen von einer körperlichen, verwirrenden und perversen Erregung, die man sich um so weniger eingestehen konnte, als sie verfolgt und verfemt und daher die Furcht um so größer war.

Die Dorfschule war »dank« des neuen Regimes vergrößert worden, ein angeschlossenes Gebäude verlängerte sie, mit drei runden Türbögen aus lasiertem Backstein versehen. Am Giebelfeld wehte nicht mehr die schwarz-rot-goldene Fahne der Republik, sondern die Hakenkreuzfahne, wie man sie nun überall wehen sah, besonders am 20. April, dem »Geburtstag des Führers«, oder am 1. Mai. Sehr schnell war sie an den mehr oder weniger schicken Villen mehr oder wenig groß, je nach Opportunismus oder Unterwürfigkeit, gehißt worden. Manche pflanzten sogar einen Mast in ihrem Garten auf, damit man besser ihre Begeisterung und Teilnahme an der »nationalen Revolution« feststellen konnte.

Am Balkon meiner Eltern war eine grün gestrichene Fahnenstange an der Brüstung fixiert. Bald aber waren die Eltern die einzigen, die nicht flaggten. Das wunderte mich, und ich schämte mich, so ein nacktes Haus zu bewohnen. Ich wußte nicht, daß meine Eltern seit den sogenannten Nürnberger Gesetzen nicht »deutsch« flaggen durften, da sie wegen ihres »Nicht-Ariertums« aus der nationalen Gemeinschaft, an der sie doch so sehr und seit so langer Zeit hingen, ausgeschlossen waren, so sehr, daß mein Vater, ein gebildeter und aufgeklärter Mensch, nicht mehr ganz bei Sinnen war, wenn es um das Vaterland ging. Und obgleich ich nur ein Kind war, entging mir die Atmosphäre der Sorge und der Bedrängnis nicht, die überall herrschte. Sogar die Stimmen und die Gesten der Leute waren nicht mehr dieselben. Immer öfter hörte ich von »drüben« reden, von jenseits der Grenze; also von Frankreich, von Paris, von dem ich nichts wußte, nur soviel, daß man da niemandem nachging, man keine Angst zu haben brauchte und man sich auf der Straße draußen setzen konnte und Kaffee trinken; es gab sogar mit Holz gepflasterte Straßen. Die Eltern sprachen auch von London, da sagten sie aber nur »London«: es gab dort viele gotische Gebäude, Verwandte von uns wohnten auch dort, die trugen denselben Namen wie wir. Sie mochten uns nicht, das wunderte mich, sie hatten uns doch nie gesehen.

Zur gleichen Zeit gab man uns ein Gedicht zu lernen, womöglich: »Es fiel ein Reif in der Frühlingsnacht«* in unserer Lesefibel. Darunter, ein wenig vom Text abgerückt, stand als Signatur: »Dichter unbekannt.«

Dieser Hinweis erstaunte mich maßlos. Der Text war so schön, so genau, wie konnte man den Verfasser vergessen haben? Was mich immer überrascht hat, ist die Wichtigkeit, die ich diesem Hinweis sofort beimaß, als ob ich zu deutlich irgend etwas ahnte. Ich fragte meine Eltern, die sich hin und her wanden, Ausflüchte fanden, von etwas anderem zu reden versuchten, auf die Frage nicht eingingen.

Irgendwie mußte ich gehört haben, daß das Gedicht von Heine war, irgendwie hatte ich schon von Heine gehört. Heinrich Heine war Jude und konvertiert, dazu war er ein zersetzender und widerspenstiger Geist, er war nicht positiv. Heine stellte jenes offene, zugleich »romantische« und witzige Deutschland dar, welches die Nazis ein für alle Male ausradieren wollten. Es darf nämlich nicht vergessen werden, daß der Nazismus auch und vielleicht vor allem ein gegen Deutschland als solches gerichtetes Unternehmen gewesen ist.

Uniformierte SA, die vom benachbarten Bergedorf kamen,

* Ich hatte lange Zeit geglaubt, es sei »Die Loreley« gewesen, weil Heine einfach als der Dichter der *Loreley* bekannt war und sein Werk von den Nazischergen verboten war. Wichtig war dabei, daß unter einem Gedicht überhaupt »Dichter unbekannt« stehen konnte, weiter konnte die Dummheit kaum reichen.

paradierten immer öfter im Dorf, wo meine Eltern immer seltener hingingen. Es gab sogar vertraute Geschäfte, wo sie nicht mehr einkauften.

Einmal kam mein Vater in ein Geschäft. Bald hörte ich schimpfen und brüllen, und mein Vater trat zornrot heraus und wirbelte mit seinem Spazierstock. Er nahm mich an der Hand, die Stufen herunter, und ich fühlte, wie er zitterte. Man mußte ihn beleidigt haben, und eine mörderische Wut ergriff mich gegen den Kerl, der sich erdreistet hatte, ihn zu demütigen. Ich erriet, daß es irgendwie mit dem Wort »Jude« zu tun haben mußte, das ich von Zeit zu Zeit hörte und das einem Furcht einjagte. Es war etwas Drohendes und Unheimliches dabei, das uns betraf aus irgendeinem Grund, den ich nicht erraten konnte, aber an dem ich mich schuldig fühlte.

Vater und Mutter nahmen uns jetzt ab und zu nach Hamburg mit, zu Onkeln und Tanten, die wie über die Straße gehangen in großen dunklen Wohnungen lebten, voll Teppichen, wo man von einem Zimmer ins andere durch Schiebetüren gelangte. Ich hörte da von Amerika oder England reden.

Die Mutter irrte immer öfter im Hause umher oder blieb im Halbschatten liegen. Um sie herum roch es nach Baldrian, den sie aus einer Tropfflasche nahm, jedesmal verzählte sie sich aber und mußte wieder von vorne anfangen.

Es verging kein Tag ohne irgendein kleines Drama, entweder hatte sich meine Mutter mit einem Krämer gezankt oder hatte das Essen anbrennen lassen. Nach 1935 wurden die Haushaltsereignisse immer häufiger, da doch die »Juden« kein Personal mehr anstellen durften. Bald hatten sie auch nicht mehr das Recht, in öffentliche Gebäude zu treten oder in Stadtgärten zu sitzen. Jeden Tag wurden neue Quälereien erfunden, neue Gesetze, die ihnen bald auch Haustiere zu halten verboten. Alle diese Maßnahmen sind gut bekannt, man braucht nur die Tagebücher von Victor Klemperer* heranzuziehen.

Wenn ich aus der Schule kam, bekam ich ein Butterbrot, in Erwartung der Mahlzeit, die nie fertig wurde. Meine Mutter, eine hervorragende Köchin, hatte nicht mehr die Kraft dazu. Wenn ihr aber danach war, fing sie auf einmal an, Aufläufe zu kochen, und so konnte das Essen um eins, wie in »guten Häusern« üblich, ausfallen oder, wie es öfter der Fall war, gegen drei oder vier Uhr nachmittags beginnen, und währenddessen schleppte man sich im Garten herum, ohne jedoch richtig spielen zu können, weil man doch immer an das Essen dachte.

Jedermann wußte, daß im Dorf allgemein bekannte Menschen jetzt in einer großen Ebene, hinter Kiefernwäldern, schwere Steine schleppen mußten, während man sie mit Stökken schlug. Alleine die Abkürzung KZ stand als ständige Drohung im Hintergrund des alltäglichen Wortschatzes. Die Nazisprache nahm immer mehr Platz ein, und ein Kind konnte ihr nicht entkommen. Ein paarmal die Woche war jedoch eine ältere, kräftige und schroffe Dame bei uns. Sie kam von Zeit zu Zeit das angehäufte Geschirr waschen, sie war eine Bekannte meiner Mutter, sie sagte mir oft: »Wenn du nicht artig bist, kommst du ins KZ.« Das passierte vor 1935, denn danach durften die »Nicht-Arier« auch keine gelegentlichen Hilfen mehr einstellen. Diese Begebenheit habe ich in *Ein Garten in Deutschland* erzählt. Das zeigt, wie sehr das KZ schon zu den Sitten gehörte, zum alltäglichen Schrecken und Entsetzen.

Wegen der Angst- und Nervositätsatmosphäre, die immer mehr im Hause herrschte, entfernte man mich für einige Zeit – Vorspiel zu einer endgültigen Trennung, die ich ahnte – und schickte mich zu Nana, meiner geliebten Kinderfrau.

Nach ihrer Hochzeit waren Nana und ihr Mann Hauswarte

* Victor Klemperer – *Ich werde Zeugnis ablegen bis zum letzten.* Berlin 1995.

eines großen, sehr eleganten Hauses an der Alster, in Harvestehude, geworden, wie es deren in den reichen Vierteln der deutschen Großstädte gibt, richtige Stadtpaläste, die im allgemeinen an die zwanzig Zimmer hatten, sehr raffiniert geschnitten,
so daß man sich zugleich voneinander isolieren oder ein ge-
selliges Leben führen konnte. Die meisten wurden Ende des
19. Jahrhunderts gebaut, für wohlhabende, kinderreiche Familien. Jenes Haus gehörte einem Industriellen, der auch mehr
oder weniger ein Goldfasan, also ein »Würdenträger« der
NSDAP, war, der aber so tat, als wüßte er nichts von meiner
Gegenwart. Hermann, Nanas Gatte, war sein Chauffeur.

Bei Nana verbrachte ich die glücklichsten Momente meiner Kindheit. Sie schliefen in einem großen Zimmer im Sou-
terrain, welches aus zwei großen Kellerfenstern Licht bekam.
Mein Bett stand quer zum Fußende ihres Bettes. Mehrmals
habe ich bei ihr gewohnt, und alles war herrlich, der Morgen-
kakao, der Hof, das war eine Räumlichkeit mit Etagen, weit
und eng zugleich; die Stadt, das waren riesige Freiluftkorri-
dore, die ineinanderstießen. Ich lebte da so sehr im Einklang
mit mir selber, daß es mich wunderte. Nana wußte genau, wie
man es mit einem Kind machen mußte, entschlossen, sogar
streng, nahm sie nichts zurück, wenn sie etwas bestimmt hatte,
bestimmte aber immer nur, was sich für mich eignete, ihre
natürliche Güte ließ sie nur das machen, was mir half, und das
wußte ich.

Es wurden unvergeßliche Wochen, voll Frieden und kleinen
alltäglichen Begebenheiten. Manchmal setzte mich Hermann
auf seinen Schoß, und ich durfte den ganz winzigen Schrapp-
nellsplitter berühren, der ihm vom ersten Weltkrieg unter der
Haut des Nasenflügels steckengeblieben war. Das zog mir seltsam den Körper zusammen, stülpte ihn mir innerlich um, so
daß ich den Eindruck hatte, gepfählt zu werden, ein seltsames
Gefühl, welches ich nicht identifizieren konnte.

Besonders gerne ging ich mit Nana einkaufen, manchmal fuhren wir mit dem Schiff über die Alster. Es war eigenartig, so mitten in der Stadt auf einem Schiff mit Fenstern zu sitzen. Zu Fuß kamen wir am Ufer entlang zurück. Oft besuchten wir ihre Eltern, sie hießen Chevallier, sie stammten von Hugenotten ab und wohnten in der Altstadt, unweit des Hafens. Herr Chevallier war Schiffszimmermann, ein sehr vornehmer und wohlwollender Herr, der mir sehr imponierte. Er war Mitglied der SPD, die sofort nach der Machtübernahme der Nazis verboten wurde und von der viele aktive Mitglieder im KZ saßen. Aber unter den kommunistischen oder sozialistischen Hafenarbeitern, die der Deportation entkamen und in Freiheit überlebten, gab es einen solidarischen und geheimen Widerstand gegen die Nazis. So schlug später Herr Chevallier meinem Vater vor, ihn in der Altstadt zu verstecken, mein Vater schlug auch dieses Angebot aus, um ihn nicht zu gefährden, denn er wäre, hätte man es entdeckt, bestimmt erschossen worden.

Bei solchen Besuchen hatte ich Gelegenheit, die Fleete zu entdecken* und die Backsteinfassaden, die direkt im Kanal standen, und die Sonnenspiegelungen an den Fenstern anzuschauen, die sich nach außen öffneten; die Wasserbilder und Widerscheine liefen an den grünbemoosten oder roten Fundamenten der Häuser den Kurven entlang. Wenn plötzlich ein neues Fleet erschien, das auf die Weite des Hafens stieß, beruhigte sich der Atem, und es folgten Entdeckungen auf Entdeckungen. Sehr weit in der Ferne, in Augenhöhe, zog die Horizontlinie den Himmelsrand nach, vor dem die Maste der vielen Schiffe standen, wie ein blaugrauer, schütterer Wald. Brücken, deren metallener Überbau sich in einer Verwirrung

* Es werden absichtlich die Erklärungen vermieden, wie hier über die Fleete, die für den französischen Leser unentbehrlich sind, überflüssig aber für den deutschen.

von immer helleren blauen Entfernungen überdeckten, führten über die Fleete. Hie und da erschien ein Turm, und man wurde vom Begehren ergriffen, ganz nahe heranzukommen, er war dann so hoch, daß es schien, er ziehe schräg unter den Wolken dahin.

Es war eine ganz besondere Lust, morgens zum Markt unter dem gelben Backsteingewölbe der S-Bahn zu gehen. Zu jener Zeit fuhren noch so viele Pferdewagen wie Lastwagen, und das Schlagen der Hufe schallte hohl gegen die Gewölbe der S-Bahn.

Eines Tages, im Mai 1935 oder 1937 – die Zeiten vermengen sich –, ganz nahe der S-Bahn, vielleicht wollte meine Gouvernante wieder zum Markt, sah ich Hitler vorbeifahren. Auf einmal drehte sich die ganze Menge auf eine Seite. Wir standen in der ersten Reihe, gerade hinter einer dichten Reihe schwarzer Uniformen, von denen ich auf meiner Höhe fast nur die Schäfte der Stiefel glänzen sah. Ich weiß nicht, was ich da habe sagen können, aber der SS-Mann, der vor mir stand, drehte sich plötzlich um, ich hatte gerade noch Zeit, die silbernen Knöpfe und Besätze zu sehen und ein Gesicht mit Mütze, das sich zu mir hinunterbeugte. Auf einmal saß ich da oben, auf seinen Schultern, höher als alle anderen, vor mir die leere Chaussee und zu jeder Seite eine Linie schwarzer Mützen mit der Menge dahinter. Was mich am meisten wunderte, war nicht, daß ich so hoch saß, sondern eine Mütze von oben zu sehen, unter mir, mit jener leichten Ausbeulung des Kopfes. Es war einfach grotesk, also dieser ganze Kram, all dies Uniformierte enthielt nichts als so eine Beule in der Mützenmitte.

Dann, in einiger Entfernung, sah man ziemlich langsam ein schwarzes Mercedes-Kabriolett anfahren, in dem auf einer Art Stufe, klein, uniformiert, braun, mit vorgestrecktem Arm, Hitler stand, der sich von Zeit zu Zeit mit dem linken Arm an der Windschutzscheibe festhielt. So weit der Blick reichen konnte, war ich das einzige Kind weit und breit, gerade deshalb hatte mich der SS-Mann auf seine Schultern genommen, der natürlich den Geschmack dieses Mörders kannte. In der Höhe dieses blonden, lockigen Kindes mit blauen Augen angekommen, winkte er kurz dem Spezimen der germanischen Rasse zu. Während der ganzen Zeit brüllte die Menge hysterisch: »Der Führer, der Führer!«

Viel später erst verstand ich das unglaublich Monströse und Lächerliche einer solchen Situation: derjenige, der die methodischste und ungeheuerste Vernichtung der Weltgeschichte unternahm, winkte einem dieser Sprößlinge einer verkommenen Rasse zu, einem jener schädlichen Elemente, die er der Ausmerzung zubestimmt hatte, winkte einem kleinen Blonden zu, der so aussah, als sei er nicht ein solcher.

Zu dieser Zeit trug ich, wie viele andere kleine Jungen aus »gutem Hause«, sehr oft einen Matrosenanzug mit breitem blaugestreiftem Rückenkragen. Besonders stolz war ich aber auf die Mütze mit blauen Bändern, die hinter mir her wehten. Diese Matrosenuniform zog mich jedesmal sofort in Hochseeträumereien und auf weite Forschungsreisen. Gewisse Mitschüler aber träumten von einer ganz anderen Uniform, und zwar von der der Pimpfe, die schwarz war wie die der SS, der öffentlichen Mörder, um die Knaben zwischen elf und vierzehn an die Tracht der Totschläger zu gewöhnen, in die sie dann hineinglitten, ohne es zu merken.

Zwischen beiden würden sie dann die Uniform der HJ tragen dürfen, der sie bis ins Alter von 18 Jahren angehörten und die an die kackbraune der SA erinnerte. Mein älterer Bruder, aus einem mir unbekannten Grund, konnte nicht in die HJ. Erst viel später verstand ich, weshalb. Mich schickte man nicht mehr zum Kindergottesdienst, wo ich doch zur Zeit des Pastors Fries, der mich getauft hatte, regelmäßig hingehen mußte. Er war ein alter Pastor mit weißem Bart. In seiner schmalen und steifen Backsteinkirche hatte ich die Zahlen der Kirchenlieder gelernt, die auf kleinen Holzplaketten standen, die man auf einer großen, einbeinigen Tafel hin und her schieben konnte. Man konnte sie in die Hand nehmen, und ich hätte alles daran gegeben, nur um sie in ihren Rillen hin und her schieben zu dürfen.

Der Nachfolger des Pastors Fries hieß Hartung, wie schon erwähnt, und war Mitglied der »Deutschen Kirche«, die mit allen Kräften das Naziregime unterstützte und auf diese Weise weiter sehr gut bei Kasse war. Aus Hitler machten sie ihren Vize-Christus*, nahmen an der Euthanasie der Geisteskranken teil und begeisterten sich für die Vernichtung der Juden und Zigeuner. Die deutschen protestantischen Kirchen übertrafen sich im allgemeinen, was Infamie angeht. Er wollte uns nicht mehr, meinen Bruder nicht, der also nicht konfirmiert werden konnte, es hätte 1938 sein sollen, und mich erst recht nicht mehr, im Kindergottesdienst. (Dieser so typisch pastorale Feigling hat sich sogar geweigert, 1942 meine Mutter zu beerdigen.)

Ich verstand nicht, warum, oder besser gesagt, wußte es zu gut, weshalb ich nicht mehr zur Kirche durfte. Mit meinem Freund Günter paradierten wir im Garten meines Elternhauses und sangen das Nazilied, das mit »Die Juden schmeiß raus« endete, was eigentlich dem Pastor hätte gefallen müssen. Wir Kinder ahnten nicht, was diese Worte bedeuteten, der Sinn hatte keine Entsprechung in der Wirklichkeit, der Rhythmus allein gefiel uns. Aber die Elemente der Wiederholung waren am Platz, und auf die Dauer hätte es doch auf ein Kind ohne moralische Erziehung wirken können. Juden hatte ich nie welche gesehen, ich wußte nicht, wie ich sie mir vorstellen sollte,

* Darüber gibt es viele Recherchen, unter anderem *Die SA Jesu Christi* von Ernst Klee, Frankfurt 1989.

ich wußte nicht, was ich da so vor mich hin sang. Es waren Wörter, deren Sinn ich nicht erfaßte, deren Objekt zu sein mich doch sehr gewundert hätte.

Das zeigt, wie sehr man alles mit einem Kind machen kann und was eine politische Dressur solcher Art alles bewirken kann. Indem es die Angst und die obligatorische Begeisterung miteinander kombinierte, hat das Naziregime sehr schnell einen Großteil dieser Jugend, die es bald über Europa losließ, vereinnahmt. Man fühlte dabei immer mehr eine unbestimmte Drohung lasten, die die Brust einengte, als wäre die Luft kompakt geworden.

So begann ich die Leute zu beneiden, die den Arm hoben, um »deutsch« zu grüßen, und die auf der richtigen Seite standen. Sogar in meinem Dorf fing man an, Kinder in Uniform zu sehen. In der Schule hatten sie das Recht, aufzustehen und dem Lehrer zu widersprechen. Es kam in der Klasse meiner Lehrerin nicht vor, glaube ich, ich erinnere mich aber, daß ein großes Mädchen mit Zöpfen, die ein wenig weiter in einer Reihe vor mir saß, manchmal aufstand, um zu erzählen, was ein Nachbar über Hitler oder die Nazis wohl gesagt haben konnte, Redensarten, von denen man nicht wußte, ob sie erfunden oder wirklich waren, die die Lehrerin aber jedenfalls überhörte.

Mehr als sechzig Jahre später habe ich von einer ehemaligen Mitschülerin erfahren, daß mich eines Tages die Lehrerin vor die Tür gesetzt hatte, weil eine Mitschülerin zu mir »Scheißjude« gesagt hatte, es war aber in Wirklichkeit, um den anderen zu erklären, daß sie solche Redensarten nicht dulden würde und daß alle Kinder vor Gott gleich seien. Nach meinem Weggang in die Emigration nach Italien, im Mai 1938, soll sie gesagt haben, ich sei gezwungen worden wegzugehen, und habe das Wort gezwungen extra betont. Es war nur eine Anspielung gewesen, zeigte aber dennoch, daß Widerstand gegen

Schrecken und Verbrechen möglich gewesen wären. Dieselbe Mitschülerin erzählte mir auch, daß 1942, als mein Vater den gelben Stern tragen mußte, die Leute auf die andere Straßenseite wechselten und sich sehr nobel empfanden, daß sie ihn nicht niederschlugen oder gegen ihn Steine warfen.

Es gab auch des öfteren Sammelaktionen, es waren immer Kinder zu zweit, die unter dem Vorwand der Winterhilfe nachsehen sollten, ob bei den Leuten auch der Hitler am Ehrenplatze hing.

Es war einer von der HJ gewesen, der meinen Bruder denunziert hatte, weil er sich auf eine der glasierten Tonenten am gerade erbauten Stadtbrunnen gesetzt hatte, so daß mein Vater eine hohe Geldstrafe zahlen mußte.

Ich lebte in völliger Verwirrung. Einmal mehr verbrachte ich einige Tage bei Nana in der Villa, die ihr Chef in Blankenese besaß, am Hügelrand, über der Elbe. Die Villa stand in einem großen Garten, wo die Eibenhecken zu hoch waren, um den Blick auf die Elbe und die fahrenden Schiffe freigeben zu können. Auf einem Foto stehe ich sogar mit SA-Mütze auf dem Kopf davor.

Eines Tages voll hoher Sonne in Blankenese kamen auf dem mit Kieselsteinen bedeckten Hof nacheinander schwere schwarze Limousinen gefahren, aus denen uniformierte SA-Leute hüpften, eitel und eingebildet. Am Ende des Gartens hoben sie sich kackbraun vom schwarzen Hintergrund der Wagen ab. Mit vor panischer Angst zugenagelter Brust zwängte ich mich in das Gezweige hinein, das mir das Gesicht zerkratzte, ich wußte, würden sie mich sehen, würden sie mich sofort ins KZ schicken. Auf keinen Fall durften sie wissen, daß es mich gab. Zugleich wußte ich von nichts und ahnte doch genau, worum es ging. Die Gefahr hatte keine Geheimnisse für mich. Schon hatte ich vollauf das Gefühl, daß meine Existenz ungerechtfertigt war, daß ich verboten, abgeschafft gehörte. Vielleicht hatte man die Herkunft jenes kleinen Jungen herausbekommen, den man aber dennoch mit der Mütze des Hausherrn spielen ließ, ich weiß nur, daß ich auf einmal weg, zu meinen Eltern zurück mußte.

Nie fand ich meine Mutter ohne eine gewisse Bangigkeit wieder. Wir waren in irrer Liebe miteinander verbunden, aber dann plötzlich wendete sie sich ab, von ihren Ängsten wieder eingeholt. Das braune Kleid hing um sie herum, und sie blickte mich mit rotverweinten Augen an, bemitleidete mich, ohne daß ich wußte, warum. Auf einmal radelte sie weg oder führte mich spazieren, hielt mich an der Hand, den Arm steif, und machte, samt mir, auf einmal kehrt, pflückte Rosen im Garten, setzte sich ans Klavier oder hängte Wäsche auf, und das alles im Lauf weniger Minuten. Mitten in der Nacht konnte es vorkommen, daß sie im Nachthemd wegradelte, um sich in die Bille zu stürzen, unterwegs aber rutschte sie auf irgendeiner Wurzel aus und mußte nach Hause schieben. Man wußte mit ihr weder ein noch aus. Was mit ihr im nächsten Augenblick sein würde, konnte man nie ahnen, entweder für ihr Kind trunken vor Liebe oder abweisend und fern, gleichgültig. Mein vier Jahre älterer Bruder schien mehr solcher Verwirrung zu entgehen, er hatte seine Kameraden, führte das Leben eines schon viel selbständigeren Jungen.

Natürlich sprach ich immer mehr mir das Wehleiden und die Traurigkeit meiner Mutter zu, ich fühlte mich dafür verantwortlich. Unaufhörlich fingen dieselben Auftritte immer wieder an, und ich brauchte immer neue schön organisierte, sorgfältig aufgekochte und vorbereitete Wutanfälle, die mir aufs beste gelangen. Ich konnte immer besser kaputtmachen und immer richtiger zielen. Meine Wutanfälle waren Meisterwerke an Bosheit und Zynismus. Ich pflegte sie um so mehr, als sie meine Mutter stärker beunruhigten. So traktierte ich mit Faustschlägen, Fußtritten und ungeheuren Beschimpfungen eine arme Kusine namens Gisela, die da war, um meiner Mutter zu helfen. Fünfzig Jahre später erinnerte sie sich noch ganz genau. Ich stürzte ins Spielzimmer, nahm irgendein Spielzeug, das meine Mutter sich die Mühe gegeben hatte zu reparieren, machte es wieder kaputt, erschien heulend wieder, und tränenüberströmt schrie ich und heulte, daß meine Mutter mein Lieblingsspielzeug absichtlich kaputt gemacht hätte.

Meine Zornausbrüche fing ich im allgemeinen im Garten an, damit es jeder hörte und meine Eltern sich schämten, und beendete sie zwischen den Mahagonimöbeln, während mir mein Vater die Hände festhielt, damit ich nicht alles kaputtmache. Nie kam die Strafe, die mich befreit hätte. Ich schrie meine Eltern an, daß ich sie köpfen möchte und mit ihren Köpfen Fußball spielen. Alles, was es an monströser Phantasie geben konnte, gab es bei mir, und ich wußte es genau. Ich war traurig, nur Böses zu tun, und tat es um so mehr.

Und dann, wenn ich voll in Gang war, kam das Glück der Tränen, des Weinens, der Reue und der Zärtlichkeit meiner auf einmal beruhigten Mutter, die mich in die Arme nahm und beinahe erstickte, dabei lutschte ich den Daumen und überließ mich ganz der Wonne mütterlicher Liebe. Ich war ein böses Kind und schämte mich dessen.

Erst langsam verstand ich durch die Erklärungen meines Vaters, daß es auch Krankheiten gab, die keine sichtbaren Stellen hinterließen, wie Pocken oder Masern, die man nicht sah und die nicht nur den Körper, sondern auch die Seele befielen. Trotz all ihrer Liebe hatte deshalb meine Mutter nicht die Kraft, sie mir zuteil werden zu lassen, wie ich es erwartete.

Mein Pate, der auf der anderen Straßenseite seine palastlange Villa bewohnte, an der die Fenster aufeinanderfolgten wie die Bögen einer Brücke, brüllte über die Hecke herüber, ich solle endlich aufhören, und bekam zur Antwort »Arschloch«.

Meine Mutter versuchte, mir aus dem Weg zu gehen,

drückte sich, im Schlafzimmer auf der Schattenseite des Hauses, im Doppelbett, ein feuchtes Tuch auf die Stirn, und dann auf einmal stürzte sie sich auf mich und fraß mich vor lauter Küssen richtig auf. Mit fast unfehlbarer Intuition suchte sie sich dazu den Augenblick aus, wo Günter gerade da war und ich mit ihm »Schule« oder »Doktor« spielen wollte.

Zwischen Eltern- und Badezimmer lag die persönliche Ankleidekammer meines Vaters. Da kletterte ich auf einen Schemel und predigte: ich war damals ein sehr frommes Kind. Vor lauter Eitelkeit wähnte ich mich sprachbegabt und sah schon vor mir verneigte Volksmassen, der ich doch im direkten Kontakt mit Jesus Christus stand. Ich weiß nicht, ob mein Vater derart hereinfiel, aber er las mir oft aus der Bibel vor, aus dem Alten wie aus dem Neuen Testament in der großartigen Übersetzung Martin Luthers, deren souverän rauhe Beschaffenheit in der Kindheit die wichtigste Form des Zugangs zur Muttersprache gewesen ist. Leider hat man Luthers Sprache in den neuen Ausgaben durch das schleimig-verlogene Pastorendeutsch ersetzt, jenes vermogelte Predigerdeutsch, welches für alle Ewigkeit von der Tötung der Kinder verseucht ist, gegen welche damals die evangelischen Pfarrer sich noch weniger erhoben haben als die katholischen Priester, Kindertötung, deren Mitwisser und sogar Mittäter sie oft gewesen waren.

Ich nahm die Worte der Bibel wieder auf und predigte über die Gnade, deren Inhaber und Verteiler natürlich ich war. Ich war nicht gerade bescheiden, wie man sieht, und zugleich war ich von einer unerhörten Begeisterung ergriffen, die kindliche Dummheit und eitler Hochmut nicht alleine erklären können. Ich war voll Liebe für die Gestalt Jesu, dem ich alle meine kleinen Kümmernisse erzählte. Was ich an ihm an Traurigkeit, an Bedrängnis entdeckte, paßte mir bestens. Er war, glaubte ich, ein wenig wie ich, einsam und unverstanden, obgleich er doch alle liebte. Aus ihm machte ich meinen großen Freund für mich alleine. An den populären Darstellungen, insbesondere denen von Ludwig Richter, die mein Neues Testament schmückten, konnte ich mich nicht satt sehen. Die Passion spielte sich da vor dunklem Himmelsgrund ab, vor dem sich helle, stark gravierte Silhouetten abhoben.

Ludwig Richter hat auch Grimms Märchen illustriert oder Theodor Corlshorn oder Ludwig Bechstein, wo die deutschen Kleinstädte mit sehr steilen roten Dächern und Treppengiebeln dargestellt sind; Bretzel, Rosensträucher und alte Bäume mit Laubgewirbel umranken girlandenweise die Stiche, ein wenig wie in den übrigens wunderbaren Gemälden von Spitzweg. Dieser ganze rührende und bedenkliche Kitsch hat in meiner Kindheit eine entscheidende Rolle gespielt.

Solche Bibelbilder und Märchen bilden, wie auch der *Struwwelpeter* oder *Max und Moritz,* das Gefüge meiner Phantasie. Die Landschaften der Grimmschen Märchen lagen vor meiner Tür, der dunkle Wald, die ein wenig unheimlichen Teiche, von alten Bäumen umgeben, und im Winter die seltsamen Zeichnungen, die die vom Wind bewegten Äste in den Himmel warfen. Ein Unbehagen, ein Schrecken lag aber von nun an auf dieser ruhigen, ausgebreiteten Landschaft, man konnte da überall totgeschlagen werden.

Die Lieder, die Bilder, die Märchen, dieses Leben, wie noch im Deutschland des 19. Jahrhunderts, hatten mich bis ins Intimste meines Wesens durchdrungen. Es war kaum möglich, noch mehr ein deutsches Kind zu sein, als ich es damals war. Aber zugleich aus alledem, was mich derart geprägt hatte, entstanden, fühlte man eine ungeheure und barbarische Drohung auf sich lasten, unheimlich und vertraut zugleich, die alles versteinerte und einfror.

IX

Abschied mit Aufschub

Wie ich dazu kam, erinnere ich nicht, aber ich war sicher, daß der Abschied bevorstand, endgültig und unwiederbringlich. Das lag mir irgendwo oben im Kopf, wie ein Gewicht: in meinem Dorf würde ich nicht bleiben und meine Eltern verlassen müssen. Es war aber nur eine Feststellung, die nicht wirklich tief in mich hineinreichte.

Wieder einmal hatte meine Mutter ins Sanatorium gemußt, ich blieb alleine mit meinem Vater und meinem Bruder im Haus. In der Gewißheit der Trennung wurde alles um mich herum bloß deutlicher, von fotografischer Genauigkeit: mein Blick fixierte die Konturen, schätzte die Konsistenzen ein, notierte sich die Farben. Ich ging nicht mehr zur Schule. Ich war eines leuchtenden Sonnnentages ausgerissen, die leere Straße waberte vor mir hin, in der weiten Ebene hatte ich gefürchtet, nicht nach Hause zurückfinden zu können. Ich begleitete jetzt meinen Vater aufs »Motiv« und spielte um ihn herum; während er malte und mich gleichzeitig das Mitsehen lehrte, was er auf der Leinwand darstellte.

Ich erinnere mich auch, daß wir Wohnungen mitten im Dorf besichtigen gingen, weil wir die Villa nicht würden behalten können. Eine dieser Wohnungen hatte eine große Terrasse. Die Fenster gingen auf das tiefe Grün des Gartenlaubs auf der einen Seite und auf die Hauptstraße auf der anderen. Ich war überrascht und erstaunt, daß man nur mit einer einzigen Kopfbewegung vom Land in die Stadt konnte, daß es zwei Landschaften in derselben Wohnung gab.

Wenn meine Mutter da war, unterhielten sich meine Eltern

immer öfter vor uns auf englisch oder fingen an zu flüstern. Der Abschied hatte sich in mir eingerichtet, er drang in alles hinein, hatte sich in alles hineingefressen. Die Eltern hatten zuerst an eine *public school* in England gedacht, aber der englische Teil der Familie, sehr zufrieden mit dem, was uns widerfuhr – wir hätten ja nicht in Deutschland bleiben müssen –, ließ erneut wissen, daß sie keinen Finger rühren würden. Ich hatte bereits schon verstanden, daß ich nicht aufs Gymnasium konnte, aus dem mein Bruder Ostern 1938 ausgeschlossen wurde.

Ab 1934 wurden »nicht-arische Schüler« nur aufgenommen, wenn noch Plätze frei waren. 1936 wurden alle nicht-arischen Schüler aus dem Gymnasium ausgewiesen. Manche Schuldirektoren kamen den Anweisungen nicht sofort nach, in Reinbek war die Nazidummheit anscheinend noch nicht ganz bis zum Gymnasium gedrungen, denn bis 1937 wurden die verschiedenen Maßnahmen noch nicht auf meine Eltern ausgedehnt. Jedoch durfte dann mein Bruder nicht mehr aufs Gymnasium, aus dem der neue Direktor, dessen Einstellung der des Pastors ähnlich war, ihn mit ausgesprochener Lust ausschloß, der eine wie der andere zu allen Niederträchtigkeiten bereit, um dem Naziregime zu gefallen. Mein Bruder war schon in der Quarta und hatte gute Kameraden, man kann sich denken, was solch ein Ausschluß für ein dreizehnjähriges Kind bedeuten kann.

Bis dahin, soviel ich weiß, war niemand meinen Eltern gegenüber wirklich feindlich eingestellt gewesen. Ich glaube, daß niemand sie wirklich als Juden betrachtete, jedenfalls bis zur Nazizeit, da sie sich doch selber nicht als solche empfanden.

Trotz der großen Zahl Naziwähler bei jeder Wahl, eine der Eigenschaften meines Geburtsdorfes, man war da überdurchschnittlich nazifreundlich, fühlten meine Eltern erst ziemlich spät die Konsequenzen. Übrigens, soviel ich weiß, gab es nur noch eine einzige andere jüdische Familie im Dorf, sie wohnte in derselben Allee.

Manchmal, als wollten die Eltern uns und sich selber an die Idee des Abschieds gewöhnen, als wollten sie jene entsetzlichen Wörter verharmlosen, taten sie, als hätten sie uns nicht gesehen, und sagten: »Wenn die Kinder fort sein werden«, und meine Mutter fing dann zu weinen an, oder sie sprachen von Sachen, die mitgenommen werden sollten, oder von Korbkoffern. Ich, um nicht daran zu denken, tat, als hörte ich nichts, und ich hörte auch nichts, ich wollte nicht, daß es mir weh tat, und ich hatte mir eine Art Mauer im Kopf errichtet, und an dieser sollte es abprallen.

Meine Mutter, es war der November 1937, mußte abermals ins Sanatorium, in den Harz nach Elbingerode. Jeden zweiten Tag schickte sie uns Postkarten, die Tannen unter dem Schnee oder das schneebedeckte Sanatorium darstellten, es war ein ganz modernes Gebäude, das ich wunderbar fand. Schon damals war man in solchen Sanatorien eifrig dabei, die Euthanasie der »Geisteskranken« vorzubereiten und zu beschleunigen, man wollte die »unnützen Esser«, Kinder und Greise, so schnell wie möglich loswerden.

Es war vereinbart worden, wir würden Weihnachten 1937 mit meiner Mutter im Sanatorium feiern. Zum ersten Mal wollten wir Weihnachten nicht zu Hause feiern. Nun war aber Weihnachten doch die große Sache des Jahres. Sobald die Tage kürzer wurden, dachten wir nur noch an Weihnachten. Am ersten Dezember wurde der Adventskranz mit roten Schleifen aufgehängt und jeden Sonntag eine andere Kerze angezündet. An Sankt Nikolaus bekam man die Schuhe oder die Strümpfe voll kleiner Geschenke oder Bonbons (Bonschers, sagte man). Jeden Tag wurde eine neue Tür des Adventskalenders geöffnet, und jedesmal war die Überraschung dieselbe: die Pastellfarben und das Bild immer anders als erwartet, und dann erschien der

»Freßteller« aus weihnachtsfarbiger Pappe, und endlich war Heiligabend mit einem riesigen Tannenbaum und einem Haufen Geschenke, der rasch im Lauf der Zeit immer kleiner wurde, als meine Eltern kein Geld mehr hatten. Wochenlang blieb der Tannenbaum aufgestellt, nadelte jeden Tag mehr, wurde dann endlich, braun und kahl, in die Veranda gebracht. Erst im August wurde er endlich verbrannt.

Ich wußte nicht, daß es die letzten Weihnachten sein würden mit meinen Eltern und dazu noch auswärts. Damit man uns nicht weggehen sah, fuhren wir erst bei Einbruch der Nacht, die Nachbarn sollten sich nicht einbilden, wir wollten ins Ausland flüchten, und so hatten wir alle Lichter angelassen. In der Dunkelheit waren die großen hellen Rechtecke der Fenster von dem schwarzen Geäst der Bäume durchkreuzt. Man schleppte, wie ein Gewicht in der Brust, dieses Haus mit, in dem die Lichter für niemanden weiterbrannten. Gegen elf würde eine Nachbarin sie ausmachen, sie bewohnte eine große Villa gegenüber, zu der ein leicht ansteigender Weg hinaufführte: sie hieß Bergmann, ihr Sohn, schon groß, wie ein Erwachsener, war ein Freund meines Bruders, er hieß Rudolf und wurde der Nazidummheit 1941 in Rußland geopfert.

Diese Reise hatte etwas von einem Indianerspiel und beunruhigte mich zugleich. Man hatte mir gesagt, ich würde mit dem Schnellzug fahren und zum ersten Mal in meinem Leben das Gebirge sehen, vor Aufregung schlief ich nicht mehr. Wir übernachteten in Hamburg, und am nächsten Tag, mit vor Verwunderung offenem Mund, beobachtete ich, wie die fast unheimlichen runden, schneebedeckten Kuppen einander folgten. Man fuhr Taxi durch den tiefen Schnee, und mir war, als hätte ich den Weihnachtsmann zwischen den grauen Tannenstämmen erblickt. Es war der Harz wie im Bilderbuch, in einer Stadt, Werningerode, mit wirklichen Häusern aus dem Mittelalter, wie aus den bebilderten Märchenbüchern.

Dann kamen wir an, vor dem riesigen rosafarbenen Gebäude, das ich auf den Postkarten gesehen hatte. Es gab da überall Leute, und meine Mutter war irgendwo darin. Ich war enttäuscht, daß, obgleich sie meine Mutter war, sie mit so vielen anderen Leuten verwechselt werden konnte. In einem ungeheuer großen Saal brannten die Lichter eines baumhohen Tannenbaums, und mitten im Stimmengewirr und der knisternden, duftend-matten Wärme erschollen die Ausrufe des Entzückens. Jeder versuchte noch überraschter oder erfreuter als der Nachbar auszusehen, und der Ekel ergriff mich an der Grenze des körperlichen Unwohlseins beim Gedanken, daß ich auch meiner Stimme jenen verlogenen Ton geben würde, für den man an der richtigen Stelle der Kehle ansetzen mußte, da ich doch – und im voraus schon schämte ich mich – von den Geschenken, die ich bekommen würde, enttäuscht sein würde.

Die kleinen Autos oder die Bleisoldaten würden nicht die bestellten sein, und doch hatten die Eltern sich solche Mühe gegeben. Sie hatten die Türen der Geschäfte auf- und hinter sich zugemacht und hatten sich die »Artikel« zeigen lassen, extra für mich, und dabei hatten sie kaum noch Geld, und ich, ich erlaubte mir, unzufrieden zu sein. Ich schüttelte mich richtig vor Scham und konnte niemandem erklären, warum ich weinte. Ich verstand nichts von dieser Art Gedanken, die mir kamen, immer öfter, das war mir, mir selbst gegenüber, peinlich, aber ließ mich noch nicht mich dafür selber hassen.

In der Menge wandelten die evangelischen Diakonissen umher – das Sanatorium war davon voll –, hellblau angezogen, und lächelten mit hartem Gesicht und einstudierter, vermeintlich besorgter Stimme. Als ich dann später von der Euthanasie der »geistesgestörten Kinder« und »lebensunwertem Lebensmaterial« in einem nahegelegenen »Sanatorium« in Bernburg*

* Siehe Ernst Klee, *Euthanasie im Dritten Reich.*

hörte, wunderte mich das keineswegs, und ich sah vor meinen Augen wieder diese Krankenschwestern mit den harten blauen Augen und den schmalen Lippen. Vielleicht gab es unter denen, denen ich begegnet bin, welche, die sich auch wie so viele ihrer Kollegen für das saubere Kindermorden begeistert hatten. Ich erinnere mich jedenfalls, vor ihnen Angst gehabt zu haben: sie hätten mich nicht verschont, und so hätte es immerhin einen »unnützen Esser«* weniger gegeben.

Dagegen galt meine Bewunderung dem Kellner, der aufgestapelte Teller auf einem Arm oder ganze Platten mit vollen Tellern auf dem anderen trug, ohne daß je etwas herunterfiel. Ich konnte mich nicht an ihm satt sehen und beneidete ihn fast darum, daß er er selbst war, der dazu so sichere, so nützliche Gesten hatte. Mit dem Fuß öffnete er die Tür, die zur Küche ging, und während er mit einer Platte voll Teller auf einem Arm und dem anderen hinter dem Rücken durch den Saal flitzte, schlugen abwechselnd die beiden Türflügel, jede in die Gegenrichtung, ohne je einander zu berühren, kaum standen sie dann endlich still, stieß er sie wieder auf, und wieder rackerten sich die beiden Türflügel ab. Der Kellner faszinierte mich, ich weiß nicht, warum, aber ich wußte, daß er gutmütig und großzügig war, und am Tage der Abfahrt durfte ich ihm die Hand drücken, ich war beruhigt und stolz.

Lebhaft war der Frühling 1938 gewesen, voll Licht zwischen den Bäumen, dem Gebüsch und den hohen Wolken. Nie hatte ich derart genau die Räumlichkeit um mich herum gespürt, die immer wieder ansetzende Ebene mit den Pappelreihen hintereinander, deren Grün mit der Entfernung verblaßte. Meine zurückgekehrte Mutter schaute uns aber, meinen Bruder und mich, an, als wolle sie uns in sich hineinsaugen.

* Siehe außer Ernst Klee auch Benno Müller-Hill, *Tödliche Wissenschaft*.

Man verhehlte uns den Abschied nicht mehr, man bereitete uns darauf mit im voraus eingeübten Sätzen vor, als kompli-mentiere man uns mit vielen »vielleicht« oder »es könne sein, daß« oder »vorläufig« weg, als hätten wir nicht schon lange al-les verstanden, als hätten wir es nicht schon immer gewußt.

Auf dem Dachboden wurde der große Korbkoffer hervor-gezogen, er war im Inneren mit graufarbener Leinwand be-zogen und mit einer Etage versehen, die wie eine große leere Schokoladeschachtel aussah. Meine Mutter füllte sie unaufhör-lich mit Kleidungsstücken und Spielzeug, das sie dann alles wieder herausnahm, wieder hineinpackte und noch einmal wieder wegräumte.

Aus dem Bücherschrank meines Vaters zeigte man mir blaue vergoldete Großbände mit Abbildungen von Florenz: Duomo, Palazzo Vecchio. Das paßte mir, weil ich meine Zeit mit dem Zeichnen von gotischen Architekturen voll Spitzbögen, Stab-fenstern, von Fialen und Krabben verbrachte. Ich begeisterte mich für die gotische Kunst. Einige Zeit vorher hatte ich den Hamburger Dom, die Nikolauskirche, besichtigt, ein »Ready made«-Gebäude aus dem schlimmsten 19. Jahrhundert. Hun-dert Jahre vorher hatte man den alten Dom abgerissen, der nichts mehr eintrug, man weiß, daß Hamburg Geld über alles liebt, und so lohnte es sich nicht, für das schöne Geld einen alten, baufälligen Dom zu restaurieren. Wenige Jahre später aber, die Mode der plötzlichen Frömmigkeit trug viel dazu bei, mußte man alles unter großem Geldaufwand wieder aufbauen, es strotzte nur so vor Türmchen, Helmchen, Strebebögen und Pfeilern, und ich fand das ungemein großartig, wundervoll, daß so viele Feinheiten sich draußen in freier Luft erheben konnten. Heute steht davon nur noch der Glockenturm; der Rest wurde 1943, wie die ganze Stadt, von den Bomben zerstört.

Auf Anhieb erkannte ich den Unterschied zwischen einem romanischen und einem gotischen Bauwerk, zwischen Rundbogen und Spitzbogen. Sofort wußte ich, wie man Renaissance und Spätgotik voneinander unterscheidet, ein romanisches und ein gotisches Kapitell. Ich war ganz einfach eitel und eingebildet. Die fast körperliche Begierde, die Bauwerke von Florenz aus der Nähe zu sehen, den Campanile von Santa Maria dei Fiori, die schneckenförmigen Seitenbögen der Fassade von Santa Maria Novella oder vor allen Dingen diese Brücke, aus welcher über dem Wasser hängende Häuser herauswuchsen, drückten die Angst vor der Trennung in den Hintergrund, ließen sie weit entfernt scheinen, was mir wiederum ein schlechtes Gewissen gab.

Eines Tages aber kam eine Fotografie, eine so große hatte ich noch nie gesehen, sie stellte eine Dame mit gescheiteltem Haar dar, die den Betrachter anlächelte. Zu ihr sollten wir, mein Bruder und ich, nach Florenz. Es war im Keller, wir standen vor der Hobelbank meines Vaters, auf der er die Farben bereitete. Er hatte sie in kleinen knisternden Tüten, auf denen die Modellfarbe abgedruckt war, aber matt, wie verblaßt. Bevor er sie mit Öl auflöste, konnte man sie mit dem Finger berühren, und sie war so leicht, daß man sie dabei kaum fühlte. Auf den feuchtgrünen Stufen, die aus dem Keller zum Garten hinaufführten, hatte ich gerade eine Kröte gesehen, die man atmen sah und die da nackt vor einem hockte.

Es war, als stülpte mich die Verzweiflung um, sie stieß mich aus mir selber hinaus, leerte mich aus, es war also doch wahr. Ich schrie, gellte meinen Haß, meine Wut, meinen Gram, meine ganze Enttäuschung aus mir heraus: sie, jenes unbekannte Weib, wollte also Mutter spielen, mir die Meinige klauen, mit ihrem widerlichen, falschen, verlogenen Lächeln; ich zertrat das Foto, zerriß es, bevor man mich daran hindern konnte. Und doch, hinter meinem Ausbruch war, als ob mich etwas zu ihr hinzöge. Wohnte sie denn nicht in Florenz, wo es alle jene Sehenswürdigkeiten gab? Der Abschied fraß sich in mich hinein, legte sich wie eine Horizontlinie hinter alles, was man machte, und zwang zu einer ganz besonderen Aufmerksamkeit.

Die Abfahrt war auf Mittwoch, den 18. Mai 1938, festgelegt worden. Eine andere Dame, die ich genausowenig kannte, sollte uns nach Florenz bringen, wir sollten in München halten, um, bevor wir Deutschland verließen, mindestens die Liebfrauenkirche zu besichtigen, deren Abbildung ich nie genug betrachten konnte: jene beiden völlig gleichen Türme, wovon einer den anderen wiederholt, die da in den leeren Himmel hineinragten, von grünen Hauben überdacht. So etwas in der Wirklichkeit, wie es dastand, wiederzufinden erfüllte mich mit einer bangen Erwartung, fast einer Vorfreude, und zu dieser Erwartung kam noch die des Duomo von Florenz dazu, des Palazzo Pitti, dessen Mauern nur aus riesigen, bloß aufeinandergelegten Steinquadern bestanden, oder der Ponte Vecchio. Die Begierde, in Naturgröße und im Freien sehen zu können, was auf den Bildern war, überdeckte und maskierte fast die Angst und den Kummer des Abschieds.

Meine Mutter brauchte nicht mehr ins Sanatorium (ich ahnte nicht, daß sie da als »Nicht-Arierin« nicht mehr aufgenommen wurde. Wäre sie zu nervös gewesen und als »nutzlose Esserin« eingestuft worden, hätte man sie vielleicht vergast, aber damals vergaste man erst die Geisteskranken »asozialer« Herkunft, es war die Zeit der ersten »Probefahrten«).

Zu Hause wurde nicht mehr zu irgendeiner unbestimmten Uhrzeit gegessen, und fast jede Woche bereitete mir meine Mutter meine Lieblingsspeise zu, Makkaroniauflauf. Es wurde der schönste Frühling meiner Kindheit, als ob die Aussicht des Abschieds die Zeit dichter, kompakter gemacht hätte, als ob in einigen wenigen Tagen die Dauer der ganzen Zukunft zusammengedrängt worden wäre. Diese Zeit, die nicht stattfinden würde, ballte sich in einigen wenigen Augenblicken zusammen, die Farben und die Orte dunkelten auf, vom baldigen Abschied fixiert.

Es wurden herrliche Tage voller Spaziergänge und Spiele im Garten. Ein Frühling mit fast immer schönem Wetter. Zu Ostern bekam ich wie sonst meine Ostereier in Silberpapier aller Farben, die ich überall im Gebüsch suchen mußte. Mein Bruder meinte schon, viel zu groß für so etwas zu sein, was mich wunderte, war es doch – er wußte es wohl – das letzte Mal, dessen war ich absolut sicher. Niemals oder erst in sehr entfernter Zeit würden wir, wenn überhaupt, den Garten wiedersehen. Die kleinste Einzelheit davon setzte sich in mir fest, mit der größten Genauigkeit, aber dumpf geworden, wie auf flachem Grund. Um keinen Preis durfte der Kummer Einlaß finden.

Ich bekam, ich hatte ihn mir so sehr gewünscht, den Osterhasen mit seiner Hotte auf dem Rücken mit vielen kleinen kolorierten Zuckereiern auf Papierstroh. Auf einmal überkam mich ein maßloses Elend, alles stürzte in mir ein. Wie würde ich ihn mitnehmen können? Er würde bestimmt kaputtgehen. Nach einigen Stunden Überlegung faßte ich den heldenhaften Entschluß, ihn ganz aufzuessen, dann könnte ich so tun, als hätte es ihn nie gegeben.

Schon lange hatte ich mir ein Fahrrad gewünscht. Mein Bruder hatte schon eins, und mir zuckte der ganze Körper zusammen beim Gedanken, daß ich auch Licht in der Nacht erzeugen könnte, daß es vor mir hinleuchten würde und daß ich es sein würde, der es vor mir hinwerfen würde, bloß indem ich in die Pedale treten würde. Jener kleine Dynamo, der sich am Reifen drehte, erzeugte das Licht, das aus der Lampe schien, als käme es aus meinem eigenen Körper. Es blieb ein Monat zwischen Ostern und der Abfahrt, so hatten die Eltern den Geburtstag vorverlegt, damit ich mehr von meinem Rad haben könne.

Im Musikzimmer war ein mit weißem Tischtuch gedeckter Tisch vor die Tür, die zum Eßzimmer führte, gestellt worden: ein Tisch vor einer Tür! Das Fahrrad war dagegengelehnt, schwarz mit grünen Schmucklinien, die dem Gestell entlangliefen. Ein Fahrrad in einem Salon, trotz meiner Freude schien mir das genauso ulkig-ungehörig wie ein Pferd, das plötzlich seinen Einritt gehalten hätte. Zehn Kerzen auf einem Geburtstagskuchen, den Feldmarschall Mackensen (ein alter Trottel aus dem ersten Weltkrieg, dessen schwarzer Tschako mich aber faszinierte) als Bleisoldat, ein blauer Märklinlaster mit Anhänger, Landser mit geschultertem Gewehr und drei Bücher, wovon eins das Leben dieses Johann Hinrich Wichern erzählte, von dem weiter oben die Rede war. Ein anderes hieß *Im Wald und auf der Heide,* es enthielt wundervolle Naturfotos, die ich dann jahrelang angeschaut habe, der Verfasser hieß Hermann Löns. Für meinen Bruder gab es einen »Tröstungstisch«. Die Eltern hatten mir mehr Geschenke gemacht als je, auch meinem Bruder, dessen Geburtstag es doch nicht war, wie um den Abschied zu überspielen. Nie jedoch hatten die Eltern so wenig Geld gehabt.

Das Rad war genau meine Größe, es hatte eine runde Lampe und einen Dynamo. Unaufhörlich streichelte ich die Metallformen, ich konnte nicht glauben, daß ich solche Gegenstände nun wirklich besitzen konnte. Sobald es dunkel wurde, war ich der König der Nacht, ich ließ meinen großen Lichtkreis vor mir laufen. Es wurden Tage des Entdeckens und der Wunder, mit in der Sonne wehendem Gras am Waldrand. Sechzig Jahre später sind alle Bilder in mir so genau wie in diesen Tagen, als hätte das Auge damals einen schärferen, eindringlicheren Blick gehabt. Es war darum gegangen, alles in drei Wochen zu erleben, alles in sich festzuschreiben. Die kleinste Einzelheit, eine Stimme, eine Wegkurve wurden zu Abenteuern, die es einem aber kalt den Rücken herunterlaufen ließen, weil man sie von vornherein für immer unterbrochen wußte. Ich hatte vierzehn Tage, um alles für alle Zeiten zu entdecken. Es war alles wie sonst, aber schon vom Abschied versteinert.

Nie ließ man mich so frei. Ich ging sogar mit einem sehr großen Siebzehnjährigen nach Bergedorf, die nächste Bahnhaltestelle, auf die Messe: Karussell, Rammautos, *Elfenhaar,* ich bekam alles und kehrte sogar alleine mit dem Zug zurück, eine große Fünfminutenreise. Es war niemand sonst im Abteil. Die schwere gelbe Tür mit ihrem Ledergurt zum Fensteröffnen und die schwarzen Inschriften auf weißem Emaille, die neben mir im Stehen rüttelten, das alles reiste mit mir mit, alleine in meiner einzigen Begleitung. Daß das Ganze sich so für mich allein bewegte, das schien mir derart grotesk, daß ich mich gerne an den eigenen Knöcheln hätte herausstoßen mögen und mich abschießen, als wäre ich meine eigene Kanone. Ich zog mich an den Haaren herauf und brüllte vor Lachen.

Auf einmal fror ich wie vor Entsetzen ein, ich tastete den Ansatz meines grauen Pullovers ab, wo ich den fein gerillten Füllfederhalter, der mir auf der Bergedorfer Messe so gefallen hatte, befestigt hatte, nur die Haube war übriggeblieben. Mit dem Dynamo hätte ich zwei Gegenstände besessen, die für mich die ganze Welt bedeuteten. Der Atem stockte mir, alles verwischte sich, die Welt ging unter, es war, als wäre es schon der Abschied.

Mehrmals habe ich schon, sowohl in *Ein Garten in Deutschland* wie in *Der unterbrochene Wald,* den Abschied erzählt. Dieser Morgen vergeht nicht, und ich erlebe ihn immer wieder neu mit seiner Beleuchtung, seinen Geräuschen. Ein letztes Mal hatte ich das Fahrrad gegen die Wand des Kellers gelehnt, hatte ich die beiden Gummigriffe, die sich so gut anfassen ließen, in die Hand genommen und mit dem Finger über den Chrom der

Lenkstange gestrichen. Das Fahrrad steht in mir, mit seinen genauen Ausmaßen, der Farbe des Rahmens und dem vagen lauen Ledergeruch des Sattels, mit den Gartenbäumen, dem Knarren des weiß angestrichenen kleinen Holztors, alles ist da wie an jenem Mittwoch, dem 18. Mai 1938.

Unzählige Male ist dieser Tag in mir wieder vorbeigezogen mit allen Einzelheiten, dem schattenlosen und genauen Morgenlicht: das Taxi und der Zug, zweite Klasse, und die wohlbekannte Landschaft, Bergedorf, die Ebene, auf welcher Straßen und Häuser einfach hingelegt schienen. Dann die herannnahende Stadt, der Vorort Tiefstack mit dem riesigen runden Gasometer, leicht karminrot, den einmal ein kleiner einmotoriger Flieger gerammt hatte, ohne eine Explosion zu verursachen. Der Pilot war einfach die äußere Treppe am Gasometer entlang heruntergestiegen. Ich stellte ihn mir lederbraun angezogen vor. Das Flugzeug war waagerecht steckengeblieben, man hatte das Loch repariert und ein breites, viereckiges, rosa Pflaster darübergezogen, das jahrelang heller als der Rest blieb.

Bei einer Kurve des Gleises die Sankt-Katherinen-Kirche und Sankt Nikolaus ein letztes Mal erblickt und dann die unendlich große Bahnhofshalle: jenes Drinnen, durch welches die Züge hindurchfahren, als wären sie draußen, und das diffuse Raunen, von Ausrufen durchschnitten. Während der Zug stoßweise und langsam anfuhr, traten die Eltern auf die andere Seite des Bahnsteigs zurück, um länger sichtbar zu bleiben, die Mutter griff nach ihrem Hut, nahm die Nadel heraus und drehte sich zu meinem Vater, der auch seinen Hut lüftete. Sie hatten ihre Hüte abgenommen, damit wir sie ein letztes Mal sähen, wie sie waren. Die Wand des Zuges schnitt zuerst meinen Vater ab, senkrecht, die Zeit eines Blickes, dann verschwand auch die Mutter.

Wir fuhren, mein Bruder und ich, in Begleitung einer Frau,

die wir nicht kannten, die wir nicht mochten und die uns bis Florenz begleiten sollte. Zwischen meinem Bruder und mir war das Einverständnis sofort vollkommen, und dabei vertrugen wir uns nicht, aber sie war die Feindin, da sie uns doch unseren Eltern wegstahl. Sie war eine ziemlich große Frau, die sich bemühte, mit uns nett zu sein, sie lächelte uns oft an. Meine Eltern hatten bestimmt, daß sie uns München zeige. Hinter uns, im letzten Wagen, reiste unser großer Korbkoffer mit, der nicht nur die Dinge, die meine Mutter hineingetan hatte, sondern auch ihre letzten Gesten enthielt.

X

Florenz als Zwischenzeit

Der Zug alleine war schon eine ganze Reise. Diese lange Schachtel bewegte sich durch die Landschaft, und das, was mich erwartete, ergriff mich, als ob von Ebene zu Ebene sich der Süden vor mir auftue. Kleine, spitze Berge kündigten ihn an und verschwanden wieder.

München dann und der Taumel beim Anblick der beiden riesigen Türme, die unter den Wolken dahinzogen, und das Deutsche Museum, wo Säle einander folgten, groß genug, um ein ganzes Draußen zu enthalten: Lokomotiven, ganze Züge, Autos, Lastwagen, Flugzeuge oder Straßenlaternen, wie konnten die denn alle so drinnen sein, wie Sessel oder Tische?

Kurz nach München begann das Erstaunen, Berge, so hoch nun, daß man nur noch die Abhänge sah und man den Kopf nach hinten lehnen mußte, um den Himmel zu sehen. Nie war ich so hoch oben gewesen, 1370 m am Brennerpaß, der Österreich von Italien trennt. Die geographischen Überraschungen beschäftigten mich ganz und die Erwartung im Leib, endlich Florenz zu sehen.

Nach dem Brennerpaß änderte sich die Landschaft sehr schnell: ein höheres, deutlicheres Licht trennte die Dinge voneinander, man sah viel weiter, die Farben waren betonter, dunkelten mehr an Häusern und Bäumen auf. Auf einmal geschah das schwindelhafte Kippen über das unendliche blaue Meer, weit unten. Der Zug fuhr in voller Geschwindigkeit über rotdächerne Dörfer, ganz in der Tiefe zusammengedrungen, an der steilen Küste entlang, die übergangslos ins Meer ragte, dann Genua: ockerfarbene Gebäude mit grünen Fensterläden wie schraffiert. Am Abend dann Florenz, den modernsten Bahnhof, den ich je gesehen hatte, aus Marmor, mit großen Fotoansichten von italienischen Städten an den Wänden; gegenüber plötzlich die Kirche Santa Maria Novella, ganz wie auf den Bildern und doch ganz anders: groß und klein zugleich.

Alle sprachen sehr laut eine wunderbar klangvolle und großzügige Sprache, die ich zum ersten Mal hörte, Italienisch, die mich sofort in Sicherheit wiegen ließ, eine freundliche, vertraute Sprache, von der ich nichts zu befürchten hatte. Offene Kutschen, in welchen die Fahrgäste einander gegenübersaßen, fuhren durch enge Straßen, zwischen sehr hohen Häusern dahin.

Endlich kamen wir in einem hochrädrigen Taxi zwischen hohen ockerfarbenen Mauern in einem großen, trockenen und duftenden Garten an, vor einem ebenfalls ockerfarbenen Haus, welches von Zypressen verdeckt war. Es war am Eingang zu Settignano, am Abhang, der zum Dorf hinaufführte, ein großer »Podere«, der Gabriele d'Annunzio gehört haben soll, eine Art italienischer Stefan George*, um so berühmter zu jener Zeit, als er leider Mussolini unterstützte. Die Straße, die dem Podere entlangführte, hieß »Viale Gabriele d'Annunzio«. Er war kurz zuvor, im März 1938, gestorben.

Die Räume der Villa, »Villa Belvedere«, waren alle sehr groß, und auch die der Etagen waren mit roten Fliesen belegt. Die Decken wurden von runden Balken getragen, die die Form der Bäume, die sie gewesen waren, behielten. So etwas hatte ich noch nie gesehen.

Von der Terrasse aus, es verschlug mir wörtlich den Atem,

* Im französischen Text steht hier Barrès. Maurice Barrès (1862–1923) war ein exaltierter Nationalist mit mystischem Einschlag, er hatte Anfang des Jahrhunderts zu den postromantischen Dichtern und Schriftstellern gehört, ihm entspricht George einigermaßen.

übersah man ganz Florenz vor blauenden Hügeln, die ins Violette übergingen, ausgebreitet, und da standen von der sinkenden Sonne rosarot gefärbt der Duomo, der Campanile, der Turm des Palazzo Vecchio, völlig still, in der fast unheimlichen Unbeweglichkeit ihrer Form: ich konnte mich von dieser Ansicht nicht losreißen, von der ich nicht glauben konnte, daß ich sie wirklich sah. Man versprach, mir dies alles am nächsten Tag zu zeigen.

Die Leute, bei denen wir nun wohnten, waren auch deutsche Emigranten, die von den »Nürnberger Gesetzen« betroffen waren. Er, Paul Binswanger, um 1885 oder 1890 geboren, aus protestantisch konvertierter Familie, war außerordentlicher Professor in Frankfurt am Main gewesen. Er hatte mehrere Bücher verfaßt, über Flaubert, über Wilhelm von Humboldt und ein eher konservatives Buch, *Die deutsche Klassik und der Staatsgedanke.* Er war von mittelgroßer Statur und sah dem französischen Schriftsteller André Gide ähnlich. Er rauchte Pfeife, lächelte unentwegt und fand immer einen Ausweg, um zu verschwinden, wenn wir Kinder ihn brauchten. Denn außer meinem Bruder und mir waren bei ihm zwei andere Jungen in Pension, Max und Ernst Friedberg, sie waren aus Karlsruhe.

Seine Frau, Ottilie Binswanger, war eine geborene Lilienthal, sie war die Tochter des Architekten Gustav Lilienthal, des Bruders Otto Lilienthals, eines der allerersten »Vogelmenschen«, der 1896 am Ruder einer der allerersten »fliegenden Maschinen«, die je in die Lüfte stiegen, tödlich verunglückt war. Gustav nahm regen Anteil am Bau dieses Flugzeugs, an Ottos Seite, und setzte die Arbeit nach dessen Tod dann alleine fort. Er spielte eine wesentliche Rolle bei der Erarbeitung der ersten zuverlässigen Flugzeuge.

Otti war eine ungewöhnliche Frau, »grün«, linksradikal und Feministin, schon lange bevor solche Begriffe überhaupt existierten, sie war ständig dabei, etwas zu erfinden, und hatte stets unerwartete Ideen. Im allgemeinen trug sie Sandaletten, war Bildhauerin und hatte Ende der zwanziger Jahre in Berlin ausgestellt. Sie hatte der Jugendbewegung, dem Wandervogel, vor 1914 angehört. Im Durcheinander der damaligen »Weltanschauungen« erzogen, in welchen Schlimmstes sich zusammenbraute, es hätte aber auch das Beste werden können, hatte sie sich auch gemeinschaftlichen Illusionen hingegeben, sie las Hans Blüher und wurde Anhängerin Rudolf Steiners und kultivierte ein »frisch-froh-freies« Deutschlandbild aus Wald und Dichtern, von dem man weiß, und sie wußte es besser als viele andere – sie hatte es schon am Ende des ersten Weltkrieges kommen sehen –, was daraus geworden ist.

Ottilie Binswanger hat eine entscheidende Rolle in meinem Leben gespielt, schon einfach mit ihr reden, deren Foto ich einige Wochen früher zertrampelt hatte, genügte, um mich zu beruhigen; der Atem wurde mir weit, und ich kam zur Ruhe. Sie verstand mich sofort, und mit ihr, während des ganzen fast einjährigen Aufenthaltes in Italien, hatte ich keinen einzigen Wutanfall. Es wurden in Settignano wundervolle Monate, während welcher ich recht wenig an die Eltern dachte.

Bereits am Tag nach unserer Ankunft führte man mich zum Duomo, und die Kuppel, diese unglaubliche ziegelsteinfarbene Masse mit weißen Rippen, wurde wie zu einem Ausmaß meiner selbst, ein Gebirge, das sich von nun an in meiner eigenen inneren Räumlichkeit erhob. Ich konnte mich an diesem schwindelerregenden, Stein für Stein von Menschen erbauten Monument nicht satt sehen. Unaufhörlich ging mein Blick von einem zum anderen, vom Campanile zum Dom, der sich da wie eine riesige Landschaft erhob. Das Erstaunlichste war dieser Turm, der da stand, alleine mit der Leere ringsherum und die ungeheure Kuppel dahinter auf ihrem Sturz aus rohem Gestein.

Um das Haus herum lag der riesige Podere, nirgendwo abgeschlossen, mit niedrigen Mäuerchen, und überall kleine mit gelbem Gras bedeckte warme Flächen, Ränder aus weißem Stein, Olivenbäume und Zypressen, die den Horizont zugleich abgrenzten und weiterführten. Ich konnte ganze Tage lang die Landschaft erforschen, die Entfernungen schätzen und mich orientieren lernen, die Eidechsen betrachten oder Spiele in der Lichtigkeit und Genauigkeit der Landschaft erfinden, die ich zutiefst empfand, aber ohne, daß ich es formulieren konnte.

Wir aßen in einer sehr großen Küche, und es war Vittoria, meine erste Liebe, die kochte und servierte. Fast jeden Tag kochte sie *pasta asciutta,* diese herrliche Speise, von der ich ganze Teller voll aß und dabei die Umgebung mit Tomatensauce bespritzte. Ich war so ungeschickt, daß ich nicht einmal fähig war, die Spaghetti um die Gabel zu drehen. Vittoria sang immer *La ciritella, che, che.* Ich setzte mich auf einen Strohstuhl, stellte die Beine auf die Sprosse, lehnte mich an Vittoria und bat sie, jedesmal, wenn sie aufhörte, doch weiterzusingen. Ich war völlig in diese fröhliche junge Frau verliebt, ihr mütterlicher, voller Körper verwirrte mich.

Meine Eltern hatten leider darauf bestanden, daß ich in die deutsche Schule in Florenz ginge, ich wurde da zu meinem Unglück aufgenommen, wahrscheinlich waren die Hitlergesetze damals noch nicht für Italien gültig. Ich erinnere mich an eine Theatervorstellung im Freien, nachmittags, sehr hoch über dem Boden, die Hitze waberte, die Luft war davon fast weiß, und ich sollte mit einem dicken Mantel bekleidet irgendeinen Gegenstand jemandem, seinerseits rot gekleidet, über die Bühne bringen. Die Angst drückte mir den Magen zu. Natürlich stolperte ich, als ich auf die Bühne trat, und fiel der Länge nach auf diese große sonnenüberflutete Fläche. Beine ringsherum, unter mir, am Rand. Ich hörte Lachen, unzählige Gesichter mit offenem Mund hoben sich mir entgegen. Das Lachen kam zugleich von überall her.

Die deutsche Schule lag neben der Bahnsenke, wo auf großen Plakaten in weißen riesigen Lettern auf blaßrotem Grund die Inschrift HITLER-MUSSOLINI stand, die schräg bis zum Gleis hinunterreichte. Auf beiden Seiten verlor sich die Senke in blendende Helle. Zur Linken überquerte sie eine Brücke. Es genügte, bis zu dieser Brücke zu gelangen und die Straße hinaufzugehen, um zum Podere zurückzukommen.

Die deutsche Schule war voll Kinder, an Pulten sitzend, in einem weißgetünchten Raum, die alle eine große Frau anschauten, deren Haare um den Kopf herumwirbelten, sobald sie sich bewegte, sie redete sehr laut und schrie immer, wenn sie mich anblickte, man hatte mich ganz hinten hingesetzt, da ich doch sowieso nichts verstand. Sobald ich in der Schule ankam, konnte ich weder schreiben noch lesen.

Um zur deutschen Schule zu kommen, mußte man mit dem Trolleybus fahren, er war grün und blau. Ich brauchte nur einige Tage, um mir den Weg zu merken, und schon in der ersten Stunde bat ich, aufs Klo zu dürfen, und stahl mich davon, ich weiß nicht mehr, wie ich das machte, aber jedenfalls gelang es mir jedesmal.

Die Straße, immer zwischen Mauern eingefangen, stieg nach Settignano hinauf, durch das offene Land. Man brauchte nur durch eines der immer längs der Straße offenen Portale zu schreiten, und auf einmal befand man sich auf dem Hügelabhang gegenüber dem kurzen Horizont, zwischen den Olivenbäumen, dem kurzen Gras und den Zypressen ging man hinauf auf Pfaden, die sich zwischen den Reben hinaufschlängelten. Von Zypresse zu Zypresse war der Weg markiert, bis zur großen ockerfarbenen Villa, die man von Anfang an vor dem entfernteren Hintergrund des Dorfes sich abheben sah.

Jeden Tag schwänzte ich, und da mein Bruder in einer höheren Klasse war, konnte er mich nicht sehen, vielleicht hätte er nicht einmal versucht, mich zurückzuhalten.

Otti Binswanger war so klug, daß sie sehr rasch verstand und aufhörte, mich zu dieser kalten und steifen Schule zu schicken, die ich haßte. Ich weiß nicht, was meine Eltern darüber meinten und ob sie davon überhaupt etwas gewußt hatten, aber ich lebte von nun an im Paradies und machte viel raschere Fortschritte, als wenn ich zur Schule gegangen wäre. Jeden Morgen ließ mich Otti Binswanger eine kurze Stunde schreiben und lesen und gab mir dann frei. Mit ihr war alles einfach, zu allem, was man fragte, gab sie die passende Antwort, von der man sehr schnell verstand, daß sie die bestmögliche war. Sehr oft nahm sie mich nach Florenz mit, und ich konnte mich an der Kuppel des Duomo, die unter den Wolken dahinzurollen schien, nicht satt sehen, oder ich betrachtete die Palazzi, die mich faszinierten wegen ihrer Enormität und der Felsenquader, die einfach ohne Mörtel aufeinandergelegt waren.

Bald konnte ich alleine nach Florenz hinunter. Ich stieg in den Trolleybus. Niemand fragte mich irgend etwas. Gleicherweise kam ich zurück. Ich weiß, daß der Fahrer mich eines Tages auf den Schoß nahm und so tat, als wäre ich der Fahrer. Ich war so stolz. Meistens aber spielte ich im weiten Podere, es war ein unendlicher trockener und duftender Spielplatz, wo es immer etwas zu entdecken gab und der ohne Unterbrechung bis nach Fiesole hinaufreichte, dessen viereckiger Glockenturm auf dem Hügelkamm den Raum bestimmte.

Unterhalb des Podere befand sich ein Bauernhof wo ich oft zum Spielen und zum Schauen hinging und bald auch Plaudern, denn sehr rasch lernte ich genug Italienisch, um mindestens einige kindliche Worte mit den Leuten, die mich umgaben, austauschen zu können. Kinder, wie man weiß, lernen sehr schnell die wesentlichen Wörter des alltäglichen Lebens.

Eine ganze Familie lebte da in einem einzigen großen dunklen Raum, der auch mit Fliesen belegt war und dessen Decke, wie in der Villa, von Balken getragen war, aber vom Ruß geschwärzt.

Manchmal ging ich frühmorgens zum Hof hinunter und aß mit der ganzen Familie zusammen in Olivenöl getauchtes Brot, eine der schmackhaftesten Speisen, die es überhaupt geben kann. Ich durfte den Esel anspannen, der es gerne geschehen ließ, und mit Bruno, dem Sohn des Bauern, er war an die dreißig Jahre alt, fuhren wir nach Florenz hinunter ein Faß Öl oder Kisten Obst abliefern, und ich war stolz, auf dem Bock zu sitzen zwischen dem Trolleybus und den Personenwagen, die es eilig hatten und uns verachtungsvoll überholten. Ich freute mich über die Beschimpfungen, die Bruno und der Chauffeur austauschten, und beschimpfte immer den Chauffeur mit. Wenn der Weg frei war, fing der Esel oft zu trotten an und pupste dann im Rhythmus, und jedesmal ergriff uns beide, Bruno und mich, ein endloser Lachanfall, und wir konnten nicht aufhören bei der Vorstellung unseres laut pupsenden Gespanns zwischen den ernst-feierlichen Palais der Via Cavour.

Ich liebte Italienisch, ich tauchte mit Wonne in den lauten und zugleich weichen Sprachfluß, der so viele Mundspiele erlaubte, eine Sprache, deren Silben man modulieren konnte, verlängern, anhalten oder abschwächen, wie man wollte. Diese Sprache war ein Mundgenuß.

In Florenz lebte seit vielen Jahre schon eine meiner Tanten, in Wirklichkeit eine Kusine meiner Mutter – die zweiundneunzigjährig 1967 starb –, sie war mit einem italienischen Offizier verheiratet gewesen, einem Oberst Matassi, der 1917 an der Front fiel. Sie hatte eine Tochter, die mit einem der wichtigsten Mitarbeiter des Grafen Ciano lebte, den sie selber sehr gut kannte. So ist der Lauf der Welt. Tante Maria lebte in einer kleinen Wohnung, ganz oben in einem Wohnhaus auf einem Felsen erbaut, unter welchem die Eisenbahnsenke lief, von riesigen Pinien umgeben, über deren Wipfel man hinweg-sah. Man hatte bei ihr den Eindruck, sehr hoch oben über dem Boden zu schweifen, und doch war die Wohnung dunkel um-schattet von noch höheren Bäumen.

Tante Maria führte uns ziemlich oft in die Boboligärten, auf dem linken Ufer des Arno, wo ich zum ersten Mal »fal-sche Fenster« sah, auf einer Mauer aufgemalt: da, wo es wirk-lich Fenster hätte geben können, als hätte man die Menschen, die darin wohnten, zur Finsternis verurteilt, in die Irre führen wollen.

Einige Wochen nach unserer Ankunft verbrachten wir ei-nige Tage am Tyrrhenischen Meer, in Castiglioncello bei Li-vorno, in einer hohen von Pinien umgebenen rosa angestriche-nen Villa. Die braune, fast schwarze Lava reichte erstarrt und rauh wie hart gewordener Acker ins Meer hinein. In der Ferne stieg schräg Korsika am Horizont auf, dessen Gipfel trotz der Jahreszeit schneebedeckt waren.

Nach der Rückkehr zeigte man mir die großen Museen von Florenz, von denen ich nichts verstand. In den Uffizien kam das Licht von zwei Seiten herein, es war geräumig, und Da-men waren auf freistehenden Holzplanken aufgemalt,* die von selbst hielten, in Korridoren voll breiten Fliesen. Vom Drau-ßen aber hatte ich nie genug, der Palazzo Vecchio, die Loggia dei Lanzi oder der Duomo, ich konnte mich an den Steinen, den Fenstern, den Gemäuern nicht satt sehen, es waren immer neue Abenteuer des Sehens.

Meine ganze Zeit verbrachte ich nun auf dem Podere, ich war immer öfter bei der Familie meines Freundes Bruno, manchmal ging ich zu anderen Bauern der Umgebung etwas holen, das Bruno brauchte, was beweist, daß ich schon genug

* Gemeint ist »Die Geburt der Venus« von Sandro Botticelli.

Italienisch konnte. Oft aß ich mit ihnen zusammen am großen Tisch im dunklen Haus Bohnen mit Tomaten oder Pasta. Es waren herrliche Mahlzeiten.

Diese Zeit in Florenz war ein Aufeinanderfolgen von Bildern, die Tag für Tag präziser wurden, eine Zeit des Gleitens der Blicke zwischen den Anhöhen und Niederungen. Es wurde auch die Zeit der Entdeckungen von dem, was die Menschen betrifft, und die Zeit der Ahnungen, als zwei größere vierzehnjährige Jungen sich so weit wie möglich hinter Gebüsch und Mauern versteckten zu etwas Verbotenem, ich verstand aber nicht, was. Auch erfuhr ich, daß die Menschen nicht alles taten, was sie sagten, und daß in ihnen meistens, wie in mir selber, mehrere Dinge zugleich stattfanden.

Und wieder einmal war die Rede von Abschied und Trennung, und die Furcht, die ich völlig losgeworden war, kam wieder, unberührt, und nahm vom Raum wieder Besitz, schlängelte sich in alles ein. Wie zufällig hörte ich von Verhaftung reden, und ich erfuhr, daß Binswanger kurz vor unserer Ankunft von der italienischen Polizei verhaftet und dann nach wenigen Tagen wieder auf freien Fuß gesetzt worden war. Seitdem hatte die Angst geherrscht, um so mehr, als die fetten Mercedes der Gestapo immer öfter durch die Stadt fuhren und sogar bis Settignano hinauf. Von neuem zog man auf dem Dachboden wieder Koffer und Kisten hervor, gerade über dem Zimmer, wo wir schliefen.

Die rassistischen sogenannten Nürnberger Gesetze galten seit November 1938 nun auch für Italien, die Dummheit und das Verbrechen hatten ausweglos auch dieses Land, das bisher der Barbarei entkommen war, überflutet. Die Angriffe gegen die elementaren Rechte der Menschen waren bis dahin in Italien weniger kraß und brutal gewesen als in Nazideutschland.

Nach der »Kristallnacht« wurden die antisemitischen Maßnahmen auch auf Italien ausgedehnt, traten aber nicht ganz in Kraft. Im November 1938 erließ die italienische Regierung eine Verordnung, die innerhalb von sechs Monaten die Ausweisung der 20000 Juden, die nach Italien geflüchtet waren, vorsah. Dieser Erlaß wurde aber 1939 von einem anderen aufgehoben, welcher erlaubte, einen Juden nicht als Juden zu melden. Wie man sieht, hatten diese Maßnahmen zunächst nicht den methodischen, absoluten und erbarmungslosen Charakter, den sie in Deutschland schon hatten, bis die Vernichtung von Gesetz zu Gesetz genügend vorbereitet war und sich dann mit der Unterstützung aller Verwaltungen ohne weitere Schwierigkeiten abspielen konnte. Ab 1941 nahmen andere, fast genauso zivilisierte Nationen an der Vernichtung mit Lust und Begeisterung teil. Die italienischen Okkupanten der französischen Südzone (Nizza und die Alpendépartements) schützten dagegen die französischen und ausländischen Juden, so gut sie konnten, gegen die Ausschreitungen der Vichy untergeordneten Gendarmerie.

Die ganze Skala der Ausschluß- und Verfolgungsmaßnahmen, die in Deutschland ab April 1933 ergriffen wurden, waren nur geschaffen worden, um die Vernichtung überhaupt zu ermöglichen. Ohne diese legislative, juristische und fiskalische Vorbereitung, deren Zweck die Reduktion der Juden auf ihre einzig körperliche Existenz war, wäre die Verwirklichung der Vernichtung viel schwieriger gewesen. Dem war zunächst anscheinend nicht so in Italien.

Binswangers redeten in unserer Gegenwart immer öfter von den Schönheiten Neuseelands, dieses in zwei gebrochene Stück Italien der Antipoden; sie beabsichtigten dorthinzufahren, und ich verstand sofort, daß sie uns verlassen würden, und dann dachte ich nicht mehr daran.

Eines Tages fuhren sie nach Rom, wo sie mehrere Tage blieben. Eine junge Kusine Otti Binswangers übernahm uns währenddessen, es war mir, als ob ich auf einmal von der Autorität Ottis befreit war. Ich empfand eine tiefe und respektvolle Liebe für sie, in ihr fand ich meine Mutter wieder, wie sie ohne Depressionen gewesen wäre, wohlwollend, aber doch im Grunde von großer Strenge und voll »pädagogischer« Theorien. Wie um mich besser davon zu überzeugen, besser in mir diese Macht, die sie eigentlich über uns ausübte, zu erproben, war ich frech, unerträglich grob mit der jungen Kusine, die dazu noch den Nachteil hatte, ihr sehr ähnlich zu sehen, und sogar ihren Haarschnitt trug.

Sobald sie zurück war, erfuhr Otti Binswanger, wie ich mich benommen hatte, und versprach mir für den nächsten Tag eine Strafe, die ich nie vergessen würde. Ich schlief in einem unbeschreiblich fieberhaften Zustand ein und verbrachte den ganzen nächsten Tag in einer Ecke der großen Räume des Erdgeschoßes stehend. Die Arme waren mir aus Blei, die Bange drückte mir den Magen zu, ich konnte mich kaum rühren. Manchmal, wenn ich mich umdrehte, bemerkte ich, wenn jemand vorbeikam, jenes aufmerksame und sonderbare Lächeln, welches mich an das erinnerte, was mich erwartete.

Sonderbares Erschauern bog mir den Rücken ein, zerrte am Inneren meines Körpers, es war fast wie vor Weihnachten, dabei stiegen in mir seltsame Bilder von Nacktsein auf, wie Wachträume, wonnige Schamgefühle; aber auf einmal kam zum Glück Vittoria mich zum Abendessen holen, *pasta asciutta,* natürlich. Niemand achtete besonders auf mich, die Kusine war da, die keinen einzigen Blick auf mich richtete. Die Spannung blieb in mir, und ich war beinahe enttäuscht. Damals wußte ich nicht, daß es mir nicht erspart bleiben würde, in dieser Beziehung reichlich beschert zu werden.

Wenig später, niemand redete mehr von Trennung und Abschied, ging ich zum ersten Mal ins Kino, einen Zeichentrickfilm ansehen. Wir fuhren mit dem grünen Trolley, dessen

Stromabnehmer manchmal in den Kurven aus der Führung schlug. Der Fahrer stieg dann aus und zog sie an den Kabeln zurecht. Wir stiegen in Rifredi aus, einer Vorstadt zwischen Settignano und der Stadt. Ockerfarbene, etagenlose Häuser säumten die Straße, an der es keine Bürgersteige gab; zwischen den Häusern erblickte man baumloses Land, Kinder liefen überall umher, Frauen standen auf den Hausschwellen, es war eine überraschungsvolle Landschaft, ich fühlte mich wohl und hätte gern mit den anderen Kindern gespielt.

Fader und zugleich beizender Geruch stieg aus einer niedrigen Fabrik mit schmalen und dunklen bogenförmigen Fenstern auf, es war eine Chlorwasserfabrik, wie man mir erklärte, ich gehörte zu den Privilegierten, die nicht wissen brauchten, was das war. Einige schüttere Bäume wuchsen, in weiten Abständen voneinander, als sollten sie Platz für man wußte nicht was lassen. Eine Menge fröhlicher Kinder drängten sich am Eingang des Kinos, das war ein großer hohler Raum mit nackten Wänden, voll Holzbänken in Reihen aufgestellt, und um den herum auf halber Höhe eine Galerie lief, eine Art Balkon, der von überall nach innen schaute. Ich sah da *Schneewittchen,* das in mir eine so starke Erinnerung hinterließ, daß sich viele Bilder davon mit denen aus den Grimmschen Märchen deckten. Ich konnte schon genügend Italienisch, um zu verstehen, was der Film erzählte, auch um Kindergeschichten zu entziffern über kleine patriotische und begeisterte Italiener meines Alters, wie den berühmten Roman *Cuore* von Edmondo de Amicis.

Es wurde Herbst und das Licht immer farbiger, als wäre es den ganzen Tag lang Nachmittag. Immer deutlicher wurde mir die Landschaft bewußt, der rundliche Garten von seinem steinernen niedrigen Rand umgeben, mit den Öffnungen überall zum Podere und zum umgebenden Land.

Immer öfter lief ich zwischen den Reben zum Bauernhof hinunter und half, eher schlecht als recht, bei der Weinernte.

Ich durfte den Esel, der die Kufen trug, bis zur Kelter führen, wo die Trauben in einen riesigen Bottich geschüttet wurden, in welche die Winzer über eine Leiter hineinstiegen, nur mit ihren Unterhosen bekleidet, sie spazierten darin herum, und man sah nur ihre Köpfe über den Rand hinausragen. Lange hat es mich entzückt, mir feierlich angezogene Gäste mit Servietten um den Hals vorzustellen, die diesen Wein tranken, den schmutzige und staubige Füße flüssig getreten hatten.

Es gab sogar Weihnachten und Schnee, einen dünnen Schnee, aus dem alles herausragte und der so schnell taute, wie er gefallen war. Kurzes, feuriges Sonnenlicht hatte danach den runden Garten überflutet. Es gab keinen Weihnachtsbaum, aber Kerzen, und wir sangen natürlich *Stille Nacht, heilige Nacht* und *O Tannenbaum.* In Italien gab es aber ganz andere Weihnachtsmelodien, das klang eigenartig, ohne Tannenbäume.

Und plötzlich war wieder die Rede von Neuseeland und von Frankreich, für meinen Bruder und mich. Inzwischen – ich erfuhr es erst lange nachher – hatte Noémie de Rothschild, jene Kusine meiner Mutter, von der schon die Rede gewesen ist, meiner Familie geschrieben, um sich über ihr Schicksal zu erkundigen. Vor der unweigerlichen Überschwemmung des zivilisierten Europas durch den Nazismus bot sie sich an, uns zu helfen und in Frankreich aufzunehmen, wo wir in Sicherheit sein würden. Meinen Eltern war Frankreich lieber als Neuseeland, wir würden da doch immerhin näher sein, sie glaubten noch, uns eines Tages wiederzusehen. Das kam so schnell, daß ich kaum Zeit genug hatte, mir die Reise auf dem Schiff durch die Welt bis an die Antipoden vorzustellen.

Dagegen war ich sehr aufgeregt und stolz, Frankreich zu sehen. Wenn man davon sprach, hieß es immer »drüben«. Ich stellte mir vor, ohne genau zu wissen, warum, daß die Männer dort alle breite Hosen und Baskenmützen trugen, was nicht ganz falsch war. Alle Franzosen waren klein, hatten Schnurrbärte und waren alle schwarzhaarig. Sie trugen ein langes Brot unter dem Arm und einen Hängebeutel mit einer Flasche Wein über der Schulter.

In *Der unterbrochene Wald* habe ich die Begegnung mit dem französischen Konsul in Florenz erzählt. Paul Binswanger hatte uns ins Konsulat geführt, in ein sehr weiträumiges Kabi-nett, wo ein schmächtiger und vornehmer Herr in grauem An-zug an einem vergoldeten Tisch mit feingliedrigen und ge-schwungenen Beinen arbeitete. Es war der allererste Franzose, den ich zu Gesicht bekam, ich sagte ihm »nous avons, vous avez«*, mehr konnte ich nicht. Ich weiß nicht, warum wir vom Konsul in Person empfangen wurden, vielleicht wollte er mit eigenen Augen diese beiden bedrohten Kinder sehen und ihre Wirklichkeit feststellen. Vielleicht auch hatte das Einspringen von Noémie de Rothschild Wunder gewirkt, ich weiß jeden-falls, daß wenige Deutsche zu dieser Zeit noch die französische Grenze aus Italien oder Deutschland passieren konnten.

Ein Unbehagen, das mir den Körper zudrückte, begleitete die letzten Tage in Florenz. Ich erinnere mich nicht an die Abfahrt Binswangers nach Neuseeland. Ungefähr so vierzehn Tage, scheint mir, wohnten wir, mein Bruder und ich, auf der anderen Seite von Florenz, via delle Cernaia, zum ersten Mal in meinem Leben auf halber Höhe auf einer Etage zwischen Himmel und Erde gelegen.

Die Leute, bei denen wir wohnten, behandelten uns, mei-nen Bruder und mich, mit jener Liebenswürdigkeit, die man in Italien Kindern gegenüber zeigt. Sie machten uns mehrere kleine Geschenke vor der Abfahrt, und da ich immer von den Denkmälern von Florenz redete, schenkten sie mir ein kleines Portfolio mit Fotos von der Stadt, dessen Deckel aus falschem gebauschtem Leder mit der gravierten Inschrift VEDVTE DI

* Konjugation des Verbs »haben«: wir haben, ihr habt.

FIRENZE versehen war. Monatelang fragte ich mich, wie man solch ein merkwürdiges Wort wohl aussprechen sollte, erst nach einem Jahr Latein konnte ich endlich das Rätsel lösen.

Wir wußten, mein Bruder und ich, daß sich die italienische Grenze nicht ohne Risiko passieren ließ und daß es nicht sicher war, daß man uns trotz der regelmäßig ausgestellten Visen durchlassen werde. Wir würden erst wirklich in Sicherheit sein nach der Ankunft in einem Bahnhof namens Modane, denn die längst schon in Italien aktive Gestapo konnte uns sehr wohl zurückhalten, da doch die rassistischen Gesetze in Italien bereits in Kraft getreten waren. Ohne Genaues zu wissen, hatten wir natürlich alles verstanden, und mit zugedrücktem Magen stiegen wir in den Zug.

Sechzig Jahre später, im Halbschlaf, passiert es mir, die Reise in allen ihren Einzelheiten zu wiederholen: das Innere des Abteils, die braune Farbe der Wagen, die Poebene, das Vorbeifahren am Aneinderreihen der Sägedächer der Fiatwerke bei Turin und wie sich auf einmal die Alpenkette am Horizont langgezogen in die Stille ausbreitete, das Durchfahren der ersten Täler, an welchen die Abhänge plötzlich schroff und steil wurden und über denen man nicht einmal mehr den Himmel sah, das Rutschen der von dem italienischen Zollbeamten wieder zugeschobenen Tür, der uns unsere Pässe mit einem vagen Lächeln zurückreicht. Zwei Zollbeamte hatten sie uns weggenommen, lange Minuten vorher hatten sie sich in den Gang entfernt, während Sonnenfluchten und Schatten aufeinander folgten und wir, mein Bruder und ich, Hände auf den Knien, sitzen blieben, stumm und unbeweglich vor lauter Anspannung.

Das alles ist mir im Gedächtnis geblieben, in einer zeitlosen Dauer, wo alles zugleich gegenwärtig ist, in einem selben Moment: das Vorbeiziehen der Pappeln in der Po-Ebene, der Zank der Zollbeamten im Gang, der eine wollte uns wahrscheinlich zurückhalten und ausliefern, der andere, der das letzte Wort behielt, wollte uns durchlassen. Ich höre noch den Ton ihrer Stimmen. Wir hatten einen normalen Paß, ohne das »J«, welches die »nicht-arische Abstammung« signalisierte. Das wurde erst im November 1938 eingeführt, nach der »Kristallnacht«, und nicht, so scheint es, von den Nazis selber, was, wie man sie kennt, selbstredend gewesen wäre, sondern von der Schweizer Regierung, die die Spreu vom Weizen trennen wollte und nicht von »unnötigen Essern« überflutet werden wollte, von Frauen, Greisen und Kindern.

Dann kam der Tunnel des Mont Cenis. Sofort nach Domodossola würde es die französische Grenze sein. Innerhalb jener viereckigen Behausung wurden wir, mein Bruder und ich, in diesem fast leeren Zug mit einem unmäßigen Blechgetöse durch diese ungeheure Bergmasse, die über uns lastete, durchgeschossen. Dies ganze Gespann schien für uns alleine gemacht worden zu sein, es war derartig grotesk, dazusitzen und dabei unter »Gefelse« durchzuflitzen, daß uns ein nicht aufhörender Lachkrampf überkam; wir schüttelten uns wirklich vor Lachen, und beim Anblick, nach dem Tunnel, des Grases am Felsen und dann eines zwischen Abhängen gezwängten Bahnhofs mit der Inschrift MODANE in roten Buchstaben wurde unser Lachen zu einer körperlichen Erleichterung, einem Gefühl der Leichtigkeit, wie ich es noch nie empfunden hatte und das trotz allem, was seitdem geschah, mich keinen Augenblick verlassen hat. Kein Mensch kann ermessen, was der Übergang von einem Regime der Unterdrükkung und der Verfolgung in ein freies Land bedeuten kann. Alles war ähnlich, aber alles war frei.

Ich hatte aufmerksam Karten Frankreichs angeschaut. Meine ganze innere Geographie verlegte sich mit einem Schlag. Es brauchte nur einen Blick, um Megève zu situieren, wo, so wußte ich, wir hinkommen sollten, es war unweit der Grenze, mitten in den Alpen. Das Wort mit seinen drei »e« faszinierte mich und erfüllte mich mit einer Erwartung, die mir den Magen eindrückte. Ich wußte, wir würden ins Internat kommen, und diese Aussicht beunruhigte mich keineswegs, ohne zu wissen, warum, regte mich das irgendwie an, wie ein Abenteuer. Die Aussicht jedenfalls verwirrte mich sehr, aber brachte meinen Bruder in Wut. Er glaubte vielleicht, unsere Verwandte hätte ihn bei sich aufgenommen, und schämte sich seiner Enttäuschung wegen. Ich, da ich keine »Tischmanieren« hatte, war entzückt, ihnen endlich zu entkommen, jedenfalls glaubte ich es. Der Gedanke, daß ich nun Frankreich kennenlernen würde, faszinierte mich: es war ein unendlicher Raum, der sich gen Westen vor mir ausbreitete. Ganz Frankreich lag nach links hin, ins Unendliche reichend, und bildete einen immensen Halbkreis um mich herum.

XI

Megève

Die Ankunft in Chambéry (den Namen hatten wir auswendig gelernt) ist zu einem grundlegenden Moment in meinem Leben geworden, einem jener Augenblicke, wo nichts Sichtbares, nichts Wesentliches, nichts für andere Menschen Bedeutendes passiert, aber um welche herum sich das ganze zukünftige Leben einrichtet. Die vom Sonnenschein überfluteten Bahnsteige, die hellen Fliesen, das Lachen der Gepäckträger und des dicken Mannes, der uns abholen gekommen war, es war die Wiederholung der Ankunft in Florenz.

Der Gepäckträger hatte eine Mütze, deren Rand von einem mit Buchstaben durchstanzten Metallband garniert war, in denen der Stoff der Mütze wieder zum Vorschein trat. Mir die Hand reichend, um mir beim Aussteigen zu helfen, mein Bruder war schon auf den Bahnsteig gesprungen, sagte er uns: »Itler, caca.« Das Fehlen des betonten »H« fiel mir sofort auf, und zum ersten Mal hatte ich das körperliche Empfinden, in Sicherheit zu sein. Nie hatte ich es so genau gespürt. In Italien, seit der Ankündigung der Abreise Binswangers nach Neuseeland, hatte die alte, undeutliche Angst wieder angefangen, auf mir zu lasten. Hier gab es weder Gefahr noch diese Drohung, die auf alles einen grauen Schimmer legte. Auf einmal war alles davon befreit.

Sämtliche französischen Gegenstände trugen dazu bei, mich zu beruhigen, sie hatten alle etwas dünnes, fröhlich-unernstes, weniger »solides« als die deutschen. Die Fahrräder, zum Beispiel, waren feingliedrig und leicht, sie sahen Streichhölzern ähnlich. Die Autos schienen höher zu Roß, sie hatten etwas von älteren Damen aus »gutem Hause«. In Frankreich gab es Zementgitter, die Baumstämme nachahmten, mit Holzknoten, Astansätzen und sogar Rinde, es gab sogar Streichhölzer, die von selbst angingen, wenn man sie gegen das Hosenbein rieb. Die Münzen hatten ein Loch in der Mitte. Es war ein wenig wie in Italien, alles schien flinker, lebhafter als in Deutschland.

Ich hatte es eilig, die Alpen zu sehen und den »ewigen Schnee«, von dem man mir so viel erzählt hatte. Wir schliefen im Hotel in Chambéry, es lag zum Platz hin, wo vier halbe bronzene Elefanten, jeder eine andere Richtung, einschlagen zu wollen schien, und am nächsten Morgen fuhr man uns hinauf nach Megève, in einer langen Limousine, deren Inneres aus lackiertem Holz war, mit hellgelben Ledersitzen im Gegenüber. Der Fahrer chauffierte draußen, von uns durch ein Schiebefenster getrennt.

Plötzlich, nach engen Schluchten, stießen wir auf eine riesige, rundherum schneebedeckte Landschaft, wo sonst der ganzen Fahrt entlang nirgendwo Schnee gelegen hatte. Es war fast Frühling, man schrieb den 8. März 1939. Das Weiß des Schnees war überall von Bäumen und Häusern durchsetzt, die sich dunkel davon abhoben. Alles war von weiten Abhängen überragt, höher, als ich je welche gesehen hatte; die Straße stieg so sehr an, daß es uns gegen die Rückenlehne preßte.

Endlich hielt der Wagen mitten im Himmel, weit über einem so steilen Felsabsturz, daß man ihn senkrecht glauben konnte. Auf leerem Himmelsgrund hieß uns eine große, weiß gekleidete Frau, die ich sofort erkannte, willkommen. Sie sah meiner Mutter ein wenig ähnlich, sie sprach mit einstudierter, harmonischer Stimme Deutsch mit einer angenehmen Aussprache, die ich noch nie gehört hatte, sie sprach sehr gut, machte aber Fehler, was mich bei einer Erwachsenen überraschte.

Ich hatte nicht verstanden, daß Noémie de Rothschild, obgleich mit uns verwandt, Französin war, daß das Deutsche keineswegs ihre Sprache war und sie es in Hamburg in der Familie meiner Mutter gelernt hatte.

Man führte uns, meinen Bruder und mich, in einen länglichen Raum mit breiten schwarzen Fliesen belegt und einer Decke mit roten Balken. Dann steckte man mich ins Bett in einem großen Zimmer, ganz oben unter dem Giebel, in einem Schlafsaal zu zwölf Betten und mit gefirnißten holzverschalten Wänden. Es lag derart hoch oben – man sah nichts anderes als den hellen Himmel, der bis zum Fuß der Fenster herunterreichte –, daß man sich auf hoher See hätte wähnen können, auf der Kommandobrücke eines Dampfers. Der Schnee wirbelte in der Leere herum.

Am nächsten Tag beim Aufwachen breitete sich die weiteste Landschaft aus, die ich je gesehen hatte. Der Abhang war so steil, daß alles, was zu Füßen des Betrachters ansetzte, in Wirklichkeit schon sehr weit weg lag, so weit, daß die eine Hand genügte, um die Aussicht auf das Dorf zu verdecken, das in der Mitte des sehr breiten, sehr offenen Tals gelegen war. Das weit entfernte Talende wurde von aufeinander zulaufenden und sich überschneidenden Bergen abgeschlossen, im Hintergrund kaum noch zu unterscheiden, die auf einen Leerraum zu kippen schienen, der nur die weite Ebene sein konnte.

Um das unendliche Panorama zu entdecken, mußte man auf den Balkon, und von da aus übersah man dann die ganze Talschaft. Ein einziger Blick genügte, um überall zugleich zu sein, um schon lange vor den Dorfeinwohnern zu wissen, daß ein roter Lastwagen gerade anfuhr und eine Kuhherde, deren Glocken man von weitem hörte, am anderen Ende des Dorfes über die Straße geführt wurde.

Nun wurde es jeden Tag dasselbe Abenteuer des Sehens. Während der acht Jahre, die ich in jenem Collège Florimontane genannten Internat verbrachte, wurde ich dessen nie müde.

Das ganze Tal samt Abhängen, Häusern und Einwohnern stand dem Auge zur Verfügung. Man konnte zugleich Leute den Dorfplatz überqueren sehen und am Abhang eine halbe Stunde zu Fuß davon entfernt den Bauern, der gerade das Gitter an seinem viereckigen Gemüsegarten ausbesserte.

Sobald ich in Florimontane angekommen war, änderten sich die Zusammenstellung und die Orientierung der Welt. In einem einzigen Augenblick legte sich alles zurecht, leicht nach links hin geneigt. Alles richtete sich nach Paris, nach Nordwesten zur untergehenden Sonne hin, denn ich wußte genau, wo ich war, sobald mir eine Landkarte unter die Augen kam. Eine der ersten Berührungen mit Frankreich als Wirklichkeit war eine Michelinkarte, deren Gelb im sinkenden Licht zugleich seltsam aufdunkelte und noch deutlicher wurde. Sehr schnell verstand ich die Zeichen und wunderte mich über die unaussprechbaren Städtenamen mit ihren so hübsch anzusehenden Buchstabenfolgen, die ich noch nie auf diese Weise miteinander verbunden gesehen hatte: *-eaux, -que, -ie, -ouen oder -y* und *ng* als Endbuchstaben. Das waren Zugänge zu einer neuen Welt, deren Gestalt, deren Gerüche, Gesten und vor allem Landschaften ich einzufangen versuchte.

Jedoch erinnere ich mich kaum an mein Erlernen des Französischen und auch recht wenig an das, was zwischen 1939 und 1943 passierte, als ob trotz aller Anstrengungen des Gedächtnisses sich mir die Erinnerung entziehe, wahrscheinlich, weil irgend etwas verdeckt bleiben sollte, das ich nicht wissen wollte, als ob sekundäre und seltene Erinnerungen da seien, um eine viel wichtigere Erinnerung zu überdecken. So etwas nannte Freud »Deckerinnerungen«, mit jedoch dem Unterschied, daß die Leere hier den Zweck hat, das zu verdecken, was sich der Erinnerung entzieht. Ich weiß nur, daß im November 1939 einer meiner Mitschüler plötzlich gesagt hat »Les premiers flocons«, und dank der Ähnlichkeit mit dem Wort

»Flocken« stellte ich auf einmal fest, daß ich seit einiger Zeit schon, ohne es wirklich wahrgenommen zu haben, alles ganz von selbst verstand. Das Verstehen einer Sprache hat nichts mit der Übersetzung zu tun, in der Kindheit lernt man nie die eine Sprache durch die andere, ganz im Gegenteil. Das Französische hat sich auf Anhieb eingestellt, und kein Wort, keine Wendung schien mir je fremd, sie waren mir alle vertraut, wie schon seit immer.

Vielleicht ist es eine der Eigenschaften der französischen Sprache, sich sofort in die leibliche Intimität des Sprechenden einzufügen, man hat dabei das sofortige Gefühl des Einvernehmens mit anderen, so daß der eigene Leib nicht isoliert dasteht, nicht an und für sich sozusagen in einem völlig fertigen Sprachapparat, wo alles bereits gegeben ist. Mit anderen Worten ist das Französische mehr eine Sprache des Dialogs als des Monologs, schon aus dem einfachen Grund, daß es schwer ist, lange Sätze zu machen, ohne dabei Luft zu holen, so daß der andere sofort in der Atempause einspringen kann. Nun aber hat mir meine Muttersprache, das Deutsche, auch nicht in der Kindheit einen solchen Eindruck des Dahingleitens, der Gewandtheit des Sprechens und der leisen und ständigen Variation desselben Klangs mit vielen Nasallauten gegeben. Ich hatte den Eindruck, das Deutsche lasse dem Einzelnen weniger Platz zur Entscheidung über sich selbst, und zwang dagegen zu einer größeren leiblichen Teilnahme, denn im Deutschen muß man tiefer atmen, um reden zu können, »Luft einholen und sich ihrer entladen«, wie Goethe einmal bemerkte. Der Brustkorb muß mehr angestrengt werden als wenn man französisch redet.*

Das Deutsche verlangt mehr von der Seele, indem es ihr weniger erlaubt, einem strengen sprachlichen Gefüge auszuwei-

* Dieser ganze Absatz von »Vielleicht ist es eine der Eigenschaften ...« bis »... französisch redet« wurde für die deutsche Ausgabe dieses Buches neu geschrieben.

chen. Dazu reden die Franzosen ganz anders mit den Kindern als die Deutschen, ohne jenen süßlich langgezogenen Tonfall. Das Deutsche, welches man für die Kinder braucht, wird mit einer Plärrstimme gesprochen, welche die Zärtlichkeit simuliert, es nimmt fast immer dann einen demonstrativen, verlogen-betulichen Charakter an, der mir immer angst gemacht hat. Die Leute, die derart mit Kindern reden, können sie auch so nebenbei erwürgen, mir nichts, dir nichts.

Das Französische gibt mehr den Eindruck der Gleichgültigkeit und der Distanz, als ließe die Sprache einen ganz frei; als ob das Vokabular und eine gewisse grammatikalische Unbestimmtheit mehr Fluchtwege offen ließen, als ob es da leichter wäre zu schwänzen und man sich weniger zu rechtfertigen habe. Es ist eine Innensprache, die in Salons und Wohnungen gesprochen werden soll, mit hohen Fenstern und geblümten Tapeten. Es ist eine geschmeidige, leichtfertige Sprache, die einen beruhigt, eine Sprache des Komplizentums, die es erlaubt, manch Ungesagtes, unter den Wörtern Verborgenes, auszutauschen.

Das Französische legt sich um Bilder, um Gesten und leibliche Empfindungen. Die Ausflüge, das Warten auf Mahlzeiten und die Gegenwart der anderen Internatsschüler wurden zum Inhalt der Sprache. Von letzteren übernahm ich bestimmt das Wesentlichste des Französischen. Was ihm nämlich die Eigenschaft einer Sprache der eigenen Kindheit, wenn nicht der Muttersprache gegeben hat, das war der Wortschatz der kindlichen Sexualität, durch welche das Sprachelernen unfehlbar wurde. Das Sexuelle (trotz der Häßlichkeit des Wortes) wird augenblicklich verständlich und verstanden. Das Sexuelle, eigentlich, öffnet alle Tore der Zweitsprache (die erste ist nun eben Muttersprache, von ihr gibt Chateaubriand in den *Mémoires d'Outre-Tombe* eine schöne Definition). Wer nicht seine ersten sexuellen Verwirrungen in einer Zweitsprache erlebt hat, wird jene Sprache wahrscheinlich nie vom Grund seines Wesens auf beherrschen.

Ich nehme an, daß es nur wenig Zeit brauchte, wie es doch für jedes Kind in einer ähnlichen Lage der Fall ist, um mir die Grundrisse der Sprache anzueignen, als hätte man mich in ein Schwimmbecken gestürzt. Die Werbeslogans, die ich nicht verstand, wie: *Les petites Viseaux font les grands lumières* – »Die kleinen Visseaux-Birnen geben großes Licht«, oder *Sur les imperméables CCC la pluie frappe sans entrer«* – Auf die CCC-Regenmäntel klopft der Regen, aber er kann nicht hinein« oder *»LSK c s ki«**, entzückten mich, und wenn ich meine Schulkameraden sie zum Spaß hersagen gehört hatte, konnte ich sie selber tagelang ununterbrochen wiederholen. Ich sah kleine Mädchen, die ihre Röcke lüfteten, oder Tausende von Fingern, die auf Regenmäntel schlugen, und jahrelang stellte ich mir die Frage, welchen Sinn denn wohl folgender Werbeslogan haben konnte: »Die Wonderbatterien werden nur beim Gebrauch verbraucht« *(Les piles Wonder ne s'usent que si l'on s'en sert).* Ein solcher Truismus warf mich in die tiefsten Abgründe der metaphysischen Perplexität, und ich stellte mir die Frage, was denn eine solche Dummheit wohl verbergen konnte. Ich wußte nämlich nicht, daß Batterien auch an Energie verlieren, wenn man sie nicht benutzt.

Da ich ein kleiner Angeber war und wichtig tat, erzählte ich meiner Verwandten, daß wir zahlreiche Ausflüge unternahmen. Es war der Sommer 1939, ich behauptete, dreimal nacheinander in Annecy gewesen zu sein, vier- oder fünfmal in Chamonix, am Fuß des Montblanc, im Autobus. Ich wollte zeigen, wie gut wir es im Internat hatten. Ich wollte gefallen

* Hier ist das Wortspiel unübersetzbar. LSK war eine Kakaomarke, und »c s ki« spielt auf den Markennamen an und bedeutet phonetisch »schmeckt köstlich« (c'est exquis).

und mich in vorteilhaftem Licht zeigen. Wegen solcher Ausgaben unzufrieden, beschwerte sich unsere Kusine bei der Leiterin, der es nicht schwerfiel zu beweisen, daß ich log. Letztere warf es mir vehement vor mit Ausdrücken, die ich genau verstand, und das konnte nicht nach September 1939 gewesen sein, denn sofort nach der Kriegserklärung wurde Megève, an der italienischen Grenze, Militärgebiet, obgleich da nichts los war. Also in drei, vier Monaten hatte ich mir schon das Wesentliche der Sprache angeeignet, was einmal mehr die Nützlichkeit der »Sprachbäder« beweisen dürfte.

Ich hatte französisch reden gelernt, aber hatte mich lächerlich gemacht und war von nun an nicht mehr glaubwürdig, die eine wie die andere hatten mich nun endgültig »eingestuft«, um so mehr, als ich nicht aufhörte, mich aufzuspielen und den Besserwisser zu markieren, vor allem, wenn ich wußte, im nächsten Augenblick würde man mich »bei frischer Lüge« ertappen. Es war unwiderstehlich, ein ständiges Bedürfnis, mich zu schämen und zu erniedrigen, dessen ich mir aber noch nicht bewußt war. Es war eine Mischung aus Hochmut, aus Gefallsucht und dem Bedürfnis, in meiner Existenz bestätigt zu werden, deren höchste Form die Scham und die Demütigung waren, die ich fast instinktiv suchte, aber ohne es zu wissen, und die mir erlaubten, in Selbstgefälligkeit und Hochmut zu schwelgen. Solche Situationen werfen ein Kind auf einmal mitten in die Wahrheit der Sprache, so daß alles sofort ohne Lernzeit und auf Anhieb verstanden wird. Die Sprache ist auf einmal blockartig da oder gar nicht. Alles übrige ist nur noch progressive Auslegung des bereits Geahnten.

Ab diesem Augenblick hörte ich auch von Politik reden, ich wußte daß der Präsident der Republik Albert Lebrun hieß, daß es ein vornehmer und magerer Herr mit gestreiften Hosen war. Ich war sicher, daß er mich schützen würde. Ich wußte auch, daß der Chef der Regierung Édouard Daladier hieß und daß er Hitler aufgesucht hatte, was mir unverständlich war. Bald gab es einen neuen Regierungschef, den ich auf Illustrierten sah, die die großen Schüler mitbrachten, er hieß Paul Reynaud, und jedesmal auf den Fotos bekam man ein wenig von Paris mit, eine Palastecke, eine Straße, eine Kolonnade, die ein wenig wie ein griechischer Tempel aussah, es war, den Namen hatte ich behalten, das Palais Bourbon (das Parlament), dann Aufnahmen vom Inneren eines großen runden Saals, wo Herren treppenartig übereinander saßen, ich brauchte lange, um zu verstehen, daß das eine die Außenansicht des anderen war.

Bereits im Sommer 1939 konnte ich mich in Paris, wo ich nie gewesen war, durchaus orientieren. So wußte ich, daß der Triumphbogen, die Place de la Concorde und Notre-Dame ungefähr auf derselben Achse lagen. Bei welchen Gelegenheiten es auch sei, es war fast unmöglich, nicht früher oder später, sogar beim Durchblättern eines Buches, auf einen Plan von Paris zu stoßen, man brauchte nur den Larousse* zu öffnen, Paris war ein sehr ausgeweiteter Tropfen, der nach links lag, zur selben Seite hin wie die Karte des Landes selbst, das ganz nach links in Richtung des Ozeans wies.

Eine Art praktischer Geographie fand in mir Platz, sehr schnell wußte ich die Automarken, die noch nicht sehr zahlreich die Straße zum Mont d'Arbois hinaufkletterten: die Citroëns, die Talbots, Delahayes oder Rosengarts. Wie alle anderen sang ich »Nous irons pendre notre linge sur la ligne Siegfried ...«** Wie jeder andere auch glaubte ich, *wir* seien

* Der Larousse entspricht fast genau dem Sprachbrockhaus und ist doch völlig anders, der Vergleich der beiden wäre aufschlußreich für die Auslegung der Selbstauffassungen der beiden Nationen damals.

** Ein berühmter Schlager aus den Jahren 1937–39 (»Wir werden unsere Wäsche an der Siegfriedlinie aufhängen«), der leider sehr schnell von den Ereignissen dementiert werden sollte. Die Siegfriedlinie war eine Reihe Befestigungen an der saarländischen und pfälzischen Grenze, auf die zum Schutz Frankreichs innerhalb des französischen Territoriums die Ligne Maginot antworten sollte.

vollkommen geschützt durch die Maginotlinie, von der ich wußte, wo sie sich erstreckte, ganz nach rechts auf der Karte, zur Seite hin, die nach Deutschland blickte. In der *Illustration* hatte ich Fotos davon gesehen, ungeheuer dicke, unzerstörbare Betonwände. Ich fürchtete mich vor den Deutschen, es waren nicht die, die ich kannte, die Leute, denen meine Eltern begegneten, die Nachbarn, die Leute meines Dorfes, meine Onkel und Tanten.

Es gab jene anderen Deutschen, groß und blond, brutal und mechanisiert, die ich auch kannte und die ich als Drohung empfand. Ich fand die deutschen Uniformen sehr schön, aber sie erschreckten mich, mehr noch, sie stellten den Tod dar, während die französischen Uniformen mir nicht bedrohlich schienen, im Gegenteil, sie schützten mich.

Auf der anderen Talseite hatte ein Artilleriekapitän im Dezember 1939 mit einigen Soldaten und einem einzigen Geschütz tagelang den Vormarsch der italienischen Truppen am Bonhommepaß blockiert.

Was mich völlig verblüffte und verwirrte, das war die Niederlage Frankreichs, 1940. Ich wußte, es war die Zivilisation der Höflichkeit und des schönen Redens. Ich wußte von Frankreich alles, was ein Kind des ausländischen Bürgertums in dieser Zeit davon wissen konnte. Wie konnte die Zivilisation von solchen rotnackigen Kretins, wie der Tralau, die ich so gut kannte, überhaupt zerstört werden? Diese Niederlage hatte in mir eine bis in die Knochen greifende Angst aufkommen lassen. Es war ungeheuer, es war unverständlich, ich konnte mit dieser Idee nicht fertig werden, und mir kleinem Deutschen war es peinlich, es war mir, als schöbe sich ein anderes Land über das erste, das eine blieb es selber, das andere unterwarf sich den Naziverbrechern.

Das Internat, Collège Florimontane, war an der Straßenflanke auf einem kleinen Granitvorsprung errichtet worden. Von da aus übersah man das Tal, und das Gebäude war den ganzen Tag der Sonne ausgesetzt, man konnte sie nicht aus dem Auge verlieren, von Sonnenaufgang bis in den Abend hinein unterbrach nichts ihren Lauf, kein Baum, kein Berg, kein Haus stand zu keiner Tageszeit zwischen ihr und dem Gebäude. Auf einer Seite lag das Haus so niedrig und nahe, daß man von der Straße aus leicht auf das Dach hätte springen können, auf der anderen stand es fünfzehn Meter hoch über dem Felsengrund. Eine der Fassaden des Gebäudes lag zu steilen Wiesen, die andere zu einem kleinen, sehr steilen Wäldchen hin, dessen winzigste Ecke ich bald genauestens kennen würde. Haselnußbäume und Birken wuchsen da in Hülle und Fülle.

Ein kleiner Pfad verband das Internat mit der Straße, und auf einem kleinen Überhang stand ein winziges Holzhäuschen mit Fensterläden und Giebel, wie bei Hänsel und Gretel. Es war von einem österreichischen Baron bewohnt, der den »Anschluß« nicht akzeptiert hatte. 1938 war er Englischlehrer des Internats geworden: er war es, der mich in die Mysterien des Englischbuches der französischen Gymnasien eingeweiht hat, ein Lehrbuch, das fast alle Oberschüler Frankreichs bis ungefähr 1950 benutzt haben; es gab tatsächlich nationale Schulbücher, die ganzen Generationen gemeinsame Erinnerungen hinterlassen haben.

Bei Tisch redete die Direktorin über Politik. Sie hieß Marie-José Lucas und stammte aus der Bretagne. Ihr Verlobter war 1917 vor Verdun gefallen. Sie war sehr patriotisch, aber mit etwas Unbeugsamem und Rebellischem, das ich bereits wahrgenommen hatte, ohne es genau definieren zu können. Sie war für Paul Reynaud, den sie energisch und für fähig befand. Im Frühling 1940, wir waren immer weniger Schüler geworden, erklärte sie uns mit Serviettenringen den »elastischen Rückzug«*. Sie unterhielt enge Beziehungen zu den deutschfeindlichen Kreisen der katholischen Rechten.

1939 und 1940 war mein entfernter Vetter Edmond de Rothschild mein Schulfreund, er war Externer. Vom Repetiersaal aus konnte er ein kleines Stück Giebel des sehr schönen Berghauses (châlet) seiner Mutter Noémie sehen, sonst war es von überall her unsichtbar, derart klug und einfach gebaut, daß es auch fast den ganzen Tag in der Sonne lag und dabei eine ausladende Sicht auf die Talweite hatte.

Edmond war ein etwas schlaksiger und verlorener Junge mit blauen Augen und blonden Locken. Wir vertrugen uns um so besser, als wir beide besonders schlechte Schüler waren, aber ich glaube, er war es noch mehr als ich, beide konnten wir mit elf Jahren kaum schreiben, er nur in krakeliger, völlig unlesbarer Schrift. Die Direktorin meinte, wir wären unheilbare Idioten und terrorisierte ihn noch mehr als mich. Je mehr sie schrie, desto mehr schrumpfte er ein, verstummte, in Tränen, unfähig, auch nur eine Silbe hervorzubringen. Sie ließ nicht von ihm ab, ohne es sich je zu erlauben, gegen ihn handgreiflich zu werden. Für diese Übungen war ich da. Vielleicht wollte sie zeigen, was ganz nach ihrem Charakter gewesen wäre, daß sie ganz nach Belieben selbst einen Rothschild aufs Korn nehmen konnte.

Seine Mutter unterstützte sie bei diesem Unternehmen. Und wenn der Unglückliche sich noch fauler als sonst gezeigt hatte, rief die Direktorin im Châlet an, während er nach Hause zurückging, und von weitem sahen wir seine Mutter mit einem Skistock oder einem Besen hinter ihm herlaufen, um ihn zu züchtigen, was ihr natürlich nie gelang und sie auch eigentlich gar nicht wollte.

* So wurden die Verluste an Gebieten 1940 von dem damaligen Pariser Rundfunk zwecks Propagande gedeutet als Vorbereitungen zum leider nie erfolgten Rückschlag gegen die Nazideutschen.

Ein wenig unterhalb ihres Châlets, schon in banalerer Lage, befand sich das Châlet der Familie Servan-Schreiber, üppig und ein wenig protzig, Noémie de Rothschild schätzte ihre Nachbarn eher wenig und sah mich ziemlich ungern zu ihnen hingehen, sie luden mich nämlich von Zeit zu Zeit ein, da ihre Tochter Brigitte auch als Externe nach Florimontane ging, sie war ein dickes, etwas ungeschicktes Mädchen, aber sehr klug und lebhaft, auch sie mußte Marie-José Lucas' Launen ausbaden.

Edmond, Brigitte und ich, wir saßen in derselben Bank, der Bank der Nullen, wie die Direktorin meinte. Émile Servan-Schreiber, der Vater des Mädchens, war ein damals sehr bekannter Journalist, vor allem durch seine Reiseberichte. Ich erinnere mich, daß er Knickerbockers trug und gestreifte Jacken. Seine Frau sprach sehr laut und sah einer meiner Tanten ähnlich. Émile Servan-Schreiber schenkte mir eins seiner sogar signierten Bücher, ich war zugleich stolz und beeindruckt, aber vor allem schämte ich mich. Für wen hielt er mich denn, wußte er nicht, daß er es mit dem Dorfidioten zu tun hatte, wie Fräulein Lucas sagte, mit dem Kretin aus gutem Hause, den man mit der Hand vor dem Mund kommentierte, wenn er vorbeiging? Jener Ruf, der anscheinend noch nicht bis zu ihm vorgedrungen war, paßte mir eigentlich so ziemlich, und ich fing an, daran Gefallen zu finden, und empfand mich als Kretin recht interessant.

Das Châlet neben dem Internat wurde 1940 von François Mauriac* gemietet, der dahingekommen war, um an einem seiner Bücher zu arbeiten, und der sich über den Krach beschwerte, den wir machten, daran war ich bestimmt beteiligt. Einige Jahre später, 1943, wurde es von einem berühmten

* François Mauriac war einer der bekanntesten Romanciers der Vorkriegszeit, Nobelpreis 1951.

Schlagersänger bewohnt, der Schwarzhandel en gros betrieb und Mastschweine mit den Deutschen einhandelte, wie man sieht, bietet die Musik einige unerwartete Aussichten.

Die Direktorin hatte Verbindungen zum Colonel de la Rocque*, der sich in die Résistance einreihte und einen geheimen Nachrichtendienst der Allierten einrichtete, er wurde von den Deutschen in die Festung Itter nach Österreich, an der tschechischen Grenze, deportiert. Seine Söhne Jacques und Gilles waren in Florimontane in Pension gewesen und kamen von Zeit zu Zeit zu Besuch. Ich habe sie beide gekannt, sie waren mindestens zehn Jahre älter als ich und waren mit meinem Bruder und mir besonders freundlich und warmherzig, sie wollten damit zeigen, daß unsere Herkunft sie wenig scherte und daß nur unsere menschliche Existenz als solche zählte.

Der Oberst de la Rocque hatte viele Juden versteckt, sowohl in der Gegend von Bordeaux wie auch in Toulouse (dank der ADP, *Association du devoir patriotique,* das heißt, eine Widerstandsgruppe, Verein der patriotischen Pflicht). Die von ihm vor dem Krieg gegründete Partei hat sich immer vom Antisemitismus distanziert. Er schlug vor, uns an einem sicheren Ort zu verstecken. Ich weiß nicht, aus welchem Grund wir letzten Endes nicht von de la Rocque versteckt wurden, wahrscheinlich sind es die Risiken der Reise gewesen, die Fräulein Lucas nicht auf sich nehmen wollte.

1942 war Gilles de la Rocque, Kriegsgefangener in Deutschland, als Verwundeter freigelassen worden und war mit seinem Bruder nach Florimontane gekommen, um sich zu erholen.

* Pierre de la Rocque war der Begründer des PSF (parti social français), eine rechtsradikale Partei, die aber nie beabsichtigte, die Republik zu stürzen, antifaschistisch und katholisch eingestellt war.

Beide sollten sich in die Forces Françaises libres einreihen, das heißt in die Truppen, die General de Gaulle zur Befreiung Frankreichs in England und Afrika aufstellte. Ich erinnere mich genau, daß die beiden Brüder mir erklärten, die Vichyregierung vertrete in keiner Weise Frankreich und bestünde nur aus Verrätern.

Marie-José Lucas war eine Gaullistin der ersten Stunde, aber meinte dabei, daß Pétain »tat, was er konnte«, worin, wie man weiß, sie sich sehr täuschte. Sie war nicht die einzige. Es kam, jedenfalls bis 1943 vor, daß dieselben Leute zugleich Pétainisten und Gaullisten waren. Marie José Lucas war von Anfang an aber im Widerstand, was auch ihrem Charakter entsprach, ihr verdanken mein Bruder und ich, daß wir noch am Leben sind.

Sie war eine kleine rundliche Frau mit sehr scharfem Blick und schwarzen Haaren. Sie war eine zugleich hervorragende Latinistin und Skifahrerin, konformistisch, was die kleinen Sachen betraf, war sie rebellisch in den wichtigen Fragen, sie verkörperte den alten französischen Oppositionsgeist, der sie dazu brachte, ganz einfach ihr Leben für gewisse ihrer Internatsschüler zu riskieren, meinen Bruder und mich, die ihr eigentlich nichts bedeuteten. Allerdings war sie im Gewähren ihres Schutzes nicht besonders wählerisch, versteckte sie doch kurz nach der Befreiung einen gewissen Gabriel Jeantet, einen der Chefs der Rechtsextremen, der jedoch kein eigentlicher Kollaborateur gewesen ist. Er hatte einen schönen weißen Bart, der Vertrauen erweckte. Er mochte mich nicht und machte daraus keinen Hehl.

Wie aber viele ältere Fräuleins aus jener Zeit, die sich um junge Leute zu kümmern hatten, konnte sie ihren leiblichen unbefriedigten Begierden nur Genüge tun, indem sie mit viel Zeremoniell und Riten Jünglinge mit der Rute strafte, woran sie es nicht fehlen ließ. Es spielte sich als ein langes, sorgfältig geregeltes Ritual ab, wie eine Feier. Zwischen sechzehn und achtzehn war ich viele Freitagabende ihr willentliches, komplizenhaftes Idealopfer, ich exaltierte mich geradezu an den unzähligen und verschiedenen Strafen, die sie mir auferlegte. Es gelang ihr sogar, mich für das Latein zu begeistern, dessen sprachliche Kühnheiten mich entzückten, wenn ich sie dann vollständig in dem Lateinwörterbuch als Sprachbeispiele übersetzt fand. Das Suchen machte mir aber viel Mühe, weil ich das Abc nicht beherrschte. Aber trotz meines Interesse für das Latein machte ich keine Fortschritte, was ich heute lernte, vergaß ich morgen. Das Latein übte auf mich eine irgendwie perverse Faszination aus, weil eine gewisse Zahl Fehler zu einer ziemlich langen, eher schmerzlichen Strafe auf den nackten Hintern berechtigte.

Ich war weitaus nicht der einzige schlechte Lateinschüler, der sich nach einer nicht rechtzeitig beendeten Lateinübersetzung nur mit äußerster Vorsicht wieder hinsetzen konnte; das kam zu den freitäglichen Strafen hinzu. Drei Tage blieb man davon gezeichnet, und die Straffälligen stellten abends im Schlafsaal Vergleiche an und schätzten sich als Kenner ein. So etwas war allgemeiner Brauch in den meisten Privatinternaten, aber schützte um so besser vor Heimweh.

Wie dem auch sei, ich war Fräulein Lucas vollkommen ausgeliefert, die es sich in den Kopf gesetzt hatte, mich zu »erziehen«. Ich stellte es fest, als sie mir einmal sagte: »Sie (denn wir wurden gesiezt) tun so, als seien Sie dumm, um nicht lernen zu brauchen, ich aber werde Sie noch kleinkriegen und aus Ihnen einen guten Schüler machen, Ihre Kusine hat mir gestattet, alle Mittel zu ergreifen, die ich für wirksam halten würde.«

So schrieb ich unzählige Seiten mit Straflinien voll, und als Zwölfjähriger hatte ich schon einige Kilometer Tintenschrift hinter mir, mit Schmal- oder Breitfeder, letztere viel gefährlicher, weil sie leicht kleckste. Wenn die Buchstaben nicht richtig formiert waren, hatte man die Finger aneinanderzuschließen, so daß sie mit den Spitzen alle um den Daumen herum lagen, man hatte die Hand senkrecht am vorgestreckten Arm zu halten, damit man diesen besser festhalten könne, wenn man ihn zurückziehen wollte. Jedesmal bekam ich fünf oder sechs Schläge mit einem eisernen viereckigen Lineal auf die Fingerspitze, ein Schmerz, der durch den ganzen Körper zieht, ein unbeschreiblicher Schmerz, während welchem man sich fragt, wie es kommt, daß man überhaupt noch am Leben ist, eine schlimmere Körperstrafe dürfte es kaum geben, die Rute oder der Rohrstock sind im Vergleich dazu fast eine Lust.

Was man den Kindern angetan hat und noch antut, ist unvorstellbar. Niemand wird je ermessen, was überhaupt das Leiden eines Kindes bedeuten kann. Was die Erwachsenen für eine einfache und gerechte Strafe halten, ist eine ungeheure Tragödie, die noch niemand geschrieben hat, weil sie unermeßlich ist, für jede Formulierung unerreichbar und weil es recht wenig Mittel gibt, von einem solchen Kummer, einer solchen Verwundung des eigenen Wesens geheilt zu werden. Eine solche Wunde bleibt offen, in der Tiefe, immer bereit, in ihrer ehemaligen Intensität weiter zu schwären. Das Wunder ist, daß so viele Kinder dank irgendeines Auswegs doch mehr oder weniger heil davongekommen sind. Wahrscheinlich liegt der Ursprung vieler der auf unserer Welt begangenen Verbrechen in Leiden, die man ungerechterweise Kindern zugefügt hat. Es gab aber auch manche Waisenkinder, die durch die Körperstrafen die höchste Wonne und Genugtuung erfuhren, bald Herren und Meister des siebten Himmels, eines Tag um Tag verlängerten Wunders, verfeinert, illustriert von der Vorstellung selbst des Erlittenen, zurückgehalten bis zum allerletzten Aufschrei.

Diese Schläge auf die Fingerspitzen gehörten zum alltäglichen pädagogischen Arsenal der damaligen Zeit, im privaten

Lehrbereich und in den religiösen Anstalten besonders und ausnahmsweise auch in öffentlichen staatlichen Schulen. Im katholischen Schulwesen, zu dem das Internat gehörte, in dem ich erzogen wurde, war so etwas derart geläufig, daß solche Schläge auf die Finger nicht einmal mehr als Strafe angesehen wurden.

Jedes Kind, das damals im Internat lebte, lebte unter der Strafe, es war ein natürlicher Zustand. Man war fast erleichtert, wieder bestraft zu werden, die Zwischenzeit war nur die Leerspanne zwischen zwei Strafen. Zeilenschreiben und Strafen aller Art wurden derart zu einer wirklichen Zuflucht, zum Anhaltspunkt in einer ausweglosen Welt der Kindheit. Der Tarif lag zwischen hundert und fünfhundert Zeilen, also von fünf bis fünfundzwanzig Heftseiten. Man mußte sooft, als es Zeilen gab, »Ich darf nicht während des Unterrichts reden« abschreiben oder »Ich darf nicht meinen Daumen lutschen« oder auch »Ich soll zuhören, wenn mir etwas gesagt wird«. Solche Zeilen schrieb ich zu Tausenden, und als ich dann viel später irgendeinen Fehler mit einem anderen Mitschüler beging, nicht aber den, an welchen man sofort denken könnte, wurde nur ich bestraft (die Eltern des anderen zahlten besser) und man war klug genug, mir einen literarischen Text zum Abschreiben zu geben, welchen, erinnere ich nicht mehr. Ich kopierte mit Begeisterung. Ich stellte fest, daß Kopieren gar nicht so mechanisch und dumm ist, wie es den Anschein hat, und daß man dazu Aufmerksamkeit und Genauigkeit brauchte. So lernte ich, und dabei war ich schon über sechzehn Jahre alt, endlich die französische Orthographie, bis dahin hatte ich im allgemeinen an die zwanzig bis dreißig Fehler pro Diktat gemacht.

Das Knien auf einem rechteckigen Lineal oder auf den eigenen Fingern wurde reichlich praktiziert, und obgleich wir zwischen 1941 und 1942 kaum mehr als ein Dutzend gewesen sein dürften, gab es immer einen, mindestens, dessen Schuhsohlen man betrachten konnte und den man in einer Ecke ächzen hörte. Die Leiterin, die in allen Fächern unterrichtete außer Mathematik und Englisch, stand hinten im Saal, mit immer bereiter Ohrfeige, da sie Kreppsohlen trug, hörte man sie nie kommen, und man konnte sich noch so hüten, die Ohrfeige schallte dennoch herunter, mit der ganzen flachen Hand verabreicht, ein wenig hohlförmig gehalten, um besser zu treffen; es dröhnte einem der Kopf, und alles wurde einem rot vor den Augen. Ich lebte nur noch mit vor das Gesicht gehaltenem Ellbogen.

Man klagte mich der Boshaftigkeit an und daß ich glauben machen wollte, daß man seine Zeit damit verbrachte, mich zu ohrfeigen, und man ohrfeigte mich, um mir zu zeigen, daß man mich gar nicht ohrfeigte. Leute wie ich sind unersetzlich in jedem dieses Namens würdigen Internat. Nichts geilt einen »Erzieher«, wer er auch sei, so auf, und was er auch einwenden könnte, als ein Kind zu schlagen. Die liebe Marie-José Lucas wußte besser als jede andere, daß jeder Erzieher, der überhaupt diesen Namen verdient, sich verpflichtet fühlen muß, Fehler zu erfinden und sich immer einen oder zwei Schuldige bereitzuhalten, die zum Gebrauch fertig stehen, gar und mürbe. Es gibt kein Internat, es gab nie eins, und es wird auch nie eins geben, wo man nicht willentlich irgendwelche elternlose und verlassene Seele zerstört hätte.

Welch eine Freude für einen Erzieher, bestimmen zu können, was Fehler ist und was nicht, und über das Kind zu verfügen, Tag und Nacht Herr eines Kindes zu sein, eines natürlich schutzlosen Kindes, einer Waise, was für eine höchste, berauschende Schule des Sadismus, es gibt keinen »Erzieher«, der nicht zum schädlichen, zynischen Vollstrecker wurde.

Das ganze Problem ist, es in die Länge zu ziehen. Was mich betraf, so war das nicht schwer, so bald würde man mich nicht abholen kommen, ein Glück noch in Anbetracht der allgemeinen Lage, daß man mich behalten wollte.

Auch ist es immer wünschenswert, daß der Schuldige sich beteiligt, an der Strafe mitarbeitet, daher soll die Strafe immer passen, dem Kinde als Strafobjekt entsprechen, und das sieht man sehr schnell an den Gesichtsausdrücken, am Geplärre, an der Art des Wimmerns. Der Schuldige spielt dann perfekt seine Rolle, seine Heimtücke läßt ihn immer neue Märtyrerhaltungen entdecken. Ich war Meister in der Kunst der Hypokrisie geworden, und wie keiner sonst wußte ich meine Lüge zu arrangieren, derart, daß man sich doch ein wenig schuldig vorkommen mußte, wenn man mich strafte. Ich mogelte unaufhörlich, damit die anderen schuldig wurden, und ich wurde wieder ehrlich nur, wenn die Strafe streng und lang genug war. Ich ekelte mich selber vor mir, und um so mehr ich ein schlechtes Gewissen hatte, desto mehr forderte ich die anderen heraus, süßlich und verlogen.

Der Strafe wurde ich nicht satt, das machte mich, tränenüberströmt, interessant. Die Züchtigung ist immer ein sehr beliebtes Schauspiel in Internaten, zuerst darf jeder dabei sehen, was man doch sonst nicht sehen darf, und dazu erlaubt es Mitschülern und Personal, um den Bestraften herumstehend, sehr natürliche und verwirrte Gelüste zu befriedigen, und endlich schafft es Ordnung.

Jeder gute Erzieher weiß die Verfolgung eines Sträflings abzustufen und durch unersetzbare Liebesbezeigungen zu unterbrechen. Der Strafe wurde ich nicht satt in der Hoffnung, das Mitleid der anderen zu erwecken, eine Rechnung, die nie aufgeht, denn es gibt doch nichts, was so beruhigt und befriedigt, als andere bestraft zu sehen, und dabei ist es auch interessant.

Durch eine Art infantiler Herausforderungslust klagte ich mich endlich verschiedener Vergehen an, die ich gar nicht begangen hatte, vor lauter Haß und Verzweiflung kam ich der

Anklage zuvor. War ich zu hundert Linien verurteilt, setzte ich fünfundzwanzig dazu, nur um zu verwirren, um zu zeigen: Gegen mich könnt ihr nichts. Sollte ich die Rute bekommen – man hatte selbst die »Strafpunkte« der Woche zu fixieren und ins Wäldchen hinunter zu gehen, die geeigneten Birkenzweige zu brechen –, schrieb ich mir immer welche absichtlich dazu und drehte die Strafe um, als Verunglimpfung, als Beschimpfung. Man hatte von mir genug, ich hing den Strafenden zum Halse raus, und so hatte ich einige Tage Ruhe, nach welchen alles wieder von vorne anfing.

Diese fast ununterbrochene Folge von Strafen und Mißgeschicken – bald, schon am Anfang der Restriktionen, kam die Strafe des Essensentzugs dazu – gab mir ein besonders deutliches Bewußtsein meiner selbst oder vielmehr meines Körpers, um so genauer, als der zugefügte Schmerz stechender war (diejenigen die solche Strafen erlebt haben, kennen den unerträglichen aber exquisiten brennenden und oberflächlichen Schmerz, der von den feinen und dünnen Birkenzweigen verursacht wird. Die Faszination, die jener Baum ausübt, dürfte damit zu tun haben). Ich hob mich von der Außenwelt, wie einer punktierten Linie entlang, ab.

Vor lauter Schlägen hatte ich es erreicht, ungefähr anständig meine Multiplikationstafeln auswendig zu wissen, weniger als dreißig Fehler im Diktat zu machen und auswendig Victor Hugos Gedicht »Oceano Nox« zu können, aber vor lauter Lernen verlor ich die Matrosen und Kapitäne des Gedichts aus den Augen, die ich senkrecht und langsam bis in die Tiefen des Ozeans hinuntergleiten fühlte, im Wasser stehend mit ihrem Gürtel, dessen Schnalle im trüben Licht blinkte. Jedesmal jedoch gab es die Tröstung der Landschaft, der Abhänge, der Waldränder, wo die Sommerhitze waberte und an denen man im Winter den hängengebliebenen Schnee im dürren waagerechten Blättergewirr zu entdecken suchte. Man hatte diese ganze Weite für sich, im sommerlichen Reichtum oder im plötzlichen Hereinfallen des Winters.

Man hatte uns, meinem Bruder und mir, einen riesigen Stroh-koffer mitgegeben, wie man sie auf den letzten Fotografien der Vorkriegsenthauptungen zu sehen bekommt und die ich auch im Juni 1939 in einer Illustrierten gesehen hatte und in deren Schrecken und Entsetzen sich das Auge geradezu hineinge-fressen hatte. Unser Strohkoffer war mit den Koffern der ande-ren Schüler in den Keller gestellt worden. Man hatte mir er-laubt, daraus die zwei oder drei deutschsprachigen Bücher herauszuholen, die mir die Eltern mit eingepackt hatten. Die Bücher meines Bruders bestanden vor allem aus Marinege-schichten. Ich aber las zwei Bücher, die merkwürdigerweise als Fundament zu meinen späteren Entdeckungen der französi-schen Literatur dienten, als wäre leztere einerseits absolut das Gegenteilige dazu und andererseits deren Bestätigung.

Das erste, als Verkörperung des Gegenteils, war *Die Skla-venkarawane* von Karl May, deren kalte, zynische und seelenlose Gestalten alle kleinliche, kalt-berechnende Kerle waren, recht-schaffen, aber auf kleinem Fuß, immer blond und schmal und alleine befugt, über andere zu entscheiden. Karl May, Auto-didakt und mehrfach rückfälliger kleiner Gauner, verbrachte viele Jahre im Gefängnis und schrieb da zur Zerstreuung un-zählige Abenteuerromane, er ist der bekannteste unter den volkstümlichen Romanciers deutscher Sprache, ungefähr wie Jules Verne in Frankreich, jedoch ohne dessen wissenschaft-liche Phantasie. Seine Helden sind immer gefühllos und grau-sam, wenn sie Europäer, am liebsten Deutsche sind, schlau, blutrünstig und primitiv, wenn es um Eingeborene geht. Selten ist Literatur so umstandslos rassistisch gewesen wie jene, die für lange Zeit das deutsche Imaginäre mitgeprägt hat und es vielleicht noch irgendwie mitprägt.

Was mich aber in dieser *Sklavenkarawane* anzog, war, daß man die armen Sklaven auspeitschte, und wollüstig stellte ich mir vor, ich wäre einer von ihnen, den die Weißen dann befreien kommen würden. Besser noch, ich stellte mir vor, ich sei Missionar am Marterpfahl, aber im letzten Augenblick würde ich noch gerettet. Ein solcher Wachtraum versetzte mich in eine unbeschreibliche Exaltation, die ich einzig meiner Frömmigkeit zuschrieb.

Mit dieser Bilderwelt glich ich meine kleinen täglichen Leiden aus und staffierte mir nach und nach einen Fonds aus für meine perversen Träumereien. Die allerersten lateinischen Übersetzungen, die ich machte, sprachen auch alle von Sklaven. Zu dieser Zeit bildeten sich jene Wachträume aus, die einen Hauptplatz während meiner ganzen Adoleszens einnahmen und darüber hinaus andauerten und diejenigen vervollständigten, in denen ich mich als gefolterter Missionar vorstellte. Ich war ein nackter, auf dem Markt ausgestellter Sklave, den gerade ein sehr strenger, lüsterner Herr kaufen sollte. So konnte ich meine Exaltationen abwechseln. Aber gerade diese perverse Phantasiewelt hat mich vor dem Zusammenbruch im unheilbaren Schmerz der Waisenkinder geschützt.

Das zweite Buch, auch Grundlage zur Begegnung mit Victor Hugo oder dem *Der kleine Dingsda* von Alphonse Daudet, war eine für Kinder redigierte Biographie des »Pädagogen« Johann-Hinrich Wichern – welch sonderbare Ahnung kann wohl meine Eltern dazu gebracht haben, ein solches Buch in unseren Koffer zu tun? Wichern gründete um 1820 in Hamburg, wie oben schon erwähnt, das allererste Heim für jugendliche Verbrecher und verlorene Jungen, wo, vielleicht zum ersten Mal in Europa, jegliche Form körperlicher Züchtigung verboten wurde. Die schwierigsten Kinder flüchteten am Ende doch weinend in Wicherns Arme. Wie alle unstabilen, verwirrten und unglücklichen Kinder, so kitschig dieses Buch auch gewesen sein konnte, überwältigten mich solche Geschichten, und mein Traum war es, wenn ich erwachsen sein würde, mich um verlorene Jugendliche zu kümmern. Trotz meiner Verlogenheit und Heimtücke war ich doch ein frommes Kind, welches sich freute, Jesus seine Leiden opfern zu können, ich hielt ihn ein wenig für einen großen Bruder, vielleicht war ich ein bißchen doch er selbst. Ruchlos vermischte ich das protestantische Vater Unser (welches einen Satz mehr aufweist als das katholische) mit dem »Gegrüßet seist Du, Maria«. Ich sang unverbesserlich falsch, außer dem »Veni Creator«, so daß ich es war, der jedesmal den Ton angeben mußte.

Ich weidete mich an allem, was mir zustieß. Ich leckte an meinem Unglück herum, mit dem ich allen auf die Nerven fiel. Ich spielte das fromme und tugendhafte Kind und forderte so den Spott meiner Mitschüler heraus. Ich wußte immer alles besser und irrte mich dabei öfter als alle anderen, man hatte mich »Arias« genannt nach der Figur aus den *Charakteren* von La Bruyère.

Unaufhörlich in Bewegung, war ich zugleich Schauspieler und Zeuge meiner selbst. Zynisch meiner Verirrungen bewußt, lieferte ich mich ihnen um so mehr aus, um mich dann interessant finden zu können, natürlich als heiliges Opfer der Häme der anderen. Ich hatte mich mit einem narzißtischen und schmerzensträchtigen Ruhm umflort, mit welchem ich die anderen belästigte.

Vermeintliche, einstudierte Ungeschicklichkeit zog stets die Aufmerksamkeit auf mich, und unter den Ohrfeigen, den Linealschlägen oder vor allem den Züchtigungen auf den nackten Hintern, glücklicherweise ohne Rücksicht oder Schonung verabreicht, heulend und mich windend, suhlte ich mich in Selbstgefälligkeit zum Ärger der anderen. Ich wußte genauestens, was ich tun oder sagen sollte, um mich unausstehlich und verhaßt zu machen, und konnte es auch mühelos umgekehrt.

Das machte mich um so interessanter in meinen eigenen Augen und erlaubte mir in heimtückischster Gewißheit, um so besser meine Märtyrerrolle noch vollkommener zu gestalten, als ich genau wußte, wie man so etwas praktizierte. In jeder Beziehung war ich ein perverser Knabe und entzückt, ein solcher zu sein.

Einmal im Monat fuhr der protestantische Pastor von Annecy herauf, um den Gottesdienst »abzuhalten« beim Direktor des *Hôtel du Mont d'Arbois,* Herrn Parodi, der Schweizer und Protestant war. Obgleich »innig« katholisch, begleitete uns Marie-José Lucas jedesmal. Sie liebte die schlichte Einfachheit dieser Zeremonien. Es gab da immer an die zwanzig Leute, die ich nur zu solchen Gelegenheiten traf, die auf Rohrstühlen saßen, und ich in der Mitte spielte den Frommen, Kopf in den Händen, dachte über das Schicksal der Welt nach oder versuchte den Blick des Pastors einzufangen, da er doch sowieso nur für mich alleine predigte.

Noémie de Rothschild kam auch öfters, wohnte sie doch ganz in der Nähe. Sie sagte, ohne daß ich richtig verstand, wovon sie redete, daß der protestantische Gottesdienst dem israelitischen Gottesdienst, von dem ich nichts wußte, ähnlich war. Am Ende war sie doch von Megève mit ihrem Sohn weggefahren, denn ihr Mann, Maurice de Rothschild, Senator des Département der Basses-Alpes*, war einer der achtzig Parlamentarier gewesen, die sich geweigert hatten, Pétain Vollmacht zu erteilen, und sie rechnete mit ihrer unverzüglichen Verhaftung.

Sie war ins Wächterhäuschen des Schloßes zu Pregny bei Genf gezogen. Vielleicht meinte sie, mein Bruder und ich wären in Megève in Sicherheit. Niemand tatsächlich hat uns je

* Heute heißt dieses Département »Alpes de Haute Provence«.

denunziert, das Dorf hat sich immer in tiefstes Schweigen gehüllt. Vielleicht hatte sie den Gedanken verdrängt, der Rassenwahn der Nazis könne auch Frankreich überfluten und sogar wirksame Unterstützung finden. Vielleicht auch sollten wir ihr nicht zur Last fallen.

Ich war Lutheraner und konnte nicht recht einsehen, was die Lutheraner von den Calvinisten trennte. Aber nach kurzer Zeit, beim Zuhören, merkte ich sehr bald, wie kühn und frei sich der Pastor Chapal ausdrückte, er sprach von den ungerecht durch ganz Europa verfolgten Opfern, die man, man wußte nicht wo, zusammenpferchte (in der nicht besetzten Zone Frankreichs, in der Provinz, scheint man die Gaskammern nicht geahnt zu haben). Er sprach vom unersetzbaren Wert und vom Heiligtum eines jeden Menschen, und wenn ich ihn so reden hörte, schämte ich mich nicht mehr, daß es mich gab, ein Gefühl, das ich doch so oft hatte. Wenn er so sprach, kam es vor, daß er mir gerade in die Augen schaute, den Blick mit einem Ausdruck großer Freundschaft auf mich gerichtet, so daß ich am liebsten geweint hätte. Ich glaubte, ich sei ein Auserwählter, auf jeden Fall interessant, in Wirklichkeit war er genau unterrichtet und versuchte für uns eine sichere Unterkunft zu finden.

Das Schlimmste im Internat war der Essensentzug, das geschah ungefähr alle vier Tage und sparte Lebensmittel. Man schloß mich ins Nebengebäude ein, und ich mußte irgendeinen lateinischen Text, von dem ich natürlich kein Wörtchen verstand, übersetzen, mir schwirrte der Kopf, ich sah nur noch das Rotieren der Fenster um mich herum. Da die Zeit der Mahlzeit verfloß, ohne daß ich auch nur eine einzige Zeile übersetzt hätte, konnte ich nicht einmal auf ein Stück Brot hoffen. Ab und zu, wenn man doch ein allzu schlechtes Gewissen hatte, kam es vor daß man mir doch etwas von den 350 Gramm Brot brachte, zu denen wir berechtigt waren. Der Hunger höhlte mir ständig den Mund aus, ich dachte nur an Essen. Bei Tisch, da man mich als Vielfraß betrachtete, bekam ich oft als einziger keinen Nachschlag.

Und dann, plötzlich, grundlos, änderte sich alles, ich durfte so viel essen, wie ich wollte, an Gemüseresten oder, wenn es welche gab, an Kartoffeln in Margarine. In diesem Internat konnte man sich nicht mit dem Schwarzmarkt behelfen, man mußte sich auf das, was mit Marken zu bekommen war, beschränken, was wäre denn sonst aus dem Gewinn am Pensionspreis geworden? Für mich zahlte sowieso keiner mehr. Außer mir gab es nur noch an die zehn Kinder mit Familienproblemen, und einige unter ihnen bekamen nicht einmal mehr Freßpakete von zu Hause, vermutlich nahm der Schwarzmarkt die ganze Zeit der Eltern in Anspruch.

Meine bevorzugteren Mitschüler bekamen manchmal doch Pakete und schenkten mir ab und zu ein Stück Schokolade, das ich in mein Fach steckte, um es später aufzuessen. Ich konnte aber nicht widerstehen und verschlang es sofort und beneidete die anderen dabei, daß sie nicht ich waren und im Gegensatz zu mir, existierten, wie es sich gehörte. Wir hatten jeder unser Fach, die reihenweise übereinanderlagen, unten für die Kleinen. Man wechselte, je größer man wuchs. Ich stieg um vier Fächer höher in sieben Jahren. In meinem behielt ich das Fotoalbum, das meine Eltern für jeden von uns beiden angefertigt hatten, ich öffnete es nie, um nicht an Heimweh zu vergehen, und vor allem hatte ich darin eine kleine Puppe aus Bonbonpapier gedreht, der ich alles erzählte, was mir passierte. Ich bewahrte da auch die Briefe der Eltern auf und ganz unten den, in welchem mein Vater uns den Tod der Mutter im Februar 1942 mitteilte. Obgleich man sonst nur Botschaften zu je fünfundzwanzig Wörter bekam, vom Internationalen Roten Kreuz übersandt, hatte uns trotz der Länge dieser mehrseitige

Brief erreicht, vielleicht weil man noch nicht die letzte noch bevorstehende Stufe der Grausamkeit erreicht hatte.

Dieser Brief, der schlimmste, den ich je bekommen habe, hatte auf einmal alles geändert, ich lebte nicht mehr in der Trübsal, sondern in einer Art Abstumpfung, die nur die höchste Gefahr auflösen konnte. Die Angst verhinderte dabei das unheilbare Versinken im Kummer. Fräulein Lucas kündigte es mir mit größter Vorsicht so behutsam wie möglich an. Die plötzliche Nettigkeit aller meiner Mitschüler hatte mich schon so etwas Ähnliches ahnen lassen. Den Brief übergab man mir erst nachher.

XII

1943

Unerschöpflich ist dieses Jahr 1943, es hat die Erinnerung zentriert. Jahr der äußersten Gefahr, wie es auch das Jahr war, in welchem sich das Bewußtsein in mir festsetzte, endgültig und unverrückbar, seiner selbst sicher, angesichts der Landschaft: der Mont Rochebrune auf der anderen Seite des Abstürzens des Hochplateaus über dem Tal hob sich vor der sinkenden Sonne ab, in großen aufleuchtenden Abhängen von Schatten überschnitten. Vor dieser fast zu niedrig unter dem so unendlich weiten Himmel gelegenen Landschaft auf einmal, ohne Grund, das plötzliches Aufschaudern, die fast körperliche Gewißheit, daß von nun an sich nichts mehr ändern würde, daß so, wie ich mir selber im Kopf stand, ganz oberhalb meiner selbst, mit jener kaum wahrnehmbaren Präsenz zwischen den Schläfen, ich bis ans Ende meiner Tage derjenige bleiben würde, der ich war, zufällig in jenen gegossen, der ich war und der ebensogut irgendwer anderer hätte werden können.

Und seitdem, seit dreiundfünfzig Jahren, hat sich nichts geändert: ich bin immer noch zwischen meinen beiden Schläfen, wie ich es an diesem Tag im März 1943 gewesen bin, eine Art ununterbrochene Selbstfeststellung, unterhalb welcher sich alles übrige abspielt. Man hat den ganzen eigenen Körper unter sich, und was man auch sage oder tue, darüber gibt es jene leere, ununterbrochene Feststellung, jenen Zustand, der einen daran hindert, wirklich alles, was darunter rumort und sich regt, ernst zu nehmen. Nichts Albern-Witzigeres als jene Selbstpräsenz unter alledem, was man tut, wie eine allerletzte Ironie.

Es ist derselbe Tag, der sich uneingeschränkt fortgesetzt hat.

Es würde mich nicht wundern, mich als Fünfzehnjährigen wieder in den Schlafsaal meines Internats zurückversetzt zu finden, auf frischer Tat ertappt und sich herauslügend mit jener schuldlosen und schnöden, unwiderlegbaren Frechheit, welche nur wirklich zynisch perverse Kinder zu handhaben verstehen, die auch wissen, wer sie sind. Gombrowicz' *Ferdydurke* beschreibt mit einer Genauigkeit sondergleichen den Zustand, den ich hier zu fassen versuche, mit im Falle *Ferdydurke* der Ehrlichkeit als Zugabe (was ihn betrifft, hatte er allerdings nichts zu verbergen).

Mit einem einzigen Mal wurde alles übersichtlich und nahm seinen Platz ein, irgendwie überstürzt aber in jenen sonderbaren Zeiten, wie überflogen erlebt, bevor auf einmal, in einigen Tagen, diese Zeiten sich ins Entsetzen wendeten. Die Besetzung Frankreichs, bis dahin hatte ich mich ihrer nur geschämt, so sehr, daß ich mich am liebsten unsichtbar gemacht hätte. Wenn ich die in der Sprache meiner Kindheit beschrifteten Informationsschilder auf Fotos sah, mit dem Hintergrund aus deutschen Soldaten vor den Denkmälern von Paris, hätte ich mich am liebsten in einer dunklen Ecke versteckt.

Die Illustrierten, wie *Match,* bildeten solche Fotos beinahe wollüstig ab. Mir fehlte jegliches Mittel und auch die Erlaubnis, überhaupt eine Zeitung oder eine Zeitschrift zu kaufen, ich wußte auch nicht, wo sie zu besorgen gewesen wären. Es waren die »Füchse« aus »gutem Hause«, manchmal so schnell wieder verduftet, wie sie angekommen waren, welche sie mitbrachten. Ich versteckte mich auf dem Klo, um solche Bilder anzusehen, und ich schämte mich, Deutscher zu sein und die Denkmäler von Paris durch diese Okkupation hindurch zu entdecken, Okkupation, die für viele Leute anscheinend fast das Natürlichste von der Welt zu sein schien, wo man darüber vor Abscheu und Entsetzen mindestens hätte aufbrüllen müssen. Hätte man mich so gesehen, hätte man sich vielleicht gedacht, ich freute mich über die Gegenwart der Deutschen auf dem Boden Frankreichs, wo ich in Wirklichkeit fast körperlich daran litt und mich ob der relativen Gleichgültigkeit, so schien es mir jedenfalls, mancher Franzosen wunderte.

Von der Okkupation hatte ich bis dahin nichts gesehen, mit Ausnahme jenes verschneiten Tages, als ein italienisches Regiment, welches müde und langsam, bald sich zusammenballend, bald sich in die Länge ziehend, durch Megève nach Süden marschierte und nie wieder gesehen wurde.

Man schickte mich regelmäßig ins Dorf zum Einkaufen hinunter, und ich brachte jedesmal Linsen und Kichererbsen und vier Zweikilobrote hinauf, das entsprach den Rationen des Internats. Ich war vollkommen in Sicherheit. Jeder kannte mich, und es bestand kein Grund, mich bei den Italienern zu denunzieren, die angeblich Megève besetzten und denen das völlig egal war. Es hatte Nachschub an Linsen und Bohnen für die Internate und Kinderheime gegeben, und ich fühlte den Hunger weniger als noch einige Monate vorher.

Bald aber wurden die Restriktionen viel strenger, und so schickte man mich in die umliegenden Weiler, Milch zu kaufen; in einem Rucksack trug ich fünf oder sechs Flaschen, die aneinanderstießen, wenn sie kaputtgingen, wurde ich natürlich bestraft. Trotz des Hungers, der an mir nagte, nie hätte ich mich entwürdigt und um ein Butterbrot gebeten oder um ein Glas Milch bei den Bauern, bei denen ich kaufen ging und die sich hüteten, mir so etwas anzubieten. Sobald ich auftrat, als ob sie fürchtete, ich könnte um etwas bitten, trug die Bäuerin die Reste weg, wenn noch welche auf dem Tisch übriggeblieben waren, und tat sie in den Speiseschrank, der in jedem Bauernhof in einer dunklen Ecke hing. Es war immer ein viereckiger Kasten mit einer Etage in der Mitte und von feinstem Maschendraht umhüllt, der wie ein Stoff von innen an die kleinen Pfosten des Kastens genagelt war.

In den Weilern Le Tour, Les Choseaux oder sogar Le Planay, es waren zu dieser Zeit noch im Hochgebirge verlorene Enklaven von Megève, wo ich erst hinging, wenn die Ressourcen der näheren Umgebung erschöpft waren, konnte es vorkommen, daß man mir ein Butterbrot anbot oder sogar ein Omelett, und schon beim Hören des Wortes lief mir das Wasser im Munde zusammen, und ich verlor beinahe das Gleichgewicht und mußte mich an die Wand oder den Tisch lehnen, um nicht vor Hunger zu wanken. Ich lehnte ab in der Befürchtung, man könne es in Florimontane wissen, und aus einem sonderbaren Stolz auch, man sollte glauben, ich sei » gut ernährt« trotz der Restriktionen des Krieges. Ich konnte meinen Hunger nicht eingestehen, ich schämte mich so sehr, daß ich mein Schweigen nicht durchbrechen konnte.

Schon am Anfang des Winters 1942/1943 bekam ich Frostbeulen, man gab mir »Stéorogyl 15«, Tropfen, die angeblich halfen, bei mir aber wirkungslos blieben. Es juckte mehr und mehr. Die Fingerhaut sprang an einigen Stellen auf, und es entstanden Risse, die sich immer tiefer ins Fleisch eingruben und deren Ränder abstumpften und sich um eine gelbliche, ein wenig punktierte Fläche öffneten, die allmählich kreisförmig wurde, eine interessante anatomische Entdeckung. Man legte mir Bandagen um, damit ich mich nicht kratze, aber es juckte derart, daß ich die Bandagen wegkratzte, die mir bald aus den Ärmeln hingen und schmutzig an mir herumbaumelten. Der Hunger machte mich taumeln, und zum Sparen strafte man mich immer wieder mit Essensentzug aus irgendeinem Grund, der keiner war. In manchen Kinderanstalten war es in solchen schweren Zeiten eine sehr verbreitete und vorteilhafte Strafe. Ich war »J 3«, also Jüngling dritter Kategorie (die Vierzehn- bis Einundzwanzigjährigen). Wir waren zu 350 gr. Brot pro Tag und zu 90 gr. Fleisch (mit Knochen) und 72 gr. (ohne) pro Woche berechtigt.

Und doch schickte man mich weiter einkaufen, so daß mich eines Tages der Bürgermeister, ein von Vichy abgesetzter Präfekt anhielt, mir die Hand ansah, um zu wissen, was mit mir los war. Er ließ für mich täglich einen halben Liter Milch beschlagnahmen, die man mich ins Dorfteil Le Planellet trinken schickte, bei den Brèches, Bauern, deren neu gestrichener Hof zur Straße lag. Ich fühlte mich da geborgen, zwischen der Standuhr, dem Tisch mit dem karierten Wachstuch und dem Fenster, welches zum Einschnitt des kleinen Bachs hin lag, der wie eine Ritze die Wiesen durchteilte. Es war das schönste Haus im Dorfteil, welches die kurze Hochebene abschloß, die da plötzlich wie eine Insel zwischen den Abhängen des Mont d'Arbois auf der einen Seite und der weiten Leere des Tals auf der anderen zu hängen schien.

Wenn damit aber auch meine Frostbeulen sehr schnell heilten, so verschlimmerte sich mein Bettnässen um so mehr. Ich war über fünfzehn und machte seit einiger Zeit jede Nacht ins Bett. Am Abend trank ich kein Glas Wasser und ging wie ein durstiger Hund lechzend ins Bett, am frühen Morgen wachte ich doch plitschnaß auf. Ich versuchte die Bettücher mit meinem Körper zu trocknen, aber die gelben Ufer überdeckten sich immer deutlicher, es wurde ein richtiger Atlas. Man wechselte mir die Bettücher nicht mehr aus, die eine dunkelbraune Farbe angenommen hatten, die aber am Rand heller wurde. Mein Bett war von den anderen, die der Geruch ekelte, entfernt worden.

Aber zum Glück kam ein kleiner zwölfjähriger Junge dazu, mit strohfleckigem Gesicht. Er war auch Bettnässer. Man tat uns zusammen. Er war ein kleiner, verwirrter, wundervoller Junge, dessen lebhaftes und sofortiges Verstehen alles mitbekam und erriet, ohne je zu urteilen. Augenblicklich verband uns eine grenzenlose, absolute Freundschaft, wir waren wirklich nur eine Seele, und in meinem Leben habe ich nie wieder ein anderes Wesen derart geliebt, wie man in der extremsten Freundschaft, die man wirklich nur in der Kindheit empfindet, lieben kann. Es war eine absolut reine Liebe, ohne jene Verwirrung der Gefühle, wie doch so oft bei Internatsfreundschaften, sie zeigte sich durch ein sofortiges Erkennen der Gedanken des anderen. Es gibt bestimmt parallele Seelen, die aber einzig der Zufall sich begegnen und vereinen läßt.

Er bewohnte ein großes, dunkles Schloß am Rand des Genfersees und lief immer wieder eine große Wiese, die bis zum See reichte, hinunter, er redete von seiner Mutter, die im weißem Kleid Coupé fuhr. Er hieß Jean-Baptiste Costa de Beauregard, die Seinen nannten ihn »Boy«, es ist der liebevollste und großzügigste Kamerad dieser ganzen Internatsjahre gewesen. Seine Schwester Isabella hatte auch unter Fräulein Lucas zu leiden gehabt. Er starb 1946 einen stupiden Tod beim Auseinandernehmen eines vermeintlichen Weckers, an Bord eines englischen abgeschossenen Flugzeugs gefunden, der ihm ins Gesicht explodierte. Daß sein Andenken zumindest auf diesen Seiten erscheine.

Die Matratze unter mir aber verfaulte immer mehr, ihr entströmte ein immer beißenderer Geruch, so daß man mich zwang, das Ganze, Decken inbegriffen, auf den Dachboden zu bringen, damit man *mich* nicht mehr zu riechen brauche, immerhin zwang man mich doch nicht, dort zu schlafen. Man konnte mich auf alle Weisen noch so strafen, es nützte nichts, man stellte mir einen Wecker ans Bett, den ich alle zwei Stunden neu zu stellen hatte, und damit ich nicht störe, ließ man mich im Korridor schlafen, ich machte aber ins Bett vorher oder nachher, es war nichts zu machen. Man hatte mir beibringen wollen, mich zurückzuhalten, indem man mir verbot, während der Unterrichtsstunden aufs Klo zu gehen. Ich wurde bald sechzehn, und trotz aller Anstrengungen, nach einigen

Stunden lief es über, und ich machte mir in die Hosen, es lief über die Bank, und unfehlbar schoß jedesmal mein Banknachbar auf und schrie »Das Schwein« oder »Er hat wieder gepinkelt« oder beides zugleich, was weiß ich!

Man dehnte nun die gewöhnliche Strafe auf die Inkontinenz aus und schickte mich ins Wäldchen hinunter, das dazu Nötige zu präparieren. Man ließ mich öffentlich Menuett tanzen und singen wie noch nie. Jean-Jacques Rousseau hat die Wirkung der Behandlung durch Fräulein Lambercier erzählt*. Mit sechzehn wäre es sonderbar gewesen, so verspätet man sich auch entwickelt haben sollte, nicht in den Zustand eines achtjährigen Knaben, wie bei Rousseau, versetzt zu werden, um so mehr, als sich die Sache immer auf unbekleideter »Erziehungsfläche« abspielte.

So in ziemlich fortgeschrittenem Alter erlebte ich meine allerersten Gefühlsverwirrungen, deren Natur ich aber nicht einmal ahnte. Ich war noch dabei, mir Fragen zu stellen über die Art und Weise, wie Kinder auf die Welt kamen, und ich war weitaus nicht der einzige. Erst nach der Zeit der Befreiung aus der Naziokkupation 1944 fingen die Dinge sich allerdings rasch zu ändern an. Was ich davon behielt, ist, daß so etwas mich in einen außerordentlichen Zustand heftigster Gefühlswallungen brachte, ein Feuer entbrannte in mir, welches mich allen Kummer und Trübsal vergessen ließ, ich konnte das nicht begreifen. Das wunderte mich, da es doch jedesmal mit der Scham und der Strafe in Verbindung stand.

Bei Tisch hörten wir Radio Londres (den französischen freien Sender de Gaulles in London, zwischen 1940 und 1944), dessen Sendungen vielleicht wegen der Höhe, wo wir uns befan-

* Es ist eine der berühmtesten Stellen am Anfang der *Bekenntnisse* von Rousseau.

den, 1224 m ü. d. M., von der deutschen Radiostation kaum überdeckt ankamen. Ich hatte sofort verstanden, daß Pétain ein Verräter war, der sein Vaterland dem Naziabschaum ausgeliefert hatte: das Foto, welches man überall sehen konnte, Pétains und Hitlers Handschlag in Montoire, war für mich Abscheu und Schande, ich wußte, *was* Hitler war, wie kam es, daß jener alte Herr das nicht wußte? Ich war noch mehr erstaunt, als ich erfuhr, er hätte im ersten Weltkrieg einen großen Sieg über die Deutschen davongetragen. Alles, was von Hitler kam, war doch nur Mord und Zerstörung, wie sollten die Franzosen das nicht wissen?

Schon der deutsche Sieg 1940 hatte mich vor den Kopf gestoßen, und seitdem schien es mir, und das bis in die Gesten der Menschen, war dieses Land, von dem ich kaum mehr als jenes einzige Dorf kannte, wie gelähmt, wie erstarrt, wie von einem monströsen Erstaunen befallen, als käme es aus der Verwunderung nicht heraus. Man zwang ihm diesen zittrigen und altersschwachen Greis auf, der dem Barbaren die Hand drückte. Mit dreizehn wußte ich, daß Hitler nichts anderes als ein Krimineller war, ein ganz ordinärer Schwerverbrecher, und jener Mann wußte das nicht, ich schämte mich für ihn. Obgleich ich nur ein Kind war, wußte ich alles vom Nazismus, von den eingetretenen Türen, den verhafteten Menschen, die man auf Lastwagen fortbrachte, die Kinder die man mit Gewehrkolben schlug, nichts als täglicher Schrecken und Entsetzten.

Die deutschen Schilder in den Pariser Straßen sprachen eine Sprache des Todes und des Mordens, und es war meine Muttersprache. Sehr schnell habe ich gewußt, ich erfinde nichts, meine Erinnerung ist da besonders deutlich, daß die Hauptstadt Frankreichs London war, vorläufig, und nicht Vichy, und daß es wahrhaftig Franzosen waren, die da zu Franzosen sprachen (das Radiozeichen der Sendungen aus London war »Franzosen sprechen zu Franzosen«, *Les Français parlent aux Français*). Diese Stimmen, deren Identität wir nicht kannten, die sog ich in mich ein, ich ließ sie in mir hinunter, ohne etwas zu überhören, sie waren es, die mein Französisch noch leichter und geläufiger werden ließen.

Sehr rasch hatte ich von General de Gaulle erfahren, daß es ihn gab. Ich wußte, daß er der wahre Präsident der französischen Regierung war, und 1942 stand es für mich außer Zweifel, daß er mit den Alliierten den Krieg gewinnen und Frankreich befreien würde. In den Stimmen, die in Radio Londres sprachen, lag etwas Rebellisches und Heiteres, ein beruhigender Ton, und sobald ich dann de Gaulle lesen und hören konnte, fiel mir bei ihm auf, was mich einige Jahre später bei den großen Rebellen überhaupt ansprach, die die geheime und nicht geschriebene Geschichte des menschlichen Gewissens geschrieben haben. Als Kind hatte ich immer gewußt, daß Hitler scheitern würde und daß am Ende die Zivilisation (wenn auch vielleicht provisorisch) triumphieren würde.

Ich dachte aber kaum an die Eltern, nach und nach hatte ich vermocht, sie aus meinem Denken zu vertreiben, um nicht vor Heimweh umzukommen. Übrigens hatte ich so viel zu tun, daß ich kaum noch Zeit dazu hatte.

Latein und Französisch nahmen mich voll in Anspruch. Ich war ein sehr schlechter Schüler. Ich traute mich nicht zu verstehen, obgleich ich sehr wohl verstanden hatte, aber daß ich es war, der da verstand, war unmöglich, so konnte ich also nur falsch verstanden haben. Eine Art Metallgitter schnitt mir den Kopf entzwei. Dahinter war alles in Ordnung, davor war es eine Katastrophe. In den Lateinübersetzungen machte ich Fehler über Fehler, überzeugt, daß der Satz, den ich verstanden hatte, doch nur falsch sein konnte, so daß ich ihn tatsächlich falsch schrieb. Man hatte mich so sehr überzeugt, daß ich ein Kretin war, daß ich dessen sicher war und so alles von mir abtat, was nicht zum Kretin gehörte. Ich genoß natürlich solch leckeren Ausnahmezustand.

Im Französischen war es besser, man konnte mir kleinem Ausländer eine ziemlich entwickelte Kenntnis des Französischen nicht absprechen, und so wurde es zum Fach, wo ich am wenigsten Linealschläge auf die Finger bekam. Die literarischen Texte begeisterten mich, ich sah da Menschen aus alten Zeiten erscheinen, die ich reden hörte, sie fuhren in hohen Karrossen unter den herbstlichen Bäumen dahin. Wir lasen sie in einer Leseauswahl, auf dem Buchdeckel stand »Besitz von G. de Gigord« was mich jedesmal in Wut brachte, warum sollte denn dieser unbekannte Herr Besitzer eines Buches sein, das man mir gegeben hatte.

In diesem Lesebuch habe ich Bekanntschaft mit der französischen Literatur gemacht, Mme de Sévigné vor allem, Bossuet, La Bruyère, La Fontaine, Pascal und den Cardinal de Retz. Zu meiner großen Überraschung verstand ich alles, situierte sofort die Autoren und schmeckte die so genau treffenden Worte wie mit der Zunge ab. Ich begriff auf diese Weise Wörter, die ich noch nie gehört hatte und über deren Bedeutung ich mich selten irrte. Ihr Sinn bestätigte sich dann beim weiteren Gebrauch in selben oder anderen Texten.

Zum Glück gab es aber auch Wörter, die mir jahrzehntelang rätselhaft blieben. Einige Wörter wurden mir erst fünfzig Jahre später klar. Die französische Sprache faszinierte mich, die Sätze waren wie transparent und leicht zu übersehen, sie waren weniger gedrängt, wucherten nicht so aus, wie die deutschen. Die Wörter sahen ein wenig rätselhaft aus, man verstand sie erst durch ihre Umgebung, sie waren nicht wie die meisten deutschen zusammengesetzten Wörter, deren Sinn man sofort verstand, bloß wenn man sie anschaute, und die daher sofort all ihre Poesie verloren, sie hatten nicht dieses umhüllte, verborgene Aussehen der französischen Wörter. Jedes von diesen französischen Wörtern hatte dazu auch noch ein eigenes Gewicht, eine Färbung. Man meinte, es wären Menschen, »intrépide« (kühn), »connivence« (Einverständnis), »trouble« (Verwirrung) das eine hatte schnelle Gesten, das andere war flink, das letzte violett. Man konnte deren Bestandteile nicht entziffern, wie in den deutschen Wörtern, die alle eine sonderbar technische Seite hatten, sie waren poetisch und schön unter der Bedingung, nicht zusammengesetzt zu sein oder aus Elementen ähnlicher Natur zu bestehen.

Die Texte der großen Autoren waren evident, so gut geschrieben, daß deren Sinn nicht unverstanden bleiben konnte, und wenn man sie wieder las, begriff man noch mehr, so daß sehr rasch die französische Sprache eine ganze Aufschichtung von Inhalten bekam, die mich immer neu anregte.

Eins der entscheidenden und wirklich erschütternden Erlebnisse, wo man wie vom Blitz getroffen steht, war die Entdeckung, in einem Lesebuch, von Auszügen aus den *Pensées* (Gedanken) von Pascal, gewisse unter ihnen verursachten in mir einen richtigen körperlichen Schock, eine besondere Aufregung und eine Begeisterung, die mir meine Muttersprache nie Gelegenheit zu empfinden gegeben hatte, man hatte sie mir verboten, nichts vielleicht würde sie mir unversehrt zurückschenken.

Jenes Lesebuch enthielt kaum Texte, die nach 1830 entstanden waren. Für das katholische Lehrwesen konzipiert, war es dazu bestimmt, die Schüler vor den sogenannten gefährlichen Lektüren zu schützen. Nichts Geeigneteres, als sie gerade durch solche Drohungen dazu anzuspornen, denn zum Glück entdeckte man in jener Zeit immer das Entsprechende und Verbotene durch die verschiedenen Anspielungen auf das »schädliche Denken«, die schädlichen Bücher oder die schädlichen Autoren. Auf fast jeder Seite warnte man uns vor Voltaire, Diderot oder Rousseau und den Libertins; man stellte uns deren Liste sozusagen auf, alle die Saint-Evremont, Mirabeau oder Laclos, die man auf keinen Fall lesen durfte, die aber um so anregender waren.

Die Kürze, die Präzision des Stils, diese Art und Weise, ins Schwarze zu treffen, das war alledem entgegengesetzt, was ich bis dahin kannte, es war rapide, bissig und flüssig. Durch das Französische erfuhr ich, was Konzentration ist, die man so oft mit Abstraktion verwechselt. Das erinnerte mich an diese japanischen Blumen, die meine Mutter einmal im Waschbecken des Ankleideraums vor mir sich hat aufbauschen lassen.

Die französischen Wörter beeindruckten mich, ich weiß nicht, weshalb, sie sahen aus wie Personen in schon fortgeschrittenem Alter, die viel Erfahrung hatten, viele Menschen kennengelernt und vieles gesehen hatten. Sie hatten alle etwas Erwachsenes und gut Erzogenes, das die deutschen Wörter nicht hatten, die waren unmittelbarer, vierschrötiger, wuchtiger zugleich, die deutschen Worte waren die Dinge selbst, im Französischen waren die Dinge von einer Art *noli me tangere* (faß mich nicht an!) umschleiert, wie auf Distanz.

Und nun war es wie das Einschlagen einer Bombe: die Deutschen waren im Dorf. Die Angst überfiel, übermannte mich. Von nun an würde nichts mehr wie vorher sein. Die vertraute Landschaft, die Abhänge, die Wege hatten sich verschoben, als befänden sie sich woanders.

Man sah Familien in den beschlagnahmten Hotels ankommen, es waren Juden, die auf ihre Deportation warteten. Die meisten kamen aus Nizza, wo sie von den Deutschen zusammengepfercht worden waren bei der Okkupation der »Freien Zone«, die bis 1943 den Italienern unterstand und die dem rassistischen Verbrechen noch nicht ganz verfallen waren. Wegen der Überfüllung der Durchgangslager blieben sie einige Wochen im Dorf, wo sie verlassen und verloren paarweise herum-

irrten und eines Tages verschwanden, so schnell, wie sie angekommen waren; ich sah sie der Reihe nach in einen Lastwagen
steigen, dessen Plane ein wenig zurückgerollt worden war, mit
heruntergelassener Pritschenklappe, ein kleiner untersetzter
Mann im grünen Ledermantel half ihnen hinauf. Sofort erkannte ich einen dieser GESTAPO-Schergen, die ich nie gesehen hatte, aber die man auf den ersten Blick erkannte.

Als ich mit geschultertem Rucksack wieder zum Internat
hinaufstieg, sah ich den Lastwagen sich entfernen, in welchen
ich normalerweise auch hätte einsteigen sollen. Vielleicht saß
das jüdische Kind aus Polen mit den anderen zusammen in
dem Lastwagen. Der Junge hatte einige Tage im Internat verbracht und sprach nur polnisch und jiddisch. Ich war sein
Dolmetscher, da das Jiddische dem Deutschen doch sehr ähnlich ist.

Fräulein Lucas war mit ihm besonders lieb und zuvorkommend, sie versuchte, ihn zum Lächeln zu bringen und ihn zu
verwöhnen. Er nahm durch Zeichnungen, die alle amüsierten,
Kontakt auf. Es galt, ihn in ein Versteck zu bringen. Eines
Tages, als ich brotbeladen die Mont-d'-Arbois-Straße hinauf-
ging, hielten mich zwei Männer an, die mir schnell sagten, sie
wären bereit, den Kleinen zu verstecken, ich sollte es ihm verständlich machen, seine Eltern waren mit den anderen Leuten
im Dorf zwangsweise untergebracht. Ich sagte es der Internatsleiterin, sie konnte aber keinen Kontakt mit diesen Leuten,
die sie nicht kannte, aufnehmen, und das Kind ins Dorf hin-
unterzuschicken bedeutete, es unnütz einer zusätzlichen Gefahr
auszusetzen. Ich weiß nicht genau, was passiert war, aber eines
Morgens war der Knabe nicht mehr da, an diesem Tag, einige
Stunden später, hatte ich den Planwagen vor dem Lebensmit-
telladen Dalloz stehen sehen.

Bald schickte man mich nicht mehr zum Einkaufen in das
Dorf, ich durfte nicht einmal mehr mit den anderen an die fri-

sche Luft. Die Deutschen kamen regelmäßig die Straße des Mont d'Arbois herauf. Ein erster Telefonanruf kam von der Gendarmerie. Der Unteroffizier Marcel Hulot, der die Gendarmerie von Demi-Quartier und Megève befehligte, warnte Fräulein Lucas vor der Ankunft der Deutschen, das Telefon war noch nicht überwacht. Die Deutschen hatten sich über meinen Bruder und mich erkundigt und über Herrn von Versbach, einen österreichischen Widerstandskämpfer, der von der Okkupation des südlichen Teils Frankreichs (der »Zone libre«) überrascht worden war. Man hatte uns denunziert. Er war Englischlehrer im Internat, wo er der Nachfolger seines anderen österreichischen Kollegen, von Frankenstein, wurde, der in den aktiven Widerstand eingetreten war. Nach dem Anschluß hatte Frankenstein sich geweigert, sein Schloß und sein Land den Hitlergangsters ausgeliefert zu sehen. (Sie müssen beide zu den 0,5 Prozent Österreichern gehört haben, die gegen den Anschluß an das Nazireich gestimmt hatten.) Es gab damals in den französischen Alpen, es ist allgemein unbekannt, eine Gruppe österreichischer Widerstandskämpfer der ersten Stunde, die sich geweigert hatten, sich der Nazibarbarei zu unterjochen.

Die Köchin, eine große, knochige und hagere Frau mit trockenen Haaren, sie hieß Frau Cognard, bot sich an, uns unter ihrem Bett zu verstecken. Ihr Zimmer war neben der Küche: »Die Boches«, sagte sie, »sollen mal sehen, was eine echte Französin ist, sie werden es mit mir zu tun haben.« Ich erinnere mich genau an ihre Worte, die mich, ich weiß nicht, warum, wunderten: ich sah mich unter ihrem Bett mit den Stiefelabsätzen in Gesichtshöhe. Die Internatsleiterin, die wahrscheinlich schon Bescheid wußte, zuckte nur die Achseln.

Unter den Schülern der Anstalt befanden sich zwei Brüder, Pierre und Jacques Rédelé, deren Vater eine Großgarage in

Dieppe besaß. Sie stellten sofort ihr Châlet zur Verfügung, das auf der anderen Talseite lag, am Fuß des Jaillet, man hatte wahrscheinlich zu Recht gemeint, die Deutschen würden keine Razzien unternehmen, um nach versteckten Flüchtlingen zu suchen, sie würden in den verschlossenen Châlets damit zu viel Zeit verlieren.

Bei Einbruch der Nacht gingen wir ins Tal hinunter. Während wir die steile Abkürzung gingen, öffnete sich die Wolkendecke und unter dem Vollmond leuchtete das schneebedeckte Tal auf. Es war Anfang November 1943, und es war schon sehr kalt. Soweit irgend jemand von einer Anhöhe herunterblicken konnte, hätte man sich gewundert der kleinen schwarzen Punkte wegen, die sich zu ungelegener Stunde langsam auf der weißen Helle der Talsohle fortbewegten.

Zur Kehrseite des Dorfes gab es Gepolter, Eimer wurden umgekippt, auf den Bürgersteig wurden hohle und sonore Gegenstände geworfen oder fortgeschleppt. Ich stellte mir Menschen vor, die man an den Haaren über die Straße schleifte. Die Angst drückte mir den Magen zu, unter mir schritt es mechanisch weiter und ich oben drauf. Ruhig ragte der Kirchturm seiner eigenen Linie nach empor, die den Schatten von dem monderleuchteten Teil trennte, er verjüngte sich und kurvte um sich selber hinauf, von der einen Zwiebel zur kleineren anderen.

Dann kam Gelächter aus dem Dorf. Lachte man, geschah also nichts. Man hatte umsonst die Flucht ergriffen, umsonst sich geängstigt. Ich schämte mich. Die Talsohle durchgangen, traten wir, einer nach dem anderen, ins kleine Châlet der Rédelés ein und verbrachten die Nacht auf dem Boden sitzend, damit man uns nicht durch die Fenster sah. Am nächsten Morgen erfuhren wir, daß die Deutschen nur durch das Dorf gezogen waren, ohne sich einstweilen niederzulassen.

Alles schien wieder wie sonst, ich ging wieder zum Unterricht, und da die Ereignisse Fräulein Lucas von ihrer Prügellust abgebracht hatten, machte ich rasche Fortschritte, in Latein und Rechnen besonders, eine Woche lang war ich sogar ein hervorragender Schüler. Ich begeisterte mich für die Gleichung der Brüche, die ich augenblicklich kapierte.

Damit war es aber mit meinen mathematischen Kenntnissen ein für alle Male zu Ende. Die Tür öffnete sich, die Direktorin winkte mich mit dem Finger hinaus. Sie hielt mir den offenen Mantel entgegen, ich sah die beiden schwarzen Löcher der Ärmel; »schnell, liebes Kind, sie kommen«; kaum war ich auf dem kleinen Weg, der das Internat mit der Straße verband, als schon die drei Deutschen, die uns abholen kamen, auftauchten.

Ein Offizier zwischen zwei Soldaten, mit auf mich gerichteter Maschinenpistole, zu jeder Seite, mit dem kleinen schwarzen Loch, das auf mich zielte. Was mich wundert, ist die Genauigkeit der Erinnerung, die einem im Körper, in Gesichtshöhe sitzen bleibt. Keine Einzelheit fehlt. Alles ist da, als ob Blätter im Wind, die von Dunkelgelb ins Hellgelb kippen, als ob die Farben vor dem Regen oder der Himmel hinter den Zweigen immer wieder diese Augenblicke der Gefahr hervorholten. Die Gefahr bleibt unter solchen Momenten des Sehens bestehen, immer auf der Lauer, gegenwärtig.

Man schiebt sich nach vorne, die Muskeln arbeiten bestens, man kann sich ihnen überlassen. Das Sonderbarste ist die Miene, die man sich aufsetzt, so als ob man dafür nichts könne, man gar nicht der Betreffende sei und man einfach zum Nachbar hinüberginge, um etwas auszurichten. Man soll hilfsbereit sein. Man ist noch ein Kind, in Pflege, ein wenig beeilen könnte man sich aber immerhin doch. Eine ganze Komödie stellt sich ein, voll Lächeln und Lüge. Was man nicht alles tun würde, um mit dem Leben davonzukommen. Vor allem aber Künstler spielen, bewundern, den Himmel und die Wolken bewundern; blickt er nämlich gen Himmel, so ist er keiner von denen.

Das Eigenartige ist, daß man sich selber feststellen sieht, handeln und kommentieren zugleich, in einer zeitlosen Zeit. Die Angst ist dem Traum sehr nahe, durch jene Überlagerung aller Zeiten in einem so kurzen Augenblick, daß er nicht einmal mehr im Zeitfluß steht.

Nichts Schlimmeres gibt es als die Angst. Der Kummer oder körperliches Leiden sind erträglicher; widerlich und unwiderstehlich zugleich, ist die Angst unter allen Gefühlen das unverzeihlichste und auch das, gegen welches man am wenigsten ankämpfen kann, die Angst laugt einen aus, aber alles, was sie mitgerissen hat, bleibt irgendwo in der Schädeldecke hängen. Die Angst drückt den Körper platt, walzt ihn blattdünn, läßt ihn aber senkrecht stehen, sie höhlt den Rücken aus und lähmt die Glieder.

Alle drei kurvten von der Straße ab, wie eine Tür um ihre Angel, und fingen an, den Weg hinunterzugehen. Einen kaum wahrnehmbaren Augenblick lang schaute der Offizier mich an, blickte weg, die beiden Soldaten schritten kaum merkbar aus, um mich durchzulassen. Die Beine waren mir kürzer geworden, ich ging auf Stümpfen, in Dackelhöhe. Am Wegansatz stand ein Spähwagen der Wehrmacht, und die beiden Soldaten, die da drin saßen, fanden, daß ich schöne blonde Locken hatte und daß es in Savoyen hübsche Knaben gäbe. Ich war so stolz, alles zu verstehen, daß ich mir auf die Lippen beißen mußte, um nicht mit ihnen eine Unterhaltung anzufangen.

Bei Halbbewußtsein stürzte ich ins Gebirge hinauf, keuchend unter dem Regen, der gerade eingesetzt hatte, ein starrer und harter Gebirgsregen. Das habe ich schon alles in früheren Büchern erzählt.

Die Wege, die der Wassersturz ausgewaschen hatte, bildeten

an den Abhängen kleine Schluchten, aus denen die Tannen-stämme ragten auf immer dunklerem Hintergrund. Vor Ent-setzen schreiend – das war ziemlich unvorsichtig trotz des Was-sergeplätschers –, lief ich hinauf und hinab, immer näher zu den Wiesen, oberhalb des Pettoreaux-Weilers, von der Nacht nach unten getrieben. Die Furcht, mich in der Dunkelheit zu verirren und den Deutschen in die Hände zu fallen, engte mich noch mehr ein, mit dem immer schnelleren Einbruch der Finsternis, als ich plötzlich einen älteren Mitschüler erblickte, den die Direktorin mich suchen geschickt hatte: Die Deut-schen waren wieder weggefahren: Man hatte das Motorbrum-men dem ganzen Tal entlang widerhallend sich entfernen ge-hört.

Dieselbe Nacht – mein Bruder war auf einmal wieder auf-getaucht – schickte man uns schlafen, in der Heukrippe des Bauern Socquet, im Weiler Les Pettoreaux. Eine sonderbare Scham hatte bis dahin meinen Bruder gehindert, seine Gefühle auszudrücken; er war von einer unerträglichen Scheu gesperrt, die so mächtig war, daß sie ihm verbat, jegliches Gefühl zu zeigen, welches eine solche Scham hätte verursachen können. Diesmal aber fühlte ich ihn so nahe wie noch nie, sich um mich sorgend, als ob ihn selber nichts bedrohe. Es wurde das einzige Mal, daß wir uns so nahe gekommen waren. Dabei höre ich noch das vielfache Knistern des Strohs an den Stäben der Krippe.

Am nächsten Morgen, als wir unter dem seichten und lauen Atem der Kühe erwachten, im spärlichen Licht, welches vom kleinen Stallfenster kam, stand Fräulein Lucas da. Es war selt-sam, sie so zu erblicken, wie man sie nicht jeden Tag sah, mit-ten in den Kühen, unter der niedrigen Decke. Es sei keine Zeit zu verlieren, sagte sie uns.

Mein Bruder sollte nach Crest-Voland auf der anderen Seite des Tals, man würde ihn mit dem kleinen Holzgas-Lieferwagen bis Flumet fahren, so weit die Straße nicht überwacht sei, von da aus würde er durch den Wald hinaufklettern und sich hüten, auf die gerade angelegte Straße zu stoßen, die besonders überwacht wäre; der Abbé Ravanel, der Dorfpfarrer, würde ihn in der Pfarrei unterbringen, bis er dann, wenn er es wünschte, zu der Widerstandgruppe von Beaufort komme, mit welcher er dann auch kämpfte. Im Juni 1944 ging er zu Fuß durch ganz Frankreich und wurde, wie er es wünschte, in die sogenannte besetzte Zone vermeintlich zurückgeschickt. Es gab noch die sogenannte Demarkationslinie, obgleich jetzt das ganze Land okkupiert war, man hatte geglaubt, er wolle in die Südzone. So konnte er, wie er es wollte, die Frontlinie erreichen und sich als Freiwilliger bei der Zweiten Panzerdivision des General Leclerc melden. Er nahm an den Befreiungskämpfen in der Normandie teil, an der Befreiung von Paris und von Elsaß-Lothringen.

Was mich betraf, ich sollte einfach die Straße zum Planellet hin, gehen, wo mich jeder kannte und ich meine Milch getrunken hatte, von da aus sollte ich über den Glapet-Bach zum Weiler Le Tour und dann nach links, einen großen breiten Sandweg nehmen, den ich oft gesehen, aber nie eingeschlagen hatte. Die Angst, den Bauernhof La Livraz, wo ich mich verstecken sollte, nicht zu erkennen, drückte mir den Magen zu, natürlich fand ich ihn sofort, es war das einizge bewohnte Haus der ganzen Gegend, es stand mitten in einer kleinen Hochebene.

Ich lebte da fast ein Jahr lang, bis zum Débarquement*, zwischen Furcht und Beschäftigungen aller Art. Sofort war ich aber wie zu Hause, ich fühlte mich frei und geborgen, wie sonst noch nie, im niedrigen Stall und in dessen vertrauter und ein wenig schwerer Wärme. Ich dachte ans Internat, aus dem

* Auf deutsch heißt es unverschämterweise »die Invasion«.

ich kam, an Gott, an fromme Lektüren. Das Überraschende war der Unterschied zu dem, was mich umgab, daß alles zugleich existieren konnte. Daß man in einem Stall an alles mögliche denken konnte, erweiterte mir die Welt, ließ sie unendlich werden.

Ich schlief am anderen Ende des Hauses, in einem großen Zimmer voll Schränken, in einem hohen Bett auf einer mit Stroh gefüllten Matratze. Schon am ersten Abend machte ich nicht mehr ins Bett. So tief hatte ich noch nie geschlafen, jeden Morgen das seltsame Aufwachen im jedesmal anderen Licht der Sonne, des leuchtenden Schnees, des Nebels oder des Regens. Der Winter wurde besonders kalt. In der Küche zog ich das Nachthemd an, man öffnete mir alle Türen im eisigen Haus, ich lief ins Zimmer, wo ein heißer Backstein das Bett wärmte, und fiel sofort in den tiefsten Schlaf.

Es wurden 100 damalige französische Francs pro Tag für mich bezahlt*. Schon am ersten Tag versuchte ich, mich nützlich zu machen, und schlug dem Bauern vor, ihm bei der Arbeit zu helfen, er hieß Denis Morand und wollte zuerst nichts davon wissen. Bald jedoch schickte er mich seine fünf Kühe hüten, was mir sehr gut gefiel. Ich war stolz, den seltenen Touristen, die sich so weit ins Hochgebirge verirrten, vorzumachen, daß ich ein Einheimischer sei; der beste Beweis, die Kühe gehorchten mir, und der Hund hörte auf mich. Ich hatte einen Freund, das Pferd Max, welches sich im Stall hinlegte, was Pferde äußerst selten tun, damit ich mich an ihn schmiegen konnte. Ich erzählte ihm meine kleinen Geschichten und bin sicher, daß er mir zuhörte.

Jeden Dienstag, warum am Dienstag eigentlich? kamen die Deutschen ins Hochtal in Zehnergruppen zum Skiüben, sie

* Hundert Francs sind wahrscheinlich ungefähr 10 DM der heutigen Währung (1999).

kamen an der Livraz vorbei, aber immer lösten sich zwei oder drei von der Gruppe und gingen in Richtung des Hauses. Sofort kletterte ich ins Heu durch eine Falltür, die Denis Morand in der Stalldecke eingelassen hatte, zwei Bretter, die man einfach herausnehmen konnte und die zu einer Aushöhlung im riesigen Heuhaufen führten, am Holzgiebel, durch dessen Ritzen ich die Umgebung sehen konnte. Meine Heuhöhle war nicht ganz dunkel.

Ich hörte die Deutschen ihre Skier losschnallen und mit den Stiefeln gegen die Mauer den Schnee abschlagen. Morand führte sie über den Stall meines Freunds Max ins Haus. Sie wollten Eier, Butter, Käse. Frau Morand bediente sie, ohne zu diskutieren, ich hörte die Münzen auf den Tisch kollern, das Knistern des Papiers beim Einwickeln. Sie sollten so schnell wie möglich wieder weg, man durfte aber nicht zeigen, daß man es eilig hatte. Morands spielten ihre Rolle wie vollkommene Schauspieler, dabei setzten sie ihr Leben aufs Spiel. Ich über ihnen im Heu fühlte, wie mir das Herz bis in die Lippen schlug, ich erriet ihre Gesten, vor Angst versteift, zu beiden Seiten des Tisches.

Man konnte nie wissen, ob sie nicht meinetwegen kamen, bei diesem Gedanken schüttelte ich mich vor Scham, wenn sie weg waren, die Lächerlichkeit überwältigte mich. Die Morands waren meinetwegen in Gefahr, ich hätte mich beinahe ausgeliefert, so obszön und albern war es. Eine ganze Familie, die umsonst ausgerottet würde. Ich bog mich beinahe vor Lachen: Ich stellte sie mir vor, verhaftet in Handschellen, und ich hinterher, zwischen zwei deutschen Soldaten.

Es waren zwei Töchter da, Édith und Irène, beide ungefähr in meinem Alter. Da ich nicht einmal ahnte, was man alles mit Mädchen anstellen konnte, benahmen sie sich mit mir, als wäre ich ein lieber vertrauter Hund, der sogar sprechen konnte. Vielleicht waren sie enttäuscht, daß ich so wenig unternehmungslustig war, denn nicht nur war es, als ob ich gar keinen Körper hätte, sondern ich fürchtete mich auch so sehr, daß ich nicht einmal mehr an mir herum»fummelte« und übrigens nicht verstanden hätte, was das mit den Mädchen zu tun gehabt hätte.

Diese Familie lebte völlig unter dem Joch der Furcht vor der Außenwelt. Die Angst vor den Nachbarn und den Deutschen verschärfte nur noch das ständige Denken an Sünde. Im Zusammenleben mit ihnen wurde ich immer frommer und war bereit, mein Leben für die Rettung der Welt zu opfern. Ich fand mich sehr nobel. Ich lebte in der Inbrunst und der Exaltation und wünschte mir den Märtyrertod; meine protestantische Erziehung hinderte mich nicht daran, mich dem Katholizismus zu ergeben, das Credo zu rezitieren und das »Gegrüßet seist du, Maria, voll der Gnade...«

Man käme mich verhaften und sperrte mich in ein Lager, wo ich alle meine Mitgefangenen durch die Kraft meines Glaubens stärken würde: »So jung und schon so weit fortgeschritten in der seelischen Erbauung.«

Ich sah alles überdeutlich, den Drahtverhau um das Lager herum mit dem breiten Rundweg davor, im Hintergrund graue Mauern, es gab aber keinen Stacheldraht. Meine Worte und meine Augen glühten vor vermeintlicher Inbrunst. Ich predigte für die anderen Gefangenen in ihren staubigen Kleidern, und wenn sie meine Worte hörten, vergaß jeder seinen Hunger und sein Elend. Und das Schlimmste, ich schämte mich nicht einmal solcher Träumereien, ganz im Gegenteil, sie entzückten mich und beweisen auf jeden Fall, daß jeder damals von der Deportation wußte, wahrscheinlich ohne von der unvorstellbaren Vernichtung zu wissen. Ich wurde »gesucht«, wie es hieß, und das fand ich sehr interessant, wenn ich nicht vor Angst erstickte und sie mir nicht den Körper zudrückte.

Während der beiden ersten Monate, die ich in der Livraz verbrachte, hatte ich nicht gewußt, daß es hinter dem Hof der

Morands noch weiter im Gebirge einen anderen auch im Winter bewohnten Hof gab. Die Maillet-Contoz bewohnten den »Petit Lay«. Sie waren die einzigen außer den Bauern, die mich aufgenommen hatten, die von meiner Gegenwart wußten. Schon zu Neujahr aber zogen auch sie ins Dorf hinunter, wo sie neben der Kirche eine gemütliche und bequeme Wohnung hatten. Nach der Befreiung habe ich sie da mehrmals besucht.

Eines Abends mit kristallener und klingender Kälte, der Schnee war derart gefroren, daß man beim Gehen kaum den Boden zu berühren schien, gingen wir unter dem hellen Mondlicht den Abend bei ihnen verbringen.

Es war das erste Mal, daß ich an einem Bauernabend teilnahm. Ich wurde mit großer Freundlichkeit aufgenommen. Es wurden Geschichten erzählt, man unterhielt sich, und ich sah keinen Unterschied zu dem, was ich in meiner Kindheit erlebt hatte. Oft, unter besonderer und ganz präziser Form, findet man in der Bauernwelt, jedenfalls im Gebirge, jene zuvorkommende Höflichkeit und jenes Wohlwollen der extremsten Zivilisiertheit. Die gemeinsamen Erinnerungen, der Vetter Siméon, der ein hinkendes Pferd hatte, oder der Mann der Brünetten, die Anekdoten ließen unzählige Leben vor dem inneren Blick entstehen. Jeder erzählte etwas. Man stellte mir keine Fragen; ich war einfach da und fühlte mich geborgen.

Der alte Maillet-Contoz sagte mir, sich an Morand wendend, daß, wenn die Deutschen eines Tages wirklich für mich kommen sollten, es genüge, mich in die Schlucht hinuntergleiten zu lassen, und daß ich mich an den Wurzeln der Tannen festhalten, daß ich nur immer die Füße nach unten halten müßte. Nach ungefähr zwanzig Metern würde ich auf einen ziemlich breiten Weg stoßen, von oben völlig unsichtbar und den niemand kenne. Es mußte in sehr alten Zeiten ein Schmugglerpfad gewesen sein, der von Italien nach Savoyen geführt hatte, über den Bonhommepaß, den Jolypaß bis nach Chambéry. Er wurde von den Hausierern benutzt, wenn sie über Megève kamen, ein seit dem Mittelalter schon ansehnliches Dorf, wo sie auch ihre Waren zollfrei verkaufen konnten. Der Pfad kam unterhalb ihres Hofes vorbei, ich bräuchte dann nur in ihre Scheune hinein, deren Tür immer offenstünde.

Während eines anderen solchen Abends wurde erklärt, ich sei da, um mich »aufzupäppeln«, was niemanden wunderte. Eine Nachbarin erzählte die Geschichte eines Mädchens aus dem Dorfe, das gewettet hatte, des Nachts einen Stock in ein frisch ausgehobenes Grab zu rammen. Als sie nach mehreren Stunden nicht zurück war, ging man sie mit einer Sturmlampe suchen. Der Stock war durch ihr Kleid ins frisch geschaufelte Grab gestoßen. Man vermutete, sie sei hingekniet, um mehr Kraft zu haben, und den Stock durch ihren Rock getrieben, muß sie geglaubt haben, der Tote zöge sie ins Grab hinein und hindere sie am Aufstehen.

Kein Tag, der dem vorigen ähnlich wäre. Das Licht war nie das gleiche. Jeder Tag war anders, einmal putzte man den Stall, schob den Mist in der Rille nach draußen oder verstreute ihn auf die Felder, ein anderes Mal hackte man Holz oder sammelte dürre Äste ein, und jedesmal war es ein neues Abenteuer. Es gab auch die Zornausbrüche des Bauern, die mich um so mehr erschreckten, als das Haus völlig mit Schnee zugeschüttet war und er nicht antworten konnte. Ich stapfte heulend im Schnee herum, im Dunklen. Plötzlich ging dann das Licht über Maxens Stall an, hinter dem dichten Schneegeriesel kaum sichtbar. Der Bauer hatte sich nachher geschämt, schaute niemanden mehr an und ließ den Kopf hängen. Die kleinste Begebenheit bekam sofort etwas Dramatisches, wobei die ganze Existenz mit im Spiel war.

XIII

Die Befreiung

Eines schönen Morgens im Juni 1944, der tellerblaue Himmel, das deutliche Licht die scharfen, hellen Gipfel, die scherenschnittgenauen Tannen. Auf dem Regal ist das Radio an. Der Lautsprecher ist durch eine mit vergoldetem Faden durchzogene Leinwand geschützt, welche leise vibriert, wenn es dahinter Musik gibt. Auf einmal die drei Takte von Radio London. *Les Français parlent aux Français* und die Ankündigung des Débarquement. Es ist der 6. Juni 1944.

Von diesem Augenblick an verwandelt sich die Landschaft in ein Kriegstheater. In jedem Augenblick kann der Krieg hinter der Araviskette hervorbrechen, mit der sinkenden Sonne vermeint man ihn herannahen zu fühlen. Dieser Sieg, den man immer so nahe und sicher gewußt hatte, ist nun hinter dem Krieg verschwunden. Obgleich doch alles den befreienden Ausgang ankündigt, entsteht auf einmal die Angst, er könne verloren werden, wie damals, 1940. Es ist nicht mehr die drückende Enge der Okkupation, es ist etwas anderers, eine alles durchdringende Beklemmung.

Immer öfter war die Rede von Dörfern, die von den Deutschen und von der Miliz niedergebrannt wurden, von der ich zum ersten Mal hörte, was übrigens zeigt, wie geborgen ich bis dahin gelebt hatte. Radio Sottens, der Schweizer Sender französischer Sprache hatte schon seit einigen Monaten die Partei der Alliierten ergriffen, man hatte von diesem Augenblick an gewußt, daß der Sieg nur noch eine Zeitfrage war, und René Payot, der politische Sprecher dieses Senders, redete immer öfter von den Schandtaten der Deutschen in Savoyen und zeigte seine Entrüstung. Einige Schritte von der Schweizer Grenze entfernt hatte man Saint-Gingolph samt seinen Einwohnern niedergebrannt, in der Umgebung von Annecy, Saint-Eustache und Gruffy. Ich hörte aber immer nur Brocken, der Bauer schickte mich jedesmal zu meinem Freund Max, vielleicht damit ich mich nicht sorge.

Eines Morgens, es war in der ersten Junihälfte, kurz nach dem Frühstück, sicher um das Mittagessen zu sparen, sagte mir Denis Morand: »Ich kann dich hier nicht behalten, es ist zu gefährlich. Du mußt sofort weg. Du mußt nach Florimontane zurück.«

Ich hatte nicht gemerkt, wie sehr sich die Furcht in die Seele von Morand eingenistet hatte, die Deutschen, die immer wieder vorbeikamen, von denen man nie wußte, wozu sie kamen, und die neuen Gefahren, die das Débarquement mit sich zog, hatten ihn in ein unwiderstehliches Entsetzen getrieben, und ich verübele es ihm nicht im geringsten. Er hatte überhaupt keinen Grund, die Seinigen der Gefahr auszusetzen, den Tod seiner Frau und seiner Töchter zu riskieren eines völlig unbekannten Kindes wegen, von dem man nicht einmal wissen konnte, ob es größeren Gefahren in seinem Internat ausgesetzt wäre. Er war nichts anderes mehr als Angst, er war derart terrorisiert, daß er nur noch ein hohler Leib war, den die Angst ausgehöhlt hatte.

Ich ging, wie ich gekommen war, in meinem dicken marineblauen Skianzug und langer Unterhose, die mir die Bäuerin geschenkt hatte, und einem abgenutzten Hemd, dessen Ärmel mir bis in die Mitte des Unterarms reichten und dessen Kragen abging, so alt war es. Meine Stiefel gingen noch ungefähr, denn ich hatte die ganze Zeit Holzschuhe getragen, um sie zu schonen.

Ich sagte niemandem auf Wiedersehen, da man mich fortschickte und der Gefahr aussetzte, als hätte ich gestohlen oder sonst etwas verbrochen. Ich ging den Weg in die entgegengesetzte Richtung, es war mir, als müsse ich die Landschaft vor mir zurückschieben. Hinter jedem Baum, jeder Anhöhe oder jedem Bauernhof standen bestimmt Deutsche oder Miliciens versteckt, um mich einzufangen. So unrecht hatte ich nicht einmal, denn die Gestapo und die Miliz waren tatsächlich überall auf der Lauer.

Als ich an der Internatstür klingelte, verlor die Direktorin die Selbstkontrolle: »Ihretwegen wird man uns alle erschießen«, als ob ich daran schuld war, und ich war es in der Tat, da ich da war: »Natürlich sind Sie wieder einmal so unmöglich gewesen, daß man Sie nicht mehr haben will, es ist unerhört.« Ich brach in Tränen aus, und auf einmal kamen mir die Wörter von alleine, Angst und Drangsal »beflügelten« mich, sehr rasch aber war sie überzeugt: Ich konnte nichts dafür, und diese Leute hatten mich fortgeschickt, trotz der Gefahr, der sie mich auslieferten.

Sie ließ mich auf dem Klo warten und hieß die ungefähr zwölf Jünglinge, die bei ihr in Pension waren, unter irgendeinem Vorwand in den Schlafsaal hinaufgehen, damit sie mich nicht zu Gesicht bekämen, und führte mich in ihre Wohnung, die sich durch eine verglaste Schiebetüre auf den Speise- und Studiersaal der Internatsschüler hin öffnete. Wenige Räume, die mir derart vertraut waren, ich war da so oft bestraft worden und hätte gerne hundertmal die Rute gegen die Panik eingetauscht, die wie ein Gewicht auf mir lastete.

Nie hatte ich alle Einzelheiten mit solcher Präzision gesehen, es war, als ob ich alles, was mir unter die Augen kam, zu Hilfe rief, die Bretter der Wände, den Griff des großen Fensters, den Balkon. Vielleicht könnte das Gesicht Fräulein Lucas', dessen kleinste Pore ich sah, mich retten. Wäre sie gerade dabei, mich zu strafen, so wäre alles normal, und ich bräuchte mich nicht zu fürchten. Sie schaute mich aber mit Liebe und

Sorge an, und plötzlich zum Telefon greifend, rief sie das katholische Pfarramt an und bekam zur Antwort: »Fräulein, Sie wissen doch, daß ich an der Seite des Maréchal stehe, für ein erneuertes Europa, welches heute sehr bedroht ist, aber ich rufe meinen Vikar an den Apparat, er gehört der Résistance an und wird den Kleinen verstecken.«

Gegen Mittag rief der Vikar zurück, er hatte mir eine Unterkunft bei einem seiner Kusins gefunden, François Allard, am anderen Ende des Dorfes, durch welches man ganz durch mußte, um hinzukommen. Der Vikar hieß Pater Tissot. Ehemaliger Missionar in China, der sich nach Megève, seinem Geburtsdorf, zurückgezogen hatte.

Mit vor Angst eingedrücktem Bauch und steifem Bein ging ich durch das ganze Dorf und begegnete einer Gruppe deutscher Soldaten. Sie drehten nicht einmal den Kopf nach mir. Ein wenig weiter schaute ich mich um und sah einen von ihnen zu einem Apfelstand gehen, Äpfel waren das einzige, was man noch frei kaufen konnte.

Am andern Abhang des Tals lag der Hof, wo ich mich verstecken sollte: bei François Allard, dem ich postum hier meinen Dank aussprechen möchte. François Allard und seine Frau waren besonders großzügige Menschen, von besonderer Feinfühligkeit. Frau Allard war eine große Frau mit deutlicher Sprache, die mich schon am ersten Tag adoptiert und verstanden hatte. Sie hat mir gezeigt, was Höflichkeit bedeuten kann. Sie hatte zwei Töchter, Carmen und Arlette, die ältere hatte Gelenkrheumatismus und bog sich manchmal vor Schmerzen, und ich werde nie die Tränen der Mutter wegen der Schmerzen ihrer Tochter vergessen. Mit dem Sohn Felix spielte ich kaum, weil ich mich nicht außerhalb des Hauses zeigen durfte.

Die Befreiung erlebte ich in diesem Hof. Die Widerstandskämpfer, unter ihnen viele der letzten Stunde, belagerten den Sitz der Kommandantur, das Châlet »Le Coq de bruyère«. Es passierte am 17. Juni, einige Tage nach meiner Ankunft. Die ganze Nacht wurde geschossen, es war das erstemal, daß ich es hörte, und den Widerhall konnte man der ganzen Glapetschlucht entlang folgen. Einer der Deutschen, die das Châlet okkupierten, wurde getötet, die anderen fuhren am nächsten Morgen in der Frühe unbehelligt mit einem Lastwagen weg ins Tal nach Le Fayet hinunter.

Am Nachmittag, es war ein Sonntag, also der 18. Juni, kamen die Deutschen mit Lastwagen zurück. Diesmal wurde sehr schnell geschossen, es waren Maschinenpistolen. Eine Hälfte der Bevölkerung war bei der Vesperandacht in der Kirche; es war eine Art Dankgottesdienst, aber ein wenig verfrüht. Die Deutschen hatten das Innere des Dorfes umstellt und sich am Eingang der Kirche postiert, deren Portal sie angelweit geöffnet hatten, bereit, auf die Menge zu schießen.

Höchstwahrscheinlich hatten sie wieder einmal die Absicht, ein Oradour-sur-Glane zu veranstalten und das Dorf niederzubrennen, nachdem sie so viele Einwohner wie möglich getötet hätten. Aber einer der deutschen Soldaten, die das Dorf okkupierten, setzte sich für die Einwohner ein, erklärte, daß sie dafür nichts konnten, daß es »Terroristen« gewesen waren. Dieser Soldat, den die Einwohner den »General Schnaps« nannten, wollte dann nach der Gefangenschaft nicht mehr von Megève weg. Der Bürgermeister Charles Feige hatte sich mutig als Geisel gestellt. Wenn ich mich recht erinnere, habe ich von Miliciens nichts gehört, sie mußten im Dorf nicht sehr zahlreich sein. Die eigentliche Befreiung des Dorfes fand am 2. September 1944 statt.

An diesem Tag kam ich auch ins Internat zurück, wo ich nicht besonders freudig aufgenommen wurde. Sofort warf mir die Direktorin sehr liebenswürdig vor, daß ich da war. Nicht ich hätte überleben sollen, meinte sie. Ich war »Vollwaise«, meine

Mutter war 1942 gestorben, mein Vater verschollen. Es wurde nicht mehr für mich bezahlt, und man hatte mir das Leben gerettet: Ich sollte mich mindestens dessen würdig zeigen und hilfsbereit und dienstfertig sein, das war genau meine Absicht. Man würde es sich nicht nehmen lassen, mich wie früher zu strafen, ich war noch nicht zu groß dazu. Die Schmach der Strafe, die ich allzugut kannte, verwirrte mich auf sonderbare Weise, und die Aussicht, vor den anderen wie ein kleiner Junge behandelt zu werden, ließ mich vor perverser und eigenartiger Aufregung erschauern. Ihre Drohung ließ sie mehrmals Wirklichkeit werden, ich sträubte mich nicht, genoß den Schmerz und die Scham und machte daraus einen der Hauptbestandteile meiner Phantasie.

Ich begeisterte mich an den Landschaften, an den über den Bergen ziehenden Wolken, an den Himmelfluchten hoch über dem Tal, welches sich bald weit öffnete und die Umrisse immer weiter entfernterer Berge zeichnete, bald sich zuschloß und immer enger wurde.

Und dann, auf einmal, änderte sich ihre Haltung von Grund auf, ich wurde ihr Vertrauter, sie erzählte mir ihr Leben als kleines Mädchen in der Bretagne. Sie sagte mir auch, daß der Offizier, den ich auf dem Weg gekreuzt hatte, uns tatsächlich hatte abholen wollen, meinen Bruder und mich und Herrn von Versbach dazu.

Nach dem Bericht der Direktorin war der deutsche Offizier durch das Haus gegangen, hatte das aufgedeckte Bett meines Bruders gesehen, der bei seiner Ankunft aus dem Fenster gesprungen war, hätte die Hand hineingelegt und sich in den »Salon« führen und Tee servieren lassen und wäre dann Hakken schlagend weggegangen, wobei er gesagt hätte, daß es gewisse Dinge gibt, die ein deutscher Offizier nicht tut.

Die Cognard, die Köchin, die mich so überzeugend und mit soviel Bereitwilligkeit unter ihrem Bett verstecken und mich mit ihrem Leib schützen wollte, hatte mich, meinen Bruder und Herrn von Versbach für 300 Francs der Zeit durch einen unterschriebenen Brief an die Gestapo denunziert. Man fand ihren handgeschriebenen Denunziationsbrief im Hotel Chantoiseau, einem Wachposten der Deutschen, nach ihrem Abzug wieder.

Die Köchin wurde in den ersten Tagen der Befreiung Megèves verhaftet, also vor meiner Rückkehr ins Internat. Sie wurde in der Gendarmerie eingesperrt. Bei der Gelegenheit erfuhr ich, daß sie unter der Bewachung des Gendarmerie-Unteroffiziers Marcel Hulot stand, der Florimontane angerufen hatte, um vor der Ankunft der Deutschen zu warnen.

Nachdem ich zum Bauernhof La Livraz gegangen war, waren die Deutschen mehrmals wiedergekommen, aber Fräulein Lucas war jedesmal im voraus von dem Gendarmen Hulot unterrichtet worden. Dieser übrigens hatte eine wichtige Rolle im savoyardischen Widerstand gespielt, in dem er die recherchierten Juden oder jungen Leute benachrichtigte und wichtige Aktionen organisierte an der Seite des lokalen Widerstandverantwortlichen Rosenthal, genannt Cantinier.

Auf dem Hochplateau, wo Florimontane stand, hatte man auch einen jungen Menschen verhaftet, Hugo Banfi, Sohn der Köchin des Hotels Beau Site. Er war kein Kollaborateur, aber Italiener. Zum Glück konnte sich Fräulein Lucas sehr rasch entrüsten und bekam ihn sehr schnell wieder frei.

Also, entweder um wichtig zu tun oder von der Scham des Überlebens getrieben, ging ich zur Gendarmerie hinunter, um dem Unteroffizier Hulot zu danken für das, was er für mich getan hatte, und ihm zu sagen, daß, was die Köchin gemacht habe, doch so schlimm nicht gewesen sein könne, da wir alle drei, Herr von Versbach, mein Bruder und ich selbst, am Leben seien. Ich hatte gerade erfahren, daß Herr von Versbach tatsächlich von den Deutschen in Lyon verhaftet worden war, daß man ihn aber nicht erschossen hatte. Zum Tode verurteilt, verbrachte er mehrere Monate im Fort de Monluc. Er war verwundet worden, ins Krankenhaus gebracht, hatte er in den blutbeschmierten Bettüchern eines anderen Gefangenen geschlafen, den man gefoltert hatte. Die Befreiung von Lyon rettete ihn. 1944 schon kam er als Englischlehrer nach Florimontane zurück. Es fiel ihm schwer, sich von alledem, was er gesehen hatte, zu erholen.

In der Gendarmerie schickte man mich weg, sagte, es ginge mich nichts an und ich sollte sofort wieder in den Unterricht zurück.

Die Gendarmen hielten die Köchin mit Handschellen an einen Heizkörper gefesselt in der Erwartung ihrer Abführung nach Annecy, der Präfektur der Haute-Savoie, wo sie vor Gericht gestellt werden sollte. Zwei Tage später gelang es ihr, den Heizkörper von der Wand zu lösen, die Kellertür zu öffnen und durch die Wiesen zu fliehen. Man folgte ihr, am frühen Morgen, auf der Spur, der Heizkörper hatte den Straßenbelag eingeritzt und die Wiesen durchfurcht. Man fand sie mehrere Kilometer weiter, es war ihr gelungen, durch das Tal fast bis nach Praz-sur-Arly, dem nächsten Dorf, zu kommen, mit dem Heizkörper, den sie hinter sich hergeschleppt hatte. Sie wurde auf der Stelle erschossen.

Am selben Tag erfuhr ich den Tod von André Reussner, der vor allem der Freund und Mitschüler meines Bruders gewesen war. Er war ein sehr schöner, begabter und kluger Schüler, der alles konnte; ihm machte man nie Vorwürfe, und er gefiel allen Leuten. Ich bewunderte ihn und hätte alles gegeben, um er zu sein. Er hatte 1942 sein Abitur bestanden und war bereits im Oktober desselben Jahres nach Lyon gegangen, um da sein

Medizinstudium anzufangen. Seine Eltern und er selber waren Schweizer Staatsbürger. Sein Vater war Ingenieur und hatte die Schwebebahn der Aiguille du Midi über Chamonix konzipiert und zu bauen begonnen, seine Mutter betreute das HOTEL CENTRAL, welches heutzutage nicht mehr existiert. Es war das Gebäude neben dem heutigen Kino in der Mitte von Megève.

Er hätte sich auch so gut nicht von der Naziokkupation Frankreichs betroffen fühlen können, aber seine seelische Vornehmheit führte ihn sofort zum Engagement in der Résistance. Bei einer Aktion in einer Straße in Lyon, die scheiterte, wurde er verhaftet, gefoltert und erschossen. In einem seiner Briefe wunderte er sich, daß der menschliche Leib so vieles ertragen konnte. Seinem Vater gelang es, in der Schweizer Botschaft empfangen zu werden, von Darnand, dem Chef der Miliz, einem der schlimmsten Mörder der französischen Geschichte, der als besondere Ausnahme versprach, ihm das Leben zu schenken und ihn sofort hinrichten ließ. Niemals mehr als bei diesem Bericht von Fräulein Lucas schämte ich mich derart meiner Existenz, ich war ein Lebensschmuggler, ein Schwarzfahrer, ich überlebte nutzlos, wo doch André gestorben war. Ich wand mich buchstäblich vor Scham, um so mehr, als sie es sich nicht entgehen ließ, zu bemerken: »André ist tot, und Sie, Sie sind immer noch da«, und doch empfand ich so sehr zugleich den Rausch des Daseins, daß ich bereit war, alles zu ertragen, damit es bloß weitergehe.

Was die Stadt Megève betrifft, so hat sie es nicht für nötig erachtet, sei es nur durch eine Tafel, wenn nicht durch einen Straßennamen, eins ihrer Kinder zu ehren, das sich neunzehnjährig aufgeopfert hat, damit die Stadt wieder frei leben könne.

1997, dank des Museums des *Widerstandes und der Deportation* in Lyon, habe ich Frau Denise Lallich-Domenach treffen können, die Schwester von Jean-Marie Domenach, der lange die

Zeitschrift »ESPRIT«* herausgegeben hat, sie gehörte der Résistance an und hatte André Reussner mit der Gruppe, der sie angehörte, in Verbindung gebracht. Sie schreibt:

André wünschte einen Weg zu finden, um mit der Résistance Kontakt aufnehmen zu können; er vertraute sich Jean Bernardi, seinem Zimmernachbarn, an, mit dem er sich angefreundet hatte. Letzterer bereitete die Agrégation vor, an der Philosophischen Fakultät, wo ich selber studierte, so lernte ich André Reussner kennen.

Jean Bernardi kannte meine Tätigkeit in der Résistance und schlug mir die Begegnung mit André Reussner vor. Es stellte sich sofort eine gegenseitige Sympathie ein. André war sportlich, offen und lächelte immer, er liebte das Leben und strahlte vor Jugendlichkeit und Begeisterung. Ich setzte ihn mit einem Verantwortlichen meiner Widerstandsgruppe in Verbindung und erfuhr wenig später, daß er sich unter dem Namen »Jean-Marie« (warum, weiß ich nicht) in den »Groupes francs« (einer Widerstandsgruppe) engagiert hatte.

Es war dies eine besonders mutige Wahl, weil besonders gefährlich. Diese Jungen waren oft zum Schaden der Polizei bewaffnet und organisierten gegen die Deutschen und die Miliz, was sie »Aktionen« nannten; ich weiß, daß er nacheinander einen Colt, eine STEN-Maschinenpistole und einen 7,65 besaß.

Wir hatten an der Philosophischen Fakultät eine kleine Einheit zur Herstellung falscher Ausweise zusammengestellt, für die verfolgten Juden und Widerstandskämpfer. Die »Groupes francs« versorgten uns mit unbeschriebenen, wirklichen Ausweisen und Lebensmittelkarten, um damit falsche zu machen. Ich weiß, daß sie Aktionen gegen die Standesämter und Lebensmittelbüros der Umgebung von Lyon unternahmen.

André hatte auch bestimmt an anderen Aktionen teilgenommen, aber

* Die Zeitschrift »Esprit« wurde in der Klandestinität gegen die Nazis gegründet, sie wurde sehr schnell das Organ des linken Flügels der demokratisch engagierten Katholiken. Die Zeitschrift hatte eine wichtige Rolle in der Zeit 1955 bis 1970 gespielt.

wir redeten nie eindeutig über unsere Tätigkeit aus Vorsicht im Falle einer Verhaftung.

Ich erinnere mich einer tragikomischen Begebenheit: der Verantwortliche der studentischen Widerstandsgruppe ist verhaftet, verwundet und wird ins Krankenhaus gebracht. Ein Mitglied des Personals bietet sich an, ihm Botschaften und Pakete zu übergeben, aber dazu muß ich ihn zu Hause aufsuchen. Da es sich aber um eine Falle handeln kann, will ich mich zuerst mit André beraten. Dieser arbeitet sofort Pläne aus und möchte, daß wir davon mit Jean Bernardi reden. Zu jener Zeit durften die Mädchen nicht in die Studentenheime. Wir müssen also einen Ausweg finden. Auf dem Boden meiner Eltern nehmen wir einen großen Korbkoffer, in welchem sie mich verstecken, und gehen, ihre schwere Last tragend, hinein. Lange haben wir über die Mine des Wächters gelacht, als er mich hinauslaufen sah, denn es gab auch Augenblicke voll Heiterkeit und ungeteilter Freude, die uns halfen, der Gefahr zu trotzen.

Beide haben mich also begleitet. André mit zerlegter Maschinenpistole (er nannte sie Mimi) in einem kleinen Rucksack postierte sich in der oberen Etage und Jean Bernardi in der unteren mit Andrés Revolver. Nachdem ich geläutet hatte, konnte ich ihn sehr schnell beruhigen, und wir sind fröhlich nach vollbrachter Mission wieder abgezogen.

Im Frühling 44 brachte mir André das Schießen mit einem 6,35 bei, denn wir beabsichtigten, Philippe Henriot, der nach Lyon kommen sollte, zu töten. Die Beseitigung dieses Nazijournalisten war für uns absolut notwendig. Zum Glück führten Pariser Widerstandskämpfer vor uns den Auftrag aus.*

André hatte nach der Verhaftung des Verantwortlichen die Leitung der studentischen Widerstandsgruppe übernommen und wurde sich der Geldsorgen der Résistance bewußt, denn es mußte den Familien, dessen Väter verhaftet waren, geholfen werden sowie den Studenten, die der

* Philippe Henriot war ein berüchtigter Journalist der Collaboration, der jeden Tag im Radio die Naziideologie verbreitete und unterstützte, er wurde 1944 vom französischen Widerstand erschossen.

Arbeitsdeportation nach Deutschland entkommen waren, und denen, die dann gesucht und verfolgt wurden. Vielleicht ist er zu unternehmungslustig gewesen, wir fühlten den Sieg aber so nahe und waren unter Druck, und wir waren jung; ich wurde – er wäre es gewesen – zwanzig nach der Befreiung.

André lebte in der Aktivität und dem Risiko des Augenblicks mit lächelnder, aber resoluter Entschiedenheit, stolz und glücklich, die Naziokkupanten zu bekämpfen. Er hat mir die Erinnerung an seine konstante frohe Laune als Gegensatz zur Tragik der Zeit hinterlassen. Seinen Tod habe ich nicht verwinden können, nicht aus Schuldhaftigkeit, denn ich bin nur ein Bindeglied innerhalb eines Unternehmens gewesen, das er in voller Klarheit ausgesucht hatte, sondern weil der Verlust Andrés der Verlust eines Freundes war, eines jungen Mannes, der anderen Menschen noch so viel zu bieten hatte.

Denise Lallich-Domenach

Hier soll ihre Erzählung mit der des Dr. Charles Socquet vervollständigt werden, der sämtliche Widerstandsgruppen in Megève befehligte, er schreibt:

Er begleitete einen Verbindungsoffizier der Résistance nach Lyon, als sie in einen Hinterhalt der Miliz Darnands gerieten. Nur seinem Mut gehorchend, zog er seine Pistole und schoß auf die Miliciens, die sich daher vom Verbindungsoffizier abwendeten und ihm nachrannten und ihn gefangennahmen. André Reussner wurde verhaftet, gefoltert und am 4. August 1944 erschossen.

Ein katholischer Priester, Pater Vaucanson, stand ihm in seinen letzten Stunden bei, er diktierte Frau Lallich-Domenach seinen Bericht.

Da ich fürchtete, er werde vor das Kriegsgericht gestellt werden, suchte ich ihn in seiner Zelle auf. Er machte mir einen sehr guten Eindruck der

Klugheit, Rechtschaffenheit und des innigen Willens. Er sagte mir, er sei gläubiger Protestant, und da er nicht an den Gottesdiensten seiner Religion teilnehmen könne, käme er brüderlich mit seinen katholischen Kameraden bei der Sonntagsmesse in der Sankt-Paul-Kapelle beten. Einige Tage später wird er von der Miliz abgeführt. Da sie ihn nicht wiederkommen sahen, benachrichtigten mich seine Zellenkameraden, sie glaubten, er wäre hingerichtet worden. Ich versuche mich zu erkundigen, aber meine Untersuchungen führen zu nichts. Endlich, nach einigen Tagen Verhör, wird er zurückgebracht. Diesmal glaubt er, er sei gerettet. Ich sehe ihn oft und versuche, ihm Mut zu machen, sowie seinen jungen Kameraden, unter welchen zwei einige Tage vor ihm erschossen werden. Seine Eltern machen alles nur Mögliche, und seinem Vater wird in Vichy sogar versichert, daß er nicht erschossen wird.

Aber, ach! Freitag, den 4. August, um 3 Uhr nachmittags verurteilt ihn das Kriegsgericht zum Tod. André hört das Urteil, ohne zu zittern. Ich versuche über alle Wege, den Herrn Pastor zu erreichen, ohne daß es mir gelingt, und ich gehe zu ihm. Er schreibt ruhig zwei lange Briefe, drei Seiten, an seine Eltern, kaum zittert seine Hand.

Als er fertig ist, sage ich ihm, ich hätte den Pastor benachrichtigt, aber fürchtete, daß er zu spät kommen werde. Er bittet mich ganz einfach ihm beizustehen. Ich lasse in seiner Zelle sein Neues Testament holen und schlage ihm vor, die Stelle zu lesen, wo Lukas die Verurteilung Christi durch Pilatus erzählt. Es naht aber die Stunde, es muß weggefahren werden zur Festung la Duchère, wo die Hinrichtung stattfinden soll. Beim Aussteigen bittet er noch, mit mir sprechen zu können, das Erschießungskommando läßt uns alleine und folgt einige Schritte hinterher. Während des Ganges zum Pfahl erzählt er mir sein Leben, dann bittet er mich, ihn zu segnen, damit Gott ihm seine Fehler erlasse und seine gläubige Seele gütig empfange. Der Kummer, den sein Tod seinen Eltern verursachen wird, tut ihm leid, aber er bereut nicht, was er getan hat, denn, sagt er mir, es war für Frankreich.

Am Pfahl richtet er sich auf und umarmt mich für seine Mutter, zu der sein letzter Gedanke geht. Dann ruhig, ohne ein Wort und ohne

Großtuerei mit nur dem Bedauern, den baldigen Sieg nicht zu erleben, fällt er von zwölf Kugeln getroffen. Ich helfe seinen blutüberströmten Körper in den Sarg zu legen, und ohne Begleitung und ohne Ehrenbekundung fährt man ihn zum Friedhof de la Guillotère zu seinen Kameraden, die wie er gefallen sind für die Wiederauferstehung Frankreichs.

Megève war nun von Leuten bevölkert, die sich in verschiedenen Châlets versteckt hatten und deren Existenz man nicht einmal geahnt hatte. Die Straße des Dorfes war voll neuer Gesichter, und die Aufseher und »Lehrer« aller Art folgten im Internat aufeinander. Unter ihnen gab es einige Monate lang einen älteren Herrn, der in Stadtanzug, mit Fliege und Regenschirm die steile Abkürzung hinaufkletterte. Er hieß Morgulis und war vor dem Krieg der Generalsekretär der Gesellschaft der Freunde von Alfred de Musset gewesen, was mir sehr imponierte.

Im Collège gab er Literaturstunden für Schlingel, die nie ein Buch aufgemacht hatten und nur Drohung oder Schläge verstanden. Diesem Manne verdanke ich meine ersten Literaturbegeisterungen, die sich natürlich auf Musset konzentrierten, dessen Gedichtzyklus *Die Nächte* ich las, ohne jedoch alles zu verstehen, vor allem aber gefielen mir die Theaterstücke wie *Fantasio, Mit Liebe spielt man nicht* und vor allem *Lorenzaccio.*

Zur gleichen Zeit entdeckte ich die Abbildung des berühmten Gemäldes des Malers Henry Wallès von 1865, »Chattertons Tod« betitelt. Dieser junge liegende Mann mit entblößter Brust, in enger seidener blauer Hose, tot unter seinem kleinen Fenster, rührte mich, ich bildete mir ein, ich sei er. Jedesmal war ich zutiefst verwirrt, wenn ich dieses Gemälde anschaute.

Ich las das gleichnamige Stück von Alfred de Vigny, ohne recht die Intrige zu verstehen, aber natürlich war es das Gedicht »Der Tod des Wolfs« von demselben de Vigny, das mich am meisten begeisterte. Es führte mich zu mir selber, wie viele junge Leute der Zeit, ich identifizierte mich mit dem verwundeten Wolf, der allein im nächtlichen Wald auf den Gnadenschuß wartet. Ich konnte endlich meinen Kummer zusammenfassen und ihm eine Gestalt geben. Es wurde ein wichtiges literarisches Erlebnis, wie es einige Zeit später, ich war schon beinahe achtzehn, die allerdings späte und bewegende Entdeckung des *Der kleine Dingsda* von Alphonse Daudet wurde und viel später noch von *Unterm Rad* von Hermann Hesse, aber in meinem Geschichtsbuch gab es auch die Abbildung eines anderen berühmten Gemäldes aus derselben Zeit: »Der Überbringer schlechter Nachrichten« von Lecomte du Nouÿ, welches, wie man weiß, für die Fantasie von Julien Green zum Lebensstoff wurde. Es warf mich in tiefste Verwirrung, als wäre es ein unaussprechbares Bekenntnis. Man sieht darauf, von hinten, bäuchlings auf dem Boden liegend, einen jungen völlig nackten Sklaven. Dieser Stich beschäftigte mich unaufhörlich, genau wie jener andere Stich aus meinem Lateinbuch, welcher eine Wandmalerei aus Herculanum darstellt: ein junger nackter Schüler, auf dem Rücken eines anderen getragen, bekommt die Rute vom Lehrer, unter einem Säulenportal, in Gegenwart der anderen Schüler und der Passanten. Er hatte sich also vor Schmerz und Scham gewunden, wie ich, und die wiederholte Male empfundene Scham der Rute blieb in ihm ein Merkmal für immer, wie für mich, unvergessen, zeitlebens.

Das Buch aber, welches mich vor den *Bekenntnissen* von Jean-Jacques Rousseau ins Herz des literarischen Abenteuers führte und zu dem, was Besitznahme der Seele durch ein Buch sein kann, das war *Heimatlos* von Hector Malot. Ich identifizierte mich restlos mit dem jungen Waisenkind Rémy, keine andere Erzählung ließ mich so viele Tränen vergießen. Vom selben Verfasser las ich auch *Romain Kalbris*. Gewisse Stellen, wenn der junge Kalbris im selben Zimmer wie sein Malerfreund schläft, beunruhigten mich, als wären sie, ohne daß ich es schon wüßte, Selbstentdeckung. Aber wenige Erzählungen der Zeit stellten so sehr wie der *L'ami Fritz* von Erckmann-Chatrian die Empfindungen in die Landschaften der Phantasie, so daß dieses Buch der Ort aller Hohlwege und Obstgärten, der Kleinstädte mit steilen roten Dächern à la Spitzweg wurde, da gab es aber auch die wunderbare Figur des alten Rabbi*.

Wie viele Schüler meiner Generation entdeckte ich manches durch die kleinen Klassiker Vaubourdolle, dünne kartonierte Hefte, deren Deckel mit Medaillons geschmückt waren, mit den perückierten Porträts der immer ein wenig majestätischen klassischen Schriftsteller. Die Larousse-Heftchen regten mich zum Lesen an, weil sie fett gedruckt waren, was das Lesen erleichterte.

Es waren dünne Bände, die man in die Tasche stecken konnte, und nichts war sonderbarer, als draußen zu sitzen und mitten in der Immensität des Gebirges, im Freien, auf einem kleinen weißen Rechteck voll schwarzem Gekraksel Welten, ganze Erdteile, Epochen, Menschen, ganze Leben vor sich zu haben. Man unternahm weite Reisen, kam in Paläste, man lebte in der Angst, dem Elend oder dem Ruhm oder der Freude, ohne etwas davon zu sehen, ohne daß um einen herum irgend etwas passierte. Ich konnte mich an solcher Sonderbarkeit nicht satt lesen; daß man ganze Epochen, ganze Länder und Abenteuer mit sich in der Tasche tragen konnte! Jeder beliebige Text bekam so im Freien eine besondere Dimension, eine besondere Weitzügigkeit: Chateaubriand, Paul-Louis Courier, der Kardinal de Retz, La Rochefoucauld, La Bru-

* Die ganz kurzen Angaben über die Romane Romain Kalbris und Freund Fritz oder die Schulbücher weiter unten stehen nicht im französischen Original, sie sind aber für den deutschen Leser unerläßlich, um die dann folgende Passage verständlich zu machen.

yère, Mérimée ließen Horizonte entstehen, Orte und Gestalten, die sich mit der mich umgebenden Landschaft verbanden.

Wie jedermann entdeckte ich auch, und empfand es als ein Wunder, den *Robinson Crusoe* und errichtete dessen Welt um mich herum. Ohne daß ich verstünde, warum, konnte ich nicht von der Figur Freitags loskommen, es war wie ein plötzliches Gewitter, eine unglaubliche Kühnheit, ich traute meinen Augen nicht. In aller Unschuld war ich Freitag, und doch wußte ich, ohne zu verstehen, daß ein solcher Wachtraum schuldhaft, verboten war. Es war darin etwas Stärkeres als ich selbst und Unbekanntes, wofür ich nicht einmal Bilder hatte, ich sah nur Väterliches in der Beziehung zwischen Crusoe und dem Jüngling. Und doch wußte ich, daß das Bildnis dieses nackten Jünglings auf seiner Insel mich nun vom Kummer erretten würde. Es würde mir erlauben, aus dem täglichen Mißgeschick meines Internatslebens ein ins Unbekannte reichendes Abenteuer zu machen, es vervollständigte auf seltsame Weise das Bild jener Frau, die mich irgendwo am Zeithorizont erwartete.

So liegt Literatur für mich immer in einer Freiluftatmosphäre, sie hat etwas von den Wind- oder Lichtänderungen des Moments mitbekommen. Nach Stand oder Vorbeiziehen der Wolken ist jeder Text für mich konkret situiert, er hat seine Färbung, seine Atmosphäre, er liegt irgendwie in der Umwelt, die ihn umgibt, wahrscheinlich diejenige des Augenblicks, als ich ihn zu lesen anfing. Jeder Text hat seine Tageszeit, es gibt Texte vom Morgen und Texte vom Nachmittag, helle und dunkle, jeder erscheint wie unter einer eigenen Witterung.

Was mich jedoch am meisten verwirrte, das waren die Jungen meines Alters, die ich in den Romanen auftauchen sah, ich begegnete ihnen übrigens ziemlich selten, Cinq-Mars und de Thou in Alfred de Vignys Roman *Cinq-Mars,* dazu noch in meinem Literaturlesebuch eine Abbildung des Malers Lebrun aus dem 17. Jahrhundert, die den Kanzler Séguier zu Pferd darstellt, von seinen jungen Pagen umgeben, wundervoll gekleidete Jünglinge, deren Blicke sich in Erwartung verlieren, ruhig und bereitwillig. Dann war es der siebzehnjährige Knabe aus *Reise zum Mittelpunkt der Erde* von Jules Verne. Mit ihnen identifizierte ich mich, aber wie es der Brauch der damaligen Zeit war, exaltierte ich mich vor allem beim Lesen und Anschauen der Abenteuer des jungen Prinzen Eric*, dessen immer angebotene Nacktheit mich mit immer neuer Gewalt diejenige meiner Internatsmitschüler entdecken ließ. Das alles verursachte gegenseitige Entdeckungen, die mir den Geist schärften und, anders als man glauben könnte, mir die Ehrfurcht vor den anderen beibrachten. Ich glaube an die Wohltat der Internatslieben, an die gegenseitigen Entdeckungen des Wunderbaren, sie spielen eine entscheidende Rolle in der geistigen Entwicklung der jugendlichen Menschen, insofern die Erwachsenen das nicht zur Macht des Stärkeren über den Schwächeren verkommen lassen.

Aber trotzdem zog es mich nicht zu den Pfadfindern, deren Kollektiv-Betuliches, wenn nicht Verlogen-Denunziatorisches mir zuwider war. Ich war außerstande, mich mit welcher Gruppe es auch sei, zu verschmelzen, und doch reizte mich an der Pfadfinderei die sexuelle Zweideutigkeit, um es gemäßigt auszudrücken. Sowieso gab es nicht das nötige Geld, um mir die Uniform und den Hut zu kaufen.

So lebte ich zwischen Küche und Repetiersaal, zwischen Dienertum und Schülertum, und meine Verwirrung wurde mit der Zeit nur immer größer. Entweder schickte man mich das Geschirr spülen, was ich sehr gerne machte, wegen des

* »Le prince Eric« war ein berühmtes, homosexuell gefärbtes Bilderbuch für französische Pfadfinder aus der Vorkriegszeit.

warmen Wassers im Winter, oder Kartoffeln schälen, die es wieder ausreichend gab. Ich wusch auch die Fliesen mit einem Feudel, und meine Mitschüler betrachteten mich um so mehr als ihren kleinen Diener, als ich ihre Bergstiefel einfetten und wichsen mußte. Ich fraß mich in sie mit den Augen ein, um zu sehen, wie es war, wenn man das Glück hatte, nicht ich zu sein. Sie, sie existierten richtig und irrten sich nicht dabei. Wenn man ihnen Vorwürfe machte, waren es nie die gleichen wie mir. Ich stand im Wege, stand mir selber im Weg. Ich kam mir immer vor die Füße, konnte mich nicht wegbekommen, ich haßte mich immer mehr, um im nächsten Augenblick vor Selbstmitleid zu vergehen. Die Scham aber ließ nicht mehr von mir ab, sie kam mir an jeder Straßenecke entgegen. Man wußte alles über mich, man las in mir wie in einem Buch.

Dienerschaft, ich weiß nicht, warum, exaltierte mich, sie ließ mir eine eigenartige Freiheit; ich war zugleich drinnen und draußen und fand mich sehr interessant auf den Fliesen kniend, Feudel in der Hand, ich stellte mich mir selber als eine Art Märtyrer vor, dessen Größe man später erkennen würde. Zugleich erlaubte mir das sonderbare Komplizenschaften. Von Dienern ist nichts zu fürchten, man weihte mich in Praktiken ein, die ich nicht einmal geahnt hatte und die meine Phantasie galoppieren ließen. Hätte man mich zur Rede gestellt oder auf frischer Tat ertappt, hätte ich aber bis zum Tode verneint, alles bestritten und widerlegt. Ich war mit Hand und Fuß dem unbekennbaren Kindheitslaster verfallen, dem Verbrechen der Verbrechen, weswegen man mich hatte festnehmen wollen, weil ich es »machte«.

Trotz meiner siebzehn Jahre unterwarf ich mich fast wollüstig den regelmäßigen von Fräulein Lucas erteilten Strafen, im Wäldchen nebenan bereitete ich die Instrumente für meine eigene Folter vor, ich entblätterte sie sorgfältig in einem unverständlichen Taumel zwischen Bangigkeit und einer sonderbaren Exaltation im Gedanken an das Ausgezogenwerden, an das Nacktsein und den unerträglichen, brennenden, wirklich unsäglichen Schmerz, der mich erwartete. Zugleich erschien mir das Bild meiner »Erzieherin«, wie Robert Desnos sie beschreibt, als »dunkle, aber schöne Frau, mit ihren an die spitzen Felsen der Küste erinnernden Brüsten, ihren tiefen schwarzen Augen, den schwarzen Locken und diesem Teint, den Sommerpflaumen ähnlich, eine scharfe Peitsche am starken Arm schwingend«,* die mich strafen werde. Ich fühlte dabei mein »Existieren« mit einer besonderen Intensität, und ich war sicher, wie Jean-Jacques Rousseau sagen würde, mich nicht zu *verlieren.*

Zugleich genoß ich im Gegensatz zu meinen Mitschülern während eines guten Teil des Tages eine fast unbegrenzte Freiheit. Da man mich jeden Tag in die Bauernhöfe schickte, Milch für das Internat zu kaufen, hatte ich ganze Stunden, um vor mich hin zu reden und mir große Predigten zu halten oder philosophische Vorlesungen. Ich redete mit den Tannen und den Berggipfeln oder den Kühen, zugleich ergötzte ich mich an allem, was ich sah, blieb lange auf einem Stein sitzen, ohne von der unerhörten Vielfalt des Gleichen genug zu bekommen, die man um so mehr entdeckt, als man länger unbeweglich sitzen bleibt. Auf der gleichen Stelle sitzen bleiben läßt einen die Raumweite und die Fernen, die ihn umgeben, erst wirklich erfahren. Ich hatte mich so allmählich in mir selber eingerichtet und lernte meinen Atem zu regeln und mich einfach existieren zu fühlen. Dasein ist eine unverständliche Gnade, die einem zuteil wird, ohne daß man wüßte, weshalb, ein alltägliches Wunder, welches mich jeden Morgen neu überrascht. Das hinderte mich übrigens nicht, die Sachen meines Bruders bei den

* Robert Desnos »Le pensionnat d'Humming-Bird Garden« in *La Liberté ou l'amour* (Das Mädchenpensionat von Humming-Bird Garden in »Freiheit oder Liebe«).

Bauern gegen Eier einzutauschen, die wir im Schlafsaal auf einem Spirituskocher in Konservendosen brieten, oder gegen Bergkäse, die Tomme, wovon ich eine Hälfte auf einmal verschlang.

Aber Renards Tod machte mir angst, ich kannte ihn, er trieb berucksackt Schwarzmarkt und verkaufte alles, was überhaupt eßbar war, und hatte sich, so munkelte man, ein kleines Vermögen erworben. Eines Nachts war er querfeldein gegangen und in einen Steinbruch gefallen. Man fand ihn erst am nächsten Morgen tot, inmitten einer großen, schon vom Sand aufgesaugten Blutlache, er hatte sich beim Fall die Zunge durchgebissen, ich sah darin ein Zeichen.

Dieser Zustand als Dienerschüler gefiel mir, er kam zu einer immer extravaganteren religiösen »Inbrunst« hinzu. Schon als Kind war ich mit Protestantismus und religiösen Lektüren abgespeist worden, nicht so sehr mit den Evangelien als mit dem Leben Christi für Kinder erzählt. Er war mein großer Freund geworden. dessen Taten und Worte meine Entwicklung sehr beeinflußt haben. Diese Abscheu vor der Gewalt, diese Klugheit der Gefühle, diese Art, immer richtig zu treffen, den Grund der Dinge zu erkennen und durch den Anschein durchzudringen, haben mich damals sehr beeindruckt und meinen Geist orientiert. Was mir besonders gefiel, das war jene Liebe zu den Schwachen und ihre Veredelung.

Es gab in der Bibel rein menschliche Geschichten, kaum von Phantastischem beladen, welches mich außer in den Grimmschen Märchen gleichgültig ließ. In der Geschichte Jesu lagen mir solche Geschichten noch näher. Aus ihm hatte ich sogar meinen großen Bruder gemacht, dem ich alle meine kleinen Unglücke erzählte beim Selbstgespräch in den Bergen. Ich erfand theologische Satzungen über die Dreieinigkeit oder die Transsubstantiation, und die acht Monate, die ich bei Morands verbrachte, hatten mir den Kopf verwirrt.

Ich schwelgte in Berichten über die Marterungen von Missionaren in China, über für ihren Glauben gefolterte Kinder. Die Publikationen, die ich damals las, waren davon voll, im Bauernhof lagen ganze Stöße vom *Pélerin* (der Pilger) und vom *Bulletin des Missionnaires de Notre-Dame de la Sallette.* Hunderte davon habe ich angelesen und angeschaut, nie entgingen mir die Beschreibungen von Folterungen. Ich beneidete die frommen jungen Novizen, die die ganze Zeit die Rute bekamen und Buße ablegten.

Ich las dort auch den *Hinkenden Boten,* einen zugleich konservativen, populären und anarchistischen Kalender Schweizer Herkunft, den es auch deutsch gab, er war mit naiven Holzstichen und farbigen Holzschnitten geschmückt, die Anekdoten illustrierten, wo der Schwache und der Schlaue immer den Brutalen überwältigten. Viele jener kleinen Geschichten waren denen des Till-Eulenspiegel-Zyklus ähnlich, von dem sie wahrscheinlich kamen, vielleicht waren sie aus denselben Quellen gespeist worden wie der badische Dichter Hebel in seinen *Kalendergeschichten.*

Der Hinkende Bote entstammt jedenfalls jener allen Alpenländern gemeinsamen Volkskultur und die zum Teil vielleicht auch von den jüdischen und lombardischen Hausierern übermittelt wurde, die bis 1939 durch ganz Europa gezogen waren. Man nahm darin einen wohltuenden »mauvais esprit« wahr, eine geistige Widerborstigkeit, aber sonderbar pietistisch umwoben. Alle diese Lektüren trugen nicht wenig dazu bei, mich in einen Zustand der Verklärung zu versetzen und eine Verwandlung der Wirklichkeit in Meditationsobjekte geschehen zu lassen.

Die Heiligenleben, die ich las, verwirrten mich aufs äußerste, nicht nur weil ich darin unzählige junge Märtyrer fand, sondern auch so verblüffende Persönlichkeiten wie den Heiligen Benoit Joseph Labre, einen der sonderbarsten Fälle der

Selbstzerstörung und Exaltation des Ich, die es in der Geschichte gegeben hat. Es erschienen darin auch Figuren wie der heilige Vincent de Paul, dessen so einfache und sublime Barmherzigkeit an die des Bischofs Myriel in den *Elenden* von Victor Hugo erinnerte. Die Szene mit den Leuchtern wurde nun ein wesentlicher Raster meiner Phantasie.

Um es gewissen Heiligen nachzutun, denen ich ähnlich zu werden träumte, legte ich mir Steinchen in die Stiefel, schnallte mir den Gürtel so eng, daß ich kaum noch atmen konnte, aber vor allem in der Einsamkeit des kleinen Gehölzes, das unter dem Internat lag, pflückte ich mir Birkenruten und peitschte mich lange mit aller Wucht aus und gewann daraus nicht nur fromme Erbauung, sondern auch eine körperliche Empfindung sondergleichen, über welche ich mir nicht im klaren war, die keinen Namen hatte und welche ich köstlich fand. Ich konnte das am Wochenanfang treiben, denn die Striemen verblaßten sehr rasch, und sollte ich freitags wieder bestraft werden, wie sonst, würde man nichts merken. Und manchmal vertat sich Fräulein Lucas doch, sie schrieb sich die Spuren meiner Handlungen als Verdienst zu und meinte, durch ein solches System würde ich allmählich zur Weisheit gelangen.

Ich lebte in einem Zustand frömmelnden und perversen Wahns, den ich als mystisch deutete. Da ich aber wirklich alles von den Phänomenen der Pubertät ignorierte, und doch war ich schon über siebzehn, verstand ich nicht, was mir so zustieß, und glaubte, die Gnade wohne in mir. Ich wußte nicht, daß jenes Fieber des Körpers allen jungen Leuten meines Alters zu eigen ist, und meinte, ich wäre zum Priestertum bestimmt.

Ich ging zu Pater Tissot ins Pfarrhaus, der mich im Juni 1944 bei seinen Kusins versteckt hatte, um mich bei ihm zu bedanken, und vor lauter übermütiger Schmeichelei sagte ich, mich zum Katholizismus bekehren zu wollen. Ich glaubte oder tat so, als ob ich es glaube, daß die Bekehrung auch die Taufe verlange, was nicht der Fall war, da doch jede christliche Taufe allgemein gültig ist.

Im Internat hatte man in meiner Abwesenheit alle meine kleinen Siebensachen aufbewahrt, alles konnte in einer kleinen Mappe Platz finden, in welcher sich in doppelter Ausfertigung mein Taufschein befand, am 30. Dezember 1928 eigenhändig vom Pastor Fries ausgestellt; ich hütete mich, darauf hinzuweisen. Mich öffentlich taufen zu lassen brachte mich auf den Ehrenplatz und machte mich wichtig.

Statt sich mit dem unteren Teil meiner selbst abzugeben, würde man den oberen segnen. Ich fand mich sehr interessant. Ich suchte um so mehr die Gelegenheit, mich hervorzutun, als ich einem Jesuitenpater gefallen wollte, der aus Lothringen evakuiert worden war und in Megève die Kinderheime und Anstalten des Ortes betreute. Er hieß Abbé Nassoy, und ich verdanke ihm viel Freundschaft und geistiges Erwachen. Er gab mir Charles Péguy zu lesen, und ich ließ mich von den Wogen der Dichtkunst der *Tapisserien* durchdringen und vom sonderbaren Rausch der *Mysterien,* die weite Landschaften in mir entstehen ließen, von leeren Straßen durchzogen. Ich führte Tagebuch und zeigte es ihm jede Woche, und er annotierte es kurz. Auch wenn er nicht Fräulein Lucas ermutigte, mich scharf zu behandeln, meinte er jedoch, es sei für mein Wohlergehen, ich starb vor Scham und exaltierte mich zugleich daran, in einem Zustand der Elation, wie es in der religiösen Sprache heißt, von dem ich nicht abkam und wobei es mir im Schädel galoppierte. Die Gerte oder die Rute auf den entblößten Hintern zu bekommen hat mich in die Wonnen der Schmach gestürzt, in unbeschreibliche Zustände der Erregung versetzt, die ich als »mystische« deutete und deren eigentliche Natur ich kaum vermutete, ich habe mich dadurch in aller Perversität entdeckt, das hat mich aber verwandelt, mir die Dankbarkeit geschenkt, und auch wenn ich dadurch die religiöse Begeisterung verloren habe, habe ich daraus die herrliche Gewißheit der Adoleszenz erworben.

Der Abbé hatte eine Zeitlang geglaubt, ich sei »berufen«, ich glaubte es auch, ich wollte unbedingt Priester werden, besser noch, es wurde beabsichtigt, mich ins Vorseminar nach Thônes zu schicken. Die Idee besetzte mich, ich dachte unentwegt daran, ich wußte, daß die Strafen da besonders streng waren, daß die Peitsche unerbittlich und regelmäßig verabreicht wurde, als Buße. Ich träumte von nichts anderem mehr. Ich sah mich mit gefalteten Händen, kniend, entblößt, im kurzem Hemd, wie ich unter Tränen die exquisite Tortur der wöchentlich applizierten Peitsche empfing, wie es im Vorseminar die Regel war. Es war eine perverse Einbildung, die mich nicht mehr losließ.

Dieser Mann übte auf meine ganze Orientierung einen entscheidenden Einfluß aus, durch ihn lernte ich mich selber zentrieren, eine Einheit des Denkens erwerben, die die Strafe nur deutlicher und präziser werden ließ, und vor allem lernte ich durch ihn auf einem ganz anderem Gebiet, wie sehr das Christentum unverständlich ist, sogar unexistent, ohne sein rein jüdisches Fundament.

Er war es, der mir zeigte, wie sehr das ganze Christentum davon abhing; durch ihn auch erfuhr ich, daß Péguy nicht zufällig Dreyfusard gewesen war und wie die wenigen dreyfusarden Christen das gerettet hatten, was noch von der Christenheit übrig geblieben war vor ihrem Untergang in der Katastrophe der Kollaboration mit den Nazis, die vielleicht ihr endgültiger Todesakt gewesen ist. Man wird nie genügend wiederholen, wie sehr ein Erwachsener eine junge andere Existenz, die auf der Selbstsuche unterwegs ist, bestimmen kann.

Die besondere Rhythmik der Poetik von Charles Péguy ließ mich das »Ozeanische« der französischen Sprache entdecken, das ich auf ähnlich direkte Weise sonst nur bei Victor Hugo empfand, von dem ich nur »Oceano Nox« gelesen hatte und einige Seiten aus den *Elenden;* was aber genügt, um die Stimme eines Werks zu entdecken. Die »Texte«, wie man sie zu dieser Zeit »auswählte«, spielen eine wichtige Rolle in der literarischen Entwicklung eines jungen Lesers, einige Zeilen genügen oft, um vieles, wenn nicht manchmal alles, von einem Autor zu erfassen.

Da man nicht aufhörte, mir Vorwürfe zu machen, hatte ich mir davon eine ganze Liste angefertigt, die ich in mein »Tagebuch« geschrieben hatte, dazu benutzte ich ein schön kartoniertes zweihundert Seiten Heft, beschloß ich, ein Musterknabe zu werden. Nach einer Strafe öffnete ich dem Abbé Nassoy mein Herz, der mir Epiktet und Marcus Aurelius zu lesen gab, die damals sehr Mode waren und recht vorteilhaft Guy de Larigaudie und dessen *Stern über hoher See* (Etoile au grand large) ersetzten, wo man lernte, wie man Kartoffeln schälte als Glaubensbezeugung. Jenes kleine groteske Büchlein war eines der meistgelesenen Pfadfinderbücher zur Zeit der Kollaboration.

Ich hatte auch Gelegenheit, Ernest Psichari zu lesen, *Die Reise des Zenturios,* und dessen Edelmut und moralische Eleganz zu entdecken, die so weit nicht entfernt waren von der rauhen Noblesse eines Charles Péguy. Dadrin steckte der ganze militärische Klimbim, der mir zutiefst zuwider war und mich aber faszinierte, indem er auch an den Edelmut der französischen Résistance erinnerte.

Mit Inbrunst ging ich beichten, ich liebte es, vor diesem berockten Mann hinzuknien, und gerne hätte ich den Kopf auf seinen Schoß gelegt. Es war etwas Zweideutiges sowohl im Geistigen als im Körperlichen in meiner Beziehung zu diesem Priester, um so mehr, als er mir nicht verhehlte, daß das »Fleisch« ihn nicht in Ruhe lasse, aber meinte, es sei eine Probe, eine Versuchung, die der Herr uns auferlegte.

Ich schwelgte im Katholischen, ich las nicht die Texte der Messe oder Marienverehrung, ich erlebte sie, fühlte sie von innen. Ich sah sehr wohl, wie die Heiligkeit »funktionierte«, darin las ich ununterbrochen die Gegenwart der göttlichen Gnade zu jedem Augenblick des Lebens. Ich war sehr stolz, so »fromm« zu sein, und hätte mich gerne mit dem entsprechenden Zubehör versehen: Rosenkranz, Gebetbuch, wenn eine gewisse Scheu mich nicht zurückgehalten hätte vor solcher Schamlosigkeit.

Eine meiner Lieblingslektüren war damals die *Einführung in das devote Leben* von François de Sales, außer der Einfachheit und der Schönheit der Sprache entdeckte ich, wie raffiniert man sich doch mit dem Himmel arrangieren konnte. Aber trotz der einleuchtenden Anziehungskraft und der eigentlich ziemlich großzügigen Gelassenheit des Ganzen bemächtigte sich auf einmal diese Sache meiner, die ich bis dahin nicht deutlich erkannt hatte, mit ungeheurer Wucht. In wenigen Augenblicken trat sie an Stelle meiner bisherigen religiösen Inbrunst. Der Abbé Nassoy war weg, und ich beichtete dem Pater Tissot, was mit mir geschah, der mir in seiner Weisheit einfach diesen unvergeßlichen Rat erteilte: »Wenn es dir passiert, hältst du ihn einfach in ein Glas kaltes Wasser.«

XIV

Das Jahr des Abiturs

Es sollte sich alles ab September 1945 ändern und trotzdem gleich bleiben. Existieren war mir, als wäre mir ein Wunder beschieden; daß ich bei Tisch meinen Platz unter den anderen hatte, wunderte mich. Da ich nichts zum Anziehen hatte, gab man mir die von den anderen Internatsschülern meiner Größe bei der Abfahrt vergessenen Kleidungsstücke, die von den Eltern nicht zurückgefordert wurden. Man schickte mich einkaufen, machte sich Sorgen, wenn ich mich verspätete, und sprach mit mir wie mit jedem anderen.

Wie leicht es war zu existieren, erstaunte mich immer wieder. Es war wie ein Wunder. Es war nicht Dankbarkeit, sondern ich war einfach verblüfft. Ich hatte da alles vor mir, alle Landschaften, Straßen. Ich konnte mir alles in Ruhe anschauen.

Es war, als hätte die Befreiung die Landschaft gelüftet, leicht gemacht, sie aufsteigen lassen. Auf einmal hatte sie sich aus dieser unsichtbaren Finsternis gelöst, die sie die ganzen Jahre der Okkupation überdeckt hatte. Sonderbar war es, die Abhänge, Tannen, Grasdreiecke zwischen zwei Wegen wiederzusehen, die man zuerst unter Furcht und Schrecken entdeckt hatte. Man brauchte sich nun nicht mehr das Schauen für später zu erhoffen, man konnte sich sattsehen und feststellen, wie es ohne Todesangst aussieht.

Meine entfernte und schützende Kusine war noch in der Schweiz. Es gab kurz nach dem Krieg noch Lücken und Mängel in den Verbindungen, und was für sie selbstverständlich war oder belanglos, war es eben nicht für die Direktorin des Internats. Fräulein Lucas war überzeugt, daß sie mich nur aus »Barmherzigkeit« bei sich behielt, sie wollte sich einen zusätzlichen Verdienst zu alldem, was sie schon für mich getan hatte, dazulegen, also schickte sie mich in die Bauernhöfe, um Milch und Käse für das Internat zu kaufen.

Das alles ließ mir merkwürdigerweise Zeit, zu träumen und zu schauen. Wenn man mich ins Dorf einkaufen schickte, blieb ich lange am einzigen Ort der Abkürzung sitzen, wo man mich nicht von oben sehen konnte, um mit den kleinen Schiffen zu spielen, die ich mir aus einem Stück Tannenast mit dem kleinen Klappmesser schnitzte. Es gab da eine flache Stelle, wo der Bach nicht mehr so schäumend rasch herunterströmte. Er bildete eine Art Becken mit winzigen stillen Ausbuchtungen. Ich richtete kleine Häfen ein mit Anlegebrücken, und die Schiffe fuhren auf große Überseereisen. Wenn ich die Straße hochging, legte ich mich im Wald hin, zwischen die Preiselbeerstauden, und stellte mir Pisten im Urwald vor.

Mein Dienstbotenleben dauerte bis zum Sommer 1945, ich trug eine lange Schürze, die mir bis an die Knöchel reichte, und ich aß nicht immer mit allen anderen zusammen. Meine Mitschüler hatten es entweder mit einem von ihnen zu tun oder mit einem jungen Diener, dem sie, doch ein wenig geniert, kaum Befehle zu erteilen sich trauten. Obgleich schon über siebzehn, war ich noch völlig ein Kind, abseits von allem gehalten, ahnte ich vieles, ohne irgend etwas zu wissen. Mein »Temperament«, wie Jean-Jacques Rousseau es nennt, fing kaum an zu gären, ich sah wohl, und hörte auch, was meine Mitschüler darüber sagten, ich verstand alles, fühlte aber noch nichts. Das alles begründende Gewitter stieg kaum auf, im Tiefsten meiner selbst, es kam aber mit um so größerer Gewalt.

Es war eine Welt, in der ich mich allmählich zurechtfand und einrichtete. Vor den Neuen spielte ich mich auf und machte mich wichtig, während ich ihr Gepäck die Straße hinaufschob, ich erzählte, daß ich trotz meines jungen Alters Vize-Direktor sei und schon ein Amt im Internat bekleide.

Die Landschaft meiner Eitelkeiten ist für immer in meinem Gedächtnis fotografiert samt allen Details, und das Dementi am entblößten Hintern zog um so mehr. Es war eine ständige Überspanntheit, bergauf, bergab, von einem Extrem ins andere, ein perverser Austausch zwischen der Heimleiterin und mir, dem die anderen beiwohnten, als wäre es ein Spektakel.

Sie, die älteren Internatsschüler, hatten für mich jene Liebenswürdigkeit, ein wenig hoch zu Roß, mit der man von oben herab vertraute Haustiere behandelt; diejenigen aber, die arrogant waren oder sich für etwas Besseres hielten, traktierte ich mit Fußtritten oder ungeheuren Beschimpfungen, die mir natürlich wiederum Strafe einbrachten. Den anderen aber ging ich dann zur Hand, und sie profitierten im allgemeinen von meiner hochmütigen Unterwerfung, sie nahmen mich auf den Dachboden mit, ich ging ihnen voran, und dort war ich stolz, sie vor Lust zwischen meinen Lippen stöhnen zu hören. Manchmal hatten sie ein schlechtes Gewissen, daß sie sich meiner bedient hatten, und wollten mich bezahlen, dann beschimpfte ich sie, fühlte mich in meiner Würde verletzt und nahm nur, was auf dasselbe herauskam, Tafeln Schokolade oder einen Nachschlag beim Essen an.

Ohne meine intime Beihilfe wäre nichts passiert. Für mich war das eine Art des Wiederauflebens, ich fühlte mich existieren, wie wenn ich mit den kleinen Autos oder meinen Schiffen spielte. Das Leben war, was auf mich zukam, ich hatte kein anderes Bedürfnis, als meinen Körper zu fühlen, und je mehr ich ihn fühlte, um so mehr hatte ich den Beweis meiner Existenz.

Ununterbrochen folgten Aufseher und »Studienlehrer« oder »Oberaufseher« einander. Es gab sie aller Art, aber alle hatten etwas ihnen Gemeinsames, an ihnen war etwas Schmieriges, nicht ganz Deutliches, sie hatten etwas zu verbergen. Ihre Beziehung zu den ihnen anvertrauten Adoleszenten war immer zweideutig: Es gab ganz junge, die ganz besonders zu fürchten waren und bei welchen viele meiner Kameraden ihr Abenteuer suchten. Es gab auch schlecht rasierte, schäbige, ältere Menschen, die immer irgendwie unsauber wirkten und von denen man sich fragte, wie sie es bloß geschafft hatten, so lange zu überleben, da sie in ihrem Alter immer noch nur Aufseher in Kinderheimen waren.

Dann gab es Abbés, die unter dem Vorwand der Beichte uns auf ihre Zimmer luden und uns über unsere »bösen Gewohnheiten« ausfragten. Während der Beichte wollten sie wissen, wie wir es machten, und wollten es immer genauer haben: ob wir »es« auf dem Rücken liegend oder auf dem Bauch, mit der Hand oder einem Gegenstand (!), ob wir es alleine oder mit einem anderen machten und wie und ob es andere Berührungen als mit der Hand gegeben hätte, jedenfalls genug Fragen, um auch die Phantasie des verspätetsten Jünglings anzuregen.

So lebten wir in einem Zustand immer deutlicherer Erregung. Man war uns überall hinterher; sobald sich einer »zurückziehen« oder »in die Etagen« wollte, tauchte ein Aufseher oder eine Aufseherin, immer irgendwo auf der Lauer, unverzüglich auf. Das hinderte uns nicht daran, uns mit dem einen oder anderen in einer Duschkabine zu verstecken bei drohender Strafe, aber die Sache lohnte es weitaus. In meiner Abwesenheit hatte sich das Zeremoniell noch verbessert, ich sollte es bald zu fühlen bekommen.

Seitdem der Krieg und die Ernährungssorgen Fräulein Lucas nicht mehr völlig in Anspruch nahmen, hatte sie zu ihrer eigentlichen Natur zurückgefunden und kümmerte sich fast ausschließlich um unsere »bösen Gewohnheiten«. Aufseher und Aufseherinnen hatten in dieser Beziehung genaue Anweisungen erhalten, die sie natürlich sehr gerne befolgten. Man wird nie genug betonen können, wie sehr zu jener Zeit die fast einzige Besorgnis der Erwachsenen, die Kinder zu betreuen hatten, die Repression der Sexualität war und die obsessionelle Bekämpfung der Onanie oder der gegenseitigen Befriedigung. Es ging so weit, daß man uns unter Drohung von Essensentzug oder der Rute oder sonstiger Strafen zwang, am Abhang unter dem Heim den Kopf nach rechts zu wenden, wenn links ein Pferd mit voller Erektion auf der Wiese stand. Man verbot uns im Sommer, die Kragen aufzuknöpfen, weil es unanständig war, aber man zögerte keinen Augenblick, uns für die Strafe nackt auszuziehen. So weit war es mit der Verdrängung gekommen.

Der Schlafsaal war Gegenstand ganz besonderer Überwachung. Nach »Lichterlöschen« taten Aufseher oder Aufseherin so, als ob sie hinausgingen, öffneten und schlossen wieder die Tür, was mich alten Fuchs nicht täuschen konnte. Nach kurzer Zeit konnte man das Hecheln oder das Geflüster einiger unvorsichtiger Knaben hören, und der Aufseher stürzte heran mit gezückter Taschenlampe und beleuchtete die Schuldigen. Diese wurden augenblicklich zur Direktorin geführt und unweigerlich zur Rutenstrafe für den nächsten Tag verurteilt. Sie auch, genau wie ich, mußten ins Wäldchen hinunter, sich die Birkenruten oder Haselgerten vorbereiten. Am Nachmittag dann gegen fünf, sie hatten so den ganzen Tag zur Pflege ihrer Erwartung, wurden sie, immer vor Zeugen, auf den nackten Hintern im Büro der Direktorin bestraft.

Gleich welchen Alters, habe ich niemals einen dieser Adoleszenten gegen die Strafe revoltieren oder sich wehren sehen. Wir fügten uns der Strafe fast mit Eifer, jedenfalls auf sonderbar devote und perverse Weise. Man erlag jedesmal einer Faszination, als ob es um etwas im Tiefsten des eigenen Körpers ginge.

Abends im Schlafsaal zeigte der Bestrafte die Striemen vor, die ihm violett oder karminrot bis über die Schenkel liefen.

Schon am nächsten Morgen waren sie abgeschwächt. Fräulein Lucas schlug nie mit Grausamkeit, sie genoß vielmehr die Nacktheit, die Tränen, wie man sich schämte. Für sie und daher auch für uns war die Ansicht der Nacktheit höchste Lust, der sie sich dazu auch jeden Monat auf andere Weise hingeben konnte. Jeden Monat wurden wir nämlich völlig nackt von einer Aufseherin auf einer Apothekerwaage vor ihr gewogen, die an ihrem Arbeitstisch saß, was ihr verwirrende Ansichten bot, während sie die Gewichtszunahmen aufschrieb. Die Schüler wurden fetter, und das war zur Nachkriegszeit gut für die Werbung.

Bei Tisch hörte sie nicht auf, von dem Mädchenpensionat Sankt Julian in Briec zu erzählen, in der Umgebung von Quimper in der Bretagne, mit allen Einzelheiten über die Strafen, die da verabreicht wurden. Sie erklärte uns das Kartensystem, grüne und rote, je nach den Verfehlungen, die Ende der Woche der Ordensmutter vorgelegt werden mußten, um die Erlaubnis zu bekommen, um seine Strafe zu bitten und das Züchtigungsinstrument sich aussuchen zu dürfen. Da sich solche Berichte immer wiederholten, von vielen Beispielen illustriert, ist es kein Wunder, daß wir von einer ständigen Nervosität ergriffen waren.

Im Oktober 1945 änderte sich plötzlich alles auf einen Schlag. Ich wurde wieder ein Schüler wie alle anderen, man nahm mir die Schürze weg, ich durfte nicht einmal mehr in die Küche hinunter. Fast hätte ich mich heimatlos gefühlt. Man schickte mich nicht einmal mehr Milch holen. Man hatte sich in den Kopf gesetzt, mich auf das Abitur (1. Teil) vorzubereiten* – den kleinen geretteten Flüchtling, den man sogar bis zum Abi-

* In Frankeich besteht das Abitur aus zwei Teilen, im Abstand von einem Jahr, im zweiten wird vor allem Philosophie gelehrt (wurde jedenfalls).

tur bringt –, oder fürchtete man die Rückkehr meiner entfernen Kusine, ich weiß es nicht. Jedenfalls wurde ich von einem Tag auf den anderen sozusagen rehabilitiert. In der Nachkriegszeit fehlte es nicht an Hauspersonal zum Abwaschen, Kartoffelschälen oder zu sonstiger Arbeit; zwei Kriegsgefangene wurden dem Internat zugeteilt, die ich selbst mit der Direktorin in Le Fayet, wo das Kriegsgefangenenlager eingerichtet worden war, abholen ging, ich sollte da dolmetschen.

Zum ersten Mal in meinem Leben sah ich einen französischen Offizier, klein, gewandt, mit einem feinen Schnurrbart, in Khakiuniform, er machte mir Komplimente, das machte mich sehr stolz. Ich sah nur den Eingang des Lagers, dahinter schlenderten graue, verlotterte, unbeschäftigte Männer. Von weitem sah ich große Blonde, bei denen ich mich fragte – da ich sie so sah, wie sie dem Inbild entsprachen, das ich von ihnen hatte –, was sie wohl alles getan hatten, ob sie ein Kind getötet hätten. Einige saßen mit aufgestützten Ellbogen an Tischen und dösten vor sich hin.

Ich war stolz, so gut meine Muttersprache zu sprechen, schämte mich aber, sie vor dem französischen Offizier zu verwenden. Die beiden Kriegsgefangenen fuhren mit uns im Autobus zurück. Sie trauten sich nicht, sich über mein Deutsch zu wundern. Der eine war blond und groß und verheimlichte, was er dachte, er hatte flache, wie eine Militärmütze aufliegende Haare. Er konnte bestimmt schnell, sorgfältig töten, man sah, daß er sich in so etwas auskannte, der andere war klein, älter und Familienvater. Er kam aus Zoppot, einem kleinen Badeort in der Nähe von Gdansk (Danzig), damals eine deutsche Enklave an der polnischen Ostseeküste. Ich brachte nicht den Mut auf, sie über die Vergangenheit auszufragen oder nur über das, was sie gesehen hatten. Sie hätten sowieso gelogen. Man fing gerade an, von dem Entsetzlichen zu wissen, so wie es nicht zur Sprache kommen konnte. Was mich betraf, war ich allzu glücklich, endlich meine Kindheit erleben zu können, als daß ich mir noch weiter Fragen gestellt hätte. Was ich zu verdrängen hatte, war viel zu enorm, um mir dessen wirklich bewußt zu werden.

Seit Oktober 1943 war ich nicht zur Schule gegangen. Ich war bei der Gleichung der Frakturen stehengeblieben und beim Gebrauch des Partizipiums. Auf dem Bauernhof hatte ich nur fromme Zeitschriften lesen können, im Heim zurück, las ich nur Abenteuergeschichten, wie sie mir unter die Hand kamen: James Oliver Curwood, Jack London, Jules Verne und vor allem unzählige Lieferungen einer Kinderillustrierten, SPIROU genannt, in der ich alle Abenteuer des Mandrake verfolgen konnte. Der Comic *Die Familie Illico,* das war meine *Menschliche Komödie,* da lernte ich mehr über die menschliche Psychologie als in den großen Romanen, die ich damals sowieso gar nicht verstanden hätte.

Meine ganze historische und geographische »Bildung« verdanke ich den *Wissen Sie das?* oder den *Onkel Pauls kluge Ecke* der verschiedenen Kindercomics, wo man die Höhe der Berge, die Länge der Ströme oder die Fläche und Einwohnerzahl der Länder erraten mußte. Meine allerersten Aufregungen verdanke ich, wie alle Jünglinge der damaligen Zeit, dem Prinzen Eric, der mich bis ins Tiefste meiner selbst verwirrte und von dem ich mir vorstellte, er verurteile mich zur gewöhnlichen Abstrafung vor aller Augen.

Unfähig, mich lange zu konzentrieren, las ich nur kleine Häppchen hie und da aus den Büchern, die mir aber unendliche Welten öffneten, ich begeisterte mich für die Chronologien der Autoren in den »Kleinen Klassikern«, und alles setzte sich für mich zusammen beim Vergleich der Ereignisse und der Zeiten.

So entdeckte ich Rousseau. Die Direktorin hatte mir mehrmals von ihm erzählt und ganz am Talende das Gebirge über

Les Charmettes gezeigt, wo er seine Adoleszenz im stummen
Liebestaumel verbracht hatte. Ich entdeckte einige Auszüge aus
den *Bekenntnissen* im Lehrbuch eines meiner Mitschüler, der
hierhergekommen war, um, nachdem er zweimal durchgefallen
war, von neuem das Abitur zu versuchen: es war der Bericht
der Flucht, der mit dem wohlbekannten Passus aus dem ersten
Buch anfängt: »So erreichte ich mein sechzehntes Lebensjahr,
unruhig, unzufrieden mit allem und mir, ohne Lust an meinem Zustand, ohne die Freuden meines Alters, von Sehnsüch-
ten durchtrieben, deren Zweck ich nicht kannte, Tränen ver-
gießend ohne Grund zum Weinen, nach etwas stöhnend, ohne
zu wissen, was es war, und endlich meine Chimären liebko-
send im Mangel, etwas um mich herum zu sehen, was ihnen
gleich käme.«

Es war wie ein Donnerschlag, als wäre das Geschriebene
zum lebendigen Körper geworden, als wären jene Zeilen durch
mich hindurch erraten worden, als erkannten sie mich, es hatte
also jemanden gegeben, der im Geheimsten seiner selbst genauso gefühlt hatte wie man selbst, von dem man, durch den
eigenen Körper, erraten konnte, wie er erst selbst gewesen war,
in der Mitte seiner selbst.

Eine Begeisterung erfaßte mich, ein triumphales, noch nie
erlebtes Gefühl der Legitimität. Andere vor mir, und was für
andere, hatten also dieselben Gefühlswallungen wie ich gekannt. Von nun an war alles um mich herum in natürlicher
Ordnung, ich konnte mir nichts mehr vorwerfen, es sei jedoch
mein Überleben, welches mir allerdings als ein schamloser Betrug erschien beim Entdecken der ersten graublauen im Dorf
angeschlagenen Plakate, auf denen bis zum Skelett ausgemer-
gelte Leichen, die mit offenem Mund dalagen, abgebildet waren. Ich mußte mein Überleben unbedingt verheimlichen.
Man durfte nicht wissen, daß es mich gab. Und doch konnte
ich diese Elenden nicht aus den Augen lassen. Ich war es, der

an ihrer Stelle hätte daliegen sollen, und nicht nur hatte ich überlebt, unerwünschterweise, wie Fräulein Lucas es mir so sehr zu Recht vorwarf, sondern war ich ein böser und lasterhafter Knabe und nahm dabei auch noch zu. Bis heute weiß ich nicht, was in mir von der Scham oder dem Gefühl des Betrugs die Oberhand gewonnen hatte.

Nun aber standen *Die Bekenntnisse* auf dem Lehrplan für das Abitur 1946, zusammen mit dem *René* von Chateaubriand. *Les confessions* aber befand sich in Fräulein Lucas' persönlicher Bibliothek. Es war ein 600 Seiten dicker Band. Der Schnitt war an einer Stelle geschwollen. Mehrere Seiten, sagte sie mir, hätte sie mit einer Stecknadel zugeheftet, weil sie nicht für mich seien, ich sei noch nicht reif genug, um sie zu verstehen. Sie bedauere überhaupt, daß man ein solches Buch in aller Hände gebe und daß man daraus sogar ein Thema für das Abitur mache, auf jeden Fall würde sie mich bestrafen, wenn sie mich beim Lesen jener Seiten ertappen würde.

Ich ging in den »Repetiersaal« zurück, und sofort wurde ich wieder von jenem rätselhaften und vertrauten Mitwissen ergriffen, bei jeder Zeile von der genauen und doch nicht festzulegenden Melodie dieses Textes fortgetragen.

Woher kam es denn, daß man sich derart an Ereignisse erinnern konnte, die man nicht erlebt hatte, daß man deren Orte in sich tragen konnte, ohne daß sich im Laufe der Zeit weder ihre Stellungen noch ihre Beleuchtungen änderten. Ich war sicher und bin es noch, daß die Orte in mir so waren, wie Rousseau sie gesehen hatte. Ich hatte in mir ihr Aussehen, ihre Atmosphäre, so wie er sie empfunden hatte.

Und während ich las, sah ich durch das Fenster das Nachbarchâlet, die Straße zum Mont d'Arbois, die riesige grüne Kuppe des Abhangs, hinter der die Wand der Aiguilles Croches senkrecht emporstand und zugleich sah ich auch die Landschaften Rousseaus.

Kaum eine Viertelstunde brauchte ich, um auf jene Seiten zu stoßen, die noch mehr als alle anderen wie extra für mich geschrieben waren: »Da Fräulein Lambercier uns wie eine Mutter liebte, hatte sie auch deren Autorität, die sie manchmal dazu führte, uns die Strafe der Kinder zu erteilen, wenn wir sie verdient hatten.« Man konnte also von dem reden, was man sich selber sogar sonst nie gestanden hätte. Sofort nachher las ich jene Zeilen, vor denen ich aus dem Staunen nicht herauskam und die ich mit der Hand verdeckte, damit man mich sie nicht lesen sah: »Im Schmerz, sogar in der Scham hatte ich eine Beimischung von Sinnlichkeit gefunden, die mir mehr Begierde als Furcht hinterlassen hatte, sie sofort von neuem von derselben Hand zu empfinden.«

Ich war in einem Zustand völliger Verwirrung, das Blut schlug mir in den Schläfen, ich kam kaum noch zu Atem und stand auf und setzte mich wieder, immerfort. Die Tränen traten mir in die Augen, es war eine Befreiung, ich war also nicht der einzige, der sich in jenem überraschenden Zustand befand, ich war also nicht der einzige, der auf sonderbare Weise die Strafe genoß und daraus den Gegenstand seiner Wachträume machte.

Meine Verwirrung war mir bis dahin unverständlich geblieben. Woher kam es denn, daß aus der Strafe soviel Wollust entstand? Woher kam es, daß sie derart sich des Denkens und der Sehnsüchte bemächtigte? Die Wonnen der Nacktheit, des Schmerzes und vor allem der Scham, die mich so sehr exaltierten und die ich nicht einmal mir selber zu gestehen wagte, da waren sie nun auf souveräne und kühne Weise formuliert und allen zur Lektüre geboten, das war das Erstaunlichste, jedermann wußte, jedermann konnte das lesen, und vielleicht empfanden gewisse Leser dieselben sonderbaren, unverständlichen Aufregungen.

Alles stimmte, auch ich »hatte mich vor jeder Unreinheit

bewahrt bis ins Alter, wo die kältesten und verspätetsten Temperamente sich entwickeln«. Ich glaubte genau so wie er, daß die schönen Personen alle lauter Mademoiselle Lambercier waren, in meinem Fall lauter Mademoiselle Lucas, ganz wie Rousseau »hatte ich bis in die Adoleszenz überhaupt keine einzige deutliche Idee der Vereinigung der Geschlechter, nie aber kam in mir eine solche unklare Idee anders auf als ein Bild des Abscheus und des Ekels«.

Der Zufall wollte, daß ich einige Tage später *Kindheit* von Maxim Gorkij entdeckte und mich augenblicklich in Sascha versetzte, ich war er und sah mich meine Hose in Kniehöhe haltend, wie ich zur Bank ging, mich gehorsam bäuchlings darauf legte und nackt festgebunden wurde. Ich stand auf der Höhe einer seltsamen und schon perversen Verwirrung, so sehr, daß ich wenig später glücklich war, unter den Hieben geschrien zu haben.

So stand es mit mir als Siebzehnjährigem, der schon ungefähr wußte, wie die Dinge lagen (ich hatte den Stier bei den Morands erlebt und die Hunde auf den Feldern), aber ich schüttelte mich vor Ekel und Abscheu, wenn ich bloß daran dachte.

Man hätte mich sehr verblüfft, wenn man mir gezeigt hätte, daß meine Emotionen genau gleicher Natur waren, daß ihre Art des Erscheinens nur eine andere war; ich hatte mit Inbrunst gebeichtet, aber nicht nur hatte der Priester nichts von »Sexualität« gesagt, sondern er hatte mir auch keine Körperstrafe auferlegt. Die Religion hatte nichts mehr, was mich noch zurückhalten konnte.

Alles stimmte überein, bis in die Einzelheiten, die »albernen Vorstellungen«, die »unsinnigen Handlungen« waren die gleichen; ich sah mich von allen Frauen, denen ich begegnete, gezüchtigt, köstlich ausgezogen, im kurzen Hemd, hingekniet um die Gunst einer exemplarischen Züchtigung flehend. Ich konnte an keinem Birkenhain oder Haselbusch vorbeikommen, ohne am ganzen Leib zu zittern, ich lebte in einer ununterbrochenen Spannung, die ich mir immer noch als irgendwie religiös-geistlicher Natur deutete, und doch ahnte ich dabei, daß es sich um etwas anderes handeln mußte, ohne wirklich zu wissen, worum. Einige andere Mitschüler, die der gleichen Behandlung unterstanden, wußten es so wenig wie ich.

Ich las und las immer wieder dieselben Stellen aus den *Bekenntnissen,* und wenn ich so bei einem anderen las, wie es in mir am heimlichsten und innigsten war, überkam mich eine nie gekannte Erleichterung. Man sprach davon offen in einem Buch, aus dem man sogar Auszüge für das Abitur lesen mußte. Innerhalb meiner selbst wurde ich von einer unbegrenzten Freude getragen, von einer Begeisterung, die auf alles überging und mich im Inneren meiner selbst befestigte und stützte. Innen und Außen glichen sich aus; alles war nun für mich auf gleicher Ebene, ich hatte nicht mehr das Gefühl, in einen Abgrund zu fallen.

Es dauerte nicht lange, bis ich zum III. Buch kam, zum zugehefteten Teil, welcher nun immer mehr herausstand, wenn man mit dem Finger darüberfuhr. Fast um das Schicksal herauszufordern, aber auch von der Neugier getrieben, zog ich die Stecknadel heraus, ich las und war noch mehr erstaunt und verwundert. »Aus Italien zurückgekommen«, schreibt Rousseau, »hatte ich nicht meine Unbeflecktheit, sondern meine Jungfräulichkeit zurückgebracht, ich hatte das Fortschreiten der Jahre gefühlt, mein unruhiges Temperament hatte sich endlich angekündigt, und sein erster sehr ungewollter Ausbruch hatte mich über meine Gesundheit alarmiert, was besser als alles andere die Unschuld beschreibt, in der ich bis dahin gelebt hatte. Bald beruhigt lernte ich jenen gefährlichen Zusatz kennen, der die Natur übertäuscht. Dieses Laster, welches die Scham und die Schüchternheit so bequem finden, hat dazu noch eine große Anziehungskraft für lebhafte Imaginationen.«

Mit diesem Laster fing ich bald an, die Landschaft um mich herum zu beleben, es überall zu situieren, im dichten Gehölz, in verborgenen Lichtungen in Erwartung der abendlichen Verklärung. Ich hatte allzu große Angst, halbnackt in der Mitte der Natur ertappt zu werden, meiner lächerlichen Infamie ausgeliefert. Ich ergab mich ihrer mit Raffinesse, perfektionierte Riten und Gesten von Abend zu Abend. Das Laster hatte von mir Besitz ergriffen, es begleitete mich überall, kolorierte alles. Es war ein Hochgefühl, das mich nicht mehr verließ, ein Taumel des Körpers, eine ständige Erleuchtung. Nichts Lebhafteres gab es später.

Bevor ich überhaupt Zeit gehabt hätte, meine Überlegungen weiterzuführen, hatte Mademoiselle Lucas gemerkt, daß das Nadelloch sich vergrößert hatte. Von einer sonderbaren Mitwisserschaft getrieben, trug sie einmal mehr zur Errichtung meiner inneren Bilderwelt bei.

Das alles gehörte weder zum Guten noch zum Bösen, sondern einfach zur Lust und Freude oder zur Einwilligung. Ich verstand immer besser, warum die Aufseher oder auch die Direktorin so oft die Decken der Schüler nach Lichterlöschen wegziehen kamen und warum die dabei ertappten Schüler dann so streng bestraft wurden, (ich war nicht der einzige, dem so geschah), sie hatten nämlich das Wunder entdeckt, das ihnen keiner wegnehmen konnte, die höchste Beglückung, ihre eigene Göttlichkeit, die sie nur sich selber verdankten, in deren täglicher Vervollkommung sie sich auskannten, und einige, ich entdeckte es bald, waren darin Meister und kannten sublime Verfeinerungen, die sie zum Glück zu verbreiten wußten.

Die Kinder suchten unaufhörlich nach einem Mittel, einem Ort, wo sie nicht überrascht würden. Was im Spiel war, das war das absolut Verbotene, nichts Schlimmeres konnte nämlich verbrochen werden, alles andere war nur Nebensache. Die

Repression des »Lasters« war die einzige Lust der armen Kerle, die uns überwachten.

Das Kind hat einen einzigen Feind, den »Aufseher«. Es ist ausgeschlossen, daß ein Kind jemals einen Aufseher lieben kann, höchstens kann ein Adoleszent Komplize sein, körperlich vielleicht, aber nie mit der Seele, bloß schon die Stellung als »Aufseher« macht ihm, trotz seiner selbst, eine niederträchtige Seele, man lebt nicht von ungefähr in fettiger Armseligkeit. Der »Aufseher« zwingt dem Kind die moralische Kategorie auf, ihn zu betrügen, ihn kleinzukriegen.

Der Waffenstillstand vom 8. Mai 1945 wurde für mich ein weniger bedeutendes Datum als die Befreiung im September 1944. Es war, als ob der Krieg nicht wirklich zu Ende sei und sich zwischen den Vereingten Staaten und der UdSSR fortsetzen werde. Zu meiner großen Befremdung merkte ich, daß ich recht wenig an meinen Vater gedacht hatte, daß ich mir nicht einmal die Frage gestellt hatte, ob er überhaupt noch am Leben wäre, dagegen aber wußte ich, daß mein Bruder an der Befreiung von Paris teilgenommen hatte und an allen Schlachten in den Vogesen, er wollte in der Armee bleiben. Gerade zu diesem Zeitpunkt kam über das Internationale Rote Kreuz die Nachricht, daß mein Vater lebe, bei guter Gesundheit sei und zu den Seinigen in Norddeutschland zurückgekehrt sei. Ich empfand natürlich eine sehr große Freude, aber auch das Gefühl, daß es mit jener absoluten Freiheit des Waisenkindes, welches sich doch nur sich selber alles verdankt, nun vorbei sei; es war sogar eine Art Enttäuschung, als ob ich nun nicht mehr in aller Unbefangenheit mich den Spielen mit mir selber überlassen könnte, als ob ich von nun an Rechenschaft ablegen müßte. Sehr schnell kamen, auf französisch, die ersten liebevollen und begeisterten Briefe meines Vaters. Ich schickte ihm meine ersten französischen Gedichte und meine Zeichnungen.

Zugleich fühlte ich ein Unwohlsein, ich war nun verpflichtet,
den mir auferlegten Verboten einen moralischen Inhalt zu verleihen, als könnte ich nicht mehr frei über meinen Körper verfügen. Was die Beurteilung meines Betragens betraf, hing ich
von nun an nicht nur von mir alleine ab.

Extra für mich ließ man vom Dorf eine Deutschlehrerin
heraufkommen, aber die man auch Englisch lehren ließ, was
ein Vorteil war, da doch Herr von Versbach, der österreichi-
sche Widerstandskämpfer, zur Zeit in einem Sanatorium war.
Zu meiner großen Überraschung war mir meine Muttersprache völlig vertraut geblieben. Diese Lehrerin hieß Suzanne
Lackner und lebte 1994 noch als Bildhauerin in London*.
Sie war damals ungefähr fünfunddreißig Jahre alt. Lebhaft
und entschlossen, ließ sie mich Texte übersetzen, die in Druk-
kerschwärze auf sehr schlechtes gelbes Papier getippt waren,
welches beim Zusammenfalten brach. Es waren hektogra-
phierte Texte zur Vorbereitung auf die Agrégation für
Deutsch. Ich hatte schon davon gehört als einem berüchtigt
schweren Wettbewerb zur Einstellung der französischen Gymnasiallehrer. Es war, das wußte ich, prestigeträchtig, die »Agré-
gés« waren ein wenig magere, nicht sehr reiche Personen, aber
mit komfortabler Behausung und reich garnierten Bücherschränken. Sie durften in die »palais nationaux« hinein und
konnten sich sogar mit Ministern unterhalten. Sehr oft wurden sie »inspecteurs généraux« (Oberschulräte), dinierten bei
den Oberstudiendirektoren und fuhren erster Klasse. Sie trugen dreiteilige Stadtanzüge und besaßen weiß umgitterte Land-
sitze.

Das Erstaunlichste war, daß man überhaupt noch deutsch
in Frankreich lernte, daß es also Leute gab, die trotz dem, was
passiert war, Texte kannten, aus der Mitte dieser komplizierten

* Anfang 2001 geht es ihr noch bestens.

Welt entstanden, voll Seen, Doppelfenstern und Fahrradklammern.

Diese Texte klangen falsch, prall vor starrer und kalter Sprache, in der sich alles sachlich-anwendbar sagen ließ. Für mich wurde solches Deutschland des Turnens und der Wälder zugleich peinlich und fremd: Nichts daran könnte mich noch wundern. Der Nazismus, ohne daß ich es irgendwie erklären könnte, war davon eine innere, fast leibliche Dimension.

Diese Texte waren alle kompakt, ohne Absätze, gedrängt und voll dichten Denkens, welches übersetzt sich oft als hohl erwies. Damit tat ich gelehrt vor meinen Mitschülern, so als ob ich Griechisch könnte, und gerade das war es, was mich am meisten störte. Ich fühlte dunkel, daß ich endgültig von diesem Wortspeck, von diesen Bücklingen vor jeglichen *Respektpersonen,* wie es doch deutsch auf so bezeichnender Weise heißt, für immer weg mußte, weg von diesen krawattierten Autoritäten, die Podien bestiegen und Reden hielten, um andere in den Tod zu schicken.

Die Panik überkam mich beim Gedanken, ich solle solch ausgeklügelte Elaborate übersetzen, von denen ich nichts verstehen würde. Zu meiner großen Verwunderung fiel mir aber sehr schnell die Art Infantilität dieser im allgemeinen sehr aufgedunsenen Texte auf. Sie waren in meiner Kindheitssprache verfaßt, angeblich von Erwachsenen.

Daß sich Erwachsene französisch ausdrückten in einer Sprache eben für Erwachsene, vornehm und fein geschliffen, das schien mir völlig natürlich, aber auf deutsch konnte man so etwas nicht ernst nehmen; solches Geschriebene war zugleich kompliziert und belanglos, verschroben und einfältig, von dicken Kindern verfaßt, in einer Sprache, welche stets von »hoher Geistigkeit« redete mit dummdreist-verschnörkelten ausdehnbaren Wortklaubereien.

So lernte ich auf einmal alle diese Gundolfs, diese Korffs,

Spenglers und andere solch geschwätzige Einfaltspinsel kennen. Ich stellte sie mir vor mit diesem ihrem Körper, den sie überallhin mitschleppten, mit vor dem Bauch an einer kleinen Silberpinzette hängender Melone, wie es damals in Deutschland Brauch war, oder wie sie in Biergärten saßen, Glas in der Hand, vom Weltuntergang sabbelnd.

Fünfzig Jahre später haben unzählige Lektüren diesen allerersten Eindruck nicht im geringsten Lüge strafen können. Theoretisches auf deutsch formuliert ist, wie dem auch sei, katastrophal. Wie sie auch heißen, es sind alle fürchterliche Schwätzer, unfähig, sich gebunden und geschmeidig auszudrücken. Bereits von dieser Zeit an entstand in mir ein leises Mißtrauen gegenüber deutschsprachiger Intellektualität. Jeder Kommentar, jeglicher Essay oder philosophische Text mit den Ausdrücken aus der Sprache meiner Kindheit hat für mich etwas Spaßiges, Ulkiges, und dazu ist solches Zeug niemals keck, rapide oder ganz einfach hochherzig.

Trotz der Strafen waren die Fortschritte weitaus weniger glänzend, in Latein gegen Null; diese Sprache aber faszinierte mich wegen ihrer kompakten Intelligenz, ihrer Kurzformeln und ihrer Lautmalereien. Schon alleine beim Abschreiben der zum Übersetzen aufgegebenen Texte fühlte man das ehrwürdige Alter der Sprache heraus. Zu dieser Zeit gehörte Latein mehr oder weniger zum Alltag der Schüler und verlieh dem ganzen Lehrstoff eine irgendwie beruhigende Grundlage. Latein ist zutiefst verbunden mit der Aufarbeitung der intellektuellen Landschaften der Adoleszenz, deren Aufwallungen es begleitet. Das Latein ist bestimmt für ganze Generationen ein Hintergrund der Selbstentdeckung, eine Art gemeinsames Gedächtnis.

Aufregung und immer größere Nervosität hinderten mich nicht daran, ganz im Gegenteil, den ersten Teil des Abiturs mit Erfolg zu bestehen. Ein Aufseher gab mir die Dichter zu lesen, die Pierre Seghers in seiner Zeitschrift *Poésie* veröffentlichte*. Ich begeisterte mich für moderne Poesie, die er mich lesen und verstehen lehrte. Aber er weihte mich noch in viel mehr ein, in das Intimste meiner selbst. Er lehrte mich meine Weiblichkeit kennen, und auf einmal war ich mit mir selber versöhnt, meine Wutanfälle hörten von einem Tag auf den anderen auf, und eine große innere Besänftigung kam in mir auf. Die Direktorin merkte es, wunderte sich darüber und machte mir Komplimente, zum Glück versuchte sie nicht hinter die Ursache einer solchen so raschen Wandlung zu kommen. Am Tag meines achtzehnten Geburtstags besaß er mich. Mehrere Monate lang ging ich des Nachts in sein Zimmer und bin nicht der einzige gewesen. Für seine Entlassung im Oktober 1946 bin nicht ich verantwortlich. Ich verdanke ihm intensive Erlebnisse.

Das Abitur wurde die ganz große Sache. Ich lebte da auf meiner Hochgebirgsinsel und wußte nicht wirklich, worum es dabei ging, es beendete jedenfalls meine Kindheit, und ich wußte auch, daß es zwei Stück davon gab und daß das zweite schwieriger war als das erste. Zugleich entdeckte ich, wie auch die »Bildung« dazu da war, diejenigen zu demütigen, welche durch den Zufall der Geburt davon ausgeschlossen waren. Zur Internatsschule kam von außen ein leicht ungeschickter und hochgeschossener junger Bauer. Während einer Repetierstunde fing eine Aufseherin, die weniger von alledem wußte als wir alle zusammen, das Gemälde Watteaus »Die Einschiffung nach Zithera« zu lobpreisen, welches sie, wie wir alle, nur nach der Reproduktion kannte. Später, in einer schriftlichen Arbeit darüber, schrieb der Junge etwas von der »Einschiffung der Zisterne«. Sie bog sich darüber vor Lachen, wozu niemand sie

* Die Zeitschrift *Poésie* erschien sogar zur Zeit der Okkupation und hieß *Poésie 41, 42* usw. Sie war ein Organ des Widerstandes. Als solches wurde sie von der eher schwerfälligen deutschen Zensur meistens übersehen.

überhaupt befugte, wozu nichts niemanden befugt. Seitdem habe ich nicht aufgehört, mich meines Wissens zu schämen. Man weiß doch mit Genugtuung, daß andere nicht wissen. Es war von nun an ein Schatten, der über jeglicher Form von Bildung lag, und ich, ich »kultivierte« mich auch ein wenig, um mehr zu wissen als andere. Zum Glück war ich aber viel zu faul, um das sehr weit zu treiben.

Ich wußte, daß mein Vater die Absicht hatte, nach Grenoble zu ziehen, damit wir, mein Bruder und ich, da unsere Studien fortsetzten. Schon im März 1945 hatte ich über das Rote Kreuz erfahren, daß er Theresienstadt überlebt hatte, wo man Greise, Frauen und Kinder zusammenpferchte, bevor man sie in Auschwitz vernichtete. Er gehörte nach seiner Rückkehr zur Entnazifizierungskommission des Landes Schleswig-Holstein. Er verbrachte seine Zeit mit der Freisetzung aller Mitläufer und kleinen Komparsen der Nazijauche, in der Ansicht, daß, solange man nicht die wirklichen Verbrecher verhafte, es unnütz sei, die kleinen Feiglinge einzusperren. Er schrieb ein fast perfektes, aber sonderbar veraltetes Französisch. Ich las gerne diese kleine rundliche, schwer zu entziffernde Schrift, auf der ich auch wiederum das ganze Gewicht der Zeit lasten fühlte.

1900 war mein Vater schon siebenundzwanzig Jahre alt gewesen, und durch seine Briefe hindurch entdeckte ich das Paris von 1900, das er gekannt hatte, und wovon diese immer noch etwas mitschwingen ließen. Die Idee, daß mein Vater nach Grenoble ziehen und uns zu sich nehmen wollte, störte mich, ohne daß ich genau wußte, warum. Mir war es lieber, in Florimontane zu bleiben. Zum erstenmal wurde ich mir der Kindheit bewußt. Ich konnte mich nun den alltäglichen Entdeckungen überlassen, der Sorglosigkeit, der einfachen Freude des Sehens und des Erfahrens, mich den ersten Aufwallungen des Körpers ergeben, sie immer drängender fühlen und wie sie immer sonderbarere und genauere Bilder ergaben, wo ich immer der Strafe ausgesetzt war.

In der Wegkurve blieb ich stundenlang sitzen und ließ meine Schiffchen schwimmen. Riesige Landschaften breiteten sich am Rand des Baches aus. Der von Tannennadeln bedeckte, vom Gras durchwachsene Boden, das in der Sonne wogte, ergab unzählige Blickfluchten. Neben mir, aus dem Augenwinkel, sah ich die Riemen des Rucksacks und die rundlichen Brote, die ich hinaufbringen sollte.

Und dazu, wenn er so etwas gewußt hätte, hätte er mich sofort aus Florimontane herausgeholt, nun hatte ich aber im Geheimen nur einen Wunsch, dazubleiben, Fräulein Lucas ausgeliefert, um mich an Unterwerfung und Landschaften zu exaltieren, an Nacktsein und belanglosen Begeisterungen. Die Kindheit erwartete mich, eine Kindheit aus Wind, aus Gebirge und Strafen, das aber hätte ich nie zum Ausdruck bringen können. Man hätte sich gewundert, daß ich gerade da bleiben wollte, wo man mich »unglücklich« vermutete.

Wegen der Vorbereitung auf das Abitur ließ man mich gewähren, ich konnte machen, was ich wollte, und verbrachte mehr Zeit mit meinen Wachträumereien als mit dem Nachpauken der Abiturfächer. Nicht so sehr das Abitur beschäftigte meine Gedanken als die Reise, die ich unternehmen würde, zum ersten Mal seit langen Jahren.

Es sollte eine wirkliche Reise werden, mit der Eisenbahn, eine ganze Stunde lang, bis Annecy. Annecy, dieser Name entzückte mich, ein wenig vornehm, und der schön ausklang. Ich war einmal, 1939, hingefahren, ein Ausflug, ich erinnerte mich an den See und die Berge, die bis zum Wasser hinunterreichten, bis zu dieser Fläche, vor welcher man am liebsten die Arme ausgebreitet hätte. Ich war stolz, daß Jean-Jacques Rousseau diesen Stadtnamen in seinen *Bekenntnissen* hatte erscheinen lassen. In eine Stadt zu dürfen, von der ein großer Schriftsteller geschrieben hatte, erhöhte mich in meinen eigenen Augen.

Es war das erste Mal seit Jahren, daß ich eine Stadt mit Straßen, aneinandergereihten Häusern, die einen neben den anderen, mehrere Stockwerke hoch, gesehen hatte. Es wuchsen Bäume auf den Bürgersteigen, man konnte unter einer Blätterdecke doch mitten in der Stadt sein.

Nach der Rückkehr hatte mich die Direktorin noch aufs strengste bestraft, so grotesk es auch erscheinen mag, ich bekam »la fessée et les verges«, wie Robert Desnos es nennt, »Prügel und Rute«, weil ich, ich weiß nicht mehr aus welchem Grund, wieder einmal einen solcher unwiderstehlichen Wutanfälle bekommen und die Decke vom Tisch gerissen hatte, in der Gartenwirtschaft in der Nähe des Champ de Mars von Annecy, und alle in eine peinliche Situation gebracht hatte.

Ich machte die Reise in die umgekehrte Richtung in der erstaunlichen Erwartung dessen, was mir bevorstand: in der Hitze das Warten auf dieses sonderbare Abenteuer des Körpers. Die einspurige Bahn erkletterte langsam den Abhang zwischen Cavillat-les-Fleuries und Saint-Laurent, bevor sie wieder nach La Roche-sur-Foron hinunterfuhr, zwischen den hohen Sommerblumen, gelben, blauen, violetten, und dem wuchernden Gebirgsgras. Die weiten, üppigen Wiesen folgten einander, in voller Blust*, zum Greifen nahe, vom Waldsaum begrenzt, so nahe am Zug, daß das Vorbeifahren die unteren Zweige bewegte.

Schon hörte ich das trockene Holz unter meinen Schritten brechen, während ich die passenden Zweige in Augenhöhe aussuchte, dann gab es das Geräusch der Türen nacheinander,

* Im Originaltext »somptueuses«, wofür es keine entsprechende Übersetzung gibt, »prunkvoll«, was hier fehl am Platz wäre, die Idee ist ja der Reichtum an Blüten und Blumen, wofür gerade das Deutsche »Blust« steht.

um mich herum der Umfang des Zimmers und wie es mir plötzlich so kühl um die nackten Hüften wurde.

Im Zuggang ergriff mich eine Art Exaltation, und zugleich schämte ich mich; an mir alleine lag es, mich nicht weiter so behandeln zu lassen, aber es hielt mich etwas Stärkeres als ich selber war zurück, man hatte mir die Wahl gelassen zwischen Strafe und sofortiger Entlassung, die ich über alles fürchtete. Ich sah mich schon, wie ich da vor meiner leicht verächtlichen und enttäuschten Verwandten postiert stünde.

Es gab aber noch Seltsameres und tiefer in mir unentwegt Sitzendes, worüber ich selber staunte, es war wie ein Abenteuer; es war eine perverse und leidenschaftliche Unterwerfung, die mich festhielt.

Fräulein Jond, eine hochgewachsene Aufseherin mit Haarknoten, nahm an der Veranstaltung teil, ich war achtzehn, und es war nicht das letzte Mal. Da die eine wie die andere in der Sache sehr erfahren waren, profitierten sie von meinem Alter und ließen mich tanzen wie noch nie und um ihre Gnade flehen. Genau wie für die Direktorin war es für sie ein erotischer Spaß, große Adoleszente auszuziehen und zu bestrafen, was für diese die Sache um so verwirrender machte, ohne sie jedoch weniger schmerzhaft oder demütigender werden zu lassen, das gab ihr zusätzlich etwas noch Schmackhafteres. Sie verabreichte die Strafe noch gekonnter, sie verstand es, köstlich schmerzhaft mit der Rute umzugehen.

Es war derart albern und skandalös, daß die Scham mich dazu gerade willig machte, ich wußte sie einmalig; in meinen eigenen Augen machte sie mich unverwechselbar. Die Sitzung wurde allerdings unvergeßlich, und dazu wurde ich zwei Tage lang eingesperrt bei trocken Brot und Wasser und morgens und abends ausgepeitscht. Ich berauschte mich an meinem eigenen Körper.

Zur größten Verwunderung aller und meiner besonders gelang mir der schriftliche Teil des Abiturs, und ich hatte nur noch den mündlichen zu bestehen. Diesmal fuhr ich alleine, nur in Begleitung eines bedeutend älteren Externen, nach Annecy. Ich war ihm anvertraut worden. Er war beinahe schon ein Erwachsener. Als Elsässer war er vor der deutschen Okkupation geflohen und galt als Deserteur, er hatte sich in der Umgebung von Megève versteckt und holte nun sein Abitur nach. Er wohnte mit seiner Mutter, ein wenig abseits von der Straße, die nach Combloux hinunterführte, am Scheitel über der riesigen Ausweitung des Arvetals, das von der Talscharte über Genf bis zum Montblanc auf der anderen Seite reichte.

Er bewohnte ein großes Haus mit einem weiß getünchten Fundament und je einer Linde zu beiden Seiten des Eingangs, genau in der Mitte des Hauses angebracht, es schien wie aus einem Bilderbuch ausgeschnitten: eine kleine Treppe mit vier Stufen führte zur Tür. Es war irgendwie komisch, meinen Mitschüler jene kleine Treppe hochgehen und im Haus verschwinden zu sehen, wie weggeschluckt, während das Haus, sich selber überdachend, so einfach weiter dastand.

Der Autobus fuhr über Faverges, noch nie hatte ich den Berg von dieser Seite gesehen, es war, als stünde er verkehrt herum: schroffe Felsabhänge, über welchen der Himmel stand, dann Wiesen und Obstgärten; von Schatten durchzogenes Grün reichte bis zum See hinunter, der auf einmal dalag. Die von hohen Bäumen gesäumte Avenue d'Albigny führte direkt nach Annecy hinein, welches ich also von der dem Bahnhof entgegengesetzten Seite entdeckte. Man hatte uns wieder im Hotel Carlton untergebracht, wo wir schon für den schriftlichen Teil des Abiturs abgestiegen waren.

Die mündliche Prüfung war schon zu Mittag zu Ende, wo jeder gedacht hatte, es würde den ganzen Tag brauchen. Jacques, mein Begleiter, ließ mich frei, wir würden erst am Abend wieder zusammenkommen. Ich war achtzehn, und es war das erste Mal in meinem Leben, daß ich alleine durch eine Stadt spazieren konnte, und was für eine Stadt: voll Arkaden und Gewölben den Straßen entlang und dann eine Kirche, wie in Florenz mit Marmorfassaden. Ein altes Haus stand bugartig inmitten des Thiou, des Flusses, durch welchen der See sich in den Fier ergoß. Die Gebäude standen wie in Hamburg senkrecht aus dem Wasser heraus. Wind schweifte durch die Straßen. Man war mitten in der Stadt, und doch sah man Gebirge und Wiesen und die große Wasserflucht. Es war hell und deutlich, wie ein Zimmer, und doch war man draußen.

Man hatte mir harte Eier und Fleischbrote zum Mittag mitgegeben, ich suchte mir eine Bank aus, ein wenig außerhalb, im Schatten, ich setzte mich in der Nähe des Friedhofs, den ich dann besichtigen ging; neben einem offenem Grab ein Sarg mit bräunlichen, schwarz angelaufenen, stellenweise aufgeplatzten Brettern, an welchen sich dunkle Öffnungen entlangzogen. Das Entsetzen der Unbeweglichkeit in der Mittagshitze. Dieser Anblick verfolgte mich lange, und daraus entstand mein erstes Sonett, in welchem Fäulnis und Eiter sich in würdevoller Starre drapierten.

In der Stadt zurück, sah ich die Stelle, wo Rousseau Frau von Warens begegnet war, ein geschlossenes Draußenzimmer mitten in der Stadt, vor dem Dom, ein bepflanzter Hof, schrankartig schmal, der auf eine Treppe stieß, als wäre man bei jemandem zu Hause.

Die Stadt mit ihrem baumbepflanzten Vorfeld, dem See entgegen, zeichnete mir die Zukunft vor; die plötzlichen Böen, die ein wenig Sand aufwirbelten, die eisernen Gitter dem Lauf des Thiou entlang, die Stadtbauten, die in der Perspektive alle Augenblicke und alle Horizontlinien der Zukunft enthielten. Die Stadt begeisterte mich, mit jedem Schritt enthielt sie wieder neue Fixpunkte für später, die Licht- und Schattenwechsel, die Richtungen der Straßen, wie sie verliefen und die man später sehen würde, die waren schon alle hier im Gegenwärtigen enthalten.

Auf dem Quai Eustache-Chapuis, neben der Kirche Saint-François, in der niedrigen Auslage einer Buchhandlung, zwischen den broschierten Büchern, deren Seiten man aufschneiden mußte und die alle anders rochen, ein hellblaues gebundenes Buch, ein deutsches Buch, ein Rest der Okkupation. Ich schämte mich, es war *Also sprach Zarathustra* von Nietzsche. Der Buchhändler war fast glücklich, für 50 Francs der damaligen Zeit so etwas loszuwerden: »Was für eine merkwürdige Lektüre für einen jungen Mann nach alledem, was passiert ist«, sagte er mir.

Das Buch brannte mir zwischen den Fingern, für so etwas gab ich das Taschengeld aus, das man mir zum ersten Mal in meinem Leben gegeben hatte, hundert damalige Francs (ungefähr 3 DM). Mir lastete es auf der Brust, als ob ich plötzlich in jene kalte Muskelwelt kippte, die aus starren Nacken mit aufgeschraubten Militärmützen bestand, eine Welt, in der man die Türen mit den Stiefeln einstieß. Mit so einem Buch gelang man ins Massive, in Kolonnaden und Riesenkuben. Ich war meiner selbst noch nicht sicher genug, noch nicht Franzose genug, um das ganz verantworten zu können.

Den Namen Nietzsche kannte ich schon seit je, ich hatte ihn vielleicht bei meinen Eltern gehört. Er trug einen dicken Schnurrbart, ich weiß nicht was zu verbergen. Hinter diesem *Zarathustra* standen für mich eiserne Panzer und Granitmauern. Es war in einer einfachen und präzisen Sprache geschrieben, man wußte sofort, wie so etwas die großen blonden Kerle mit flachem, beim Gehen wippendem Haar ansprechen konnte. Die wußten zu töten, mit einem einzigen Faustschlag, es waren eingeübte Prachtkerle, richtige Könner, die die Babys so schwungvoll gegen die Mauern schleuderten. Ich ahnte nicht, daß ich siebenundzwanzig Jahre später den *Zarathustra* für das französische Taschenbuch übersetzen würde, nun selber auch von der infantilen Poesie des Textes ergriffen und die jeder auch ein wenig in sich beinhaltet. Dieses Deutschland hielt mich noch fest, und nie würde es Frankreich leider (?) gelingen, mich davon loszukoppeln. Es war, als ob es immer feierlich in mir lasten würde, stets auf der Hut, irgendwo in mir.

Das Gußeisengitter, das dem Kai entlanglief, die schwarzen Linien zwischen den Bordsteinen, die Blätter und kleinen Gezweige, die Geräusche, das Plätschern des Wassers, die wenigen Automobile, die vorbeifuhren, das alles gehörte zu mir im Intimsten meiner selbst. Frankreich und dessen Landschaften, wie ich sie erriet, hatten im Inneren meines Körpers Platz genommen. Ich kannte nur Megève, Chamonix, Sallanches und nun Annecy, und doch war alles in mir schon da. Die Landschaften, die ich auf den Fotos oder den Postkarten sah, paßten gut zu dieser Sprache, die ich in mir hatte, im Tiefsten meiner selbst, und die ich wie seit jeher sprach.

Und jetzt, da ich dachte, es nun loszusein, kam dieses Deutschland und sprang mich wieder an, in einem Holzkasten gefunden. Ich konnte nicht, wie die anderen, über Deutschland ruhig von außen urteilen, als Opfer der Okkupation, ich gehörte dazu, ich besaß sogar einen Paß mit dem aufgedruckten deutschen Adler. Die verbrannten Dörfer, das ging mich anders an als die Franzosen um mich herum. Man brauchte sich nur ein wenig über das Geländer zu beugen, ganz am anderen Ende des Sees erhoben sich Berge, an deren Fuß die Deutschen massakriert hatten. Und doch, ich merkte es wohl, war Deutschland, ein wenig wie Frankreich, ein okkupiertes Land gewesen, aber von einer Okkupation aus ihm selber entstanden, in welcher es sich zu erkennen glaubte. Die Okkupanten, intelligente Barbaren, Kopf hoch und steifer Nacken, sichere Leute, die gut arbeiteten, waren dieselben gewesen diesseits und jenseits des Rheins.

Die französische Sprache, so im Einklang mit ihr selbst, so gemacht, daß an ihr alles auf sie selbst abgestimmt war, mit ihren ausgearbeiteten, ausgeklügelten Betonungen, deren Worte durch soviel Sätze gekommen waren und sich sosehr daran angepaßt hatten, diese so erfahrene Sprache, von der ich mich gar nicht erinnerte, sie je gelernt zu haben, hatte also eine andere im Hintergrund. Jene erste Sprache hatte eigentlich die zweite begründet, mittels jener ersten Sprache hatten sich Sehen und Fühlen, Freuden und Kummer ausgedrückt. Nun aber, in Gegenwart des Sees von Annecy, war sie irgendwie fehl am Platze und nahm sich komisch aus, sie paßte nicht zur Landschaft.

Immer wieder kam mir jene Drohung in den Sinn, in den Leib, aus jenen gepflegten Giebeln vielleicht entstanden, aus jenen rechteckigen voneinander entfernten Fenstern und von den braun angezogenen SA-Leuten, die durch die Dorfstraße marschiert waren:

1937, Hoheneichen, mitten auf den Feldern, die grauen Wege in der violetten Heide, sehr weit am Horizont erriet man Hamburg, links und rechts der Föhrenwald, ideale Landschaft zur Errichtung eines Konzentrationslagers, ich erinnere mich, es in jenem Augenblick gedacht zu haben. Überall suchte das Auge die Gegend nach passenden, entlegenen Stellen ab, geeignet für die Errichtung eines Lagers.

Diese Drohung war überall, bis ins Hellgelb der getünchten Häuser. Deutschland, das war kalt und entschlossen, und es war auch aus rotem Backstein wie die Reinbeker Maria-Magdalenen-Kirche, die sich alleine durch sich selber hinaufstützte, mit Rasen ringsherum, und dazu niemanden brauchte. Am Ziergiebel waren Eisenbuchstaben angebracht, als seien es Folterzangen.

Mit dem Buch in der Tasche ging ich den Raddampfer ansehen, der auf dem See fuhr, er hatte Fensterrahmen aus gefirnißtem Holz, wie ein Salon. Frankreich, das war ein wenig schmächtig und steif Salonartiges und überall in gehügelten Landpartien voll Überraschungen.

Ich ging ins Hotel Carlton zurück. Diesmal hatte man uns ein Zimmer zum Hof hinaus gegeben. Ich machte das Fenster auf, ein Mädchen stand am Balkon gegenüber, als sie das Fenster hörte, drehte sie sich zu mir. Ohne zu überlegen, fast als könnte ich nichts dafür, fing ich an, mich auszukleiden, ich war wie durchsichtig, fast von mir selber abwesend; mit nacktem Oberkörper zögerte ich einen Augenblick, zu ihr gewendet, unsere Blicke trennten sich nicht mehr, ich zog mich nun vollkommen aus, legte mich splitternackt auf das Bett und fing an, jene Handlungen auszuführen, die verboten waren und wegen welcher man mich so sehr bestraft hatte, langsam, lange; unter den Wellen der aufkommenden Lust bäumte ich mich jedesmal auf, bevor ich dann, die Arme am Körper ausgestreckt, an der äußersten Grenze liegenblieb.

Das Mädchen ließ mich nicht aus den Augen, bis mich die Wollust aufschreien ließ und mich überflutete. Sofort nachher zog sie sich vom Balkon zurück. Und diesmal war es nicht die Schmach, die mich überwältigte, sondern ein Frieden, eine Ruhe, die ich noch nie empfunden hatte.

Jacques kam wenig später mich zum Abendessen holen, da ich ihm anvertraut worden war. Ich erzählte ihm, was gerade vorgefallen war. Ich war stolz, mit achtzehn derart, auf Distanz, die Liebe entdeckt zu haben und wie ein junges Mädchen mich erregen konnte.

Jacques begegnete ich wieder, 1959 in Bormes-les-Mimosas, wo ich die Osterferien mit meiner Frau und meinem zweijährigen Sohn verbrachte, in einem kleinen Hotel auf halber Hügelhöhe mit Traubenlaube, dessen Besitzerin eine Nachfahrin des pointillistischen Malers Maximilien Luce war. Nach einem Augenblick erkannten wir einander. Er war Handelsvertreter an der Riviera geworden und lebte da als glücklicher Mensch.

Von nun an war die Frau, die ich nur mit Vorwürfen im Munde oder zum Strafen bereit gekannt hatte, nicht mehr die einzige, sie würde in Zukunft immer weniger Platz in meiner Phantasie einnehmen, und die wahre Frau würde sich mir of-fenbaren. Ich war dessen sicher, ich würde heiraten, Kinder ha-ben. Es war eine Sicherheit meines tiefsten Wesens, ich wußte meine zukünftige Frau irgendwo, sie lebte an einem ganz prä-zisen Ort, von dem ich überhaupt nichts ahnte. Ich fühlte sie mit einer unglaublichen Intensität existieren, und doch war sie mir völlig unbekannt. Mir schien, was sie gerade tat, zum Grei-fen nahe, irgendwo fühlte ich ihre Gegenwart mit einer ganz besonderen Schärfe, es fehlte kaum, daß ich ihre Stimme hörte. Sie war irgendwo gerade jetzt im selben Augenblick, es war al-lereinfachst und doch unerreichbar, aber unweigerlich, von Se-kunde zu Sekunde näherten wir uns einander. Diese Begeg-nung aber konnte ich weder beschleunigen noch verlangsamen.

Zugleich wußte ich, daß, solange ich in Florimontane bliebe, ich den flüchtigen und schuldhaften Schlafsaal- oder den Unterholzliebschaften verfallen würde. Der junge Auf-seher hatte mich in viel mehr eingeweiht, und meine Verwirrt-heit wiederholte sich, ich wußte aber, daß ein Weg, den ich nicht kannte, den ich aber trotzdem gehen würde, mich zu mei-ner unbekannten Frau führen würde.

Alle warteten auf das Ergebnis. Ich bestand das Examen mit »ausreichend«, wahrscheinlich wegen des Wohlwollens der Jury. Es wurde ein Sommer der Freiheit, der Adoleszenz eines Privilegierten. Ich durfte an allen Ausflügen teilnehmen. Je-desmal war es dasselbe Erstaunen beim Herunterklettern des Gebirges, die Pflanzenwelt sich ändern zu sehen; ich bewun-derte das goldene Grün der sommerlichen Matten bei untergehender Sonne, Begeisterungen erfaßten mich, so sehr zu leben, so viel zu erleben zu haben. Zu dieser Zeit war Savoyen von vielen kleinen schmalen Straßen durchzogen, hie und da von großen Häusern mit Schieferdächern gesäumt, wo man sich gerne jene eine oder andere Berühmtheit geboren vorstellte. Es war die Öffnung zum Genfersee hin, man verließ da schon ein wenig das Gebirge.

Ich diente meinen Kameraden als Bergführer und ließ sie den Mont Joly (2780 m) hinaufklettern, der rundlich, fast wie samtbedeckt aussah und auf der anderen Seite steil auf ein so tiefes Tal hinunterstürzte, daß sich darüber die Luft zu trüben schien.

Der Bergführer Guy Dusonchet, der neben dem Bürgermeister von Megève eine bedeutende Rolle im lokalen Widerstand gespielt hatte, bewohnte Florimontane auf der Etage. Seine Frau war Krankenschwester. Mit ihm machte ich meine erste und einzige größere Tour im Hochgebirge. Wir »machten« die Moine-Spitze (3250 m). Wir schliefen in der Berghütte du Couvercle, und während der Nacht ging ich hinaus: der Vollmond beleuchtete diesen ungeheuren Eis- und Spitzenzirkus, Jardin de Talèfre genannt. In der so tiefen Stille, wie die Landschaft groß war, ragten diese reglosen und stillen Gipfel und Spitzen empor, die jeweils die eine hinter der anderen auftauchten, jede entfernter als die andere.

Man lieh mir ein Fahrrad, ich fuhr der Geschichte entgegen, zu ihren benachbarten Stätten, Conflans oberhalb von Albertville, dann Aime in der Tarentaise, die erste romanische Kirche, die ich zu Gesicht bekam, winzig, aber so harmonisch genau, so sehr im Einklang mit ihrer Gestalt, daß ein einziger Blick genügte, um sie zu erfassen. Die kleinste bemooste Ummauerung war ein archäologischer Schatz, der mich mitten in die Geschichte Frankreichs versetzte; fieberhaft suchte ich überall römische Reste, Cäsars *De bello gallico* hatte mir den Kopf verdreht. Unterhalb von Saint-Gervais hielt ich eine in den Felsen geschlagene Baugalerie oberhalb der Straße nach Chamonix für einen römischen unterirdischen Gang. Überall sah ich »Cäsarlager«. Ein grasbewachsener Graben, und es war so weit, es fehlte nur wenig, und schon wäre ich beim ersten besten Anrainer gewesen, um eine Schaufel zu verlangen.

Dann fuhr ich sogar der Literatur entgegen und radelte bis zu den Charmettes hinunter. Vor Sonnenaufgang fuhr ich weg, bis Chambéry ging es fast ständig bergab. Es war eine Landschaft dann wie auf den Stichen in den Schulbüchern, schmale, enge Straßen unter Laubgewölben, von Sonnenstrahlen durchleuchtet. Das Haus von Rousseau war wie im Buch, es hatte kaum wieder geöffnet; ich war der einzige Besucher, gekalkte Wände, breite Fußbodenbretter, ein wenig verblichene Möbel, dicke Mauern; die Stimmen erklangen da noch, man hörte die Schritte, das Rauschen der Kleider oder das Reiben des groben Hosentuches. Ich lehnte mich aus dem Fenster Rousseaus, und allmählich faßte ich Fuß bei Flügeltüren und geblümten Tapeten und Fenstern mit vielen Sprossen und keinen Scheiben. Ich konnte mein Latein und die französische Orthographie. Ich kannte mein achtzehntes Jahrhundert. Ich wunderte mich, keinen Vorfahren in diesem Land zu haben, da ich doch jede Schwingung davon mitempfand, alles kapierte, nichts war mir fremd, die intimsten Erinnerungen meines Körpers und meiner Seele waren darin eingepflanzt.

Ich rechnete damit, den zweiten Teil des Abiturs im Internat vorzubereiten in der geheimen Hoffnung, meine endlich entdeckte Kindheit fortzusetzen. Ich hatte mir meine persönlichen Eckchen eingerichtet und die Stellen, wo ich sitzen bleiben und auf das Tal hinunterschauen konnte, das sich vor mir zu Füßen ausbreitete. Mit einem einzigen Blick konnte ich stundenlange Wanderungen unternehmen.

Vom Internat kannte ich alles, alles war mir da vertraut. Ich würde mich meinen »amitiés particulières« ausliefern können, meinen Bettfreundschaften, die mir immer wichtiger wurden, die mein Denken schärfer und meine Empfindungen brennender machten, es waren bloß körperliche, aber immer heftigere, doch schüchterne und flüchtige Liebschaften.

Fräulein Lucas wollte mich behalten. Sie hatte mich gewarnt, wenn nötig, würde sich nichts ändern. Für sie wurde ich ein großer Junge, blieb aber der Gleiche. Zu ihrer Verfügung stand ihr dieser hochgeschossene kindhafte Jüngling, der alles ahnte und nichts verstand, und ich freute mich, weiter die Haselzweige sich brechen zu hören. Ich lebte in einer Art Selbsttaumel, verkrochen, zeitlos, Kind in alle Ewigkeit. Ich lebte geborgen im Schutz dieser Frau, ich liebte ihre Strenge und die noch größere von Fräulein Jond, der sie mich öfters übergab und deren scharfe Peitschenstrafen auf der nackten Haut besonders kochten und daher auch köstlich waren. Ich erstickte vor Scham unter dem erstaunten Gelächter meiner Mitschüler, die dann sehr oft auch an der Reihe waren und dann auf einmal devot und fügsam selber in ihre Unterwerfung einwilligten.

Aber im Dorf hatte es wahrscheinlich Klatsch gegeben. Meiner Kusine mußte etwas ruchbar geworden sein, sie fand das ungesund. Auf der Straße trafen wir uns, sie versuchte es aus mir herauszubekommen. Ich ging bergauf, brotbeladen, sie bergab, freihändig: »Ist es wahr, daß sie dich schlägt?«

Vor Scham bekam ich einen glutroten Kopf und verneinte mit allzu großer Vehemenz, es fiel auf; es hatte eine Sitzung wenige Tage vorher gegeben, eine lebhafte wegen irgendwelcher Vergehen. Bei der Beichte wäre das nicht von Belang gewesen: zehn »Vater unser«, zehn »Gegrüßet seist Du, Maria.«

Ich bat, dableiben zu dürfen. Es war November, und ich

war schon für die Philosophie* beim Fernunterricht eingeschrieben. Ich hatte sogar meinen »Alquié«, das Philosophielehrbuch für die sogenannten freien Schulen**, welches dem »Cuvilier« als zu »laïque« vorgezogen wurde. Und nun plötzlich wurde beschlossen, ich würde nicht in Megève bleiben. Ich würde meine Schulzeit in der Nähe von Paris beenden.

Ich verließ Florimontane mit leisem Heimweh und viel Neugierde. Paris, ich kostete diesen Namen aus, ich würde Paris sehen.

* Siehe Fußnote S. 245.

** Nach der Trennung von Kirche und Staat, 1905, konnte es endlich republikanische Schulen ohne irgendwelchen konfessionellen Druck geben. Der Religionsunterricht fand außerhalb der Schulen an einem extra dafür freien Tag statt (Donnerstag, seit 1964 Mittwoch), die staatliche Schule wurde »l'école laïque«. Die konfessionellen Schulen bekamen kein Geld mehr vom Staat und nannten sich daher »freie« Schulen, sie waren aber konfessionelle Schulen, mit Religionsunterricht im Stundenplan.

XV

»Jetzt zu uns beiden!«*

Ich fuhr ein wenig traurig weg und voll Erwartung auf das, was mit mir geschehen würde. Es hatte noch so vieles zu entdecken, zu erleben gegeben in diesem Dorf, welches meine Heimat geworden war. Der Zug fuhr gegen neun Uhr abends in Sallanches ab und kam am späten Morgen in Paris an. Es war Vollmond, und ich sah zum ersten Mal das französische Land, von hohen Baumreihen durchzogen, deren Äste sich von der durchsichtigen Dunkelheit abhoben. Bahnhöfe zogen vorbei, Culoz, Ambérieu, Laroche-Migennes, wo Menschen aus- und einstiegen, Leute, von denen man nichts wußte, die bis dahin existiert hatten, ohne daß man es geahnt hätte. Jedesmal öffnete sich einem eine ganze Welt, sofort wieder verschwunden.

Je mehr sich Paris näherte, um so aufmerksamer wurde der Blick und versuchte das Herannahen zu entziffern, das Sicheinengen der Straßen, die Stahlbrücken, die hohen Häuser. Auf einmal, inmitten der Felder, ein Nacheinander von Reihenhäusern und Villen mit schmalen Gärten und hohen Zedern. Steintreppen, abgerundete Stützmauern und sorgfältig zementierte Einschnitte, die schräg hinunterreichten; und dann auf weiß gekacheltem Grund eine Inschrift aus riesigen knallroten Backsteinlettern: »PARIS À 5 MN.«

Das Licht wurde ein wenig fahl; der Zug hielt unter einem hohen Glasdach. Stimmengeraune allerseits und im Hinter-

* So lautet der vorletzte Satz des »Père Goriot« von Balzac, »À nous deux maintenant!«, womit Paris gemeint ist.

grund, nach einer grün gestrichenen Passage, der Vorhof der Gare de Lyon.

Paris schien mir gedrängt, zusammengepreßt, grau. Aber unerwartet stieß man auf weite Freiräume, allein schon groß wie ganze Landschaften, wo Welten sich ausbreiten konnten. Paris war überstadtgroß und die Stadt selber eng und dicht. Vergeblich suchte das Auge die so weit reichenden Durchblicke meines Tals in der Savoie. Paris aber, vom ersten Augenblick an, war ein vertrauter Schutz, man konnte von überall hinaus oder herein, es war nirgends verschlossen, man war da geborgen und unbekannt.

Ich war mit Herrn von Versbach gereist, ohne jegliches Gepäck, als mittelloser Reicher, dessen Gepäck nachkommt. Man setzte mich Rue Jean-Jacques Rousseau ab – er war also derart berühmt, daß man sogar eine Straße nach ihm benannt hatte – in einem zugleich üppigen und ein wenig schmutzigen Hotel. Die Stukkaturen waren staubschwarz, die Stangen des Teppichläufers angestoßen, die Bettücher sauber, aber um die Tische lief ein dunkler, harter Dreckrand. Ich mußte sofort an Balzac denken, den ich viel im Internat gelesen hatte.

Paris hatte einen Geruch, den ich bis dahin noch nie gerochen hatte, einen leisen, unbestimmten Duft, der sich mit dem ein wenig milchigen Licht der Straßen verband, die meistens Ost-West gingen, ganz anders als die Nord-Süd orientierten Straßen. Es brauchte nicht lange, um nur schon nach dem Licht zu bestimmen, in welche Richtung sie liefen.

Alles war wie auf den Bildern, Notre-Dame, das Faubourg Saint-Antoine, die Saint-Roch-Kirche und ihre Treppe, La Concorde: auf dem Stich, auf welchem der Henker den Kopf Ludwigs XVI. dem Volk zeigt, erkannte man das Hôtel Crillon, genau wie ich es vor Augen hatte. Alle Bilder aus meinem Geschichtsbuch, ich fand sie hier wieder, zugleich riesengroß und verkleinert, menschlicher dimensioniert, als man erwartet hätte, keines der Monumente war weder zu groß noch zu klein; alle hatten etwas Urbanes, fast Gastwirtschaftliches, wodurch sie vertraut und so gar nicht erschreckend wurden, als wären sie an Geschichte gewöhnt.

Der Wind zersauste die Bäume in den Tuilerien und trieb die Schatten auf der schnell strömenden und schon maritim gewordenen Seine. Eine Art ruhiger Geschwindigkeit durchzog Paris, und es war alles überall verschieden und doch gleich unter einem seidengenauen Licht.

Die Métro mit ihren grünen und für die erste Klasse roten Wagen, ihrem metallenen Singsang, wenn sie aus den Stationen fuhr, ließ Vorstellungen der Plätze und Straßenkreuzungen entstehen, unter denen man gerade durchfuhr*. Die Namen schon, CHEVALERET oder RÉAUMUR-SEBASTOPOL, vermischten Fragmente der Geschichte oder Personen, die um so mehr Bilder hervorriefen, als sie miteinander nichts gemeinsam hatten und man über sie so gut wie nichts wußte. Obgleich sie alle gleich waren, alle weiß gekachelt, waren sie alle verschieden. Es war ein gemütliches Paris. Wenn man auf der Linie Orléans–Clignancourt zu spät Gare du Nord anzukommen und seinen Zug zu verpassen fürchtete, stieg man in den ersten Wagen ein und erzählte seine kleine Geschichte dem Zugführer, der dann manchmal das Tempo beschleunigte.

Nach drei Tagen kam man mich abholen, ein alter breiter Herr, liebenswürdig, zwar bekleidet, aber nicht gut angezogen, dessen verbrauchter Anzug auf allen möglichen harten Holzsitzen schon hin und her gerutscht war. Sofort biederte er sich bei mir an, hatten wir denn nicht dieselbe Herkunft? Nur daß ich von den Antipoden kam: dicke Teppiche und niedrige Sonne, und er, ein wenig kanaillenhaft, unter der prallen

* »...unter denen man gerade durchfuhr«, in der deutschen Fassung hinzugesetzer Satzteil.

Sonne, der alles sofort erriet, wo ich nichts verstand. Er war Lehrer im Gymnasium von Alger gewesen mit einer ziemlich unwahrscheinlichen Lehrbefähigung: »Stehen Sie auf gutem Fuß mit dem Hausmeister, und mit Sicherheit werden Sie Schuldirektor«, pflegte er zu sagen. Er hatte eine Tochter, die sich die Nase zurechthobeln ließ, um einen braven Mann zu heiraten, der zweiköpfige Christusse malte.

Er bildete sich ein, ich hätte Einfluß, mußte sich aber sehr rasch eines Besseren belehren lassen, blieb aber dennoch sehr nett mit mir. Er leitete das »Israelitische Kinderhilfswerk auf dem Lande«, welches die Baronin de Rothschild im Park der ehemaligen Abtei von Maubuisson in Saint-Ouen l'Aumône gegründet hatte. Das Heim nahm Waisenkinder auf oder Knaben, die in schwierigen sozialen Situationen lebten, und seit den Ereignissen von Sétif 1945 auch die kleinen jüdischen Jungen aus Algerien, die man an der Unruhe ihres Ausdrucks erkannte. Sie hatten jenen besonderen Blick, den alle von ihren Eltern getrennte Kinder haben.

Dieser Direktor war ein sephardischer Jude voll jener ein wenig komplizenhaften Güte, zugleich edel und treu und der sich durchzuschlagen verstand, mediterran und gesprächig: eine amüsierte Offenheit, von der ich nichts kapierte und die mich sogar schockierte, so sehr war ich an die mir anerzogene, arrogante Zurückhaltung gewöhnt.

Er führte mich zum städtischen Gymnasium von Pontoise, es war sehr steil und stand ganz oben am Hügelrand, ein Gebäude aus gelbem Backstein. Ich sollte wieder Interner werden und konnte das Wochenende in Maubuisson verbringen. Ich wurde von Herrn Collard, dem Direktor, empfangen, einem kleinen schmächtigen Herrn mit Schnurrbart und grauem Anzug.

Man wies mir meinen Platz im riesigen Schlafsaal zu, an die vierzig Betten, nie hatte ich so etwas Großes gesehen. Eine trockene und fahle Ödnis befiel mich, es tat mir um meine kleine vertraute Schule bitter leid. Mir lag ein Gewicht auf der Brust, so deutlich, daß ich dessen Umriß hätte ziehen können. Mein kleines Berginternat war meine Heimat geworden, meine Familie, ich kannte da jede Ecke, ich wußte alles, was sich da abspielen konnte.

In jenem riesigen Schlafsaal fühlte ich mich verlassen wie noch nie. Der Kummer überflutete mich, am liebsten hätte ich losgeweint, und der Schmerz schloß mir ständig die Brust und ließ mich nicht los. Ich schien in mir selbst zusammenzufallen. Ich war an einem Ende des Saals untergebracht und neben mir ein Schüler aus der Mathematikklasse, fast schon ein Erwachsener. Sofort wußte ich jedes Abenteuer für immer ausgeschlossen. Ich mußte über Mädchen reden. Wenn die anderen davon sprachen, brauchte ich nur zuzuhören, um zu wissen, wie man lügt. Ich brauchte nur ein wenig draufgängerischer zu erzählen, und jeder würde mir glauben. Niemand allerdings fragte mich irgend etwas. Ich war, wer ich war, wie jeder andere. Man fand mich einen sympathischen Hans-guck-in-die-Luft. Ich schneite in die Philosophieklasse hinein und kam dabei gerade wie aus der Quarta. Ich hatte viele Auszüge aus der französischen Literatur gelesen und konnte alle Länder der Welt situieren mit ihren Hauptstädten, ich machte auch keine Rechtschreibefehler mehr, aber das war auch ungefähr alles. Ich wurde sofort als das Original betrachtet, als Niete, auf Zeit, zum Scheitern bestimmt, ein wenig meschugge, der aber niemanden störte.

Das Gymnasium von Pontoise war zu dieser Zeit wie aus einem französischen Bildungsroman entstanden. Zur Innenseite hin war das Gebäude von einem überdachten Gang gesäumt, der von grün angestrichenen Eisenpfeilern mit korinthischen Kapitellen getragen wurde, auf der anderen Seite stieß er auf die Leere der weit darunter sich durchkreuzenden Höfe und Treppen, die zu verwilderten Gärten führten. In der Ferne zeichneten sich blau die Hügellinien von Montmorency ab, von unten kamen ab und zu Lastwagengeräusche, Rufe und manchmal das Hupen der Schlepper, die sich vor der Schleuse anmeldeten, oder das dumpfe Dröhnen der Züge auf der Brücke über der Oise.

Der Eßsaal des Gymnasiums war lang wie ein Bahnhof, die Tische hintereinander aufgereiht wie die Betten im Schlafsaal, sie waren mit Linoleum bedeckt, an dessen Rändern sich jahrzehntelang schwarze und harte Nahrungsufer gebildet hatten.

Zum ersten Mal in meinem Leben hatte ich es mit richtigen Lehrern zu tun, die Stadtanzüge trugen. Bis dahin hatte ich immer nur Leute in Skikleidung, in Pullovern oder in blauen Kluften gekannt. Die Stadtanzüge waren bloß immer nur durchgefahren, kaum aus dem Wagen ausgestiegen, schon wieder fort.

Die Lehrer hatten sogar ihr Zimmer, wo wir nicht das Recht hatten einzutreten, das imponierte mir sehr.

Nach acht Jahren Internat entdeckte ich nun das Internat; es war alles so ausgedehnt, daß man nach drei Betten oder drei Tischen schon niemanden mehr kannte. Das Heimweh, das ich unter dieser Form eigentlich nie empfunden hatte in meinem abenteuerlichen Gebirgsinternat, überfiel mich sofort, es stieg von innen in den Körper hinein, es brach einen auseinander.

Auf einmal sehnte ich mich leidenschaftlich nach dem, was ich noch nie gehabt hatte, einem Zimmer für mich allein, wo ich das Licht an- oder ausmachen könnte, wie ich wollte. Schon fast neunzehnjährig, hatte ich noch nie alleine geschlafen, es sei denn zur Strafe, im Korridor oder im Bauernhof versteckt.

Schon am nächsten Donnerstag bat ich meinen Betreuer, den Direktor des Israelitischen Kinderheims, es der Baronin auseinanderzusetzen, von der ich den Eindruck hatte, daß sie mich einfach abgestellt hatte. Vielleicht hatte ich mir gedacht, ich würde in ihrer Nähe leben, und hatte mir eine Wichtigkeit zugemutet, die ich keineswegs hatte. Die Zimmerfluchten, die Teppiche und das Silberbesteck meiner Kindheit hatten mir wahrscheinlich den Kopf verdreht. Daß ich angenommen hatte, sie »wolle mich in ihrer Nähe haben«, ließ mich vor Scham schwitzen, und um mich davon zu befreien, hätte es eines Geschützes bedurft, dessen Geschoß ich selber gewesen wäre, Kopf voran im Morast steckengeblieben.

Schon am nächsten Donnerstag konnte ich in eine Mansarde im Schloß einziehen, wo das Waisenhaus untergebracht war. Es war ein umfangreiches Gebäude aus dem 19. Jahrhundert, von einem Schokoladefabrikanten erbaut, nach dem Modell Mansart, mit zu nah beieinanderliegenden Fenstern und drei Mansarden zu jeder Seite der Mittelfront.

Das Schloß war zwischen den Ruinen der berühmten Abtei von Blanche de Castille erbaut worden, es blieben davon ein Flügel mit einem wundervollen Kapitellsaal, in bestem Zustand, aber bis auf halbe Höhe mit Schutt angefüllt, und eine Zehntenscheune auf der anderen Seite des Schlosses.

Meine getünchte Mansarde lag zu dieser berühmten Scheune hin mit ihrem Dachgestühl, die ein Türmchen hatte und von einem viereckigen ummauerten Obstgarten flankiert war, wo einst besonders begehrte Birnen wuchsen. Manchmal kam meine »Beschützerin« zur Besichtigung meiner Mansarde mit geladenen Wohltätern, Sardinen- oder Schuhhändlern en gros: »Einer unserer Studenten bei der Arbeit«, und mir schwirrte Mordlust durch den Kopf.

Am Horizont der Landschaft fuhr der Zug Pontoise–Creil. Ganz links lag die Hügelschulter mit der Stadt darauf. Man mußte über die Oise, jeden Tag, über die provisorische Holzbrücke, die die Amerikaner 1944 gebaut hatten. Es war sonderbar, auf Asphalt über Bretter zu gehen, genauso sonderbar wie jener rosafarbene Zement, der in der Métro mit den Reisenden zusammen auf dem Fußboden mitfuhr. Beim Material gab es damals solche Überraschungen.

In Saint-Ouen l'Aumône stieß man auf die Brücke. Dahinter ragte die Felsenbank empor, auf der Pontoise stand. Es war eine mysteriöse, seltsame Stadt, voll dunkler Familiengeheimnisse, eine Stadt aus einem Roman des 19. Jahrhunderts, deren baufällige Fassaden ineinandergriffen. Nichts hatte sich seit über hundert Jahren geändert. Man traf vorbeihuschende Wesen, die man dann nie wiedersah und die schon seit jeher da wohnten. Gras wuchs auf den buckligen Straßen, die von großen, wie unbewohnt-stillen Häusern gesäumt waren. Das Pflaster hallte noch von den eisernen Rädern der Gespanne wider. Vielleicht gab es wenige französische Städte, die, so nahe an Paris, auch so sehr das Rätselhafte der Provinz verkörperten.

Hinter Saint-Ouen l'Aumône, wo sich Maubuisson befand, breitete sich die Ebene aus, von den Hügeln von Frépillon und Montmorency begrenzt. Die Farben änderten sich ständig, vom Grau zum Indigoblau über das Preußischblau. Auf der anderen Seite reichten sie bis Conflans Sainte-Honorine und die Höhe von Chanteloup. Auf der Zuckerrübenseite, Richtung Pierrelaye, konnte ich auf dem leeren Lande vor mich hin wandern, laute Selbstgespräche führen und große theologisch-philosophische Theorien aufstellen und meine Reden dem vorbeiziehenden Wind halten. Ich fing auch an zu »dichten«, mit weitem Schwingen des Arms, zuerst auf kleinen Stücken Papier, im Trab der Inspiration, dann aber wurde es sauber abgeschrieben in ein Hundert-Seiten-Heft. Man hatte mir einen zu weiten Mantel spendiert, aus Kamelhaar, ich wickelte mich damit im Sturm ein und komponierte in der Métro.

Man schickte mich, ich weiß nicht so recht, aus welchem Grund, vielleicht erhoffte man sich, man würde mich da meiner annehmen, zur UNRA (United Nations Refugee Agency), um dort einen Nansenpaß, den man den Heimatlosen zusprach, zu bekommen. Das war in der Rue Copernic, und ich stand an mit allerlei armen Leuten, die alle Kleider, Anzüge oder Mäntel trugen, die ihnen nicht standen und deren extreme Abgewetztheit um so mehr zeigte, wie verlassen sie waren. Alte Herren trugen alte gestreifte Anzüge und Fliege, braun gekleidete Damen hatten assortierte Muffs, stellenweise sah man das Leder durch, da, wo der Pelz weggeschabt war. Andere trugen Hosen, die ihnen an die Knie reichten, oder waren im Pyjama unter ihren farblosen Regenmänteln.

Kein Mensch war an seinem Platz, man erriet Kaschemmen, ärmliche Hotels, Dienstbotenkammern mit Wasserhahn auf dem Gang. All diese Leute im äußersten Elend hatten diesen sonderbaren Blick der Kinder, die auf ihre Strafe warten, in sich selber verloren, war ihnen ihr Schicksal genauestens bewußt, von dem sie nichts erklären, nichts über die Lippen bringen konnten, jeder auf seine Weise.

Zum ersten Mal trat ich in Berührung mit einem rein jüdischen Umkreis. Ich entdeckte dessen Bräuche und die Feiern, von denen ich nie etwas gehört hatte, nicht einmal den Namen, Channukah, Purim, Jom Kippur. Das Sonderbarste war, daß es kein Weihnachten gab und das Azymbrot zu Ostern; ich war zu sehr mit mir selber beschäftigt und schämte mich zu sehr meiner Herkunft, als daß ich versucht hätte herauszubekommen, was jene Feste bedeuteten, als fürchtete ich eine zu tiefe Übereinstimmung mit dem Intimsten meines Wesens zu finden. Ich ging daran vorbei, ohne weiter auf die Bedeutung einzugehen. Nun war das aber ein grober Fehler von mir, denn alle diese Feste setzten einfach nur die Zeit des Erinnerns fort. Sie spielen alle auf ein Ereignis der Geschichte dieses Volkes an, welches ganz um das Exil aufgebaut ist. Wenige drücken derart den Zustand des Menschen, die »condition humaine«, aus.

Zugleich gingen die melancholischen Gesänge so weit in die Zeit zurück und in die ständige Gegenwart der Drohung, daß man davon nur ergriffen werden konnte. Jene jüdischen Feiern waren wie ein Zeugnis, daß heute eine andere Zeit sich fortsetzte, von der wir nichts wußten, als hätte sich eine weit entfernte Vergangenheit kristallisiert, die alles in Frage stellen würde, als wäre es die Wachsamkeit der heutigen Zeit.

Die Deportation, der ich durch ein wie zufälliges Wunder entkommen war, kam ständig in mir wieder hoch, und ich hatte das Gefühl, ein Falschmünzer des Existierens zu sein, ein Lebensschmuggler. Ich schämte mich meines Überlebens und versuchte nicht allzuoft daran zu denken. Ich hätte abgeschafft werden sollen, und statt dessen ergab ich mich perversen Wachträumereien und spielte zugleich denjenigen, den das nichts anging. Ich war Franzose auf Antrag mit um so mehr Überzeugung, als diese Nationalität um so unverdienter war. Ich schämte mich unentwegt, und doch spielte niemand je auf meine Herkunft an. Jeder bekundete mir seine Sympathie, ohne mich je zur Rede zu stellen, so daß ich mich schließlich allmählich an meine eigene Existenz gewöhnte, ich hatte aber diese sonderbaren, unmöglichen »Neigungen«, zum Glück gab es Jean-Jacques Rousseau, der dieselben gehabt hatte, das gab mir einen Mittelpunkt und verhinderte, daß ich mich »verlor«, um einen seiner Ausdrücke aufzugreifen.

Ich wurde also Halbtagsschüler und kannte das Glück dieser täglichen Wege, immer gleich und nie dieselben. Die Philosophieklasse war ganz oben am äußersten Eck des Gymnasiums, wie ein Bug, hinter dem man das ganze übrige Gebäude nachkommen fühlte. Von meinem Platz aus konnte ich fast bis Paris sehen. Während der Stunden zeichnete ich U-Bahn-Stationen mit Verbindungskorridoren. Der Philosophielehrer erklärte uns zwischen zwei grauen und langweiligen Theorien, wie man am besten von Sarrebourg nach Saverne gelang, ohne die Nationalstraße zu fahren.

Wir waren so zwölf Tölpel, die verspätet in eine vom Krieg verhinderte Kindheit einstiegen, alle in abgelegte Kleider gekleidet, schlecht ernährte und freche Scheunendrescher, mit Ausnahme des Gérard Genette, des subtilen Analysten der französischen Literatur, dessen außergewöhnliche Brillanz sich schon bei jeder Gelegenheit manifestierte. In dieser Philosophieklasse war Genette immer und sofort der Beste, der Schlaueste. Er war sofort da, wo keiner, wie er wußte, hindenken würde, seine Bildung imponierte uns, obgleich sich bei ihm oft eine kalte Ironie einstellte, die vielleicht nur eine Form der Zurückhaltung war. Zum Verzweifeln brachte er den Französischlehrer Herrn Ingelaere, den er ständig mit Rimbaud, Breton oder Crevel ärgerte, wo der Unglückliche sich doch einzig Balzac und de Vigny verschrieben hatte.

Genette kam am Morgen mit dem Personenzug an (der Schaffner mußte von einem Abteil zum anderen über das äußere Trittbrett), aus Conflans-Sainte Honorine, wo er wohnte, und beschrieb jedesmal auf originelle Weise die Mitreisenden oder kleine Reiseereignisse, die nun richtige Abenteuer wurden, bei denen übrigens auch das besonders kalte Wetter eine Rolle spielte. – Der Winter 1946–47 war äußerst kalt gewesen, daß die Lastwagen, die den Boulevard herunterkamen, manchmal über den zugefrorenen Oisefluß fuhren, ohne es überhaupt zu merken. – Später wurde dieser Bummelzug von einem Triebwagen ersetzt, in dem ein Ofen stand, das war seltsam. Ein Stuhl in einem Zug oder der Zement in den Métrowagen, solche Gegenstände auf Reisen, das war für mich das Albernste, was es überhaupt geben konnte. In dieser Klasse lernte ich auch Jean-Pierre Rousselet kennen, der eine wichtige Rolle im Ministère de la Culture für das Theaterwesen spielen sollte und mit dem mich eine fünfzig Jahre lange Freundschaft verbindet.

Seit einiger Zeit hatte ich mich aufs Malen gestürzt, ich hielt mich an Wasser und Deckfarben, Öl konnte ich mir nicht leisten, das war viel zu teuer. Ich besuchte eifrig das Jeu de Paume, wo damals die Impressionisten ausgestellt waren, es hingen da die berühmten van Goghs, deren Farben übrigens inzwischen grüner oder blasser geworden sind und die heute im Musée d'Orsay hängen.

Ich stand sehr unter dem Einfluß des holländischen Aquarellisten Jongkind, dessen unglaubliche Virtuosität und dessen Farbsinn ich zu »kriegen« versuchte. Meine Aquarelle waren nicht ganz uninteressant, und mit Jean-Pierre Rousselet nahm ich an vielen lokalen Ausstellungen teil. Irgendwie fühlte ich, daß es die Landschaft nur noch auf Widerruf gab, daß es mit ihr aus war, daß sie so, wie ich sie kannte, verschwinden würde. Etwas kaum Wahrnehmbares, jedoch Unumgängliches, etwas Drohendes hatte sich in jene Landpartien eingeschlichen, die so geblieben waren, bis auf die unveränderten Einzelheiten, wie man sie auf den Gemälden von Cézanne oder Pissarro oder sogar Daubigny, der zwanzig Jahre früher malte, erkennen konnte.

Die Zeit schien wie aufgehoben, als könnte sich die Landschaft ein letztes Mal ausbreiten, in einem Augenblick wie für die Ewigkeit eingefroren, bevor sie endgültig von einem neuen Krieg zerstört werden würde, einen Krieg, von dem der gerade beendete nur ein extremes Zeichen gewesen war. Nun galt es, für immer jedes Erkennungszeichen auszulöschen, welches von der langen Gegenwart des Menschen zeugen könnte. Auschwitz hatte schon die Menschen beseitigt, das war schon etwas, es genügte nun, die Stätten des Menschen selber auszuradieren, und alles wäre bereit für die Technologieschmarotzer und andere Bereinigungsidioten oder Flurgestaltungskretins und Erdölhalunken.

Rousselet war ein sehr begabter Maler, er hatte Landschaften an der Grenze der Abstraktion von besonderer Form und Nuancensicherheit gemalt. Wir sprachen sehr oft über Malerei und gingen malen, in der Umgebung von Parmain oder in seinem Garten, dessen Abschüssigkeit außergewöhnliche Farbübergänge bildete. Eines Januartages 1947 bei äußerster Kälte gingen wir den Stamm eines enormen Efeubusches durchsägen, der an der Mauer des Friedhofes von Auvers-sur-Oise wuchs. Der Zeichenlehrer hatte uns die Geschichte van Goghs erzählt, und ich hatte sogar in Auvers eine alte Dame getroffen, die sich noch sehr gut an ihn erinnerte. Ende des Frühlings 1948 war es dann leicht, den Efeu wegzureißen, darunter lagen tatsächlich die Gräber von Vincent und Theo van Gogh. Während der Jahre des Unglücks waren sie ganz in Vergessenheit geraten.

Im Februar 1947 war mein Vater an Herzschlag gestorben, während der Einweihung des Reinbeker Stadttheaters, ohne daß ich ihn wiedergesehen hatte. Er war vierundsiebzig. Später erfuhr ich, daß er nach den Hungerjahren in Theresienstadt sich viel zu schnell wieder reichhaltig ernährt hatte. Der Bauer, der ihn hatte verstecken wollen, um ihn vor der Deportation zu schützen, schenkte ihm ganze Schinken, die mein Vater auf dem Fahrrad zurückbrachte und von denen er sich scheibenweise abschnitt. Zusätzlich bekam er als ehemaliger Häftling Sonderzulagen. Davon profitierten natürlich alle Leute, die er kannte.

Wir hatten einen regen Briefwechsel miteinander gehabt. Mein Vater war stolz gewesen, mir seine fast perfekten Französischkenntnisse zu zeigen. Ich schämte mich, nicht einmal sehr traurig gewesen zu sein, als ich von seinem Tod erfuhr.

Dieses erste normale Schuljahr spielte sich für mich in einem sonderbaren Zustand der Blödigkeit ab, von großen Spaziergängen im riesigen Park von Maubuisson unterbrochen, dessen hinterer Teil von Gebüsch, Wildgras und heruntergewehten Ästen der alten Platanen fast zugesperrt war. Kein Mensch war während des Krieges und der Okkupation mehr da durchgegangen, denn das Gut, welches nur Ferienlager beherbergt hatte, war beschlagnahmt gewesen, da es doch nur »Parvenüs schlechter Rasse« gehört hatte, wie sich aus kriminellem Munde, 1947, jene »Historikerin« der Abtei von Maubuisson ausdrückte, als Komplizin des Verbrechens. Sie wurde immerhin dafür vom Gericht verurteilt, welches auch den Verleger zwang, das Buch einzustampfen.

Im Juni und im September fiel ich beim Philosophieabitur zweimal durch mit einem Total von zehn Punkten, wo man ungefähr hundert brauchte. Ich verstand nicht das mindeste von den Lehrstoffen und war unfähig auswendig zu lernen.

Im September nach einem glutheißen, unbeweglichen, starren Sommer fuhren wir, Gérard Genette und ich, nach Chartres die Kathedrale besichtigen, die ich durch die Gedichte von Péguy kannte. Sie ragte ein wenig schräg gegenüber dem Bahnhof ockergelb empor, ein Schiff wie sonst kein anderes, in den Raum hingesetzt, dem Blick zur Verfügung gestellt. Man behält sie lebenslang in sich. Im September fiel ich abermals durch. Die Welt fiel mir buchstäblich aus den Händen. Ich verstand nichts und irrte unter der Hitze umher, als hätte man mir ein Brett auf die Brust genagelt.

Meine »Beschützerin« konnte ihre Besorgnis nicht verhehlen und fragte jeden ersten besten, der ihr über den Weg lief, um Rat, den Direktor, den Ölhändler, gerade aus Algier zurück, der dem Waisenhaus ganze Ladungen von Sardinenkonserven spendierte, den Sekretär der Bank. Ich kochte vor Scham, um so mehr, als ich nicht in Ordnung war. Sie vermutete bei mir höchst wahrscheinlich »unsaubere Gewohnheiten«. Man richtete es so ein, daß ich den Kindern nicht zu nahe käme, vor denen ich nur Furcht und Ekel empfand. Es war umgekehrt, es war zu fürchten, daß man mir eher allzu leicht zu nahe kam. Wenn sie ins Schloß kam, tat ich, als ob ich sie nicht kennte.

Ich wurde auf ein Sonderkonto eingetragen, und man gab mir jedesmal Geld, wenn ich Bücher kaufen wollte, die »mit dem Lehrplan« zu tun hatten. Es wurde beschlossen, daß ich Privatunterricht in Physik und Chemie beim Physiklehrer des Gymnasiums bekommen würde. Er hieß Poudensan, ein hübscher Name*. Man sah ihn, oft Tennisschläger unter dem Arm, durch die Haupstraße wandeln. Nach einer solchen Stunde, wo ich sowieso nichts verstand, im Eßzimmer des Lehrers, unter der Balkendecke, zum Martroyplatz hin und wo es nach Essen roch, ging ich zur Buchhandlung, sie gehörte dem Vater einer Mitschülerin. Auf einem Tisch sah ich die broschierte Ausgabe, auf gelbem Papier gedruckt, eines Werkes, worüber in der Philosophieklasse gesprochen worden war, Kants *Kritik der reinen Vernunft* in der Übersetzung von Barni und Archambault, Ausgabe Flammarion.

Ich nahm das Buch auf meine Mansarde mit, und plötzlich, beim Lesen des zweiten Vorworts, wurde ich vom Erschüttern ergriffen, es war ein Ruck, wie ich ihn 1943 empfunden hatte beim Entdecken des wortlosen Selbstseins. Mir bebte es durch den Kopf, ich fühlte das Verstehen körperlich in mir und wußte nun, wie ich es empfinden würde jedesmal, wenn ich in der Philosophie darauf stoßen würde. Ich hatte mit der Relativität der Ideen und der Unüberschreitbarkeit des *a priori* Gegebenen in Zeit und Raum Bekanntschaft gemacht. Es war mit anderen Worten komplizierter und verkrampfter mit jener Distanz, die ich nicht aufhörte, in mir selber zu empfinden. Die *Gedanken* von Pascal, *Madame Bovary* und vor allem der erste Satz des *Bouvard et Pécuchet* von Flaubert hatten mich auch

* Phonetisch: »Tanzfloh«

schon im mir selber aufspringen lassen. Die Literatur setzte immer an und machte niemals Schluß, das war es, was mich daran faszinierte; sie war unerschöpflich, und zugleich sah man, was sie sagte, als hätte man es selber vor Augen. Ich hatte aber immer gedacht, daß jene fotografische Wirkung gewissen Texten zu eigen war, und hier empfand ich sie nun als eine Art Aufwallung, die ich nun überall würde erkennen können.

Alles wurde auf einmal sonnenklar, Physik und Chemie, Biologie, ich fand es wunderbar, daß nur eine einzige Valenz das Hämoglobin vom Chlorophyll trennt, ich las, von der Kraft und der Richtigkeit des Gedankenganges fasziniert, *Die Einführung zur experimentellen Medizin* von Claude Bernard. Al-les, auf einmal, nahm in allen Fächern seinen Platz ein.

Zwei Philosophieklassen nacheinander hatte ich als Zei-chenlehrer Stéphane Armand. Wir wohnten, Rousselet und ich, als einzige seinem Unterricht bei, Zeichnen war Wahl-fach. Während des ganzen Schuljahres haben wir kein einzi-ges Mal auch nur einen Bleistift in der Hand gehalten, aber alles über die Geschichte der Malkunst erfahren. Er kannte alle Maler aus der Schule von Le Havre, Gleizes, Gernez, Raoul Dufy. Fliegeroffizier, 1914 war sein Flugzeug abgeschossen worden, und er war wie durch ein Wunder mit dem Leben da-vongekommen, mit einer schweren Bauchverletzung, er konnte nur noch vornübergebeugt gehen. Er hatte Braque und Roger de la Fresnaye gekannt und gab uns den *Landschaftstraktat* von André Lhote zu lesen. Was ich, ohne es formulieren zu kön-nen, irgendwie erraten hatte, fand ich hier schwarz auf weiß. Lhote zeigt, wie die Lokalfarbe sich ändert im Verhältnis zu denen, die sie umgibt.

Im zweiten Jahr waren wir auch nur zwei in seinem Unter-richt, der andere, genial, elegant, tiefsinnig und hübsch, faszi-nierte mich, und vor ihm zitterte ich vor Schüchternheit, ich führte mit ihm Zwiegespräche, wenn ich ihn nicht mehr vor

Augen hatte, und lieferte mich in der Kammer seinem Bild
aus, er wurde ein bekannter Dichter. Und wieder zeichneten
wir kein einziges Mal im Unterricht, und wieder einmal war
es mir, als entdecke ich die Welt.

Stéphane Armand hatte diese besondere Gabe, seine Begeisterung zu übermitteln und die Kunstgeschichte durch Anekdoten zu beleben, die alles in die räumliche Wirklichkeit stellten, in die geeigneten Belichtungen, Empfindungswelten und
geschichtlichen Ereignisse. Ich begann mich auch für die großen Spannungen der Geschichte des späten 19. Jahrhunderts
zu interessieren und trat mit um so mehr Wucht in die Pedale,
um der Oise entlang zu Rousselet zu fahren, der genau wie ich
beim Abitur zweimal sitzengeblieben war.

Seine Eltern, sein Vater, Friedhofsgärtner in Parmain, gegenüber L'Isle-Adam, und seine Mutter nahmen mich mit großer Liebenswürdigkeit auf und luden mich öfters zu wundervollen Hasenbraten ein. Der Vater band Blumensträuße mit
immer neuen Farben und Formzusammensetzungen mit aller
Art Pflanzen, die ihm unter die Hand kamen.

1938 hatten Chiracs ein Haus in Parmain gemietet, und
Jean-Pierre Rousselet und Jacques Chirac haben zusammen
Tarass Bulba oder Räuber und Gendarm gespielt, sie waren
acht und zwölf. Später hat Jean-Pierre Rousselet, der schon
sein Abitur bestanden hatte, dem zukünftigen Filmregisseur
Claude Lelouch, dem großen Bildgestalter unserer Zeit, Fran-
zösisch- und Mathematikunterricht erteilt.

Bei Rousselet lernte ich den Maler René Delhumeau kennen, der ein Intimus von Robert Delaunay, Picasso und Matisse war. Er bewohnte in Nesles-la-Vallée ein sonderbares
Haus, das nur aus einem einzigen Raum vom Fußboden bis
zum Dachfirst bestand. Die Wände waren mit Gemälden des
großen Malers Emmanuel Gondouin geschmückt, zugleich
figurativ und rätselhaft, inszenierten sie mythologische Gestal-

ten, in welchen aber die Form- und Farbprobleme immer gegenüber dem Inhalt die Oberhand behielten. Eins dieser Gemälde war »Die Trägerin der toten Früchte« betitelt, ein anderes »Der große blonde Akt«. Letzteres diente den Deutschen, die das Haus 1940 besetzt hatten, als Zielscheibe, eindeutiger Beweis weit fortgeschrittener Zivilisation! Gondouin hat auch Stilleben und Landschaften gemalt, die an einen tragischen Matisse denken lassen. Er ist 1934 in Paris, fünfzigjährig, in der extremsten Armut gestorben. Es hingen auch an den Wänden Gemälde von Robert Delaunay, unter anderen »Die Läufer« und eine »Hommage an Blériot«, die ich öfters bewundern konnte. Es gab sogar einen kleinen Douanier Rousseau.

Solche Begegnungen mit der Malerei regten mich an, ihr fast meine ganze Freizeit zu widmen. Der Dichtung hatte ich die Prosa hinzugefügt, ich bearbeitete beide, ich hatte Mallarmés *Divagations* gelesen und begann zu verstehen, daß die Sprachen unausgesprochene Ausdrucksschichten enthalten, wo gar manches zu erforschen bleibt.

Schließlich gelang mir sogar das Abitur, nach dem drittenmal, ich kam mit »befriedigend« durch, ich war zwanzig Jahre alt*. Auf der Liste der Abiturienten hatte ich mich nicht gefunden. Eine trockene und kalte Verzweiflung hatte mich ergriffen. Ein anderer Abiturient aber kam mir entgegen, der bei der Prüfung in meiner Nähe saß, um mir zu gratulieren. Ich schämte mich, daß meine masochistische Komödie schon derart ins Ernsthafte ausgeartet war, daß sie mich daran hinderte da hinzusehen, wo mein Name mit nur »ausreichend« hätte stehen sollen und wo ich schick fand zu vermuten, daß er da gar nicht stehen würde.

* Normalerweise besteht ein junger Franzose sein Abitur spätestens mit achtzehn.

Im November 1947 hatte ich im grauen Morgenlicht auf den leeren Champs-Elysées die Gardes mobiles* wie einen korsettierten Wall die Chaussee hinunterreiten sehen. Es war die Epoche der großen Streiks, zur Zeit, als Jules Moch Innenminister war. Ich, der ich zum zweitenmal beim Abitur durchgefallen war, besichtigte Paris als falscher Reicher, ich wollte ins Jeu de Paume, das damals die Impressionisten beherbergte, aber wegen der möglichen Ausschreitungen geschlossen war.

Es war das erste Mal, daß ich das Politische in seiner Wirklichkeit sah und mir dessen bewußt wurde. So fing ich an, mich für das politische Wesen zu interessieren, und nun, da ich das Abitur doch geschafft und 1948 das *Manifest der Kommunistischen Partei* von Marx gelesen hatte, einen an Wucht, Genauigkeit und Kraft der Analyse zu bewundernden Text, wollte ich Mitglied der KPF werden, die, wie ich glaubte, das Wohl aller Menschen wollte. Die Kommunistische Partei war ein Organ der Befreiung, ich war sicher, da keine Antisemiten oder Faschisten zu treffen. Wenn ich der Partei beiträte, würde ich auf der richtigen Seite zur Entwicklung der Gesellschaft beitragen.

Dazu ließ mich mein totaler Mangel an Informationen glauben, daß es die einzige linke Partei sei. Ich fühlte mich als Linker, da doch Rassismus, Sklaverei, Ausbeutung der Arbeiter und der Schwachen durch die Starken mir das Allerschlimmste schienen. Ich war am Sitz der Partei in Pontoise gewesen, um mich zu erkundigen, und man hatte mir eine Propagandaschrift ausgehändigt, die man leicht in die Tasche stecken konnte. Da ich doch Student war, gab man mir mehrere davon, wie *Die Infantilkrankheit des Kommunismus* von Lenin und, was mich ziemlich verblüffte, einen Text von Stalin über Linguistik.

* Die »gardes mobiles« gehören zur französischen Gendarmerie und waren mit der Wahrung der inneren Ordnung auf den Straßen und vor den öffentlichen Gebäuden beauftragt.

Ich wollte unbedingt Mitglied werden, konnte aber einen mich nicht loslassenden Zweifel nicht überwinden. Wie konnte ein solcher Wilder, ein ausgerissener Seminarist, der kaum lesen konnte, wie konnte der denn überhaupt etwas geschrieben haben, oder es konnte nur in der Art von *Mein Kampf* sein, oder ein anderer hatte es für ihn geschrieben. Ich war aber bereit, alles zu akzeptieren, um mich mit Leib und Seele diesem Ziel, die Menschheit glücklich zu machen, zu verschreiben, vor allem, weil man dabei kein Blut an den Händen hatte.

Ich hatte nun zugleich ein Ideal und trotz solcher kleinen Einzelheiten eine Sicherheit, die mir ein »Raster« gab, durch welches man alles erklären konnte. Es blieb jedoch in mir ein unpräzises und unbestimmtes Unwohlsein, das ich mir selber zu verbergen suchte.

Ich wurde eingeladen oder besser aufgefordert, an der ersten Parteisitzung in einem Sitzungssaal des Rathauses teilzunehmen. Es war sonderbar, daß man ein Gebäude der Republik der kommunistischen Partei zur Verfügung stellte, wo man doch von dieser Partei immer nur das Allerschlimmste hörte. Ich war voll Bewunderung für die Unparteilichkeit der Republik. Ich wußte, was mit den deutschen Kommunisten geschehen war, die man aus den Fenstern geschmissen oder ins KZ gesteckt hatte, wie es dem Nachbarn aus meinem Heimatdorf widerfahren war.

Dazu hatte ich 1948 genug Zeitung gelesen, um zu wissen, daß die kommunistische Partei in den von den westlichen Alliierten besetzten Zonen Deutschlands beinahe verboten war. Frankreich war also viel demokratischer, die KPF gehörte sozusagen zur Republik, ich hätte mich also genausogut bei irgend einer anderen republikanischen Partei bewerben können. Ich war nun überzeugt, daß ich die falsche Partei ergriffen hatte.

Der Zufall wollte es, daß diese Sitzung einige Tage nach

dem Ausschluß Titos aus der Komintern durch Stalin stattfand, wovon ich überhaupt nichts wußte, ich glaubte, man sei noch bei den Gesprächen darüber, und sagte, daß Tito mir ein ehrlicher Kommunist zu sein schien, um so mehr, als er wie General de Gaulle in Frankreich den Widerstand gegen die Nazis verkörperte.

Mehr brauchte es nicht, um mich als Grünschnabel und hergelaufener frecher Bengel beschimpfen zu lassen, ich hätte das Maul zu halten vor den Bestimmungen des Kameraden Stalin. Ich war feige genug, um nicht zu protestieren, war aber entschlossen, nie mehr irgend etwas mit der Partei zu tun zu haben.

Am Ende der Sitzung ging einer der Teilnehmer ein Stück Weges mit mir und lud mich ein, ihn nach Hause zu begleiten, er war ein auf Tank- und Kufensäubern spezialisierter Arbeiter. Er bewohnte ein großes Zimmer, wo Wäsche zum Trocknen hing. Er war Trotzkist und beauftragt zu verhindern, daß junge Leute meiner Art sich von der KPF kriegen lassen. Von ihm hörte ich zum ersten Mal vom Abkommen zwischen Hitler und Stalin, 1940, reden und erriet, daß alles, was Koestler in *Sonnenfinsternis* erzählte, das ich gerade gelesen hatte, die Wahrheit war. Durch den Nazismus, der selber an sich nichts anderes als Mord und Totschlag ist, hatte ich mehr als reichlich erfahren, daß die Lüge alle Morde deckt und daß es zum Abc der Diktatur gehört, einem Unschuldigen verkünden zu lassen, er sei der Schuldige, daß dies das Fundament der Diktatur überhaupt ist. Ich wußte sofort, daß alles, was Koestler sagte, die Wirklichkeit treu beschreibt. Ich kannte den Nazismus zu gut, um nicht zu erraten, was im Osten geschah.

Kinder wissen alles, und 1943 hatte ich intuitiv gewußt, daß Katyn zum Beispiel nur ein Verbrechen der Sowjets sein konnte und daß ein solches Verbrechen nur von solchen gezeigt werden kann, die Ähnliches begehen. Man zeigt so etwas beim anderen, um zu verdecken, was man selber tut. Die Gerüchte über die sowjetischen Lager konnten nur wahr sein, weil die Wahrheit immer schlimmer ist, als was man davon sagt. Stalin war ein mordender Diktator. Da war es ein für allemal Schluß mit meinem Engagement, ich wußte nun, wo ich stand.

Fast im selben Augenblick begann die Kravchenkoaffäre*: Alles, was er sagte, wurde noch von der Wahrheit übertroffen, das wußte man instinktiv, sofort. Jeder konnte es nach Belieben verdrängen. Es war wie mit der Nazivernichtung, die doch nur die Verwirklichung einer bis dahin aufgehobenen Möglichkeit, eines halb unbewußten Kollektivwunsches gewesen war. Sofort mit den ersten Fotos aus Bergen-Belsen oder Auschwitz, die auf grauem Papier überall angeschlagen waren, ihr Anblick war unerträglich und erfüllte den Betrachter mit der Schmach, daß es ihn noch gab, brauchte man sie nicht mehr, man wußte schon alles, als ob der absolute Horror ganz fertig immer schon da war, zu allen Zeiten, virtuell, auf einmal zur Verwirklichung bereit, jenseits aller Erwartung.

Die Trotzkisten schienen mir Karikaturen. Wie dem auch sei, ich gehörte nicht dazu, ich konnte noch so »arm« sein, ich war kein Proletarier und glaubte überhaupt nicht an den Sieg des Proletariats. Ich fühlte konfus die Drohung von etwas Uniformem und Erschreckendem. Ich sträubte mich instinktiv beim Kontakt mit jeder Form von Gruppe oder Organisation, sofort würde man mich da ausfindig machen, und jegliche totale Adhäsion war mir unmöglich.

Meine Linke, das war die von Albert Camus, dessen Leitartikel ich in der Tageszeitung *Combat* las.

* Kravchenko, der aus der UdSSR geflohen war, hatte von den sowjetischen KZs berichtet, daraufhin machte ihm die KPF einen Prozeß, der ungeheures Aufsehen erregte und den sie verlor, das war der Anfang ihres Endes.

XVI

Eintritt in die Sorbonne

1948 hatte man die »Propädeutik« eingerichtet, einen Übergang für die jungen Abiturienten, die zum ersten Mal in Berührung mit den Mysterien der Universität kamen, eigentlich eine Auslese, die sich nicht als eine solche ausgab. Das spielte sich an der Sorbonne ab. Ich wagte es kaum, dieses »palais national«, einen jener ruhmreichen »Paläste der Nation«, zu betreten, die es überall in Paris gab, die mich einschüchterten, ohne mir jedoch je das Gefühl zu geben, ich wäre daraus ausgeschlossen.

Mich wunderten diese Gebäude wegen ihres fast anonymen, fast bürgerlichen und zugänglichen Aussehens. Wie jedermann war ich mehrmals am Elyseepalast vorbeigegangen, er sah gutmütig aus, und durch das offene Portal konnte man sogar hineinschauen. Gegenüber, auf der anderen Seite der eher schmalen Straße, der Rue Saint-Honoré, befand sich ein Spezialgeschäft, dessen Ladenschild in Höhe der ersten Etage auf die Straße hinausragte und auf den Präsidentensitz der Republik zu zielen schien: »ATTILA, LA MORT DES RATS« (»Attila, der Tod der Ratten«) konnte man darauf lesen.

Mit Leidenschaft stürzte ich mich in das Philosophiestudium und war erstaunt, in der Descartes-Aula, deren drei riesige Fenster den eigenartigen, schräg hinunterreichenden Bereich des Lehrens beleuchteten, hinter einem langen Podium einen kleinen Mann zu erblicken, der immer wieder deutsche Worte benutzte, merkwürdig ausgesprochen; es war Jean Wahl. Seine Gewandtheit beeindruckte mich, aber ohne daß ich verstand, warum er die Unterstützung der deutschen Sprache brauchte, die er nicht, das fühlte ich, mit Leib und Seele beherrschte, die für ihn eine Art Latein war.

Sein eigenes rapides Denken, wozu brauchte es bloß jene Krücke, jenes *»Dasein«*, das bei fast jedem Satz wiederkam und welches mir ein peinliches Gefühl unter den Armen verursachte? Es war ein vollkommen überflüssiges Wort in der französischen Sprache, die genau dasselbe eben anders sagte, dieses Wort brachte nichts, das man nicht schon wußte. Da war irgend etwas nicht in Ordnung. All dies Deutsche war mir unbehaglich, ich fühlte darin das Freiluftturnen meiner Kindheit, etwas undefinierbar Obszönes. Was wußten diese französischen Philosophen eigentlich von kurzen Hosen! Dazu war es bloß immer jenes falsche Deutschland der Tannenwälder und des Feldsteins, das Deutschland der fest geschlossenen Reihen und der Fahne hoch des Nazilieds, das einem dabei eigentlich immer wieder aufgetischt wurde. Die wohlversorgten Franzosen wußten nun aber wirklich nichts von Deutschland, sie goutierten es nur prophezeiend, muskulös und quadernhaft, wie sie es sich im Laufe der Jahrhunderte aufgebaut hatten, und das war gerade das allerschlimmste, sie vergaßen bloß das andere städtische, zivilisierte Deutschland.

In der Propädeutik hieß unser Philosophieprofessor Sandoz. Er selbst empfand nicht das Bedürfnis, zum Deutschen überzugehen, um vermeintlich zu denken. Indem er sich einfach des Französischen bediente, ließ er mich den Taumel des philosophischen Denkens empfinden. Er stellte manchmal Fragen, was neu war, die Studenten trauten sich jedoch nicht, auf die Fragen einzugehen, und ich sah mich eines Tages aus meiner Reihe aufstehen, mit jenem ockerfarbigen, zu weiten Mantel, der sich um mich herum bauschte, und ihm antworten, daß die Wirklichkeit ein gegenwärtiges Stadium der Leistungsfähigkeit, der Macht im Allgemeinen sei. Man gratulierte mir, im Geheimen wußte ich nun, wo ich stand. Das Innere meiner Selbst stimmte mit der Außenwelt überein. Die ein wenig perversen, scheuen Jünglinge, wie man feststellen kann, zeigen manchmal eine Kühnheit, die sie anscheinend nicht wirklich beherrschen und die ihnen immer zugute kommt.

Ich hatte angefangen, einen detaillierten Kommentar der *Kritik der reinen Vernunft* zu schreiben, ohne zu ahnen, daß ich so mitten in der Philosophie drin war. Ich schrieb mit Leidenschaft über diesen philosophischen Gegenstand, der nicht dem Zugriff entzog, der aber als Gegenstand ja gerade dieses Entgleiten war. Das Denken konnte nicht aus seinen eigenen Grenzen heraus, und diese unüberschreitbare Grenze, das war es selbst; weil das Denken des Numen ausgeschlossen ist, gibt es im Kern der Philosophie jenen Mangel, der sie unaufhörlich von ihr selber trennt und als Behinderung gedacht zu werden lohnt.

Maubuisson wurde von einer Berühmtheit besucht, Pierre-Maxime Schuhl, Philosophieprofessor an der Sorbonne, den die Baronin ein wenig für ihr Hilfswerk angeworben hatte. Er war sehr befreundet gewesen mit dem Rabbiner Apelioig, dem es gelungen war, in Südfrankreich, wo viele Juden von der Bevölkerung versteckt worden waren, den Verfolgungen zu entkommen, der aber sehr schnell, 1947, starb, als hätte er nicht den Gedanken seines eigenen Überlebens ertragen können. Seine Frau leitete mit Autorität, Kompetenz und Güte das Waisenhaus, was sie sehr ermüdete. Jeden Tag nach dem Mittagskaffee bombardierte ich sie noch dazu mit meinen metaphysischen Schwulstigkeiten. Sie hatte die Baronin mit Schuhl bekanntgemacht; sie bat ihn, sich meine Arbeit über Kant anzusehen, er las sie, ausgestreckt auf dem gelben und vertrockneten Rasen, neben dem Häuschen des Concierge, wie die Leute, die es nicht gewohnt sind, sich auf den Boden hinzulegen. Er gab sie mir zurück mit den Worten »Amerika ist schon entdeckt«, was schließlich doch ziemlich schmeichelhaft war, denn ohne überhaupt davon zu wissen, war es schon allerhand, Amerika alleine entdeckt zu haben, es setzte mich aber endgültig in den Augen meiner »Wohltäterin« herab: »Siehst du!« sagte sie. Diese Verachtung (vielleicht war es einfach Überdruß) entwürdigte in meinen Augen das Prestige der Sorbonneprofessoren, so groß war immerhin meine Eitelkeit.

Der Geruch der Aulen und die Winterabende mit den zugleich sparsamen und doch hellen Beleuchtungen, die Holztäfelung, das alles schützte vor der Unsicherheit des Draußen: Die anderen gingen dann zur Rue Madame oder nach Montreuil, zu Luxus- oder Dreizimmerwohnungen, aber alle Studenten, die um mich herum saßen, hatten irgend etwas, Vettern in der Provinz oder eine Großmutter in Narbonne. Ich, ich war aber unvorzeigbar, beziehungslos, ein überflüssiger Schnorrer. Jedesmal, wenn ich den einen oder den anderen anredete, antwortete man mir, als ob man mich für jemand anderen hielt, als täte man so, als wäre ich nicht ich. Man würde es schnell merken, und dann wäre Schluß mit der Illusion.

Ich war zu sehr in meinem Zustand eines mittellosen Waisen verstrickt, der dazu auch noch ein Schloß bewohnte – das hinderte mich, meine Adresse anzugeben, man würde sich Chauffeur und Wandpaneelierung vorstellen –, um mich in irgendwelche Gruppe zu integrieren. Ich wagte es nicht, meine Geschichte zu erzählen, und konnte niemanden zu einem Glas einladen, ich hatte gerade genug Geld für den Zug. Ich wußte nicht, daß es den meisten Studenten ungefähr ähnlich ging. Für mich hatten die Franzosen alle ein Haus im Burgund, mit weißen Fensterläden, Bassins und Perrons.

Was mich am meisten überraschte, war, daß alles, was im Fach Literaturwissenschaft gelehrt wurde – mit Ausnahme des Mittelalters –, mir bekannt und vertraut war, nichts, wovon ich nie etwas gehört hätte, was übrigens vom höheren Wert der

Sekundarschule jener Zeit zeugen dürfte. So lückenhaft mein Schulbesuch auch hatte sein können, hatte ich doch die eigentliche Substanz mitbekommen. Ich war davon derart durchdrungen, daß keiner der Autoren oder der literarischen Strömungen mir fremd waren, von denen in den Vorlesungen der Professoren der damaligen Zeit geredet wurde; René Pintard, Marie-Jeanne Dury (man erzählte, sie veröffentliche rundförmige Dichtungsplaketten) oder Pierre Moreau (Professor der französischen Rhetorik!). Diese Professoren vervollständigten, was ich so geerntet hatte, sie präzisierten nur, verfeinerten und entwickelten, was mir durch die Schule bereits vertraut war. Es genügte, das alles gestreift zu haben, um schon mittendrin zu sein. Die »Bildung« jener Zeit gehörte niemandem und war jedem zu eigen, ohne eine besondere Zugehörigkeit zu verlangen. An der Universität lernte man Wesentliches dazu, aber die Grundlagen waren vorher gelegt worden.

Es ist gut möglich, daß meine bürgerliche Herkunft diese fast zufälligen Kenntnisse gefördert hatte. Ich hatte nichts anderes als Auszüge aus Lehrbüchern für das katholische Schulwesen gelesen, danach hatte es Schulhofgespräche gegeben, wo tatsächlich die Namen von André Breton, Jules Supervielle oder Antonin Artaud auftauchten, aber dabei war es geblieben. Ich hatte nichts weiter vertieft, hätte ich es getan, wäre ich doch nicht auf völlig neue Überraschungen gestoßen.

Spirou, ein Comicstrip für Jugendliche, oder *Détective* oder *Points de Vue-Images du Monde,* letztere eine Illustrierte, oder vor allem die Abendzeitung *France-Soir* mit *Les potins de la commère,* der Tratschecke, nahmen nicht weniger Zeit und Platz ein. Wenige durchgelesene Bücher, es seien nur merkwürdigerweise die Romane von Alphonse Daudet, wie *Fromont jeune et Rissler aîné,* oder *Thérèse Raquin* von Emile Zola, in broschierten Heften auf zwei Spalten gedruckt mit braun- oder graufarbigem Umschlag, aus dem Verlag Arthème Fayard, wenn ich nicht irre. Das »Taschenbuch« gab es damals noch nicht, aber eine große Zahl Werke, insbesondere von Victor Hugo, Michelet, Balzac oder Zola, gab es in sehr billigen, immer schlecht gedruckten Volksausgaben, deren ganze Anziehungskraft eben von der zweifelhaften Aufmachung ausging.

Diese Bändchen befanden sich in den Kästen der »bouquinistes«. Auf den Quais an der Seine die Titel durchzublättern und die Umschläge nacheinander vorbeiziehen zu lassen war an sich schon ein belehrender Spaß. Nun sah ich aber auf einmal ein illustriertes Heft, welches einen jungen Abbé in der Soutane darstellte mit verzerrtem Gesicht, der eine Frau umschlungen hielt, deren Kleid mit tiefem Ausschnitt das erraten ließ, was man nicht sehen durfte. Es war *Le Scorpion* von Marcel Prévost, und kaum hatte ich angefangen, das Buch durchzublättern, stieß ich fast sofort, wie es doch immer der Fall ist, auf die entsprechende Passage, wo in der Eile dem jungen Abbé die Knöpfe der Soutane durch das Zimmer sausen.

Das erinnerte mich an die Verwirrung des Abbés, wenn ich bei ihm im Internat Beichte ablegte und er mir durch seine subtilen Fragen so vieles zum »gefährlichen Zusatz« beigebracht hatte, der, wie es Jean-Jacques Rousseau so schön sagt, die jungen Leute vor viel gravierenderen Nachteilen schützt. Mir schien jeden Augenblick, daß man mir mein Laster auf dem Gesicht ablas, was mich natürlich daran hinderte, mich »hervorzuwagen«. Da ich bisher im Internat lebte, mußte ich zuerst den Hintergrund aus sexuellem Einverständnis und relativer Toleranz herausfinden, der in Paris herrschte und den ich nicht einmal ahnte. Eine Unmenge an erotischer Literatur, von der ich zum erstenmal im Schulhof des Gymnasiums von Pontoise hörte, von den größten Autoren geschrieben, verbreitete ein wortloses Einverständnis unter den Lesern, so daß im Grunde keiner vor dem anderen moralisieren konnte, es sei denn nur mit einer solchen Heuchelei, das sie nur noch komisch sein konnte.

Man nahm den Vorwand meiner Studien an der Sorbonne, mich nach Paris zu schicken, um Fleisch in einem Koffer zu holen, das ein wohltätiger Metzger dem Waisenhaus spendierte. Ich fuhr mit dem beige-braunen Citroënbus nach Paris-Maillot, der alle Passagiere, alle zusammen im gleichen Rhythmus, auf und ab, schüttelte und um die Défense herumfuhr, als wäre es ein riesiges Karussell. Es war ein weiter, runder, menschenleerer Platz, in dessen Mitte von Wildgras umwachsen ein stacheliges und konfuses, riesiges Denkmal aus schwarzem Metall stand, und ich fuhr dann wieder vorbei, auf der Rückfahrt, unter dem Fleisch sitzend, das im Gepäcknetz mithüpfte.

In Paris herrschte eine Gesten-, Haltungs- und Bewegungsfreiheit, die ich sonst noch nie empfunden hatte. Im Internat wurde man ständig überwacht und ausgespäht. In Pontoise oder Saint-Ouen l'Aumône war es genauso, jeder kannte einen.

In Paris war es nicht Gleichgültigkeit der einen den anderen gegenüber, es war die Unzahl, die unendliche Zusammensetzung der verschiedensten Leben, der Arten und Weisen, wie man ging, sich bewegte, sich setzte oder redete, die diesen Raum der Freiheit körperlich empfinden ließen, in welchem man sich wohl fühlte. Ich stieg aus der Métro, wie es gerade kam, und erforschte die Stadtviertel, die mich umgaben und die mir völlig unbekannt waren, Les Batignolles, Charonne oder Montgallet, und jedesmal, ohne daß ich es erwartete, wurde ich in meine kindliche Verwirrung zurückgestürzt: an der Decke einer jeden Drogerie hingen, immer vom oft schwachen Innenlicht des Ladens beleuchtet, die Siebenstriemer, büschelweise, mehr oder weniger lang mit gelben Griffen und roter Fassung oder aus Rohholz, alle mit Lederriemen. Unweigerlich rief das in mir Bilder von nackten Hintern hervor, und ich sah mich wieder unter der Strafe. Alles brachte mich zu dieser endlosen und lächerlichen Kindheit zurück.

Oft ging ich Bücher bei den Bouquinisten an den Quais der Seine durchblättern und sah mir dabei, zwischen den Kästen, Ausschnitte des Seinestroms an und Stücke vom gegenüberliegenden Ufer, es war jene weit verlaufende Schmalsicht, die den Titeln der Bücher ihre Lebendigkeit verlieh. Zwischen dem Châtelet und dem Hôtel de Ville entdeckte ich, weiß und blau gestreift, ein Buch, dessen Existenz ich nicht einmal vermutete, *Bouvard et Pécuchet,* und Gustave Flaubert als Autor; beinahe wäre ich zum Buchhändler gegangen, ob es sich nicht um eine Fälschung, gar um einen guten Streich handele. Das wenige, das ich wußte, ließ mich glauben, ich wüßte alles. Was ich nicht wußte, gab es nicht. Ich wußte, daß Flaubert auch *Salammbô* geschrieben hatte, das ich um so lieber gelesen hätte, als darin von Folterungen die Rede war. *Bouvard und Pécuchet* aber, das war das Neueste!

Eine Stimme dicht neben mir sagte mir plötzlich: »Na, junger Mann, man interessiert sich für Literatur?« Es war ein Herr, ziemlich klein, aber geschmeidig, an die dreißig Jahre alt, mit lebhaften Augen, das Haar eher schwarz, ein feines und, man konnte sagen, typisch französisches Gesicht. Wir wechselten einige Worte miteinander; er bestand darauf, mir diesen *Bouvard und Pécuchet* zu schenken, und schon hatte ich den bekannten, unglaublichen ersten Satz gelesen. »Comme il faisait une chaleur de 33 degrés, le boulevard Bourdon se trouvait absolument désert« (Da es 33 Grad heiß war, lag der Boulevard Bourdon absolut leer). Durch jenes »comme«, mit dem das Buch ansetzte, stülpte dabei eine ganze Welt ins Sichtbare hinein, mit der Richtung des Boulevards, dem Lasten der Hitze darüber, den Gerüchen und Geräuschen.

Dieses Buch, das ich, nach Maubuisson zurückgekehrt, in einigen Stunden durchlas, wurde für mich ein rein visuelles Erlebnis, als hätte ich selber dieses Erlebnis gehabt, als hätte ich alles das Erzählte erlebt, als wäre ich Zeuge davon gewesen. Es

gab keine Wörter mehr, nur noch Raum, Leute, Bilder, in solcher Nähe, so deutlich, daß es einem den Atem verschlug. Wenig zuvor hatte ich durch *Madame Bovary* einen entscheidenden
Ruck erlebt, durch welchen die gelesenen Bilder zur Substanz
des eigenen Körpers wurden; das Buch hatte sich in mir abgespielt, ohne Sätze noch Wörter, aber im Lebendigen des
Raums und des Horizonts selber. Ich sah genau den Garten,
das offene Fenster Binets, ich hörte die Stimme Homais'. Vom
Inneren meiner Selbst kamen mir Landschaften, in deren
Mitte ich stand. Die Umgebung von La Vaubeyssard, wie sich
das Gras anfühlte oder die Gerüche und das Licht des Morgens, hatte ich in mir, wie mir eigene Erinnerungen, Orte, die
ich gesehen oder wiedergesehen hatte.

Aber mein Gesprächspartner ließ mich reden, und sonderbarerweise fühlte ich gar keine Schüchternheit und begann
mein kleines Leben zu erzählen, aber wie unbeabsichtigt, als
wollte ich mir selber Fußangeln stellen, erzählte ich, daß ich
Internatsschüler gewesen war, und während wir um die Saint-
Louis-Insel herumgingen, unter dem großen, Paris umspan-
nenden hellen Himmel, brachte er die Unterhaltung auf das
Internat zurück. Wie ohne Absicht und als hätte er bereits alles
erraten, ließ er mich von den erteilten Strafen erzählen und daß
es vor gar nicht so langer Zeit noch passiert war, bis ich mit belegter Stimme dann geständig wurde; er führte mich in eine
»Teestube« neben der Kirche Saint-Germain l'Auxerrois, gegenüber der Kolonnade des Louvre.

Von einer dumpfen Unruhe benommen, von einem mir
selbst unbekannten, wie befehlenden und doch allzu vertrauten
Teil meiner selbst, hörte ich mich sagen, ich müsse vor sieben
wieder zu Hause sein, daß meine alte Mutter krank sei, alte ver-
räterische und triste Entschuldigung, immer wieder von denselben verwendet.

Er begleitete mich bis zur Gare du Nord, ich hatte meinerseits erfahren, er heiße Robert Levesque. Er war Schriftsteller und Französischlehrer im Ausland, er solle in nächster Zeit nach Brasilien. Wir tauschten unsere Adressen aus, ich gab ihm eine falsche. Wäre er eines schönen Tages in Maubuisson aufgetaucht, hätte man sofort an mir etwas Anrüchiges vermutet. Ich hätte vor der Baronin erscheinen müssen, man hätte mich weggejagt. Ich war ein unsauberer Kerl.

Befreit, erleichtert fuhr ich zurück in meinen Vorort, bei jeder Haltestelle, Enghien, Enghien-Champ-de-courses, Ermont-Eaubonne, Fraconville-Plessis-Bouchard, standen die Vorstadtvillen immer weiter auseinander, von Wiesen mit Gebüschrändern gesäumt, die Luft wurde stechender, frischer unter dem rotgoldenen vielversprechenden und beruhigenden Abendlicht der untergehenden Sonne.

Kurz nach dem Einbruch der Nacht stand ich wieder in der riesigen Küche des Waisenhauses und schöpfte mit dem Schaumlöffel gekochte Kartoffeln aus dem großen Kochtopf, die ich am frisch gescheuerten Holztisch mit Margarine übergossen aß. Dann, vor dem Scheunenhintergrund gab es in der Mansarde zuerst Metaphysik und dann das, was man nicht gestehen konnte.

Es war aber stärker als ich, nach drei oder vier Tagen wollte ich mich der falschen Adresse wegen entschuldigen, ganz oben in einem Wohnhaus der Rue Notre-Dame des Champs. Man verzieh mir sehr gerne, derart, daß man mich bald nackt auszog. Ich erlag, mir selber enteignet, ich ließ mich von jenem sonderbaren Taumel berauschen, von jener doppelten Wollust, die ich bereits seit dem Sommer 1946 kannte. Ich schwor mir dann, nie wiederzukommen, und von einem Fenster des Treppenhauses zum anderen fühlte ich mich immer mehr befreit. So etwas war überhaupt nicht, ich stellte es fest, meine tiefere Neigung. Zugleich wußte ich, daß ich nicht der Gefangene eines solchen keiferischen und falschen Milieus sein wollte. Ich würde da meine Selbständigkeit, jene erworbene Erkenntnis einbüßen, ich war mir selber genug.

Meine Phantasieinszenierungen, in denen meine Internatsleiterin die Hauptrolle spielte, exaltierten mich weit mehr. Ich war dabei Meister der Zeremonien, die ich, ganz wie mich gelüstete, verlängern konnte. Ich konnte immer die Adoleszenz für mich behalten, mich dem Imaginären ergeben, das ich doch so reichhaltig zu bebildern wußte und in meiner Mansarde oder im Gebüsch sprühen lassen konnte. Überall nahm ich so aus dem Kämmerchen Geheimnisse mit, die man unmöglich verraten durfte. Ich war sicher, daß man sie an mir ablesen konnte. Sobald ich jemanden erscheinen sah, war ich überzeugt, identifiziert zu werden. Ich trug mein Laster auf der Stirn. Man erriet an mir ekelhafte Einsamkeiten.

So schämte ich mich unentwegt, und die Scham verließ mich nur, wenn ich alleine auf dem leeren Land, laut, große philosophische Reden halten konnte. Ich stellte mir vor, ich wäre Professor an der Sorbonne und begeistere meine Zuhörerschaft.

Und doch ging ich öfters in die Rue Notre-Dame des Champs zurück, jener sonderbaren Weiblichkeit ausgeliefert, die ich in mir hatte, ein seltsames, aber grundlegendes Erlebnis, welches davor schützt, der Angst des unmöglichen Geständnisses zu verfallen. Eines Abends, einmal, später als sonst zurückgekommen, stieg ich in Ermont-Eaubonne aus, um an der anderen Station in den nächsten Zug wieder einzusteigen. In der beleuchteten Unterführung stand ein Jüngling meines Alters, sonderbar ausgestellt, er nahm mich mit, ich verbrachte die Nacht bei ihm. In Maubuisson hatte niemand meine Abwesenheit gemerkt.

Meine schäbige Kleidung, immer zu weit, in den seltsamen Farben der Wohltat gehalten, und das ganz wenige Taschengeld, das ich hatte, schützten mich einigermaßen. Wohl fühlte ich mich eigentlich nur im Schloßpark, wo niemand mich sah, es seien im Sommer nur die riesigen Blindschleichen, die sich der Frische im hohen Gras erfreuten.

Ich tat poetisch, in der schicksalhaft-inbrünstigen Art. Ich hatte einen poetischen Text geschrieben *Das Auge Gottes,* wo Gott Kreppsohlen und blaue Hosen trug. Vor Begeisterung schmiß ich das Fahrrad in die Straßengräben. Ich bebte buchstäblich vor Intensität. Ich komponierte im Freien auf kleinen Zetteln, wie es sich gehört, in symbolischer Manier, aber mit einem Schlag Antonin Artaud dabei, und mir gelangen, wie jedem anderen auch, zwei oder drei Gedichte.

Einer meiner Schulfreunde hieß Jean Zimmermann, und genau wie ich praktizierte er die Ars poetica. Dank seiner wie dank Rousselet wurde ich ins tiefe Frankreich eingeführt, ins Frankreich der Mahlzeiten mit Tischdecken, die bis zum Fußboden hinunterreichten, der lange geköchelten dunkelbraunen Saucen und der Politik nach dem Kaffee. Seine Eltern unterhielten ein Hotel in Chaumont-en-Vexin, und beim Tod der Großmutter, um mir zu zeigen, wie sehr ich schon zur Familie gehörte, ließ mich der Vater meines Freundes einen der Knäufe des Baldachins halten. Ein Begräbnis auf dem tiefen Land, der Leichenwagen schaukelte hin und her auf dem Weg voll Furchen, und der Wind schlug die abgebrauchten Tuchgarnituren empor. Auf dem Friedhof konnte ich nicht vom in der braunen, fast gelben Erde ausgenommenen, senkrecht glatten Grab wegblicken. Das Grab war an der Landschaft austranchiert, deren blaufarbene Wellungen sich rings herum von Hügel zu Hügel ausbreiteten.

Jean Zimmermann und ich, wir lasen einander gegenseitig aus unseren Werken vor, im Gras auf dem Hügel des ehemaligen Bergfrieds gelegen, was sehr romantisch aussah. Im Gegensatz zu ihm traute ich mich nicht, literarischen Ruhm zu erträumen, im Geheimen sehnte ich mich nach anspruchsloser

Ruhe, die mir erlauben würde, das grundlegende philosophische Werk zu schreiben, auf welches die ganze Welt immer noch wartete, dessen Grundzüge ich schon skizziert hatte, das sollte *Das ontische Bedingen der existentiellen Präsenz* heißen.

Der Lächerlichkeit meiner Lage war ich mir bewußt. Von der Wohlfahrt ernährt, als über Zweiundzwanzigjähriger noch im Waisenhaus lebend und unnennbaren Gewohnheiten ergeben, wollte ich zugleich zu Ende »profitieren« und vor allem nicht als armer Kauz, als verkorkster Knilch enden, der sich von Anstalt zu Anstalt schleppte, um doch am Ende auf den Auslegeteppichen der Privatschulen für reiche Kinder Abschied zu nehmen. Die Angst, als Clochard zu enden, als Bettler, der von Abspeisungen und Nachtasylen lebte, ließ nicht von mir ab, und ich betrachtete fast als ein unerreichbares Ideal, Lehrer in einer Unter-Präfäktur am anderen Ende Frankreichs zu werden.

Ich las *Le Monde* und *France-Observateur,* die ich unter dem Arm mit hervorgezogenem Zeitungskopf in der Métro trug, das sah »intellektuell« aus. Aber wenn keiner mich sah, stürzte ich mich auf *Verbrechen zahlen sich nicht aus,* den Comic strip auf der letzten Seite der Abendzeitung, *France-Soir,* und für die Mansardenabende kaufte ich *V,* das einzige leicht pornographische Magazin der Zeit oder die Sportzeitschrift *Miroir-Sprint* in der fast immer enttäuschten Hoffnung, nackte Jünglinge darin zu entdecken.

Zwischen der schäbigen Mansarde und der eleganten Balkonwohnung im XVII. Arrondissement hatte ich sowieso keine Wahl. Porträtierte Schriftsteller vor auf Parks geöffneten Fenstertüren oder sehr gelehrte Veröffentlichungen mit Fußnoten, das waren Zukunftsaussichten in dreiteiligen gestreiften Anzügen, zu denen ich mich nicht berechtigt wußte. Ich würde mich mit einer Lehrerlaufbahn in der Provinz begnügen, als Volksschullehrer auf dem Lande, der CAPES, einer der Wett-

bewerbe zur Anstellung von Gymnasiallehrern, schien mir un-
erreichbar. Ich würde ein Mädchen vom Lande heiraten und froh sein, im Dienst der Republik zu stehen. Ich würde am Ende meines Lebens publizieren, und es gäbe Fotos von mir in Literaturzeitschriften, auf einem Steinmäuerchen sitzend, mit romanischem Kirchturm im Hintergrund.

Mittlerweile hatte ich die französische Staatsbürgerschaft er-
worben, ich wurde am 4. März 1949 als Franzose naturalisiert, ein Augenblick aufrichtiger Freude: Ich konnte mich von nun an in das, was ich zu sehen bekam, hineingleiten lassen. Es gab keinen Bruch mehr zwischen der Umgebung und mir. Bis dahin hatte ich immer eine merkwürdige Illegitimität zwischen mir und meinen Empfindungen gefühlt, alle meine Empfin-
dungen endeten immer in der Falte meines rosafarbigen zieh-
harmonikaartig zusammengelegten Ausländerausweises, als »bevorzugter ausländischer Resident«. Das war eine leise und vertraute Drohung, die mich in der Emigration bleiben ließ.

Von nun an zeigten die Michelinwegweiser aus emailliertem Beton Ortschaften an, die zur natürlichen Kontinuität meines Blickfeldes gehörten. Es war, als ob auf einen Schlag die ganze Räumlichkeit des Landes und seine geschichtliche Vergangenheit bis zu mir hinführten, ich gehörte dazu wie jeder andere Franzose.

Die öffentlichen Gebäude, die Denkmäler, die öffentlichen Dienste, die Formulare und die Telefone aus schwarzem Bake-
lit, aber vor allem die Literatur, die Malerei und die Lage der Straßen, alles gehörte zu mir, sogar die »Galerie des Lettres«, einer der beiden großen Gänge, die durch die Sorbonne zum großen Innenhof führten, wo die Namen der Professoren und die Stunden der Vorlesungen plakatiert standen. Ich fühlte mich um so sicherer, als ich zu meinem maßlosen Erstaunen das Propädeutikexamen bestanden hatte. Und doch schien mir meine Gegenwart unter solch hohem Gewölbe ungehörig.

XVII

Eine überflüssige Rückkehr

Franzose nun, reichte ich einen Antrag auf Verschiebung meines Militärdienstes ein, die mir sofort zugebilligt wurde. Ich ließ mir einen Paß ausstellen, den man mir genauso schnell aushändigte: am 20. Juli 1949. Es war nun möglich, umstandslos nach »Trizonien« zu fahren, den drei Besatzungszonen in Deutschland. Die englische, die amerikanische und die französische unterstanden nun demselben Verwaltungssystem, da im Mai die Bundesrepublik Deutschland gegründet worden war.

Mich überkam das sonderbare und drängende Bedürfnis, an Ort und Stelle die Wahrhaftigkeit meiner Erinnerungen zu prüfen. Sie waren derart genau, ich sah alles so präzise durch meinen inneren Blick, daß ich unbedingt die Vorstellung und die Wirklichkeit, übereinanderklappen mußte, mit der Sicherheit, und das war dann auch der Fall, daß sie genau übereinstimmten. Ich mußte an Ort und Stelle mal sehen, was aus mir geworden war. Ich hatte aber um so weniger Grund dazu, als meine Eltern schon lange verschwunden waren und der übrige Teil der Familie weniger zu meiner Vergangenheit gehörte. Alle Brüder oder Vettern meiner Mutter waren deportiert oder hingerichtet worden. Väterlicherseits war alles beseitigt worden.

Was übriggeblieben war, Schwester und Schwager hatten es einbehalten. Meine einundzwanzig Jahre ältere Schwester war vorläufig durch ihre arische Ehe geschützt worden, wie alle in ihrer Lage sollte sie später abgeschafft werden. Sie schrieb mir liebevolle Briefe, und vielleicht, sich selber eine Falle stellend, vermeinte sie verpflichtet zu sein, mich einzuladen, ihr einen Besuch in meinem Familienhaus abzustatten. Ich erriet, daß ich nicht unbedingt willkommen war, ich war ein peinlicher Überlebender, der diesen Menschen, die sich so leicht hatten durchschlagen können dank meines Paten, eines wichtigen Zulieferanten der Wehrmacht, aufs peinlichste dazwischenkam.

Einige Monate vorher hatte mir meine Schwester ziemlich bedenkenlos einen lyrischen und gewundenen Brief geschickt, um mich wissen zu lassen, mein Pate habe 1941 zu einem niedrigen Preis von 10000 RM (das jährliche Einkommen eines höheren Beamten betrug 1931 ungefähr 20000 RM) unser Elternhaus erworben, das mein Vater zu verkaufen verpflichtet war. Wie alle klugen Köpfe hatte er natürlich schon 1940 verstanden, daß Deutschland dem Hitlerwahnsinn verfallen würde und daß die Endkatastrophe unvermeidlich sei. Die 10000 RM wurden nicht von meinem Vater einkassiert, sondern von der Reichsbank. Der Witz bestand darin, die Juden zum Verkauf zu zwingen, ohne ihnen den Ertrag des Verkaufs zu geben. Das Hitlerreich konnte auf diese Weise – seit den Arbeiten Hilbergs ist das allgemein bekannt – hohe Summen ergattern, die die Invasion Europas mitfinanzierten.

Ein zweiter Brief folgte sehr rasch, in dem meine Schwester uns, meinen Bruder und mich, bat, schriftlich unseren endgültigen Verzicht auf die Rückgabe eines Besitzes zu erklären, den mein Patenonkel, dank der Ereignisse, besonders günstig erworben hatte, natürlich um auch meine Eltern vorläufig vor der Deportation zu schützen, wie schon weiter oben erwähnt.

Dazu noch hatte meine Schwester die besten Gemälde meines Vaters unter den »guten Häusern« Reinbeks verteilt. Je mehr diese ihre Nazibegeisterung gezeigt hatten (was nicht immer die Regel war, außer in den Kreisen, in denen meine Schwester unbedingt verkehren wollte), desto schöner das Gemälde oder desto mehr bekamen sie davon. Die Arme wollte unbedingt ihre Herkunft vergessen machen und so tun, als hätte sie nicht »dazu« gehört. Sie und ihre Familie waren eigentlich nur die Opfer eines monströsen Irrtums gewesen, da ich doch zum »Ausland« gehörte, betraf mich das nicht.

Mein Bruder, der mit betonter Vornehmheit nicht sparte, er hatte gerade Saint-Cyr, die französische Offiziersschule, abgeschlossen, unterschrieb sofort, ich tat es ihm nach und ließ sogar meine Unterschrift vom Polizeikommissar von Pontoise persönlich beglaubigen, den die Lektüre des Dokuments in Erstaunen versetzt hatte. Er fragte mich, ob ich wüßte, was ich da machte. Ich wagte es nicht, mich der Baronin zu eröffnen, ich wußte zu gut, was sie sagen würde. Als sie es später erfuhr, sagte sie mir, ich sei ein absoluter Idiot und ihre Anwälte hätten nicht die leiseste Schwierigkeit gehabt, uns, was uns, meinem Bruder und mir, zukam, zurückerstatten zu lassen. Ich bin aber sehr froh und war es schon immer, Deutschland nichts verdanken zu müssen, das wäre eine Art Anerkennung derer gewesen, die meine Abschaffung wollten, es wäre schließlich eine Legalisierung des Genozids gewesen.

Wenn meine Verwandte ins Waisenhaus kam, ging ich sie im »Büro« begrüßen, ich war vor Unbehagen gelähmt. Sie argwöhnte bei mir noch »böse Gewohnheiten«, ich war dessen sicher und vor Ungeschicklichkeit und verlogener Dankbarkeit versteinert. Natürlich bezahlte sie mir die Reise – nicht ohne ihrem Erstaunen Ausdruck zu geben –: »Was willst du denn in Deutschland, du hast deine Eltern nicht mehr, und niemand dort will dich haben, das kannst du mir glauben«, sie hatte alles verstanden, ich nichts. Ich ging mein Visum bei der amerikanischen Botschaft abholen, Rue Cambon, es war das Visum n/P 76280, am 2. August 1949 ausgestellt.

Das französische Land defilierte unentwegt an uns vorbei.

Ab Creil war es eine mit wenigen Dörfern und wehenden Pappelreihen durchzogene Landschaft. Es klingelte an immer leeren Bahnübergängen. Der kaum besetzte internationale Schnellzug fuhr durch leere Bahnhöfe, Noyon, Saint-Quentin, dessen Kathedrale bugartig, auf Halbstufe, wie ein riesiges Schiff die treppenförmige Stadt überragte.

Jeumont Grenzbahnhof, eine ein wenig enge Landschaft, in welche Zementgitter hineinstanden. Die unendlich langen Bahnsteige waren von tristen Baracken gesäumt, deren militärgrüner Anstrich überall aufplatzte. Es schwebte da noch die Erinnerung an den Krieg, als sei sie zwischen den Mauern der Gebäude gefangen geblieben, die viele Menschen, von der Angst gepackt, angeschaut hatten. Gendarmen gingen hin und her, während der Zug endlos wartete. Alle Gepäckstücke wurden systematisch durchsucht, Koffer um Koffer.

Und dann auf einmal war es Belgien, Häuser mit abgerundeten Fenstern und schwarzverstaubten Backsteinfassaden, die nach allen Richtungen hin die Gleise säumten. Der Zug fuhr über Viadukte, die ganze Städte übersprangen, die darunter ineinander übergingen, oder er fuhr durch ein Ineinandergreifen von Röhren, aus denen Dampfströme waagerecht herauspfiffen. Schlecht gepflasterte Straßen, an pastell- oder grünfarbenen Häusern, führten an riesigen, dickbäuchigen Hochöfen vorbei.

Manchmal standen Felsen an gelben Flüssen: Namur, Huy und dann unter einer weiten Kuppel mit vielen kleinen Türmchen eine schräge Stadt, wo der Zug die Richtung wechselte: Lüttich. Nach engen Schluchten, vollgepfropft mit Grünzeug, wurde auf einmal vor einer langen Bretterwand gehalten, die den Weg zusperrte: Herbesthal, der letzte alliierte Bahnhof, wo auch die letzten Reisenden ausstiegen.

In der Mitte der Bretter eine Öffnung mit einer Inschrift: *Only for not-german travellers to Germany.* Ein britischer Offizier in einer jener gelb-grünlichen Uniformen, die man auf den

Farbfotos sah, fragte mich mit einer leisen Verachtung und ein wenig erstaunt, was ich denn, als junger Franzose, in solch einem verrückten Land zu suchen hätte, ich erriet ihn mehr, als ich ihn verstand, mein Englisch war nicht einmal unzulänglich.

Auf der anderen Seite der Bretter wurde es eine sofort vertraute und sonderbare Welt: Ortsnamen in gotischen Buchstaben auf weißem Grund, eingesackte Bahnsteige, voll Gras, wo Bahnhofsvorsteher mit roter Mütze die Abfahrt pfiffen vor grün gestrichenen Holzbaracken mit abgerundeten Dächern aus Teerpappe. Die Signale am Rand waren noch die meiner Kindheit, lange, flache, rotumrandete »Leuchtlöffel«. Ich konnte den Gedanken nicht loswerden, daß dieselben Ortsnamen, diese Buchstaben und Bretter oder Mauern von so vielen Menschen gesehen worden sind, die sterben sollten, Deportierte auf dem Weg in die Lager oder Gefangene, die in Gefangenschaft zogen, Frauen oder verängstigte Kinder, die zu fliehen versuchten und die Gegenstände beneideten, daß sie nicht sie zu sein brauchten. Man bekam den Blick nicht los von diesen Häusern, Gittern, Behältern oder Schuppen, die genau so gestanden waren während des Grauens.

Überall Menschen, die Pakete trugen, an jedem Arm, ungeheure umschnürte Koffer, Kartons mit Riemen drum herum. Sie hielten einander an und sprachen meine Kindersprache, wo doch meine Eltern immer Englisch oder Französisch miteinander gesprochen hatten, wenn es um ernstere Dinge ging.

Die Männer trugen Militärmützen und zu kurze oder zu lange Mäntel, von denen sie die Abzeichen heruntergerissen hatten. Jeder war ein wenig alt und zerschlissen gekleidet. Trotz des Sommers trugen die Frauen Wollstrümpfe oder gingen mit nackten Beinen, auf dem Kopf jene glockenförmigen Hüte, die man nur in Deutschland zu sehen bekam. Die Männer hatten Knickerbocker an. Manchmal tauchte einer auf, der es eilig hatte, vornehm angezogen mit Spazierstock oder Regenschirm unter dem Arm, von einer »Hilfskraft« begleitet, das war fast immer ein ehemaliger Goldfasan, in den »Wiederaufbau« umgestiegen. Der Zug hielt lange in großen nackten Bahnhöfen. Gleise verliefen im Gestrüpp, aus dachlosen Schuppen wuchsen junge Bäume. Die abgerundeten Bahnhofshallen hatten keine Verglasung mehr, und die Einschläge auf den Bahnsteigen waren überbrettert worden. Köln, Düsseldorf, Essen, Mauerteile mit Fenstern, die auf nichts öffneten, auf grasbewachsenen Schutt. Der Blick sah an den Tapetenfolgen quer zum Gleis, wie die Straßen verliefen, oder plötzlich abgeknickt zogen geradlinige gepflasterte Chausseen zwischen Trümmerhaufen, auf denen in Schienenhöhe Stadtviertel folgten, wo am hellichten Tage die Leuchtreklamen an waren. In den Großstädten fing man an, den Monte Klamotte zu errichten, man überdeckte die Trümmer mit Erde und pflanzte junge Bäume darauf, die heute die deutschen Städte beschatten.

Das Abteil dritter Klasse zu acht Plätzen enthielt neun Personen außer mir, der unberechtigt, ich fühlte es genau, auf dem Fensterplatz in Fahrtrichtung saß. Jeder Zug wurde wörtlich überfallen von »Reisenden mit Traglasten«, wie es damals noch hieß, die Bretter oder Rollen von Teerpappe oder Stacheldraht trugen, Gegenstände aller Art, und die nach Müdigkeit und Rauch rochen. Alle diese Leute mit jenen mir wohlbekannten Gesichtern, ein wenig hart, unbewegliche Züge, blaue Augen, sprachen meine Kindheitssprache mit ihren betonten, dicken Silben. Sie sprachen sie gar, ohne zu lachen, und von ernsten Sachen, die ihnen wichtig schienen. Es schien mir zugleich albern und grotesk, daß sich Erwachsene in jener Sprache unterhielten, die ich nur für Kinder gemacht glaubte, es war an ihr etwas Lachhaftes, und es war komisch, alle diese vielfarbigen und ein wenig naiven Wörter aus diesen langen Körpern herauskommen zu hören, die so gar nicht dazu paßten.

Jeder war dabei, über die Schwierigkeiten seines alltäglichen Lebens zu klagen, und man verteilte Winke zum »Organisieren« von Gußeisenröhren oder Dachziegeln, und jeder sehnte sich in die Vergangenheit zurück, »zu Adolfs Zeiten hatten wir das noch alles, aber es wird schon wieder kommen«. Und ich, ich saß da, baff, unfähig, ein Wort herauszubekommen vor so viel unschuldigem Zynismus und solcher Evidenz.

Alle erzählten sie von den grauenvollen Nächten in den Luftschutzkellern. Die Mauern zitterten, der Zement zerstob unter der Gewalt der Einschläge. Wenn man Stunden später wieder heraufkam, war nichts übriggeblieben, nichts, aber wirklich nichts, lieber Herr, nichts als ein Flammenmeer, worin sogar die Stahlträger verbrannten. Trümmer glühten und verkohlten tage-, wochenlang. Man ging zu Fuß durch ganz Deutschland, stahl, was man konnte, um sich daraus Sohlen zu schneiden. Die verlorenen Kinder irrten in den Ruinen umher, und schließlich fand man sie irgendwo in Bayern wieder. Aber von den Zügen mit den Deportierten, die in den Bahnhöfen stehenblieben und aus welchen unbestimmte Geräusche herauskamen, Gescheuer gegen Holzwände, blieb nicht die leiseste Spur, nicht die leiseste Erinnerung. Es hatte in den Städten keine langen Züge von durchgehenden Kriegsgefangenen und Deportierten gegeben, es hatte keine Konzentrationslager gegeben, von denen jeder jedoch wußte. Die Zeugen hatten sie nicht gesehen, vor stillschweigendem Hinnehmen und Furcht gelähmt. Man vergißt allzuoft, daß Deutschland das schlimmste Schicksal gekannt hat, es war okkupiert, annektiert, verwüstet, gebändigt und gefügig, von sich selbst erdrückt, unterjocht von aus dem tiefsten seiner selbst entstandenen Gaunern und von Parvenüs. Der Nazismus steckte überall im verborgensten Eck, allgegenwärtig, ein Material des Terrors, der bis in die Mitte aller Dinge eingedrungen war. Der unverzeihliche Fehler der Deutschen ist es gewesen, an die Nazis geglaubt zu haben statt an sich selber. Aber nach von Jahrhundert nach Jahrhundert eingepaukter Unterwerfung war es ihnen unmöglich, selbständig zu entscheiden.

Die Ruhr rauchte, Metallglut floß den Gleisen entlang. Fabriken zogen kilometerlang vorbei, alle Fenster heil und erleuchtet. Keine einzige Bombe schien sie auch nur gestreift zu haben. Man fuhr zugweise in sie hinein und aus ihnen heraus. Ringsherum lag alles in Schutt und Trümmern. In Köln oder Essen in den Bahnhöfen standen Kinder herum, Schilder um den Hals, die verloren umherblickten und die die Erwachsenen umblätterten, als ob sie Kursbücher anschauten. Ich begann, mich schuldig zu fühlen. Überall waren sämtliche Bänke besetzt, und überall stellte man Gerüste auf. Die Mischmaschinen drehten sich, die Riemenscheiben quietschten: Der Reichtum ging mit einer Armut einher, die sich aber durchzuschlagen verstand, und wenn man besser hinsah, wurde viel gejammert, aber man kam sehr wohl mit den zerstörten Mauern und den halbierten Häusern zurecht.

In meiner Ecke sitzend traute ich es mich nicht, mich einzumischen. Auf die unvermeidlichen Fragen ging ich völlig akzentfrei mit komplizierten Lügen ein, an die ich mich nicht mehr erinnere. Ich fühlte meine Herkunft ungehöriger denn je, ich schummelte, ich hätte Rauch sein sollen, ich war fehl am Platz.

Diese armen Deutschen, die so vieles durchgemacht hatten, ich würde sie dazu auch noch mit meinem frechen Überleben beleidigen. Zum Glück hatte der Schaffner keine weiteren Bemerkungen gemacht, und doch dürften die Fahrscheine Paris–Hamburg damals ziemlich selten gewesen sein, und ich konnte mich für einen jungen Deutschen ausgeben, ein Opfer wie jeder andere auch.

Im Abteil saßen nur Opfer. Ja, der Hitler, wissen Sie, und nachher hat man so furchtbar gehungert (aber die Care-Pakete aus Amerika bogen das zurecht). Währenddessen hat man so entsetzlich Angst gehabt, was natürlich die Wahrheit war. Jeder hatte übrigens eine Kusine in Brandenburg oder Pommern gehabt, die von den Kalmücken der Sowjetarmee vergewaltigt worden war (was bestimmt auch wahr gewesen ist).

Es gab sogar Leute, die ihre Kinder in der Badewanne ertränkt hatten, damit sie nicht den Russen in die Hände fielen, die aber die vorbeifahrenden Züge mit den Deportierten nicht sonderlich berührt hatten. Merkwürdigerweise war nichts beruhigender als jene neun Leute, die ausschließlich mit ihrem alltäglichen Leben beschäftigt waren. Die Zeiten hatten sich anscheinend beträchtlich gewandelt, ich in der Kindheit hatte nur ein erschreckendes und beängstigendes Deutschland gekannt, trotz der Schönheit und der steten Neuheit von alledem, was mich umgab, wo man sich aber immer umdrehen mußte, um zu sehen, wer einem folgte.

Der Zug fuhr im Schrittempo über provisorische Brücken, über ungemein breite Ströme, deren Ufer sich im Schilf dahinschlängelten. Dann rußschwarz die Backsteinreste Bremens zwischen den unverglasten Trägern des Bahnhofs, der Hafen ein grasbewachsenes, leicht abschüssiges Gelände, wo stellenweise ein Gebäude gespenstisch aufragte, und auf einmal Stadtteile, wo die »Goliaths« knatterten, die kleinen Dreiräder mit Zweitaktmotor, die genau wie die Imbißstuben den »Wiederaufbau«, der voll im Gang war, symbolisierten.

Ich landete da hinein kurz nach der Währungsreform, die gewaltig dazu beitrug, Deutschland wieder aufzupäppeln. Überall sah man sich die Geschäfte mit Glastüren versehen. Das Glatte und Chromglänzende, das Saubere und Neue waren gerade dabei, bis ins kleinste Dorf vorzudringen. Es installierte sich ein komfortables Deutschland.

Nach der riesigen Ausweitung der Landschaft, die das Herannahen der Elbe ankündigte, schwarze Erdwege, über die Radfahrer fuhren, Birkenhaine und gotische Wassertürme mit kegelförmigen grünspanbedeckten Dächern, auf einmal lag auf der anderen Seite eines weiten schwarzen Gewässers aufgereiht ganz Hamburg. Es fehlten die Katherinenkirche, meine Lieblingskirche, deren Turm sich selber zweimal kuppelweise und grünfarben beritt, und der lange Helm von Sankt Petri. Das übrige war sonst da: Michel, Rathaus, Nikolai, von Ferne schien alles unversehrt, es war einfach unverständlich. In Wirklichkeit blieben nur die vier Mauern der Gebäude, innen waren sie von der Hitze der Brandbomben ausgebrannt, die Backsteine unter der Glut zur Glasur geschmolzen.

Nach dem Schienendurcheinander die Rundung des vertrauten Bahnhofs. Auf dem Bahnsteig stand die ganze Familie im Sonntagsaufzug, wie auf den Fotos, in frisch gebügelten Hosen und Hemden. Meine Schwester betonte zu sehr die Gesten meiner Mutter und sprach wie sie, der Schwager, an dem man mehr den Anzug (die haben also wieder welche, es geht ihnen also doch nicht so schlecht) als das Gesicht sah. Sie hatten die beiden Söhne, meine neun- und dreizehnjährigen Neffen, mitgenommen, die viel lieber weitergespielt hätten.

Man brachte mich zweiter Klasse nach Hause (man würde es mir auf irgendeine Weise anrechnen), und ich fuhr in entgegengesetzter Richtung elf Jahre später die Strecke, die ich zum Abschied für immer gefahren war. In dieser flachen Landschaft mit den unendlichen Horizonten glaubte ich zuerst nichts wiederzuerkennen, und doch merkte ich die leiseste Änderung. Der Taxichauffeur – man hatte sogar das für mich ausgegeben – tat, als erkenne er mich wieder.

Das Sonderbarste war das Geburtshaus, wovon ich das kleinste Detail in mir mitgeschleppt hatte. Es war genau wie in meinem Gedächtnis, aber nicht in der entsprechenden Größe, zu klein und zu groß zugleich, die Farbe war dieselbe, ein wenig verblichenes Hellgelb. Man führte mich in die Etage, und zum ersten Mal seit der Kindheit befand ich mich vor einer weißen Tischdecke, gerade da, wo ich sie am wenigsten erwartet hätte, einer Damastdecke mit eingewebten Ranken, die ein wenig auf dem glatten Tuch glitzerten und deren Falten einander entsprachen, den Besiegten ging es anscheinend recht gut und ihren Opfern auch. Feine, flache Porzellanteller mit fein eingezeichneten grauen Spiralen trugen genauso feine Suppenteller, das alles mit schwerem Silberbesteck garniert, in das ein ein wenig gotisches »G« graviert war. Alles war mit dem Anfangsbuchstaben der Familie gezeichnet, aber der Schwager, der gerade die goldene Taschenuhr aus der Tasche herauszog, die mir meine Paten zu meiner Taufe geschenkt hatten in Aussicht auf ein bürgerliches Leben und die er sich angeeignet hatte, wie alles übrige auch, gab mir zu bedenken, daß das alles meiner Schwester gehörte. Dieses ganze Familienzubehör war von meinen Eltern um 1900 zur Zeit ihrer Hochzeit bei den besten Herstellern erworben worden, zur Zeit, als das Griechische sich mit der Schlichtheit verband und die Kultur versucht hatte, sich mit der Zivilisation zu versöhnen.

Man hielt mir eine Rede, ich konnte nicht vom dreiteiligen Anzug des Schwagers wegschauen. Ich bedauerte, der untergehenden Sonne meiner Kindheit den Rücken zu drehen. Man hieß mich willkommen, aber der Pate, derjenige, der Hitler Metall verkauft hatte, würde die Kosten meines Aufenthaltes tragen. Man erzählte mir ausführlich von der Rückkehr meines Vaters.

Im August 1945 war er aus Theresienstadt zurückgekehrt, von der sowjetischen Armee aufgenommen, die das Lager befreit hatte. Er verbrachte nach der Befreiung seine Zeit mit Zeichnen und Schreiben in Erwartung seiner Rückkehr nach Hause, nach Reinbek in der Nähe Hamburgs. Nach seiner Befreiung wohnte er in Theresienstadt in einer Villa, die er sich mit einem russischen Offizier teilte, der sein Freund wurde und mit dem er lange Unterhaltungen über Dostojewskij und … Stalin führte. Wegen des Mangels an Transportmitteln hatte es lange gedauert, bis alle Deportierten wieder nach Hause konnten, vielleicht hatte man sich ihre Rückkehr auch nicht einmal so sehr gewünscht mit allen Problemen, die man schon wegen der Flüchtlinge aus dem Osten hatte. Noch dazu wohnte mein Vater in der englischen Zone. Der Planwagen, in welchem man die Überlebenden aus Hamburg und Umgebung zusammengetan hatte, hatte mehr als acht Tage gebraucht, um die Strecke zurückzulegen, dabei waren die Verhältnisse und die Promiskuität denen des Lagers nicht ganz unähnlich gewesen.

Bis nach Hamburg, völlig von den Bombardements verwüstet, war mein Vater in Begleitung von kreischenden und unausstehlich meckernden Greisen zurückgekehrt, ihr Betragen, die doch so vieles durchlebt hatten und nichts verstanden, wie egoistische und unverantwortliche Kinder, hatte ihn erstaunt. Wie dem auch sei, sie waren alle völlig überflüssig und allen im Weg stehende Überlebende, die doch nur störten und besser getan hätten, sich vergasen zu lassen, wie es sich gehörte.

Sofort nach seiner Rückkehr erhielt er selbstverständlich als ehemaliger Deportierter von den englischen Behörden Lebensmittel zugeteilt, die es der Familie erlaubten, anständig zu leben. Sofort wurde er von den englischen Befehlshabern gebeten, als Präsident der Entnazifizierungskommission des Kreises zu wirken. Er verbrachte, wie schon erzählt, so seine Zeit mit der Entlassung der Mitläufer in der Meinung, es sei unnötig, die Kleinverdiener abzuurteilen, während die Goldfasane und Täter sich verstecken konnten.

Dank meines Vaters hatten Schwager, Schwester und Neffen nicht allzusehr an den Nachkriegszeiten zu leiden, Nachkriegszeiten, die alles übrige aus dem Gedächtnis der Deutschen weggewischt hatten. Ein jeder erzählte vom Hunger und von der Kälte des Dezembers 1945. Der ganze nahe Wald, wo ich soviel mit dem Vater spazierengegangen war, war zwecks Brennholz abgeholzt worden. Die Leute nahmen ihr Fahrrad mit ins Bett aus Angst man könnte es ihnen stehlen. Nachts traf man Kinder mit Blockwagen, die in den Feldern die Kartoffelreste klauten. Die Leute tauschten Familienmöbel gegen Margarine. Ja, das waren schwere Zeiten!

Nun aber immerhin, in diesem besiegten und jammernden Deutschland, welches Europa in Schrecken, Horror und Tod gestürzt hatte, konnte ich zum ersten Mal wieder auf weichen Teppichen stehen und mich in dicke Sessel setzen. Währenddessen baute sich Frankreich mit Mühe wieder auf und lebte auf nackten Fliesen.

Als ich fragte, ob das Konzentrationslager Neuengamme das Neuengamme meiner Kindheit war, bekam ich zur Antwort von denen, die gerade wegen der Nähe Glück gehabt hatten, nicht hinzukommen, daß das alles Gerüchte waren. Auf jeden Fall war mitten in dieser alten und schönen Gartenlandschaft Vierlandens mit all den alten Backsteinkirchen kein Lager gewesen. Das hätte man gewußt, aber bitte! Absolut unmöglich! keifte Landgrebe. Nun aber war dieses Neuengamme, von dem man tat, als wüßte man nichts davon, reden wir nicht mehr von solchem Zeug, natürlich dasselbe, neben Altengamme, einem kleinen Dorf mit strohbedeckten Häusern, einer Idylle für romantische Stiche. Meine Mutter liebte es sehr, es war einige Kilometer von meinem Geburtsdorf entfernt, und mit knackender Pedale fuhr meine Mutter da Rad auf hohen, schmalen Deichen, sprang ab und trottete nebenher, um zu bremsen, und rief den Gärtnern irgend etwas zu, während ich dahinter vor Scham fast umkam.

Der Schwager war unterdessen Philosophieprofessor an der

Universität Hamburg geworden; zuerst mit Unterstützung meines Vaters, dann als ordentlicher Lehrstuhlinhaber nach Kiel berufen. Das war man ihm ohnehin schuldig gewesen. Während des ganzen Krieges war er Buchhalter bei dem Patenonkel, der Hitler Metall verkaufte, gewesen; mit einer Jüdin verheiratet, als ehemaliger Assistent eines jüdischen Philosophen dazu, war er sowieso aus dem öffentlichen Dienst ausgeschlossen, meinem Paten verdankte er wahrscheinlich auch, daß er keine Scherereien mit der Gestapo bekam.

Zum Glück gab es eben, vis-à-vis, den schützenden Patenonkel. Großzügig spendierte er mir 100 DM Taschengeld, so viel hatte ich noch nie bekommen. Ich kaufte mir dafür einen Mont-Blanc Füllfederhalter, Bücher und aß Bockwürste. So kam ich auch allmählich mit der Welt der Taxis und Eßzimmer in Tuchfühlung. Ich wurde mit dem krawattierten und vor Respekt gebückten Schwager zum überreichen Patenonkel in einen riesigen und zu neuen Salon bestellt, wo der Teppich alleine schon drei ganz ausgestattete Eßzimmer hätte tragen können. Weit im Hintergrund in einem breiten Ledersessel sitzend, spornte mich der Pate an, mich weiter anzustrengen, und hielt mir einen neuen Hundertmarkschein hin. Nachdem er sich billig die Hütte des Vaters geleistet hatte, gab er dem Sohn ein wenig Zucker, das paßte sehr gut zum Wiederaufbau à la Adenauer.

Sein langes Schloß à la Sanssouci war von den britischen Behörden beschlagnahmt worden, um Flüchtlinge dort einzuquartieren. An jeder Ecke traf man jemanden, der erzählte: schnell zugeschnürte Koffer, am Arm geschleppt, stundenlang, die Pferde, die vor Müdigkeit verreckten, die »Trecks«, die endlosen Wagenschlangen. Es war wie der *Exode** 1940 in

* Der Auszug der Bevölkerung von Paris vor dem Vordringen der deutschen Invasion.

Frankreich, aber ohne die Drohung der in der Bombardierung fliehender Bevölkerungen spezialisierten Flieger. Luftaufnahmen zeigen die schwarzen Linien der unendlichen Kolonnen. Eine gewisse Anzahl dieser Flüchtlinge ist unterwegs gestorben, aber trotz der ungeheuren Menschenmenge gab es bedeutend weniger Todesopfer als während des französischen *Exode* 1940. Wieder einmal waren es die kleinen Leute, Bauern oder Handwerker, deren Schicksal besonders grausam war.

Nichts war unerträglicher als das Gejammer über das traurige Los der baltischen Barone oder der Junker aus Ostpreußen, die entweder Laufburschen oder Bäckergesellen wurden im endlich seelenruhigen Deutschland. Sie logierten in den Etagen der für sie beschlagnahmten Villen, pro Zimmer eine Familie. Ab 1948, kaum drei Jahre später, hatten sie schon wieder eins pro Person, und von Anfang an hatten sie die Möglichkeit gehabt, in der wunderschönen Landschaft zu promenieren. Sie bekamen Gutscheine für Kohle und konnten ihre Briketts mit den Blockwagen des Nachbarn abholen. Einige hatten zuvor nicht gezögert, von dem deportierten Menschenmaterial zu profitieren, wie man es bei Raul Hilberg nachlesen kann. Die anderen, die keine Barone waren, gelangten ziemlich rasch vom Unterstand zur Zweizimmerwohnung. Man baute sich seinen Wohlstand wieder auf mit Margarinebroten in der Mappe. Morgens roch die U-Bahn nach Wurst, es war beruhigend und vertraut.

Die Flüchtlinge waren allgegenwärtig, sie wurden sehr rasch zu Heimatvertriebenen. Jeder kannte ihre immer ziemlich tragische Geschichte, die den enormen Vorteil hatte, das Vorangehende zu überdecken. Nichts Besseres als die »Heimatvertriebenen«, um nicht an den Genozid denken zu müssen.

Das Schloß meines Paten mußte mehr als fünfzig Personen aufnehmen, vierundzwanzig Familien, eine pro Zimmer. Aber trotz der allgemeinen Armut, die in Deutschland herrschte, konnte er eine hübsche Siedlung von vierundzwanzig Familienhäusern bauen, die er sich natürlich vom Land Schleswig-Holstein sofort nach dessen administrativer Konstituierung würde zurückzahlen lassen. Sich mit den Nazis arrangieren, dabei ein paar von ihren Opfern schützen, die Geschichte ist nicht für jeden unvorteilhaft.

Ich besichtigte Hamburg, erstieg den Michel, das Wahrzeichen der Seeleute, bei dessen Einsturz 1911 meine Mutter geweint hatte. Rings um den Bahnhof aus schwarzem Basalt tauschten Familien Eier und Margarine gegen eine Anrichte ein, aber das »Wirtschaftswunder« ging so schnell voran, daß das Gestrüpp zwischen Mauerresten vierzehn Tage später von Palisaden umzäunt war und beim nächsten Besuch schon die Ansätze eines Hochhauses standen.

Überall Erdgeschosse, darüber nichts, aber die Geschäfte waren bereits mit Luxusvitrinen versehen. Die Ladentüren öffneten sich seriös und lautlos. Die Leuchtreklamen vermehrten sich, und das besiegte Deutschland war viel reicher erleuchtet als das siegreiche Frankreich.

Ein anderer meiner Paten, Reinhart, wohnte mitten in Hamburg, am Mittelweg, einer langen Chaussee, die die »schicken« Viertel säumt. Er war ein Rechtsanwalt ohne Klienten, der vor dem Krieg vor allem von den Fällen lebte, die mein Vater ihm zukommen ließ, ein charmanter Lebemensch, großzügig und prahlerisch. Er trug am liebsten Schuhgamaschen und teure Hüte, mit denen er mit großen Gesten grüßte. Fünfundsechzigjährig hatte er wieder geheiratet und hatte zwei kleine Söhne. Wir machten zusammen weite Spaziergänge an der Alster entlang, und er führte mich in schicke Cafés und Klubs, aus denen wir unter irgendeinem Vorwand wieder hinausgingen, sobald der Kellner kam, um die Bestellung aufzunehmen. Bei der Rückkehr fanden wir seine junge Frau in

Tränen hinter der Tür. Er schämte sich bis unter die Hutkrempe, und ich, um nicht Zeuge zu sein, flüchtete aufs korridorlange Klo.

Er zeigte mich überall, wo er nur konnte, herum: »Unser Gast aus Paris.« Meine Hamburger Aussprache erstaunte, und doch gestand ich nie meine Herkunft, als ob sie noch anrüchig wäre. Wenn es nicht mehr anders ging, berief ich mich auf die »Nürnberger Gesetze«, so daß man nicht meine, ich gehöre dazu. Denen, die mit mir sprachen, war es völlig gleich: Wohnung, Fressen und Pinke, alles übrige war unwichtig.

Ich kam sogar bis Lübeck, hundert Kilometer nach Norden, und besichtigte wie jedermann auch das Heiligengeistspital, das älteste in Deutschland; es war ein Altenheim, die alten Männer wohnten in gotischen Nischen, von der Galerie durch Gardinen getrennt, und jeder, ich auch, schaute im Vorbeigehen schamlos hinein, schaute in die Intimität jener Alten in Pantoffeln und Hosenträgern hinein, die auf ihre kleinräumige Armut beschränkt waren, man überraschte sie bei ihren Gesten und sah die Taschenuhr oder den kleinen Nachttisch.

In Schlutupp, nebenan, stieg ich auf den Aussichtsturm, von dem aus man die sowjetische Zone sah. Ich stieg aber sofort herunter, um nicht die Blicke derer sehen zu müssen, die mich beneideten, auf der freien Seite zu stehen. Man erzählte mir, es hätte drüben einen alten Herrn gegeben, der die Flanke des Triebwagens gestreichelt hatte, der wieder in den Westen zurückfuhr. Niemand aber erinnerte sich anscheinend an die Züge, die sechs Jahre früher durch ganz Deutschland fuhren, um ihre Ware in die Gaskammern zu schütten.

Von Jahr zu Jahr fand ich ein immer seichteres Deutschland vor, zufrieden, daß es sich selbst überlebt hatte, völlig harmlos geworden und welches nur an eins dachte, nicht mehr daran zu denken. Nichts Friedlicheres und Beruhigenderes als ein geteiltes Deutschland mit vollem Bauch und garnierter Börse.

Das Deutschland der Kaffeetanten und der Kuchen aus verschiedenen Schokoladeschichten, die alle gleich schmecken, ist das einzig vertretbare Deutschland, das einzige, bei dem man sicher sein kann, daß es besser als andere Nationen wissen wird, wie der Frieden zu bewahren ist, wenn es nur vielfach und immer geteilt bleibe. Es ist die einzige notwendige und genügende Bedingung zur Erhaltung eines ewigen Friedens in Europa. Nie wird man genug unterstreichen können, was man in dieser Beziehung Adenauer verdankt. Aber wir leben bereits schon in anderen Zeiten.

Reinhart nahm mich eines Tages mit zu einem Malerfreund, der für die Werbung arbeitete, in einen entfernten Vorort mit der U-Bahn, die damals noch gelb und schwarz war. Es war sonderbar, so mitten auf dem Lande U-Bahn zu fahren. Dieser Maler wohnte in einem modernen Einfamilienhaus im Wiederaufbaustil, sorgfältigst erbaut, mit allen Schikanen, und dies kaum vier Jahre nach der Kapitulation des Reichs, das kontrastierte auf beinahe beleidigende Weise mit dem ein wenig verlotterten Aussehen der damaligen französischen Bauten. Dem »Made in Germany« ging es gut.

Der Maler zeigte mir Porträts von russischen Bäuerinnen, mit großen Strichen gemalt, die Ausdrücke und Gesichtszüge waren wirkungsvoll wiedergegeben. Er war 1941 in der Ukraine beauftragt worden, diese Porträts anzufertigen. Ich bewunderte die Kunst des Malers und stellte ihm Fragen über die russische Landschaft.

Das Sonderbare dabei war, daß mir keine andere Frage über die Lippen kam. Die eins nach dem anderen niedergebrannten Dörfer, die Hinrichtungen, die Pogrome und Massaker, an denen sich doch die deutsche Armee aufgegeilt hatte, hatte er bestimmt gesehen. Es war aber, als ob im voraus schon die Frage die Antworten annullierte, weil doch keiner etwas gesehen noch gewußt hatte.

Die Vernichtung gehörte schon derart zum Intimsten der Täter, Opfer und Zeugen, daß keiner, nicht einmal ich, aufs leiseste an das, was ein jeder so genau wußte, anspielte. Es war nun ein Grundstoff, der in allem enthalten war, und das Auge brauchte nicht viel Übung, um das Konzentrationslager an der geeigneten Stelle einzurichten, während die Landschaft vorbeizog.

Das schlimmste war, überall Spuren der unterbrochenen Kindheit wiederzufinden. Alles war ins Gedächtnis eingeätzt geblieben mit einer sonderbaren Genauigkeit, alles war genau wie erwartet, aber ein wenig verschoben.

Man trank Tee im Garten aus feinen Porzellantassen. Sie wurden mir vorgestellt: »Sie kommen noch aus der Zeit deiner Kindheit«, oder die silberne Kuchenschale mit dem Spitzendeckchen. Das alles hatte also überlebt. Was war denn eigentlich geschehen?

Es kam vor, daß man in den Jahren 1942 oder 1943 des Morgens allerlei Gerümpel fand, welches von den Bombardements über Hamburg kam, Metallstücke, Backsteine, Löffel, Schüsseln, die achtzehn Kilometer durch die Lüfte geflogen waren. Nachts war der Widerschein der Bombardements derart hell, daß man im Garten Zeitung lesen konnte.

Es war aber, als ob das übrige der Erinnerungen in ein Loch gefallen wäre. Hitler hatte es nie gegeben. Erst dreißig Jahre später konnte einer meiner Neffen mir mit belegter Stimme erzählen, daß eines Tages der Dorfwachtmeister zu meinen Eltern gekommen war, um ihnen bekanntzugeben, daß ihre auf den Juni 1941 festgelegte Deportation einstweilen aufgehoben sei, auf Intervention des Bürgermeisters. Meine Mutter, vor Erleichterung weinend, sei vor ihm auf die Knie gefallen und habe ihm die Stiefel geküßt. Die Veräußerung und Verdrängung aber meiner Schwester war so groß gewesen, daß sie es sich nie getraut hatte, es mir zu erzählen, so sehr noch waren ihre Gefühle entstellt. Sie schämte sich ihrer Mutter, nicht aber der Naziverbrecher. Die Opfer waren nicht salonfähig, aber die Henker hatten Tischmanieren.

Alles hatte mit dem Jahr Null angefangen, 1945, das Jahr nun allen Unglücks. Es war die Krönung gewesen von dem, was mit dem 6. Juni 1944 angefangen hatte, dem Tag, der so skandalös auf deutsch die »Invasion« heißt, politisch ein weites Feld, ein Datum auch, ab welchem man Hitler gerne wiedergehabt hätte. Gut, einverstanden, er hatte Juden und unnütze Esser beseitigt, hätte er aber mindestens nicht den Krieg verloren, das war das eigentlich schlimme. Müßte ich Namen von würdigen und ordentlichen Universitätsprofessoren nennen, die ganz ehrlich solche Redensarten von sich gaben, würde ich eine ganze Seite brauchen, und dabei geht es nur um die Universität Kiel zwischen 1952 und 1954, und ich wäre der letzte gewesen, sie eines Besseren belehren zu wollen.

Was ich zu erzählen hatte, kam nicht durch. Und doch, diese dicken deutschen »Honoratioren«, wie der evangelische, sehr fromme Gymnasiallehrer, der dem Kirchenrat des Dorfes vorstand und so oft zum Tee kam, die konnten nur allerlei miterlebt und mitgemacht haben. Er war spitzbäuchig und mit dicker Hornbrille versehen, es ging ihm bestens, danke! Wenn man ihn sah, fragte man sich, ob es den Krieg wirklich gegeben hatte. Für ihn jedenfalls hatte er sich in brikettgeheizten Büros im pittoresken Osten abgespielt. Er sprach erhaben vom Schönen, Guten und Wahren, er hatte doch so viel gebetet mit dem Pastor des Dorfes, für welchen der Führer doch nur eine andere Art Christus war, damit er unser armes Deutschland schütze. Während der Okkupation in Auxerre hatte er sogar den Strom wiederherstellen lassen und mit deutschem Kabel, bitte sehr. Dieser fette Kriecher kam sich bei Landgrebes vollfressen, wo er den Anteil der Söhne aufaß und meiner Schwester weismachte, daß wir Franzosen die Nutznießer, die falschen Sieger waren, die von den amerikanischen Juden profitierten, »denn wissen Sie, liebe Frau Landgrebe, ja ja, Sie wissen doch ...«!

Es hat wirklich kaum einen einzigen Einwohner meines Dorfes gegeben, der nicht bis zum Ende und von Kopf bis Fuß Nazi gewesen war. Das einzige, was sie Hitler vorwarfen, ist, daß er Deutschland geschadet hatte. Das Schlimmste dabei, sie waren es alle aus Opportunismus gewesen, aus sehr verständlicher maßloser Angst, die ihnen zwölf Jahre lang Tag und Nacht den Bauch eingedrückt hatte. Einzig unser Hausarzt, Dr. Odefey, sprach sich überall und zu jeder Gelegenheit gerne über die Nazis aus, er hatte auch nie »deutsch« gegrüßt, ohne daß ihm je etwas passiert wäre.

Sofort nach der Währungsreform hatte das alles wieder den Weg des Gewinns und des guten Gewissens eingeschlagen. Zum Glück für seine Nachbarn wurde Deutschland wieder fett.

Ich fühlte mich eigenartig indiskret: Ich gehörte zu jenen Leuten, die aus dem Ausland kamen, um alles wieder mitzunehmen, was ihnen gehört hatte, ihnen aber nicht zukam. Alleine durch meine Gegenwart erinnerte ich, ohne davon überhaupt zu reden, an das, was man vergessen wollte. Ich kam da an, ungeschickt, lang aufgeschossen und unbeholfen, ein wenig verloren, und ohne es zu wollen, brachte ich meine so viel ältere Schwester und ihre Angehörigen, die zwischen 1940 und 1945 zu große Ängste ausgestanden hatten, zu dem zurück, dem sie entkommen waren.

Es war völlig selbstverständlich, daß der Schwager Landgrebe, so sehr schon veröffentlichter und berühmter Philosoph er auch sein mochte, in ihm nicht gehörenden Möbeln sitzend, mich über alle Berge wünschte. Landgrebe verkörperte übrigens wie sonst niemand den »aufgeklärten« Universiätskonservatismus, er hatte sich einfach in der Wahl seines Lehrers geirrt, leider war Edmund Husserl nämlich »schädlicher Herkunft« gewesen, und doch war das sein Glück gewesen. Dank meiner Schwester war er 1945 schneeweiß, ohne jeglichen Persilschein zu brauchen, herausgekommen.

Als der Tag kam, an dem ich nach Paris zurück sollte, im Oktober 1949, wurde ich plötzlich von einem kaum zu bewältigenden Kummer überflutet, als ob all die Jahre der Trennung mich auf einmal überfielen. Es war Heimweh, wie noch nie, ich warf mich ins Gras, wälzte mich herum, eingeholt von alledem, was ich zu vergessen versucht hatte. Es war mit aller Gewalt dieser Kinderkummer, der so viele Internatsschüler oder Waisenkinder für immer zerstört hat. Zehn Jahre lang war es mir gelungen, ihn unter einer Glocke zu halten und mich selbst glauben zu machen, daß er mich nicht mehr erreichen könne, und nun schnitt er mir die Brust entzwei und ließ mich als über Zwanzigjährigen in das Elend eines kleinen Kindes stürzen und in Tränen zerfließen. Erst jetzt, elf Jahre später, fand die irreparable Trennung statt.

Ich ließ mir mein Visum verlängern. Ich fing mich wieder. Meine Familie verstand, daß man sich meiner eiligst entledigen mußte, und ich verstand, daß ich nichts mehr zu suchen hatte in diesem Land, das nicht mehr meines war, das mir im Tiefsten meiner selbst fremd geworden war und dessen Eingeschlossensein in erlernten Konventionen und der Fähigkeit des Vergessens mir Furcht einjagte. Der Wohlstand, die glatten Bürgersteige, die Servietten in Silberringen erinnerten mich daran, daß ich überflüssig war, und tatsächlich fühlte ich mich mehr zu Hause im Zerschlissenen, in einem Café in der fernen französischen Provinz.

Ich fühlte in Deutschland eine seltsame Atmosphäre gemeinsamer Überwachung und wohlmeinender und süßlicher Adhäsion, die sich eines mit gleicher Inbrunst annahm, wie sie einem an die Kehle springen würde oder einen einige Jahre früher beseitigt hatte. Die Landschaft voll hoher Wolken, rauschender Bäume und auf die Weite öffnenden Wiesen, die mich bis ins Innere des Körpers begeisterte, war von allen Seiten vom guten Gewissen umrandet. Frankreich, wenn auch der Dekor nicht so glänzend war, bedeutete für mich die Erinnerung an meine Beschützung, ließ mich völlig frei über mich selber verfügen und versprach mir Zukunft.

Um sicher zu sein, mich loszuwerden, ließ die Familie mir vom reichen Patenonkel versprechen, mir ein Fahrrad nachschicken zu lassen. So war ich immerhin nicht mehr gezwungen, irgendeine wohlmeinende Seele um ein Rad anzubetteln; es würde mir erlauben, meine archäologischen Ausflüge im Vexin auszudehnen.

XVIII

Zeit, wie aufgehoben und Umweg über London

Das Fahrrad kam wirklich an und sollte am Bahnhof Paris-la-Chapelle beim Zoll abgeholt werden: schwarz und grün war es, eine steife und hohe Maschine mit Rücktrittbremse. Man drehte sich nach mir um, wenn ich sie in den Landschaften des Vexin beritt, von Kirche zu Kirche. Ich fuhr zu allen hin, die mir erreichbar waren. Ich hatte mir das Geld geben lassen, um *Les Excursions archéologiques dans le Vexin* (Die archäolgischen Ausflüge im Vexin) von Louis Reignier, einem Archäologen vom Anfang des Jahrhunderts, zu kaufen.

Mit diesem Buch, auf meinen Gepäckträger geklemmt, ging ich den archäologischen Deutungen an Ort und Stelle nach, um sie auf ihre Genauigkeit zu prüfen, und dann war ich es, der die Daten berichtigte. Gurtbögen, Rippen und Kappen hatten keine Geheimnisse mehr für mich. Ich war es, der mit den Jahrhunderten und dem Hellgelb des Sandsteins vibrierte. Die alten eisenbeschlagenen Kirchenportale, von Myriaden von kleinen Löchern und Ritzen durchzogen, die Steingerüche, die naiven Statuen oder die verblaßten, bemalten Retablen, die Votivtafeln und die Betstühle, alles war mir seltsam vertraut. Diese Vergangenheit war auch die meinige, man brauchte sich nur hineingleiten zu lassen mit ein wenig Aufmerksamkeit, und wenn man den Körper gehen ließ, nahm diese Vergangenheit in einem Platz. Hinter dem leisesten Hügel breiteten sich blaue Horizonte auf ockerfarbigem oder violettem Grund aus, Jahrhunderte Malerei kamen da auf mit den

Anreihungen der Dächer, deren subtile Geographien zwischen den grünen Abhängen eingezeichnet lagen.

In den kühlen Kirchen sitzend, wo ich mir die Socken zurechtzog, fühlte ich mich dermaßen als ein indiskreter und unnützer Überlebender, daß mich im Inneren meiner selbst wiederum stummes Lachen anfiel. Was hatte ich denn da überhaupt zu suchen, anstatt, wie es sich gehörte, ein Stück Seife zu sein. Ich schob die Betstühle weg, um das Alter der Fliesen zu schätzen, und dann war es der Pedell, der das Jahrhundert richtigstellte.

Livilliers, Vallangoujard, Nesles-la-Vallée oder Auvers-sur-Oise[*], da kannte ich jedes Stück Ruine oder baufälliges Gemäuer, überall gab es für mich archäologische Schätze, und überall stellte ich mir hinter versperrten Toren oder hohen Mauern[**] bestrafte Jünglinge vor. Ich fuhr an großen Landsitzen vorbei, aus denen ich mich für immer ausgeschlossen wußte. Manchmal ließ ein Blick durch ein halboffenes Tor einen Rasen mit schweren, weißlackierten Gartenmöbeln erblicken, Minister kamen da zum Tee, wer durch das Tor hindurchkonnte, gehörte schon zu den getäfelten Räumen.

Einige Jahre zuvor schon hatte die Lektüre von Charles Péguy mich von meiner wenn auch illegitimen »Zugehörigkeit« überzeugt, die mir jedoch niemand absprach. Ich gehörte derart zum Vexin und zu jedem durchfahrenen Dorf, daß ich eine Art Stolz empfand, bereit, den anderen vorzuwerfen, nicht dazuzugehören. Meine ärmliche und abgenutzte Kleidung fiel in der französischen Landschaft nicht auf. Zu dieser Zeit machten die Kleider noch keine Leute. Ich hatte mich mit

[*] Alle diese Dörfer sind weniger als 10 km von Pontoise entfernt, also leicht mit dem Fahrrad zu erreichen. Es stehen da sehr berühmte Kirchen aus dem 12. oder 13. Jahrhundert.

[**] *»hinter versperrten Toren oder hohen Mauern«* steht nicht im französischen Text, wurde da aber einfach beim Abtippen des Manuskripts übersprungen.

ein paar Landpfarrern angefreundet, die ein wenig Archäologen waren. Nichts Geläufigeres schließlich als Zugehörigkeit, sei sie angeboren oder gewählt.

Eifrig besuchte ich die Stadtbücherei von Pontoise, einen gläsernen Bug, der die ganze Ebene überragte, kurz vor dem zweiten Weltkrieg war sie am äußersten Ende der Stadtmauer eingerichtet worden. Der Bibliothekar hieß Gagneur, er war bucklig und Verfasser eines Privatdrucks mit dem Titel *Seifen und Seifenarten in der Ile de France zur Zeit der Revolution.*

Ich las da sehr oft in der *Großen Enzyklopädie* und suchte darin natürlich alles, was mir meine Obsessionen erläutern und also befestigen konnte, wenn ich natürlich nicht mehr, selbstverständlich, die »groben Wörter« noch was die »Sexualität« betraf, suchte, in dieser Beziehung war übrigens wenig zu finden, außer klinischen Beschreibungen. Dagegen las ich alles, was ich über »Erziehung« finden konnte, über die verschiedenen Strafarten, und das Kapitel »Peitsche« war gut ausgestattet, genug, um lange Zeit meine schuldhaften Träumereien zu nähren. Ich sah, daß die Jesuiten ganz besondere Experten in Sachen Bestrafung gewesen waren, die sie aufs raffinierteste, aber ohne überflüssige Grausamkeit praktizierten, als subtile und verwirrende Erziehungsmethode, und daß sie sich darauf verstanden – wie in ihrer Schule in Rodez im 18. Jahrhundert –, die Rutenhiebe in größeren Abständen zu erteilen, um dem Bestraften die Zeit zu lassen, »den Schmerz richtig zu empfinden« und dabei die Erfahrung des heimlichsten und rätselhaftesten Teils ihrer selbst zu machen. Niemand sonst wußte wie die Jesuiten Bescheid über die verwirrendsten und tiefsten Gefühlszonen der Seelen. Nie wird man genug den Virtuositäten des Denkens und der Begierde gerecht werden, zu welchen sie die jungen Leute gelangen ließen, die ihnen anvertraut wurden. Es war zugleich zynisch und pervers, verstörend und reizvoll. Waren es solche Beschreibungen, die ich da suchte,

Bildnisse der Strafe ausgelieferter Jünglinge, als ob ihr Bild irgendwo in den Zeugnissen der Vergangenheit gegenwärtig wäre, als ob alles auf jene rätselhafte Exaltation der Körper zurückführe, war sie denn ein Ausweg für mich, meine Schuldhaftigkeit zu neutralisieren?

Wie dem auch sei, ich war ergebenst respektvoll, abscheulich kriecherisch mit dem Bibliothekar, er gehörte doch der offiziellen Welt an, dachte ich, vielleicht hatte er schon einen Minister gesehen. Ich sehe mich noch in diesem Überseedampfer des Wissens sitzen, zur linken Seite, an der Fensterung mit den Armen rudernd, um endlich aufzustehen und dem Bibliothekar zu »gratulieren«, der, an seinem Tisch sitzend, sich meiner Komplimente natürlich freute. Ich schämte mich nicht einmal meiner verlogenen Infamie wegen. Auf diese Weise war ich sein Vertrauensmann geworden, und sollte ein Leser, was manchmal passierte, irgendein gewichtiges Werk verlangen, so war ich es, der es ihm bis an seinen Arbeitstisch brachte.

Meine unterwürfige Schmeichelei und mein kriecherisches Benehmen erstaunten mich selber, um so mehr, als ich zu jeder Form von Grobheit oder aller äußersten verbalen Gewalttätigkeiten fähig war.

Zu jener Zeit, und ich war davon mehr als irgendwer sonst das beste Beispiel, flößten »die großen Männer« einem fast ekstatischen Respekt ein, so sehr, daß man sich wunderte, daß sie zu Fuß gingen wie jeder andere auch. Ich war wie jene verblüfften Schüler vor einem Apfel kaufenden Lehrer.

Der Sohn des Direktors von Maubuisson war Buchhändler und Zeitungsverkäufer, Rue du Bac, und ich besuchte ihn von Zeit zu Zeit. Er komponierte und schickte seine Werke in alle Himmelsrichtungen, und ich half ihm, seine Partituren zu verschicken, er bekam nie irgendwelche Antwort. André Gide, der ganz in der Nähe wohnte, kam, nachdem er sich beim

Milchmann gegenüber seinen halben Liter Milch gekauft hatte, sehr oft bei ihm vorbei, um die Zeitung *Le Monde* zu kaufen. Er fand das billiger, als wenn er sich die Zeitung abonnierte, denn in Cuverville las er sie nicht. Der Buchhändler hatte ihm von mir erzählt, einem jungen Deutschen, den sein Werk begeisterte* (Ich hatte ihm nicht gesagt, daß es vor allem der zweite Teil von *Si le Grain ne meurt* war). Er wiederholte mir die Einladung. Eingeschüchtert stieg ich die Treppe des »Vaneau« hinauf**, oben angekommen, hörte ich hinter der Tür reden und ging wieder hinunter, benommen von dem ganzen Ausmaß meiner Lächerlichkeit und meiner Eitelkeit. Natürlich hat die Begegnung nie stattgefunden.

Für mich gab es kaum Erstaunlicheres, als festgestellt zu haben, daß der Philosoph Jean Wahl, Professor an der Sorbonne, mit dem Bus 84 fuhr, um nach Hause, Rue La Fayette, zurückzufahren. Ich bin auch damit gefahren, um zu wissen, wie es sich anfühlte, Jean Wahl zu sein. Alles »Berühmte« oder »Öffentliche« ließ in mir eine Art Vorrespekt entstehen, trotz der Skepsis und der ständigen Revolte, mit denen ich mich immer brüstete. Jemand, der mit Jean-Paul Sartre geredet hatte oder neben André Gide gesessen war, trug in sich eine Art Licht, welches ihm eine besondere Würde verlieh. Ich hatte noch nicht *La Littérature à l'estomac**** von Julien Gracq gelesen, aber das paßte genau zu mir. Schon daß man mich zu meiner größten Verwunderung in die Paläste der Republik einließ: Unter-Präfekturen und andere Rathäuser.

* André Gide besaß ein Landhaus in Cuverville in der Normandie, wo er manchmal mehrere Wochen oder einzelne Tage verbrachte.

** André Gide wohnte 1bis Rue Vaneau im 7ten Arrondissement, le »vaneau« war der Ausdruck, den die »Eingeweihten« dafür benutzten.

*** In diesem kleinen Buch macht sich Julien Gracq gerade über diese fromme Anbetung der »Größen« lustig und analysiert sie als eine Art Unterwerfung.

Unter der Obhut von zwei »Paten«, einem Notar und einem Rechtsanwalt – es war das gute Bürgertum des Ortes –, trat ich der Archäologischen Gesellschaft von Pontoise und dem Vexin bei *(Société archéologique de Pontoise et du Vexin)* und nahm, geschmeichelt, am ersten Ausflug nach meinem Beitritt teil, er galt den privaten Appartements König Ludwigs XV., im allgemeinen dem Publikum unzugänglich. Die Besichtigung fand unter der Führung Herrn Moricheau-Beauprés statt, des Hauptkonservators des Schlosses von Versailles; zum ersten Mal sah ich, in weniger als zwei Meter Entfernung, wie er leibte und lebte, eine öffentliche hohe Persönlichkeit, auf ihren Beinen stehend, die sich bewegte wie ich und Sie und sogar mit mir, mit mir! sprach.

Einer der Teilnehmer am Ausflug, einer meiner »Paten«, veröffentlichte unter seinem Namen im *L'Avenir de Pontoise et du Vexin,* der Lokalzeitung, einen Artikel, den ich vom ersten bis zum letzten Wort geschrieben hatte, und dabei war ich auf meine »idyllischen Felsen von Hubert Robert« besonders stolz. Es war ein Witz, unter dem Namen eines anderen meine erste Hommage an die »culture française« gedruckt zu sehen.

Zu jener Zeit künstlerte ich noch mit Plakatfarben und Aquarellen herum, am Rand der Seine, und es war ziemlich aufregend, so im Freien zu malen, zu Füßen von Notre-Dame oder am Kanal Saint-Martin. Man konnte sich so für einen der Inspirierten halten, von denen die gegenwärtige Kunstgeschichte vollgespeichert ist, um so mehr, als ich ständig Fortschritte machte und meine Arbeiten »zentrierte«, die allmählich kohärent wurden. Eines Tages auf dem Pont de la Tournelle, bei Sonnenuntergang, ich hatte gerade Notre-Dame festgehalten in Ultramarinblau auf gelbem Hintergrund, als ich jemanden mir sagen hörte: »Das haben Sie aber schön hingekriegt, junger Mann.«

Ich ging zum Quai d'Anjou, um mir französischen Ruhm

und Zivilisation einzuverleiben. Ich schnüffelte an dem, was mir nicht zukam, herum. Ich fühlte mich ein wenig verkommen, ein armer Reicher, ernährt, untergebracht und gepflegt auf Kosten anderer, der dazu unter wunderbaren Bäumen »wandelte«, während so viele andere schufteten und abends in ihre Schubladen der Trabantenstädte zurückkehrten, während ich spazierte und faulenzte, vierundzwanzigjährig. So gegen neun kam ich frühstücken und absolvierte meine Parkrunde, betreffs Nachdenken (!), bevor ich mich an die »Arbeit« machte.

Ich bewohnte noch meine Waisenhausmansarde, und in mir wohnte die Verwirrung. An der Sorbonne, während der Propädeutikstunden, setzte ich mich neben irgendeinen jungen katholischen Priester, die damals noch die Soutane trugen, damit man mir nicht »böse Absichten« nachsage, würde ich mich neben ein Mädchen setzen. Sie würde laut aufschreien, und schamrot würde ich vom Professor mit unwiderruflicher Geste hinausgewiesen, unter dem Gelächter der Studenten die Aula verlassen müssen. Mit meinem kirchlichen Nachbarn hatte ich dann große metaphysische Unterhaltungen, wo der arme Pfarrer schwer hinterherhinkte, ich war doch so bedeutend besser als er in Apologetik!

Eine ständige Scham hielt mich gefangen, als ob man an mir das unter allen lächerliche und verbotene Vergehen ablese, das ich auch noch mit Internatsvisionen bevölkerte. Dazu überlebte ich ungerechtfertigterweise, ich hätte, in Anbetracht meiner Herkunft, legitimerweise ein Stück Seife oder Rauchfahne zu sein, und all mein Protestanto-Katholizismus änderte an der Sache überhaupt nichts. Man kann verstehen, daß es welche gibt, die es lästig finden, daß immer dieselben überleben, lasterhafte und unnützte Störenfriede. Und doch waren es immer diese gleichen schuldhaften Bilder, die in mir aufkamen und die ich kultivierte, in der Hoffnung, sie doch verwirklicht zu sehen durch irgendeine zufällige Begegnung, ich fühlte

mich dessen schuldig und glaubte, es stünde mir im Gesicht geschrieben.

In einer Bauhütte, am Rand der kleinen Straße, die zu jener
Zeit durch den Wald vom Ermitage bis Ennery hinaufführte,
hatte ich eines Tages sechzehn- oder siebzehnjährige Jünglinge
überrascht, die sich da halbnackt verbotenen Spielen überlie-
ßen. Unter dem Vorbeiziehen der Wolken und dem Hin und
Her der Bäume erhellte oder verdunkelte sich der kleine getünchte Bau. Leise schlich ich mich heran und hob den Riegel
und sah die drei Jünglinge, zuerst entsetzt und verängstigt; bald
beruhigt ließen sie mich an ihren Spielen teilnehmen, überrascht, daß, so viel älter als sie, ich doch noch gleich Kind war
wie sie. Wir trafen uns da mehrmals danach wieder, und die
Strecke dahin war jedesmal ein Abenteuer der ganzen Landschaft. Alles nahm an Deutlichkeit, an Schärfe zu, sogar das
Knacken der gebrochenen Zweige. In Pontoise spähte ich dann
die Straßenkreuzungen aus, um ihnen nicht zu begegnen. Es
war ein ständiger Wechsel zwischen Schuld und Exaltation,
zwischen Scham und Wahn.

Zum Studium auf der Universität nahm ich den Zug nach
Paris; jede solche Reise war ein kleines Abenteuer, der allmäh-
liche Übergang vom Land zur Stadt, die immer dichtere Vorstadt, unter dem großen Sichauftun des Himmels, der sich mit
der Fahrt änderte, das alles war jedes Mal eine Überraschung.
Die Bahnhöfe folgten einander mit sonderbar zusammengesetzten Namen, Franconville-Plessis-Bouchard oder Ermont-
Eaubonne. In Enghien-les-Bains an seinem Sonderbahnsteig,
unter Glasbedachung, die Kleinbahn, die nach Montmorency
hinauffuhr, stammte noch aus dem 19. Jahrhundert, eine kleine
Lokomotive mit einem hohen und dünnen Schornstein und
Wagen mit einer Etage, die an Postkutschen erinnerten.

Ich studierte an der Sorbonne, von einem Unbehagen befallen, das mich nicht mehr losließ. Ich lebte in der Furcht, ewiger Student zu bleiben. Ich sah mich fünfzigjährig in zerschlissenen, ein wenig fettigen, am Kragen lustrierten Anzügen, wie ich von Überwachung der Repetierstunden in Privatschulen leben würde. Meine freie Zeit würde ich in den Bibliotheken verbringen, mit zweifelhaften Recherchen über Folianten gebeugt, nach denen niemand sonst fragte. Mittags würde die ganze Bibliothek vom Geräusch des Sulfurpapiers widerhallen, in das meine im Café von nebenan gekauften Butterbrote eingewickelt wären. Und abends käme ich dann in meine Mansarde im sechsten Stock zurück.

Diese Vision meiner ein wenig schlüpfrigen und widerwärtigen Zukunft terrorisierte mich. Ich kannte zu gut Carl Spitzwegs *Der arme Poet,* als daß ich mir nicht meiner Zukunft wegen Sorgen machte: Man sieht den armen Poeten ganz angekleidet im Bett auf seinem Dachboden, unter offenem, an den Balken aufgehängtem Regenschirm, der da die Verse an seinen Fingern abzählt. Vor dem Fenster, das im Hintergrund aufsteht, hängt zum Trocknen eine abgenutzte Serviette, und der Hut hängt am Ofenrohr.

Nie jedoch durfte ich ein solcher ärmlicher, kauziger Junggeselle werden: Die Republik war ein gutmütiges Mädchen, sie garantierte ihren Beamten die Möglichkeit, eine Wohnung zu halten und genug zu essen zu haben, und den Volksschullehrern und Studienräten ließ sie dazu noch die Ferien und auch genug, um sich Schlafzimmermöbel aus Pitchpine zu kaufen. Ich sah mich recht wohl in irgendwelchem bescheidenem Stadtgymnasium in Mittelfrankreich mit der Tochter des Metzgers verheiratet und wie ich dann in Provinzzeitschriften veröffentlichen würde.

Niemals ist mir irgend jemand feindlich gesinnt gewesen oder hat mir gar Antipathie gezeigt, ganz im Gegenteil, aber vor

Schüchternheit und Scham wagte ich es nicht, ganz selbstverständliche Freundschaften zu unterhalten, die sich von alleine entwickelt hätten.

Ein Student aus sehr guter bourgeoiser Notarsfamilie aus Paris, der katholischer Priester geworden ist und Vize-Offizial von Paris, ist fünfzig Jahre lang ein Freund geblieben, weil wir uns wegen einer von ihm für mich aufgehobenen Französischarbeit kennengelernt hatten; die Normandie, die Alpen und die Haute-Loire sind Zeugen leidenschaftlicher theologischer Gespräche gewesen über die Verantwortung der Kirche an der Hitlervernichtung der Juden, die ohne ihre jedenfalls stumme, wenn nicht begeisterte Einwilligung nicht hätte stattfinden können, und vor allem ohne die theologische Verirrung der Inkarnation, Hommage, wenn es irgendeine geben sollte, an das primitivste Heidentum.

Abends kehrte ich in mein Waisenhaus zurück, in meine Mansarde mit Blick auf die Zehnerscheune der Abtei zu Maubuisson. Ich las den Philosophen Gaston Bachelard, dessen Vorlesungen ich von Zeit zu Zeit, Mittwoch morgens, von zehn bis zwölf in der Aula Michelet, in der Sorbonne besuchen ging. Unter der eintöngen Beleuchtung durch die riesigen, zu hohen Fenster spielte sich jedesmal das pittoreske Schauspiel von Bachelard ab, Melone auf dem Kopf, der seinen weißen Bart glättete. Er hatte gerade seinen Freund Métraux, den einarmigen Pedell der Universität, verlassen, mit dem er seine önologischen Gelage, im »Balzar«, einem berühmten Café der Rue de la Sorbonne, hielt. Seine würdevollen und emsigen Kollegen taten im Vorbeigehen, als sähen sie ihn nicht.

Bachelards Vorlesungen waren ein ständiges Abenteuer des Geistes, jede seiner Vorlesungen modifizierte irgendwo zutiefst den Geist und die Gedanken der Zuhörer. Aber mich ergriffen immer wieder meine Ängste, gegen welche intellektuelle

Kühnheiten und Entdeckungen nichts konnten. Um keinen Preis wollte ich wie diese Aufseher sein, die im Waisenhaus Maubuisson einander folgten. Alle waren sie vom Provisorischen, von der Hast und Zukunftsangst gezeichnet.

Paris erstaunte und beunruhigte mich, ich hatte das Gefühl, nicht recht am Platze zu sein mit meinem zu langen Mantel und meinem leeren Portemonnaie. Ich konnte nie andere Studenten ins Café einladen, und sowieso mußte ich am Ende doch immer wieder noch meinen Zug erreichen. Auf keinen Fall wollte ich die Nacht in Paris verbringen, es wäre sonst der Verdacht aufgekommen, ich lebte ein verkommenes Leben. Ich stellte mir meine »Beschützerin« vor, die es erfahren und sich mich im Bordell hechelnd vorstellen würde. Ich schwitzte vor Scham bei solchem Gedanken. Ich glaubte, ich sei zum Leben auf dem Lande bestimmt und würde Paris verabscheuen.

Zurück auf dem Land, war es noch schlimmer. Der Park des Waisenhauses konnte noch so groß sein, ich war der einzige, der darin spazierte, unter den riesigen Platanen, die den viereckigen Teich säumten, und ich erstickte vor Einsamkeit. Die Bäume waren so alt, daß die Äste ins Wasser tauchten. Wenn es gelang, einen hochzuheben, stiegen Blasen und Geкoche auf, Modergeruch und manchmal auch ein Aas, welches quer hervorbuckelte.

In meiner Mansarde »büffelte« ich das Programm der Philosophie und der Germanistik, es entsprach im allgemeinen den Büchern, die ich von meinem Aufenthalt bei meiner deutschen Familie zurückgebracht hatte. Man hatte mir eine Cotta-Ausgabe von 1852 der Werke Goethes in zwanzig kleinen, sehr beschädigten Bänden geschenkt. Der Schwager hatte natürlich die Ausgabe meines Vetters behalten in weit besserem Zustand. Ich hatte auch noch Schiller, Kleist und einige andere dabei, ich hatte sie alle von Bahnsteig zu Bahnsteig geschleppt, hatte mich mit meinen beiden Riesenkoffern abgerackert, die davon voll waren und mir das Aussehen des armen Emigranten gegeben haben, der sich gerade nach Amerika einschifft.

In Jeumont, dem französichen Grenzbahnhof, auf der Strecke nach Köln, hatte das die Zollbeamten verblüfft, sie hatten mich für einen zukünftigen Gelehrten gehalten. Es war sonderbar, diese Deutschen in der Landschaft der Ile de France zu lesen, das verlieh ihnen ein ulkiges und steifes Aussehen, das schlecht dazu paßte. Ungewollt war ich wie betroffen von der gespannten, ernsten, beinahe struppigen Seite des Ganzen und von der Sprache, die Meinige jedoch, die so holprig war und in der sich die »Texte«, die ich las, so schwer laut sagen ließen. Das führte mich zu meiner Herkunft zurück und mehr dazu, als ich es mir gewünscht hätte. Sie schien mir genauso obszön, wie es die Okkupanten gewesen waren, die sich halb nackt an den Dorftrögen wuschen; wenn ich meines Gesprächspartners nicht ganz sicher war, ließ ich mich aus dem Elsaß stammen.

Dagegen verhehlte ich nie meine jüdische Herkunft, über welche ich übrigens nie irgendwelchen Kommentar zu hören bekam. Meine deutsche Herkunft beunruhigte mich viel mehr. Und nun war ich aber doch völlig ein Franzose; es war, als hätte ich immer in Frankreich gelebt, meine Kindheitserinnerungen waren da verankert, und doch rechnete ich mit dem Deutschen als Lebensunterhalt. Sehr vernünftig hatte ich die Philosophie aufgegeben, sie konnte einen doch nicht ernähren. Die Philosophie, wie ich sie verstand, praktizierte ich wesentlich auf französisch, ich hatte Kant mit Bewunderung gelesen, sobald ich aber die Nase in spätere Texte steckte, von Hegel, Schelling, Fichte oder später von Nicolai Hartmann oder Max Scheler, hielt mich die Furcht zurück, immer die grundlegend metallene, harte, unbarmherzige und kalte Natur all dieser Texte zu entdecken, was mir die spätere und erschreckende

Lektüre des unseligen Heidegger nur bestätigen sollte. Niemals wird irgendwelche Übersetzung den herrscherischen, dichten und erbarmungslosen Ton der philosophischen Texte deutscher Sprache wiedergeben können, als wären sie deren pervertiertester Ausdruck, als ob die deutsche Philosophie, und es ist der Fall, den Selbstmord Europas mit sich gebracht hätte.

Im Deutschen, sagte ich mir, würde ich all meine Chancen haben, das zwang mich aber zu einer Art Regression und machte es mir unmöglich, ein für allemal die Vergangenheit loszuwerden. Gewisse Deutschvorlesungen fanden in der Descartes-Aula statt, unter den drei riesigen Fenstern mit jener schräg in die Dunkelheit hinunterreichenden Arena. Diese Aula beeindruckte mich ganz besonders. Die hohen Fenster, das ungeheure Pult mit dem Rundstabrand, die Stuckverzierungen, das alles war nicht für mich, und doch fühlte ich meine Studentenkarte auf der Brust, ich war legitimiert. Alle Studenten um mich herum waren mit etwas anderem in Verbindung, sie hatten Familie und waren existenzberechtigt. Ich glaubte mich in jeder Beziehung fremd, und doch war mir alles nahe. Niemand stellte mir Fragen, und jeder war bereit, mich aufzunehmen. In Frankreich wundert sich im allgemeinen keiner über den anderen.

Während meines Aufenthaltes in meinem Geburtsdorf, im Sommer 1949, hatte ich viel von meinen Schwager über Kafka reden hören, den man gerade auf deutsch wieder veröffentlicht hatte. Mein Schwager hatte Kafka in Prag gelesen, in einem der letzten noch zur Verfügung stehenden Exemplare nach der Bücherverbrennung der barbarischen Naziidioten 1933. Er war der Verwalter des Husserlarchivs in Prag geworden. Den Hinweis auf Kafka hatte er von Jan Patočka erhalten. Viel später spielte Jan Patočka eine entscheidende Rolle neben Václav Havel während des Prager Frühlings 1967. Landgrebe griff später mehrmals ein, vergebens, damit die polizeilichen bösartigen Verfolgungen eines stupiden und sterbenden politischen Regimes gegen einen Philosophen, der die Frechheit hatte zu denken, aufhörten.

Ich las den *Prozeß* aber erst ein Jahr später, 1950, diesmal in einem Garten in der Kieler Umgebung. Als ich dieses Buch zu lesen anfing, war es mir, als treffe mich der Blitz. Solch eine präzise Prosa von einer absoluten Durchsichtigkeit hatte ich noch nie gelesen. Diese Erzählung war das Abenteuer an sich des Menschen, der seinen Weg mit sich selber fortsetzt, ihn verlängert, indem er ihn abschreitet und selber die Hindernisse aufstellt, an denen er sich stößt. Alles erscheint erst, wenn Josef K da ist und gibt es nicht in seiner Abwesenheit. Zu jener Zeit war Kafka so wenig den Germanisten bekannt, daß seine Werke nur in der »Reserve« der Bibliothek der Sorbonne zu finden waren, einem kleinen Saal, der auf den Hof ging. Da las ich in einem ständigen Zustand der Exaltation alle seine Schriften, und ein großer Frieden kam in mir auf, ich hatte meine Muttersprache wiedergefunden, menschlich, präzise, offen und ergreifend, von ironischer Strenge, endlich befreit von ihrer wagnerischen Schwerfälligkeit.

Alles rückte in mir zurecht, alles verband sich miteinander, es war wie ein innerer Raster, das sich allem fügte, was ich entdeckte, oder vielmehr war es ein Filter, durch den alles kam und der allem, was mich umgab, seine Einheitlichkeit gab. Natürlich war es keine universale Erklärung, ich war nicht dumm genug, sie überhaupt für möglich zu halten, es war vielmehr eine innere Zeitlichkeit, die Gewißheit, daß es keine endgültige Sicherheit gab, der man sich überlassen könnte, und es war, durch Kafka hindurch, eine eigene Entdeckung jener jüdischen Identität, von der ich überhaupt nichts wußte und mit der alle meine moralischen und intellektuellen Abenteuer, meine »metaphysischen« Entdeckungen übereinstimmten. So blieb auch Kafka für immer mit dem Ort verbunden, wo ich ihn entdeckt habe.

Landgrebe, der philosophische Schwager, war gerade zum Professor an der Universität Kiel ernannt worden, und da der Patenonkel das Haus meiner Eltern, das er so billig erworben hatte, zu verkaufen suchte, mußte meine Schwester mit Kindern und Möbeln umziehen. Sie richteten sich in der ersten Etage einer größeren Villa ein, die sich ein Zahnarzt, der wie jeder in Deutschland von der Währungsreform profitierte, auf Raten erbaut hatte. Es war in Kitzeberg an der Kieler Förde, einer Art Fjord, aber von niedrigen Ufern und Wiesen gesäumt. In der Ferne erhob sich das U-Boot-Denkmal von Laboe, und näher noch auf dem kleinen Hafen von Möltenort stand der Naziadler, und dies alles zur großen Zufriedenheit eines jeden. Sogar ich gewöhnte mich schnell daran und achtete nicht mehr darauf. Die Universität bestand fast nur aus alten Nazis, einer höflicher als der andere, die, wie sie sagten, ihr Bestes getan hatten, um das Schlimmste zu verhüten. Die Vernichtung erschien ihnen keineswegs als das Schlimmste, sondern als ein tragischer »Irrtum«, man bedauerte es, selbstverständlich, aber »wissen Sie ...« Das Schlimmste, das war die Niederlage, aber immerhin war man, zum Glück, in der englischen Zone. Aber man sollte doch endlich aufhören, immer von diesem Zeug zu reden, und in die Zukunft schauen. Die Deportationen paßten wirklich nicht zur Gemütlichkeit und zu den Perserteppichen. Es war ein Land der Eichen und Hecken, vom Wind bewegt auf Seehintergrund und Wellenrauschen. Von Zeit zu Zeit vernahm man, wie über die ganze Gegend ausgebreitet, das tiefe Heulen der Schiffssirenen der großen Frachter, die sich für die Holtenauer Schleuse ankündigten, wo der Kanal anfängt, der die Ostsee mit der Nordsee verbindet und den Schiffen die Fahrt um Dänemark herum erspart.

Bei jeder Rückkehr in Frankreich fiel die Verlassenheit der kleinen Städte auf, durch die der Zug fuhr, die ärmlichen Cafés der Bahnhofvorplätze, die Hotels mit verwaschenen Schildern, die Zementgitter, die nichts mehr umgaben. Man hätte meinen können, daß Deutschland das Land der Sieger war, jeder profitierte da und trug nagelneue Kleider. Überall leuchteten die Werbungen, die Bürgersteige waren neu hergerichtet und glatt im kleinsten Dorf; Frankreich dagegen war noch und für immer vom ersten Weltkrieg gezeichnet, in seinen Tiefen davon verwüstet, wie es auf tragische Weise die »Monuments aux morts«* in jedem französischen Dorf zeigen. Deutschland hatte bereits 1950 die sichtbarsten Zeichen des zweiten Weltkriegs beseitigt, es gab sich damals an jeglicher Vergangenheit unschuldig. Man hatte, was an Trümmern noch übriggeblieben war, weggeschafft, keine Erinnerungen mehr!

Ich war ziemlich überrascht, mit einem Mal die Hälfte meiner Deutschlizenz bestanden zu haben. Ich hatte, er stand auf dem Programm, Heinrich von Kleist entdeckt und die erstaunliche Erzählung *Michael Kohlhaas,* die unheimliche Geschichte eines Menschen, der, fast ohne es selber zu wollen, nach und nach, in immer gewaltigere Ereignisse verwickelt wird. Wegen ein paar Pferden verwüstet er eine ganze Provinz und hält wie aus Versehen das künftige Schicksal des Königshauses Sachsen in Händen. Es war die zufällige Entdeckung des Unabwendbaren, von dem im ersten Augenblick nichts ahnen läßt, daß es alles umstoßen wird.

Anfang 1951 wurde ich von Otti Binswanger nach London eingeladen, bei der wir, mein Bruder und ich, in Florenz gelebt

* »Monument aux morts« (Totendenkmal) heißt im Deutschen »Kriegerdenkmal«, ein wesentlicher und sprechender Unterschied.

hatten. Auf der Bank in der Rue Laffitte gab man mir 10 £. Eigentlich hätte Georges Pompidou* in Person sie mir geben sollen, meine sonderbare Geschichte, die die Baronin ihm erzählt hatte, interessierte ihn, aber er war unterwegs, und natürlich hatte ich mich nicht getraut, ihn nachher aufzusuchen.

Ich fuhr inmitten eines Eisenbahnerstreiks weg. Im Bus nach Rouen lernte ich zwei ältere Damen kennen, die auch nach Dieppe wollten. Sie boten mir an, die Nacht auf einer Couch in einem großen Zimmer mit zwei Fenstern und Läden in einem alten Hotel zu verbringen, an einer engen Straße gelegen, es stammte aus der Zeit der *Madame Bovary.* Es war eigenartig, dieser jungfräuliche Jüngling, der Sache kaum ergeben, der da die breite und altmodische rot belegte Treppe hinter diesen beiden Damen, die weit über dem Alter hinaus waren, heraufstieg unter dem kecken und komplizenhaften Blick des Hotelportiers.

Das Pays de Caux, die Gegend zwischen Rouen und Dieppe, war damals noch nicht von der Flurbereinigung zerstört worden, die nur dazu dagewesen war, die verschiedenen Gauner der damaligen Zeit zu bereichern und die französische Landschaft für immer zu entstellen. Der Bus fuhr im Zickzack durch die Landschaft, von Dorf zu Dorf. Den Bäuerinnen mit Huhn oder Ente in einem Spankorb folgten Bauern in blauem Überzieher, die den Bus mit Radfelgen oder Reifen bestiegen. Nichts hatte sich wirklich seit Flaubert geändert. Der Bus hielt alle zwei oder drei Kilometer an den Mündungen der Hohlwege. Plötzliche buchenbewachsene Taleinschnitte endeten an hügelgesäumten Ebenen.

Dann kam meine erste wirkliche Seefahrt, am gelbgrauen Horizont zeichneten sich die großen Schiffe ab, denen unsere

* Georges Pompidou war eine Zeitlang Bevollmächtigter der Banque Rothschild, Rue Laffitte, gewesen.

Fähre den Weg abzuschneiden schien. Gegenüber erhob sich grün und weiß England mit der Brandung am Pier: alles war dasselbe und doch anders: ein kleiner Holzbahnhof, als wolle er selber auf Reise; ein rundlicher Zug mit als Tearooms möblierten Abteilen. Zu kurze Hügel, Gärten und dann ein Durcheinander von Stahlträgern.

London, das war zugleich eng und luftig, nichts war wie in Paris, und doch war alles sofort vertraut, es war zugleich wie auf dem Land und am Meer. Große Straßenschneisen reichten bis in den Horizont hinein.

Binswangers wohnten in Hampstead Heath; das war ein U-Bahnhof am Eingang eines Parks, in einer Mulde. Sie hatten das ganze Viertel in Spaghetti al pomodoro eingeweiht. Die Rationen waren noch ziemlich streng, und das war das einzige, was man frei zu kaufen fand und wovon anfangs keiner etwas wissen wollte.

Ich sah wenig Kunstwerke, aber erforschte den ganzen Hafen, von Geruch zu Geruch, von Riemenscheibengeräusch zu Kranquietschen. Die ganze Welt lag da, an den Backsteinmauern gelagert, die senkrecht ins dickliche Wasser hinunterstießen. Lange geradlinige Chausseen führten bis in ländliche Gegenden hinein, die in der Ferne im Nebel lagen. Man konnte überall hinein, und niemanden wunderte es, daß man plötzlich in seinem Garten stand, die Läden sahen wie Cafés aus. Zwischen den niedrigen Häusern lagen Wiesen, hinter welchen die U-Bahn auftauchte.

Ich wartete, bis es geschlossen war, um für mich alleine Westminster öffnen zu lassen unter dem Vorwand, es sei mir unmöglich wiederzukommen, um das Grab des betreffenden Otto Goldschmidt anzusehen, der in der Abtei neben Dickens lag. Der Wächter zündete für mich die riesigen Leuchter an, und ich schämte mich meiner albernen Eitelkeit wegen. Damals hatte London etwas Luftiges und Weites. Ich sah die berühmten Plätze und Engländer mit Melonen, die wie aus den Bildern kamen. Wenn man sie, zum Spaß, nach dem Weg fragte, begleiteten sie einen, Regenschirm an der Hand, bis sie sicher waren, daß man richtig ging. Ich nahm das Schiff wieder in die entgegengesetzte Richtung, nicht ohne leise Wehmut.

Zu dieser Zeit kam nach Maubuisson, in Begleitung eines umfangreichen Korbkoffers, eine »Aufseherin« unbestimmten Alters, sonderbar auf sich selber aufgestockt, als wäre sie aus einem einzigen Stück gebaut, die sehr laut deutsch auf offener Straße redete, alles besser wußte und ihre eigenen Fragen beantwortete, bevor sie sie überhaupt gestellt hatte. Leider sagte ich ihr, ich könne Deutsch. Sie ließ mich nicht mehr los, sie hatte alles, was zählt, getroffen, die »großen Schriftsteller« der Zeit, Elias Canetti, Walter Benjamin, Joseph Roth, Franz Werfel, in Wien. Unaufhörlich drehte sie sich auf der Straße um und redete umso lauter, wenn jemand vorbeiging. Es war, damit jeder sehe, daß ich aus demselben Holz geschnitzt war oder jedenfalls Komplize und auch auf ausländisch redete.

Bei Tisch legte sie den Arm um den Teller, als ob sie fürchtete, man würde ihr ihn wegnehmen. Sie sprach sehr gut Französisch, bat aber immer, daß man ihre Fehler verbessere.

Man wußte nur, daß sie Rumänin war, Jüdin aus Bessarabien. Sie fing an, ihr Leben zu erzählen. Es war zugleich einheitlich und auseinander geraten, sie hatte durch Zufall überlebt, von Lager zu Lager verschleppt. So hatte sie, zum Beispiel, als Besen in einer zementierten Abfallgrube in einer SS-Kaserne gedient. Mit einem Brett schob sie das Zuviel zum Abfluß hin, und da die Nahrung der SS nun einmal gut war, fand sie sich da zurecht. Im Juli 1945 hatte man sie in einen Zug gesetzt, und sie war in Paris ausgestiegen, von einer humanitären Organisation aufgenommen.

Ziemlich rasch sollte sie mein Wissen vervollständigen, mit unfehlbarer femininer Intuition. Sie hatte alles verstanden und brauchte nicht lange, mich zum Reden zu bringen, sie sagte mir, ich sei ein junger Apoll, wir bewohnten denselben Korridor, und vor der Tür ihres Zimmer hatte sie mich, aus der Dusche herauskommend, erwartet. Sie hielt für mich so kleine Liebkosungen bereit, die mich natürlich in Gang brachten, die ich dann aber lieber alleine, meinem schuldigen Imaginären ausgeliefert, bis zur Vollkommenheit brachte.

Rousseau gleich konnte ich nicht den Wunsch, gezüchtigt zu werden, der mich doch sehr im Bann hielt, über die Lippen bringen. Da sie sich irgendwelchen Vorbehalt meinerseits dachte, machte sie mir das mit dem Treppensturz vor. Die Angst, mich zu kompromittieren brachte mich durcheinander, sie fiel die Treppe hinunter, starr wie ein Brett, und rutschte sogar die Krümmen, Stufe um Stufe, hinunter, unten angekommen spielte sie dann die Tote, es war erbarmungswürdig und trostlos, natürlich bekam sie, was sie wollte, und nahm mich zu ihrer Schwester mit, die in Paris »schön« wohnte.

Ich kam in nichts ihren Erwartungen entgegen, von Abscheu und Ekel gelähmt; es war nicht das rechte Mittel, einen unsicheren Jüngling in den Frauenkult einzuweihen, und doch hatte sie etwas ganz Besonderes. Es gab bei ihr eine Art Taumel des Existierens, alles mußte nachgeholt werden, ohne daß je etwas erreicht werden konnte. Es fehlte nicht viel, daß sie mich für immer von der leiblichen Begierde nach einem Mädchen abbrächte und mich auf die Jagd nach Jünglingen zurückwürfe, sie hatte aber auch eine so starke Persönlichkeit, daß man so leicht nicht von ihr loskam. Ich habe sie unter dem Namen Ida Schneck in meiner ersten Erzählung, *Un corps dérisoire,** auftreten lassen.

* *Ein belangloser Leib,* bei Juliard in Paris, 1971

XIX

Die Deiche Hollands

Von Zeit zu Zeit tauchte Noémie de Rothschild im Schloß von Maubuisson auf. Fast jedesmal, von woher konnten die es bloß wissen, kamen ganze Ladungen von weinerlichen Weibern an, nachdem sie ihre Citroën DS und Pelzmäntel an der Straßenkurve gelassen hatten, um, so mir nichts, dir nichts, die arme Baronin anzubetteln, die natürlich darauf hereinfiel oder so tat, als ob. In Maubuisson stellte man die Kinder ab, die doch nur störten. Sie irrten dann im Park herum, hilflos, für immer gezeichnet, daß man sie einfach so abgestellt hatte.

In meiner Mansarde fühlte ich mich »Luftmensch« werden, eine Art Luxuslandstreicher, den man sich von Haus zu Haus reicht, den »Hausfreund«, den man »abspeist«, als Schmarotzer, ein »ewiger Student«. Angst und Scham ließen nicht mehr von mir ab, und da ich doch nicht ganz »unvernünftig« war, kaufte ich mir *Le Figaro,* um darin die Annoncen durchzublättern.

In der ersten Septembernummer, unter der Rubrik »Hauslehrer – Kinderfräulein«, fand ich eine Anzeige, die ich sofort beantwortete, es wurde ein Hauslehrer für die Niederlande gesucht. Sehr schnell bekam ich eine Antwort. Ich zog meine einzige anständige Hose an, meine schon ein wenig schäbige Jacke, eine Krawatte und begab mich in die Avenue Bosquet. Zum erstenmal im Leben befand ich mich in einer sehr hellen, ein wenig kalten, mit schweren Möbeln ausgestatteten und nicht aufgeräumten Pariser Wohnung. Ich muß, wie man so sagt, einen »guten Eindruck« gemacht haben, denn einige Tage später fuhr ich mit der Mutter meines Schülers und diesem zusammen, einem sechzehnjährigen Knaben, nach Holland. Der Vater, den ich erst in s'Gravenhage (Den Haag) kennen lernen sollte, war Zweiter Gerichtsschreiber des Internationalen Gerichtshofes.

Die Mutter meines Schülers fuhr einen schweren Lincoln, mit einem CDJ-Nummernschild, ab und zu blickte sie mich im Rückspiegel an. Sie war aus »gutem Hause«. Sie hatte im Krieg Kontakte mit Kreisen der französischen Résistance gehabt. Die französischen Protestanten, ob reich oder arm, hatten sich nicht mit der Infamie der Kollaboration kompromittiert.

Vor Erwartung Hollands kam ich kaum zu Atem, und sofort nach der belgischen Grenze begann die große Wasserfahrt der Autobahn durch Zeeland über endlose Brücken unter himmelgroßen Horizonten. Man durchfuhr wie auf Stelzen stehende, geschmeidige Städtchen, wie gemacht, als sollten sie gar nicht draußen stehen und deren Fenster überall Sonnenlicht warfen. Die Glockenspiele schienen sie zu möblieren.

Am Ende des Nachmittags kamen wir an in einer Luxusvilla in einem großen Garten. Im ersten Stock wies man mir das eleganteste Zimmer zu, das ich je bewohnt hatte, der Boden war mit einem großen Teppich bedeckt. Ringsherum Baumkronen, Rasen, Tennisplätze. Es gab Butler, Dienstmädchen und Diener, sonderbarerweise genierte ich mich kaum, ich war sogar darin sofort zu Hause; wie es Peter Handke schreibt in *Die Unvernünftigen sterben aus,* einzig der extremste Luxus ist des Menschen würdig.

Der Vater meines Schülers war ein empfindsamer und gütiger Mensch, ein wenig massiv, der, wie viele hohe französische Beamte jener Zeit, ihre Bildung und historische oder literarische Kenntnisse sorgfältigst verborgen hielten. Er gehörte der sogenannten HSP (höhere protestantische Gesellschaft) an, besuchte die Oratoire-Kirche* und empfand einen fast körperlichen Abscheu gegen Pétainismus und Faschismus. Es gab demnach Leute, von denen es selbstverständlich war, daß sie dazu beitrugen, die internationale Politik des Landes zu erhalten und die von Natur aus Demokraten waren.

Ich sah wohl ein, trotz allem, daß es eine Art von Unehrlichkeit war, so zu tun, als wolle man nicht wahrhaben, daß die auf »sozialer Marktwirtschaft« fundierte Demokratie das schlimmste aller Regime war, aber alle anderen seien noch viel schlimmer, wie es Churchill einmal gesagt hatte. Ich versuchte noch ab und zu »linksradikal« zu reden, aber meine Ausführungen verliefen im Sand, und ich war der letzte, der daran glaubte.

Mein Schüler bewohnte in der zweiten Etage einen riesigen Dachboden, wo er Radios bastelte. Er war sechzehn und hatte gerade den Stimmbruch. Ich brauchte nicht einmal gegen die Versuchung anzukämpfen, er ließ mich verstehen, daß der vorherige Hauslehrer ihm »Vorschläge« gemacht hatte. Ich stellte mir vor, ich sei auf frischer Tat ertappt worden, mit hängenden Armen dem Skandal ausgeliefert, ich sah alle Einzelheiten der Szene. So war ich, diesbezüglich mindestens, ruhig, ich hatte nichts von mir zu befürchten. Doch hatte ich mich manchmal gefragt, ob es nicht eine Einladung zu weiterem sei, die mir mein Schüler gemacht hatte, die ich mir aber um so mehr zu verstehen verbat, je mehr ich sie begehrte. Ich sah mich entdeckt, endgültig verloren. Ich stellte mir die Enttäuschung meiner Beschützerin vor und der Eltern, die mir Vertrauen geschenkt hatten, und das reichte, um monatelang sozusagen körperlos leben zu können.

Schon am ersten Abend bat mich der Vater meines Schü-

* Le temple de l'Oratoire in der Rue Saint-Honoré ist die evangelische Kirche der vornehmen Gesellschaft, aus der öfter die Mitglieder der Regierungen stammen.

lers, ihn auf den Scheveninger Strand zu begleiten. Wir gingen lange bei Einbruch der Nacht, und ich erfuhr alles über die Geschichte der Familie. An jeder Straßenlaterne sah man die Tränen, die über das Gesicht dieses nicht zu tröstenden Vaters flossen, im Gedenken an seinen im vorigen Jahr bereits am ersten Tag seines Einsatzes in Indochina gefallenen älteren Sohn. So konnte ich für einmal meine Scham überwinden, ich ergriff seine Hand und drückte sie ihm. Er bezeigte mir immer eine diskrete Symapthie, voll Herzlichkeit, die nie nachließ.

Die ganze Absurdität des kolonialen Unternehmens erschien mir deutlich als ein Weg, der nur Tränen und Tod nach sich zieht. Man hatte recht, den Kolonialismus trotz seiner am Anfang teilweise positiven Absichten als unvereinbar mit einer sich als befreiend ausgebenden Zivilisation zu betrachten. Der Tod dieses unbekannten jungen Mannes, der aus der Welt der Kolonisatoren kam, bestätigte es mir, mehr als alles andere, solcher Tod verkörperte nur den unaufhörlichen Selbstmord Europas.

Meine Verpflichtungen nahmen mich nicht sehr in Anspruch. Ich hatte Zeit, Rad zu fahren, und fuhr öfters bis Delft, damals noch von Landschaften umgeben, wie auf den Gemälden von Ruysdaël oder van Berchem. Die Baumkronen entlang den Straßen überragten die Dächer und gaben den Landschaften ihre Richtungen.

Es kam vor, daß ich mich verirrte; wenn ich dann jemanden deutsch anredete, wendete er sich ab, ich brauchte nur zu sagen, daß ich Franzose war und kein Holländisch konnte, und sofort gab man sich für mich alle Mühe. Man antwortete mir im besten Deutsch und erzählte sofort Widerstandsgeschichten. Jeder hatte irgend jemanden versteckt gehalten, es hatte nur Widerstandskämpfer gegeben. Erst viel später konnte ich feststellen, daß die Wirklichkeit leider ganz anders ausgesehen hatte.

Sonntags fuhren mich die Eltern meines Schülers ab und zu spazieren durch Holland, in dem schweren schwarzen Lincoln mit bemütztem Chauffeur. Manchmal grüßten die Leute, wenn sie der Nummer mit CDJ (Internationaler Gerichtshof – Diplomatisches Korps) ansichtig wurden, als ob der Haager Gerichtshof imstande wäre, etwas anderes als ein Ort der guten Absichten zu sein.

Die holländische Landschaft erweiterte den Blick ins Unendliche. Schauen war schon Reisen. Die Brücken überspannten die Kanäle, und die leiseste Anhöhe ergab unendliche Panoramen, die ganze Provinzen enthielten. Ich sah Harlem, Amsterdam, Leyden. Man erkannte die Städte nach den Bildern, die im Mauritshuis hängen. Draußen war man wie in weiten Sälen, zwischen Freiluftmöbeln. Die Fenster, die nach außen gingen, waren in der oberen Hälfte mit Storen behangen, damit der Pfarrer im Vorbeigehen unten durch sehen konnte, was innen passierte.

Auch wenn sie menschenleer waren, gaben die holländischen Städte Schutz und Unterkunft. Nichts war abweisend und alles zugänglich, sogar das königliche Palais in s'Gravenhage, das zu dieser Zeit nicht einmal bewacht war und dessen weiße Türen nur durch einen kurzen Perron von der Straße getrennt war. Man begegnete der Königin Wilhemine im Einkaufsladen, ohne jegliche Eskorte, und ich kam aus der Verwunderung nicht heraus, daß sie wie ein jeder auf der Straße promenieren könne. Ich hörte sie sogar sich französisch mit der Mutter meines Schülers unterhalten. Zu dieser Gelegenheit erfuhr ich, daß Französisch die Sprache der wallonischen Kirche war, der die königliche Familie angehörte. Die Großherzogin von Luxemburg war eine Freundin der Mutter meines Schülers, und durch diese erfuhr ich, daß sie von Anfang an den Nazismus mit allen Kräften verworfen und verurteilt hatte.

Die Weihnachtsferien verbrachte ich zum großen Erstaunen

der Familie meines Schülers in Deutschland, in der Hoffnung auf einen Weihnachtsbaum mit Kugeln und Kerzen und prallgefüllten Weihnachtstellern. Es wurde tatsächlich ein Weihnachten, das ein wenig an die Kindheit erinnerte. Schnee unter dem Mondschein und die Freude meiner Neffen an Spielzeug und Büchern. Ich bekam ein paar Schuhe mit einer Naht mitten auf der Vorderkuppe. Ein Geschenk des Paten. In den deutschen Städten in der Woche vor Weihnachten standen die Polizisten auf kleinen schwarzweiß gestreiften, rundförmigen Estraden und regelten am Feierabend den Verkehr, von einem Haufen Geschenke umgeben, die die Autofahrer ihnen andächtig zu Füßen stellten, nachdem sie sorgfältig ihr Auto an erlaubten Parkplätzen abgestellt hatten. Es war ein ziemlich erschreckendes Spektakel. Dasselbe stellte man sich gut in Auschwitz vor, der Lagerkommandant Höss von seinen Henkern und Killern mit Geschenken überhäuft, die Untertänigkeit hat noch vieles zu erzählen.

Nach meiner Rückkehr nahm mich der Vater meines Schülers mit ins Palais des Internationalen Gerichtshofes, es war eine Art Bahnhof mit Backsteinturm, in einen großen und leicht abschüssigen rundförmigen Rasen gelegen. In den für das Publikum bestimmten Galerien konnte ich dem Prozeß beiwohnen, den die Erdölgesellschaften 1952 gegen den Iran wegen der Nationalisierung der Erdölquellen durch die Mosadegh-Regierung führten.

Rechts von der Richterestrade lag eine Bahre mit einem weißen Tuch überdeckt, drei Personen, Ärzte und eine Schwester, umstanden sie. Einer der Richter war gerade dabei, auf englisch irgendwelche Artikel oder Paragraphen des Vertrags zu kommentieren, als man plötzlich eine weiße Form sich von der Bahre erheben sah, die mit ausgestrecktem Arm und starker Stimme den Richter auf Fehlinterpretationen hinwies. Dann fiel die Form aber wieder in sich zusammen, und die Ärzte eilten zu ihr hin. So ging es drei-, viermal hintereinander. Es war ein faszinierendes, bis in die kleinste Einzelheit und das leiseste Stöhnen geregeltes Schauspiel, bei dem jeder mitspielte. Der Kranke war Dr. Mossadegh, der Premierminister des Schahs, ein genialer Komödiant, Experte des internationalen Rechts und erstklassiger Jurist. Meisterhaft verhandelte er die Nationalisierung des Petrols. Jeder war überzeugt, daß er nur eine Komödie zum besten gab, er war aber wirklich herzkrank und starb wenig später.

Anläßlich der verschiedenen Diners – mein Schüler und ich aßen aber vorher in der Küche, wenn es um offizielle, berufliche Essen ging – lernte ich den kanadischen Botschafter, Jean Dupuy, kennen, der mit mir spazierenging und dem ich mein Leben erzählen sollte. Ich lernte auch den großen Juristen René Basdevant kennen, der mir erklärte, wie auch rein juristisch der Nazismus an sich schon kriminell war. Daß man sich an mich richtete, als ob ich jemand wäre, der etwas bedeutete, verwunderte mich. Ich hatte manchmal den Eindruck, einen Doppelgänger zu haben, als ob ich jemand anderen enthielte und man sich im Gesprächspartner irrte.

Der französische Militärattaché, Oberst Trutat, ein großer Frans-Hals-Spezialist, das wunderte mich denn, ich war naiv und eingebildet genug, sämtliche Offiziere für Halbanalphabeten zu halten, nahm mich ins Harlemer Museum mit und entdeckte mir, wie souverän und unfehlbar Frans Hals seine Farbstriche aufgetragen hatte, das unterschied ihn von den meisten anderen holländischen Malern des 17. Jahrhunderts, durch die Deutlichkeit der Farben, die sichtbar blieben, wie nicht retuschiert. Er war neben Rembrandt einer der großen Erfinder der modernen Malerei.

Bei meinen Arbeitgeber traf ich auch den Historiker André Siegfried, einen kleinen hageren Mann, ich lernte aber auch den Kunsthistoriker René Huyghe kennen, der sich mit mir über die doppelte Natur der Kunst unterhielt, die zugleich das ist, was sie ist, und etwas anderes. Er stellte sich Fragen über das Sichtbare, welches nicht das zu sehen gibt, was es zeigt. Das waren Ideen, die mir vertraut waren, die ich aber nie hatte formulieren können. Das bestätigte mich in mir selber, daß man nie der einzige war, der das dachte, was er dachte. Ich merkte, je mehr das Denken genau und scharf wurde, desto anonymer wurde es. René Huyghe war wahrscheinlich damals gerade beim Schreiben seines 1960 erschienenen Buches *Kunst und Seele.*

Ich war immer verblüfft, daß man meine Ausführungen ernst nehmen konnte. Aber da ich viel den Louvre und die Hamburger Kunsthalle besucht hatte, hatte ich mir immerhin eine leichte künstlerische Bildung erworben. Die auffallende und unabdingbare Differenz zwischen deutscher und französischer Malerei begann mich wirklich zu faszinieren, zwischen ihnen bildete die holländische Malerei eine besonders kohärente Übergangszone.

Im Kuikenhof, dem öffentlichen Garten s'Gravenhages, konnte ich in einem anliegenden Gebäude im April 1952 die berühmten Fälschungen van Meegerens sehen, d.h. die vermeintlichen Vermeers, die da aufgehängt waren. Die Gemälde waren beschlagnahmt. Eigentlich konnte man sich da nicht täuschen, trotz der Perfektion der Ausführung widersprach die Süßlichkeit der Zuweisung an Vermeer, aber sobald irgendetwas Religiöses mit im Spiel ist, werden die besten Experten einfach blind: so viel Frömmigkeit kann doch nur ein Zeichen der Echtheit sein.

Schlecht und recht, so gut ich konnte, bildete ich meinen Schüler aus. Man schien damit eigentlich zufrieden, da man mich spazierenfuhr. So führte man mich eines Tages, bei Tisch hatte ich zufällig davon gesprochen, nach Otterloo, ins Kröller-Müller-Museum. Es lag an der Grenze des Veluwe, jener sonderbaren mit Pinien und Birken bewachsenen Sandödnis, eines Meeresrands im Landesinneren, wo der Wind Sand aufwirbelte und wo sich je nach der Bodenbeschaffenheit auf einmal wucherndes Grün ausbreitete, von Feldwegen durchzogen. Hinter gestutzten Bäumen erhob sich eine germanische Festung aus Granit, schlicht-klotzig, wie sich das so gehört. Angefüllt war das Ganze mit baumdicken Stühlen, roh aus der Masse geschnitzt, und mit gotischen Wimpergen, es war hölzerner Wagner. Es gab Eßzimmer mit so dicken Eichentischen, daß sogar der Riese Rübezahl zweimal hätte ansetzen müssen, um sie aus dem Boden zu reißen.

Aber an dieses behäbige Palais à la Siegfried hatte man ein Museum angefügt, wo sich die meisten Gemälde van Goghs befanden, die heute in Amsterdam hängen. Es waren unglaubliche Lichtouvertüren, hellflammende Rechtecke, die viel mehr Raum enthielten als alles, was sie umgab, wie es der Fall war für das dunkle Licht der Gemälde wie *Das Schloß von Auvers,* mit der Wucht des Laubes, oder die *Zypressen in der besternten Nacht* oder *Der Olivenhain.* Aber ich entdeckte da auch die Bilder von Maris oder Mauve, die Maler, die van Gogh inspiriert hatten.

Das Ende des Schuljahrs kam sehr schnell heran, und ich mußte in mein Vorstadtwaisenhaus zurück, in den blasenübersäten Ölanstrich und die Formicatische. Mehr als je verfolgte mich die Furcht, so ein ziemlicher Landstreicher mit lustrierten Ärmeln und an den Knien ausgebeulten Hosen zu werden, einer dieser Hagestolze oder Schnorrer, denen man aus Barmherzigkeit irgendeine »Kleinarbeit« anvertraut. Einer jener Kumpane, die ihr Leben lang so dahinschlendern. Der junge Direktor einer Erziehungsanstalt für Jünglinge im Viosnetal kam unsere Abtei besichtigen und nahm mich einige Tage lang zu sich mit.

Ich lebte in der Furcht vor dem Militärdienst. Mein Studienaufschub war abgelaufen, und ich war überzeugt, worin ich mich nur halb irrte, daß man am Ende doch unsere Jahrgänge nach Indochina schicken würde. Ich hatte so vieles über die Armee gehört, daß ich dachte, ich käme in die Hölle. Diese Befürchtung gab mir zusätzlich ein schlechtes Gewissen und kompromittierte im voraus jede Form eines politischen Engagements, da doch meine Opposition einzig aus dem Abscheu vor dem Militärdienst herrührte.

Das Falsche meiner Situation: vom Reichtum in Waisenhäusern ernährt, naturalisiert und doch von »rassisch belasteter Herkunft«, ohne Bevormundung und ohne Lebensziel und dabei verwöhnt wie Gott in Frankreich, hätte ein politisches Engagement richtig unanständig ausgesehen. Dazu gelang es mir nicht wirklich, Antigaullist zu sein, ich las die Reden de Gaulles mit Aufmerksamkeit und fragte mich am Ende, ob er es nicht war, der wirklich links stand.

XX

Erwachsen werden

Nach der »Licence ès lettres« (Abschluß der Universitätsstudien vor der Doktorarbeit), die ich mit nicht allzu großen Schwierigkeiten geschafft hatte, ich brauchte immerhin ein Jahr länger als normal, machte ich mich in meiner Mansarde an die Niederschrift des ersten Teils meines großen Werkes *Das ontische Bedingen der existenziellen Präsenz,* ohne natürlich dabei meinen Roman zu vernachlässigen, der so wie der *Ulysses* von Joyce, den ich nicht gelesen hatte und immer noch nicht gelesen habe, die Welt umgestalten würde. Er hieß *Herr Tribulet und das Unerwartete,* es war die Geschichte eines alten Provinzstudienrats, eines Hagestolzes, dessen Welt zusammenbricht, weil man die Metzgerei nebenan blau gestrichen hat, die früher grün war. Herr Tribulet war ein ein wenig schäbiger Nachkomme Kants, verängstigt von der kleinsten Änderung in seiner Umgebung, aber dafür bereit, die ganze Welt in Schutt und Asche zu legen.

Ich zeichnete auch die Grundzüge des größten Romans der Zukunft, er würde *Der Zwischenraum* heißen und erzählte von der Geschichte eines jungen Milliardärs, der sich zum Geschirrwäscher macht und mit einer dicken Winterjacke und mehreren Wollpullovern übereinander mitten im August in der Hitze der Causses spaziert. Ich war einer der Großen der Zukunft. Man würde mein Werk erst nach meinem Tode finden und sich die Haare ausreißen, mich nicht zu Lebzeiten erkannt zu haben. Man würde sich auf die Suche nach dem kleinsten Dokument begeben, das von mir zeugen würde. Deshalb mußte ich sie sauber und schön geordnet der Nachkom-

menschaft hinterlassen. Dazu hatte ich allerdings nur die kar-
tonierten Rücken der Schulhefte, deren Blätter ich alle voll-
schrieb, nachdem ich sie vom Umschlag gelöst hatte. Genau
wie Crébillon, der Sohn, der nur oben auf einer Leiter zu
schreiben vermochte, konnte ich nur auf Schülerpapier schreiben. So ist es eben mit dem Genie bestellt!

Meine Lage als ärmlicher und erwachsener Vollwaise erfüllte mich mit Verwirrung und hinderte mich zum Glück
daran, mich wirklich ernst zu nehmen. Ich mußte nun meine
Diplomarbeit schreiben, also einige Zeit lang ihr mein »Werk«
opfern. Ich irrte durch Paris und verglich die Stadtviertel miteinander, fuhr Bus, wie es der Zufall wollte, und ließ mich auf
der Plattform herumfahren. Manchmal war es sogar ich, der
das Kettchen hinter dem Einstieg schloß und das Glöckchen
zur Abfahrt zog, wenn der Schaffner im Gang blockiert war.
So kam ich ganz oben in Ménilmontant an, von wo Paris sich
bis Notre-Dame an kleinen, niedrigen und bauchigen Wohn-
häusern hinunter immer weiter ausfächert. Die Einsamkeit
fraß sich in mir fest, so sehr, daß ich mich kaum noch, sogar in
meiner Mansarde nicht, zu berühren wagte. Ich wurde immer
gelehrter, meine Bildung wurde immer raffinierter und umfas-
sender, mein Kragen immer zerschlissener, an den Ellbogen
wurde mir die Jacke ausgebeult, und der Bart wuchs mir immer noch nicht. Ich stand mir im Weg und wußte nicht, was
ich mit mir machen, wo mich abstellen sollte, ich war ein nutz-
loser Esser, gut für die Vergasung. Es war so belanglos-grotesk,
daß einem das Schwitzen kam. Im Zug auf der Rückfahrt aus
Hamburg wollte mein Abteilsnachbar, er hieß Potache, ein
braver Kerl, Witwer und kinderlos, sich plötzlich mit mir an-
freunden und schlug mir vor, mit ihm Hemden auf den Märk-
ten zu verkaufen: »Wer weiß, später können Sie dann sogar
mein Nachfolger werden.« Man würde von Stadt zu Stadt ziehen, und ich sah mich früh am Morgen die Tische auf den

gepflasterten, noch menschenleeren Plätzen richten, es klatschten einige Fensterläden, und es kamen die ersten Kunden mit all diesem Leben in ihnen, von dem man nichts wußte. Am Wochenende, hatte er mir gesagt, würde er mich in den guten Restaurants der Umgebung »verköstigen«. Ich sah mich schon über meine Schnecken gebeugt, während der Luftzug leicht die Gardinen bauschte. Von Stadt zu Stadt würde ich das tiefe Frankreich kennenlernen und heiraten. Ich hatte große Lust, auf seine Offerte einzugehen und mit ihm zu gehen, aber meine Eitelkeit und meine Prätention machten, daß ich mich für einen Intellektuellen hielt, und ich servierte ihm irgendeine Lüge, um mein Zögern zu umhüllen, er ließ mir Zeit, mich zu entscheiden, der Zug hielt überall, er stieg in Compiègne aus, und ich vergaß, nach seiner Anschrift zu fragen.

Für die Ferien brauchte ich Familie. Um das nicht Erlebte zu erleben, fuhr ich nach Kiel, wo der Schwager öffentlicher Philosoph war, Inhaber einer der beiden Lehrstühle der Universität, der andere war von einem anderen Philosophen besetzt, Walter Bröcker, einem guten Heideggerianer. Es war eine wundervolle Hecken- und Eichenlandschaft mit kleinen, von Holzbarrieren abgeschlossenen Wiesen und Hohlwegen, an denen jede Kurve eine Überraschung war, mitten auf dem Land. Unter dem Rauschen der Bäume stieß man plötzlich auf die schaumgekrönte See, der Wind setzte immer wieder in Böen an. Es war der ideale Ort für die große literarische Schöpfung, für Aufschwung und tiefsinnige Dichtung angesichts des Brechens der Wellen.

Ich machte das nämlich so, à la Hölderlin, ich schrieb lange Gedichte auf deutsch im Zustand einer Begeisterung, die meinen ganzen Körper zum Vibrieren brachte. Wie jeder Germanistikstudent, der sich fürs Poetische befugt fühlte, hatte ich den hölderlinschen Rhythmus »gekriegt«, der sich im Gehen in mir wie eine natürliche Musik abspielte, das eine aber hinderte nicht das andere, und genauso fieberhaft setzte ich mein *Auge Gottes* fort und schrieb an meinen *Ontischen Bedingen der existentiellen Präsenz* weiter.

War der Ort geeignet, so war es die Familie recht wenig. Sie wurde von Versteifung regiert und der Angst, sich in ihrem Benehmen zu irren. Man machte sich keine Gedanken, am Fleisch für die beiden Söhne im vollen Wachsen zu sparen, um einem protestantischen Theologen einen gepanschten Wein und billige Import-Hammelkeule aufzutischen, den es nicht störte, sich an den Portionen der Söhne den Wams vollzufressen. Das einzige, was zählte, war der Schein. Man hätte meinen können, daß jeder, ich inbegriffen, eine Rolle vor sich her ableierte oder eine Attitüde kopierte. Besonders fühlbar war das in diesem »Akademikermilieu«, wo jeder griechisch und erhaben spielte. Das Vergessen hatte alles weggewischt und sich selbst sogar ausradiert; es war doch gar nichts passiert. Der Anfang der Welt war das Jahr Null. Vorher hatte es nur Kindheit, Verzauberung oder Bomben gegeben, die auf Unschuldige niederhagelten, was sogar der Wahrheit entsprach. Die Vergangenheit war weggewischt, bei allen aus dem Gedächtnis verschwunden, aber in den mentalen Attitüden und den täglichen Lebensgewohnheiten waren die alten Grundhaltungen erhalten geblieben. Man setzte sich nicht zu Tisch, ohne jedesmal gleich niederträchtig gleichgültig dasselbe kleine Tischgebet so schnell wie möglich herunterzuleiern und so zu tun, als ob man daran glaube. Vor Ekel hätte man sich übergeben können.

Komm, Herr Jesu, sei Du unser Gast
Und segne, was Du uns bescheret hast.

Einer der Bekannten des Schwagers war ein Germanist der Universität, er hieß Werner Kohlschmidt, sah André Gide sehr ähnlich, er war ein charmanter und kultivierter Mensch.

Er spielte den Beschützer der Kultur und lamentierte über so viele Zerstörungen und Schandtaten. Das war das schlimmste, man unterschied durch nichts einen Nazi von einem, der es nicht gewesen war, besonders wenn die Kerle Nazis nur aus reinem Opportunismus gewesen waren. Seine Frau gab mir freundlicherweise Stunden in Mittelhochdeutsch. Meine Kommentare über die Nazizeit und über den Willen Hitlers, Krieg um jeden Preis zu entfachen, ärgerte sie, den einen wie die andere, Deutschland war doch das Opfer einer gigantischen internationalen und kommunistischen Verschwörung gewesen, bis zur »jüdischen« trauten sie sich doch nicht. Eines Tages wird man es doch laut sagen müssen, daß alle Verbrechen immer von Intellektuellen verschuldet werden:

Mehrmals bin ich zum Tee auf der Terrasse bei einem zu der Zeit bekannten »Romanisten« gewesen, der wie ein vom Wirtschaftswunder profitierender Baulöwe aussah. Er war ein besonders aktiver und engagierter Nazisympathisant gewesen. Er hat mir sogar ein Separatum geschenkt, worin er darlegte, daß das Deutsche nicht einen *»panier«* (Korb) von einer *»corbeille«* (Korb) unterscheiden konnte, und damit auf die Diffenrenzierungen wies, die das ganze Interesse für die Sprachen ausmacht; es war schade, daß ein solcher Wink gerade von so einem Mann kam.

Bis zum »Führer« der Nazi-Archäologen, der mir vorschlug, mich zu einer seiner Ausgrabungsstellen in Haithabu (Haddeby) an der Ostseeküste mitzunehmen, wo man viele griechische Münzen aus dem 3. Jahrhundert vor Christi gefunden hatte.

Natürlich hütete sich Landgrebe, mich über die Vergangenheit dieser Schurken aufzuklären, von der er selber nichts wissen wollte. Die deutsche Universität war durch und durch Nazi geblieben, kein einziger Professor war 1950 im Amt, der nicht seine Anhänglichkeit für das mörderischste Regime der

Geschichte ausdrücklich bezeugt hätte, kein einziger, anscheinend, der dann von den Besatzungsmächten irgendwie zur Rechenschaft gezogen worden wäre, außer den französischen Autoritäten, die immerhin in ihrer Zone reine Luft machten. Man hatte ihnen aber nur wenige Universitäten überlassen, Tübingen und Freiburg, und das war alles. Nichts Sonderbareres als diese Universitäten in Baracken. Die Texte waren genauso sinnreich wie früher. Also war alles gerettet. Der Philosophie ging es bestens, und die Professoren, die allerdings keine Armbinden mehr trugen, lebten wie zuvor in der Gemütlichkeit der Gartenstühle, der Perserteppiche und der signierten Separatdrucke. Landgrebe war eine jener Ausnahmen, die man an den Fingern einer halben Hand abzählen konnte. Keiner seiner Kollegen Philosophen, der nicht eine Eloge auf den geliebten Führer abgegeben hätte. Aber kriecherisch und dienernd, wie es ihre Berufung doch war, machte die Universität dicht und zeigte Strohköpfen, wie ich einer war, nur ihre Schokoladenseite.

Jedesmal, wenn man sich daransetzte, diese Leute zum Reden über die Vergangenheit zu bringen, hatten sie nichts gewußt, nichts gesehen und ihr Bestes getan, alle unschuldig, und allen konnte man nichts nachweisen. Jedoch war nun dieses gut ernährte und komfortabel eingerichtete Deutschland beruhigend und bequem. Man hatte von ihm nichts mehr zu fürchten, es war friedlich und ruhig. Von Aufenthalt zu Aufenthalt sah man es sich entspannen, regen und allmählich zu Bewußtsein kommen. Alle ehemalige Nazis, das heißt jedermann, wurde nach und nach von jüngeren Mitläufern ersetzt, die noch keine Zeit gehabt hatten, ihr Bestes in bezug auf Denunziation, Tötung oder Adhäsion zu leisten. Es waren meistens diejenigen, die zu jung gewesen waren, um als Kanonenfutter zu fungieren.

1950 hatten die deutschen Bahnhöfe bereits ihre Verglasung

wiederbekommen und fingen wieder an, nach Zigarre zu riechen. Die gelben Fliesen der Bahnsteige waren alle wieder eingesetzt worden, die öffentlichen Toiletten waren neu gekachelt und auch sie mit schweren Glastüren mit Metallfassungen versehen, die wiedergewonnenes Wohlergehen bestätigten. Metallschilder zeigten ein dreifarbiges Deutschland in seinen 1937er Grenzen mit der Inschrift »Dreigeteilt niemals«, was hieß, daß man die Gebiete jenseits der Oder-Neiße noch als deutsch betrachtete. Es war auch die Zeit, wo man die gotischen Lettern der Stadtnamen auf den Bahnsteigen mit lateinischen zu ersetzen begann, als wollte man zeigen, man hätte sich ein anderes Deutschland geschaffen. Allmählich fing das Adenauerdeutschland an sich zu ändern, und das konnte es um so leichter, als es dank Adenauer rheinländisch, reaktionär und katholisch geworden war. Außer im Lehrwesen hatte es seine preußischen Züge verloren. In den Familien herrschte noch fast ausschließlich das Schweigen vor, das »Halt dich gerade« und »Ein deutscher Junge weint nicht«. Aber die Leute änderten sich, ohne wie zuvor sich eine mörderische und ausschließliche Identität aneignen zu müssen, die sich bis in jeden noch so intimen Winkel ihres persönlichsten Wesens eingenistet hätte. Diese war durch den weniger gefährlichen Wohlstands- und Spaghettikult ersetzt worden.

Waren die Heizkörper in der Kirche mit Mahagonieinfassungen gerahmt und kam der Pastor im Mercedes vor der Kirche an, dann war alles zum besten in der besten der Welten. Hatten die Deutschen zu futtern und legten sie dicke Teppiche in ihre Wohnzimmer, so konnte Europa auf beiden Ohren schlafen. Schafft uns ein wohlhabendes Deutschland, und ihr habt tausend Jahre lang Ruhe. Es sind alleine die Ereignisse, die die berühmten deutschen Träumereien so gefährlich machen.

1954 war der Schwager nach Köln berufen worden, damals die am wenigsten versteifte Stadt Deutschlands. In der Vorstadt fand er eine beträchtliche Villa, die seiner »Stellung« entsprach, mit Schmucktreppe und einem Mieter in der Zwischenetage, dieser hatte zwei Töchter mit Zöpfen, es war einer seiner Kollegen, er hieß Wolfgang Binder und war Spezialist eines ein wenig pangermanistischen »urdeutschen« Hölderlins, den es nie gegeben hat. Er las ihn voll Dichterschwung laut, auf seiner Terrasse unter dem Rauschen der Buchen, vor oder spielte Schubert auf der Geige, in Seppelhosen und Kniestrümpfen: Deutschland, wie es leibte und lebte.

Damals erzählte mir mein 1935 geborener Neffe, wie sehr sich seine Kindheit, seit dem Tode meiner Mutter 1942, in Furcht und Schrecken abgespielt hatte. Kein Morgen ohne das Aufwachen mit der Angst, mitgenommen zu werden oder daß seine Mutter mitgenommen wird. Er war erst acht Jahre alt und wußte dennoch, was ihn erwartete, daß früher oder später die »Halb-Juden« auch deportiert werden würden. Eine seiner schönsten Erinnerungen, erzählte er, war einige Tage vor dem 8. Mai 1945, als er am Gartentor mit den Eltern die Engländer sah, die die Straße von Schöningstedt nach Reinbek herunterfuhren. Die Befreier waren endlich da. Er empfand eine unaussprechliche Erleichterung, zu seiner Mutter blickend, bemerkte er, daß sie weinte, er fragte seinen Vater, warum: »Mutti weint, weil Deutschland den Krieg verloren hat.«

Ich weiß nicht, ob das der wirkliche Grund war, es zeigt aber jedenfalls diese Unmöglichkeit, sich von auferlegten Denkmustern zu befreien, welcher Natur sie auch sind. Meine Schwester hat sich fast bis zum Ende ihrer Herkunft geschämt, und lebenslang hat sie in der Furcht gelebt und sich gewünscht, auf der anderen Seite zu stehen. Mit wahrer Vehemenz hatte sie versucht, sie vergessen zu machen und zu meinen, daß mein Vater eigentlich irrtümlicherweise deportiert worden war. Beide wollten sich einmal mehr so deutsch wie nur möglich geben. Sie waren Opfer gewesen, bestimmt, aber wie alle anderen auch Opfer der Verhältnisse und der Lebensbedingungen. Sie verdrängten ihre Herkunft und die Gründe des entsetzlichen Unglücks. Kaum war der Genozid zu Ende, wurde er schon von der Verharmlosung überdeckt.

Im November 1953 absolvierte ich meinen Militärdienst. Sobald ich den Kasernenhof in Courbevoie betrat, war ich fast im selben Augenblick die Bangigkeit los, die mich seit Jahren gepackt hatte, man könne Leute wie mich in eine Strafkompanie beordern oder die dienstpflichtigen jungen Soldaten nach Indochina* schicken. Ich fühlte mich zum Helden meiner eigenen Geschichte werden: man speditierte uns per Sonder-U-Bahn, die sämtliche Stationen ohne zu halten durchfuhr, bis in die Kellergewölbe der Gare de l'Est; Bilder der Deportation kamen einem sofort in den Sinn.

Im Zug, der uns nach Straßburg brachte, mehr wußten wir nicht, erkannten sich die »Intellektuellen« gegenseitig sofort. Ich lernte da den Filmregisseur und Filmkritker Philippe Collin kennen, der, wie man weiß, wunderbare Filme wie *Der bestrafte Sohn* oder *Die letzten Tage Immanuel Kants* gedreht hat, es verband uns eine innige Freundschaft während des ganzen Militärdienstes, die auch danach andauerte und sich am Ende im Sand des Alltags und der Nachlässigkeit verlor. Er bestätigte mich in jenem Denkmodus, den ich in mir wahrgenommen hatte und den ich für eine weitere Verschrobenheit meines ein wenig verrückten Geistes hielt: und zwar, daß es kein Denken gäbe, welches sich nicht in etwas einfüge, in die Anekdote, in die Gegenwärtigkeit der Menschen, in die Materialität der Formen und der Farben, in die ganz einfachen Dinge.

* Der Indochinakrieg dauerte von 1949 bisd 1954 und endete mit der Schlacht von Dien Bien Phu und der Niederlage Frankreichs. Man fürchtete, die Wehrpflichtigen könnten nach dieser Niederlage doch noch nach Indochina entsandt werden, aber Pierre Mendès-France schloß den endgültigen Frieden mit Ho Chih Minh Ende 1954.

Bei untergehender Sonne kamen wir in Karlsruhe an, wo wir in Garnison waren. Ich profitierte geschickt von meiner Ungeschicklichkeit und meinem guten Willen, um mir meine kleine ruhige Ecke einzurichten. Sehr schnell wurde ich zum Dolmetscher der Garnison bestellt, die einzige französische in der amerikanischen Besatzungszone, denn es waren die Franzosen, die die Stadt 1945 erobert hatten. Die Manöver am kalten Wintermorgen, unter der Rotglut der aufgehenden Sonne, wo man nichts anderes tat als warten, waren wundervolle Augenblicke, man hatte das Gefühl, ins große Bilderbuch der Geschichte geworfen zu sein.

Man schickte mich ohne Geld Ladenpuppen kaufen, denen man Atomschutzbekleidung anziehen wollte, oder Sonnenschirme oder Hunderte von Bindfadenknäueln oder dreitausend Schrauben, Größe 12. Ich fuhr Fahrstuhl in Uniform. Während alle meine Kameraden, die Abitur hatten, mindestens Unteroffiziere der Reserve waren, war ich in voller Glorie Obergefreiter und hörte den Mitfahrenden zu, die mich kommentierten; sie betrachteten die Franzosen ohne jegliche Feindlichkeit übrigens, aber sie fanden, daß wir arme Schlukker seien, denn die amerikanischen Soldaten fuhren immer Taxi und wir nie. Wenn irgendwie jemand feindlich gesinnt war, sagte ich ihnen und versuchte dabei zu schwäbeln, was mir natürlich nicht gelang, wenn es ihnen nicht passe, wir ihnen an unserer Stelle den Iwan schicken könnten.

Eines Tages riß ein Lastwagen der französischen Armee, dessen Beifahrer ich war, die Markise eines Geschäftes weg. Wahrscheinlich hatte ich ihn schlecht eingewiesen und tat nichts, um den Fahrer in Schutz zu nehmen.

Ein anderes Mal hatte sich der Oberstleutnant, der das Regiment befehligte, in den Kopf gesetzt, uns einen Nachtmarsch machen zu lassen. Es war abenteuerlich schön, so in der Finsternis loszufahren. Auf einmal aber blieb der ganze Zug stehen; eine längere Zeit verging, bis ein Soldat mich holen kam. Wir eilten die ganze Kolonne entlang, einen Kilometer weit herauf: Es hatte einen Unfall gegeben mit zwei Schwerverletzten an Bord eines kleinen deutschen Goliath, um welche sich gerade französische Santitätshelfer kümmerten. Man beauftragte mich, die deutsche Polizei zu benachrichtigen, und da es ein Restaurant ganz in der Nähe gab, trat ich in Helm mit Tornister und gezückter Maschinenpistole ein. Die Essenden erstarrten, manche schienen bereit, sich unter dem Tisch zu verstecken. Ich trat an die Theke, hinter welcher eine ältere, eher verängstigte Dame stand, der ich galant wie ein Kavalier die Hand küßte und die ich mit »gnädige Frau« anredete. Ich verlangte ein Telefon und wünschte, als ich wieder wegging, allen einen recht guten Appetit.

Wieder an der Unfallstelle zurück, hörte ich einen der Verletzten sagen, daß der französische Lastwagen, den er angefahren hatte, keine Rücklichter hatte, was ich mich zu übersetzen hütete. Meine dritte Missetat: auf einem für Radfahrer verbotenem Weg fuhr ich eine ältere Dame an, und ohne mich um sie zu kümmern, nahm ich die Beine unter den Arm. So machte ich mir doch einige Gedanken über meine Feigheit und fragte mich, wie ich mich im Zustand der Angst überhaupt benommen hätte. Vielleicht gehörte ich zu denen, die nichts gewußt, nichts gesehen hatten.

Meine »Freizeit« verbrachte ich ziemlich oft bei einer Kusine meiner Mutter, die einen Juristen, Wilhelm Martens, geheiratet hatte, der, wie schon gesagt, zur Widerstandsgruppe um Goerdeler, den Bürgermeister von Leipzig, gehört hatte. Er verdankte sein Überleben nach dem Attentat des 20. Juli 1944 nur seiner sehr guten Kenntnis Hochschwabens und seinen sehr guten Beziehungen zu vielen Bauern, die ihn versteckten. Er war Präsident des Oberlandesgerichts in Karlsruhe. Ab 1945 hatte man ihn wieder als Richter eingesetzt und trug zur Redaktion gewisser Gesetze des neuen Deutschlands bei, dessen neue Verfassung sehr viel den Alliierten und einigen deutschen Juristen verdankt. Die Richter, die wie Martens versucht hatten, die Nazidiktatur zu bekämpfen, kann man wieder an den Fingern einer halben Hand abzählen. Die Haltung der Juristen den Diktaturen gegenüber, das wäre ein schönes Thema für eine Doktorarbeit.

Es war ziemlich sonderbar, in französischer Uniform im Büro eines deutschen Gerichtspräsidenten mit einer Zeitung auf ihn zu warten. Sein Chauffeur brachte uns nach Hause; er bewohnte auf halber Höhe, in Durlach, eine wunderbare Villa, schlicht und elegant: auch besaß er eine umfangreiche Bibliothek, wo ich stöbern und mich nach Belieben bilden konnte. Leider gab es bei ihnen nie viel zu essen, denn trotz ihrer Liebenswürdigkeit waren sie in dieser Beziehung sehr deutsch-protestantisch geblieben; oft, bevor ich zu ihnen hinauffuhr, ging ich zuerst ein solides Beefsteak mit Pommes frites im Soldatenkasino essen, welches sich mitten im Nobelviertel der Stadt befand, an der Kaiserstraße, was die Deutschen natürlich nervte. Durch meinen Vetter Martens lernte ich ein erhabenes Deutschland kennen, voll Respekt für die anderen, von ausnehmender Höflichkeit und Seelendelikatesse. Sie errieten sofort diese unheilbare Trennung, die ich in mir trug.

Obgleich ich mitnichten irgendwie ein Kriecher war, aber man wußte nicht so recht, was man mit mir machen sollte, und man fand mich »nett«, spendierte man mir, was man damals »die Ferien des guten Soldaten« nannte und schickte mich nach Konstanz und Tübingen, wo ich in leeren Schlafsälen logierte und auf Kosten der Republik in Militärkantinen essen konnte.

Es war der Sommer 1954, und ich war einer der seltenen Besucher des heute berühmten Hölderlinturms. Mit Hölderlin identifizierte ich mich, wie alle jungen Leute der Zeit, die das Glück hatten, ihn zu lesen. Ich holte mir die Schlüssel bei einer alten Frau ab, die ihre Blumentöpfe vor die Fenster auf die Straße stellen konnte und zugleich hoch über dem Neckar wohnte.

Für mich war Hölderlin nicht das kalte abstoßende Philosophenmonster, das man uns zwanzig Jahre später zu fabrizieren versuchte. Natürlich ging ich den Schloßbergweg, den er angeblich jeden Tag gegangen ist, seinen Träumereien in den Gebüschen ausgeliefert, wie Rousseau. Dazu hätte er es im Turm, den er wahrscheinlich nie bewohnte, viel bequemer gehabt. Ich exaltierte mich an der Lektüre dieser Poesie, die Leib und Seele ergriff, wo sich der Sinn aus einer Rhythmik, aus Erotik und Denken ergab; im Gehen empfand ich diese metaphysischen »Transporte«, die er hat empfinden müssen, um am Ende, in der höchsten Exaltation, wie Rousseau, sich der hilfreichen Hand zu überlassen.

Ich stattete auch der Universität einen Besuch ab, es machte mir Spaß, die Vorlesungen anzuhören und die Professoren zu beobachten, von denen ich mich jedesmal fragte, was sie wohl zehn Jahre vorher gerade getan hatten, und sie fragten sich bestimmt, ob ich sie beaufsichtigen käme. Natürlich ging ich auch ins »Privatissimum« eines gewissen Wolfgang Schadewaldt, dessen Namen ich schon gehört hatte, eines »schönen Mannes« mit »weißer Mähne« und »wie aus Holz geschnitztem Gesicht« (er sah dem französischen Philosophen Etienne Souriau ähnlich, der an der Sorbonne Ästhetik lehrte). Er kommentierte gerade Pindar, ich konnte kein Wort Griechisch, ich hatte allerdings einige Oden, ins Deutsche von Oskar Werner übersetzt, gelesen und fand das recht schick, das nahm sich tiefsinnig und ganz irre, eben à la Hölderlin aus.

Es saßen da so an die zehn Studenten. Als er meine Uniform erblickte, wurde er besonders zuvorkommend, liebäugelte mir zu, forderte mich auf, ihn zu besuchen, charmant, gesprächig und gelehrt. Erst Jahre später erfuhr ich, daß er, genau wie Heidegger, ein besonders aktives und diktatorisches Parteimitglied war, gleich von der ersten Stunde an, und daß er eine wichtige Rolle in der Gleichschaltung der Intellektuellen gespielt hatte. Er mußte mich für einen französischen Nachrichtenoffizier gehalten haben.

Merkwürdigerweise hatte mich der Militärdienst aus meiner Situation eines überreifen Waisenkindes oder ewigen Studenten und zukünftigen Junggesellen mit zweifelhaften Gewohnheiten herausgerissen. Nicht ohne Bedauern wurde ich im März 1955 entlassen. Vier Tage jünger, wäre ich wegen Algerien zurückberufen worden, einige meiner Kameraden wurden, ich schämte mich sehr, hingeschickt. Vollkommen verlassen fand ich mich in der Ödnis des Waisenhauses Maubuisson wieder ein, wo ich mich immer mehr fehl am Platz fühlte im Staub, auf dem spröden Gras, in den fast leeren, nur mit Stahlstühlen möblierten Räumen.

Boulevard Saint-Michel 5 befand sich damals ein Arbeitsamt für Werkstudenten, da entdeckte ich die Anzeige eines staatlichen Wettbewerbs zur Einstellung eines Studienbeauftragten und Übersetzers bei der Présidence du Conseil (die französische Regierung) Abteilung Deutsch. Ich bewarb mich sofort, der Wettbewerb fand im Monat September statt. Es blieb nur noch, den Sommer zu überwinden.

Nun war ich aber eingeladen worden, einige Tage bei meiner Patentante Ellen Raemisch zu verbringen, deren Signatur über der meiner anderen Paten auf meinem Taufschein stand. Eines Sonntags, beim Militärdienst, war ich zum Mittagessen bei ihr eingeladen gewesen, und sie hatte mich baden geschickt, um den Gestank zu beseitigen. Sie und ihr Mann bewohnten in Freiburg eine Luxusvilla am Abhang im besten bundesrepublikanischen Stil: schweres Material, Fenstertüren in Metallfassungen, 6 x 6 m große Perserteppiche. Sie besaßen eine wunderbare Gemäldesammlung, August Macke, Franz Marc und viele kleine Zeichnungen von Paul Klee.

Bei ihnen verbrachte ich ungefähr einen Monat in voller postpubertärer Krise. Ich verliebte mich in ihren kleinen Neffen, einen sechzehnjährigen Cellisten, überbegabt und ein wenig pervers und herausfordernd, aber es passierte nichts, ich war zu sehr von der Furcht gelähmt; ich lernte da auch Theodor Eschenburg kennen, einer der seltenen deutschen Intellektuellen, der immer in der Opposition gegen die Nazis, trotz aller Gefahren, gewesen war.

Ich war in meiner Periode der philosophischen Hochstimmung; ich hatte die ersten hundert Seiten von *Sein und Zeit* des famosen Heidegger in der 1941er Ausgabe gelesen, aus der die Widmung an Edmund Husserl, den Begründer der Phänomänolgie, verschwunden war. Ab § 27 hatte mich der Zweifel wie der Räuber im Walde überfallen, ich ahnte, daß der Kerl nur hatte braun sein können.

Wenig später wurde mein Verdacht, was die persönliche wie auch moralische Mangelhaftigkeit dieses Individuums betrifft, weitaus bestätigt. Bei meiner Patentante lernte ich eine entzückende alte Dame kennen, Frau Feist geheißen. Frau Feist erzählte mir, sie sei Besitzerin der großen Villa gewesen, ich glaube Lorettostraße, wo Husserl die ganze erste Etage des Hauses bewohnte. Als Juden weder das Recht hatten, Hausbesitzer noch Mieter, noch Landstreicher zu sein, ging Frau Feist zu Heidegger und schlug ihm vor, Husserls Wohnung dem Philosophischen Institut, das unter Heideggers Leitung stand, zur Verfügung zu stellen, damit Husserl nicht mit achtzig Jahren zur Emigration gezwungen sei. Aber die große Leuchte der heutigen Pariser Salons antwortete ihr, daß er für so etwas nicht zu haben sei. Das sagt vieles über die Gleichgültigkeit und Herzenskälte dieses philosophischen Schufts aus.

Einige Tage später fuhr ich nach Muggenbrunn hinauf, in einem dieser gelben Busse der Bundespost, die so taten, als wären sie Postkutschen, und deren groteskes Hupen à la Posthorn durch die Täler tönte, so daß man sich beinahe schämte, in solcher Aufmachung durch die piekfeinen Dörfer zu fahren, wo die Bauern statt Vieh schon lange nur noch Touristen hielten. Das Land war voller Tannen und Brombeeren mit Aussichten auf indigoblaue Fernen, von hohen Wolken überkrönt. Todtnauberg war eine der Hochburgen des geistigen Tourismus für einige Auserwählte Europas (eine der obligaten Wallfahrtsstätten des französischen philosophischen Denkens, wie jeder weiß). Ich war da unterwegs mit Landgrebe, der zu der Hütte des Meisters pilgern sollte und im Vorbeigehen den alten reizenden Wissler grüßen wollte, der Heidegger als Modell an Deutschtum für seinen so aufgeblasenen wie leeren Text »Warum bleiben wir in der Provinz« gedient hatte. Heidegger posierte gerne in einer kleinen Hütte am Abhang, gerade unter der Jugendherberge des Radscherts, wo er davon geträumt hatte, die Stätte seiner nationalsozialistischen Wissensschulung aufzubauen. Landgrebe erachtete mich zu frech, als mich Heidegger vorzeigen zu können, den ich von unten in der Schräge, steil über mir, erblickte. Ein kleiner weißer Hund kam aus der berühmten Hütte hinausgelaufen, ich kniete auf der Wiese nieder und brüllte: »Das ist der Hund des Seins.«

Beim Hinuntergehen schrie Landgrebe außer sich, daß er es mir nie verzeihen würde, aber da ich es war, der beim Eintritt in die Walddichte am Wegrand richtige Stöße sonnenwarmer Brombeeren fand, hielten die philosophischen Ressentiments nicht lange an in Gegenwart der Gaumenfreuden.

Philippe Collin war es, der mich nach Paris zurückbrachte. Ich hatte mich mit meiner Patentante verkracht, sie konnte meine Zyklothymie nicht mehr aushalten und hatte Befürchtungen wegen ihres Neffen, der der Versuchung immer weniger widerstehen konnte von möglichen, ihm noch unbekannten Erlebnissen. Sie hatte mich in einer gemieteten Mansarde mitten in der Stadt abgestellt. Ich ging jeden Tag in einem Kolpinghaus essen, wo ich einen sehr jungen und in jeder Beziehung besonders erfahrenen Lehrling kennenlernte, der einige Zeit die Mansarde mit mir teilte.

Nach Paris oder, besser gesagt, auf meinen Dachboden in Maubuisson zurückgekehrt, ging ich mit Philippe Collin des öfteren in die Cinémathèque* in der Avenue de Messine, wo mir die Ehre zuteil wurde, von Henri Langlois, dem Gründer der Cinémathèque, ausgeschimpft zu werden, weil ich auf dem Heizkörper saß. Mit Philippe Collin beabsichtigten wir, einen Film nach dem Roman *S.* von Claude Cariguel, einem heute zu Unrecht völlig vergessenen Schriftsteller, zu drehen und vor allem einen nach dem Roman *Il Giocco* von Carlo Coccioli. Jeder ohne das Wissen des anderen hatte davon eine Synopsis geschrieben.

Zugleich bewarb ich mich beim Rektorat des Pariser Lehrbezirks um einen Hilfslehrerposten in einem Pariser Gymnasium. Ich ging in die Rue Poulletier auf der Ile Saint-Louis, um mich für einen Posten als Volksschullehrer der Stadt Paris zu bewerben. So hatte ich drei Sehnen gespannt, eine würde bestimmt nicht reißen.

Ich brauchte nicht lange zu warten, sehr schnell bekam ich eine Stelle als Referendar für deutsche Sprache am Gymnasium Buffon, seltsam an der Ausfahrt der U-Bahn gelegen, die in regelmäßigen Abständen schräg, mit großem, ein wenig dump-

* Die Cinémathèque wurde 1946 von Henri Langlois gegründet; er sammelte selbst alle möglichen Filme, die er überhaupt finden konnte, dank seiner wurden unzählige unersetzbare Werke gerettet.

fem Blechgeklapper, aus dem Boden schoß. Es gab einen Lehrersaal zur Straße hin, der Métro-Senke gegenüber, wo in berühmten Zeitschriften veröffentlichte Gymnasialprofessoren ihre Mäntel an Kleiderhaken aufhängten, wie jeder gewöhnliche Mensch, ich kam aus dem Staunen nicht heraus.

Wenig später, am 8. November 1955, ging ich zum Wettbewerb als Studienbeauftragter und Übersetzer des Regierungspräsidiums. Das hörte sich schön an und vervollständigte aufs höchste meine französische Staatsangehörigkeit. Als ich mich für diesen Wettbewerb vorstellte, war ich zuerst vom Personalchef des Hôtel Matignon, des Sitzes des Regierungspräsidiums, vorgeladen worden. Er arbeitete im Erdgeschoß in einem Büro, das durch eine Fenstertür auf den Hof des Palastes ging, er trug wie der französische Konsul in Florenz einen dreiteiligen Anzug. Er war zu mir äußerst höflich, sogar zuvorkommend und interessiert. Ich war ganz belämmert, daß man mich so einfach in die Paläste der Republik hineinließ. Ich hatte einige Chancen, den Wettbewerb zu bestehen, wir waren nur drei, voneinander weit getrennt zu jeder Seite eines riesigen Tisches in einem runden, nur von einem großen Fenster beleuchteten Raum.

Meine Anfänge als Lehrer waren ein wenig wie die des *Kleinen Dingsda* von Daudet, aber sehr schnell gelang es mir, die Situation zu meistern, und die Unterrichtsstunden wurden zu einer richtigen Freude. Im Lehrersaal fing ich wie jeder andere an, über die Schule zu reden, und ein Mädchen in einem grünen schicken Mantel mit großen grünen Knöpfen sprach mit einem Kollegen von einem Schüler, der auch bei mir war, ohne es also zu wissen, hat er in meinem Leben eine entscheidende Rolle gespielt.

Sie hatte grüne, sehr ausdrucksvolle Augen, einen tiefen und lebhaften Blick. Ich mischte mich in die Unterhaltung ein, und bald kamen wir ins Gespräch. Sofort fühlte ich, daß, was der

eine sagte, sofort vom anderen aufgenommen wurde, wie es gedacht war, als ob jeder des anderen Erwartung entspräche.
Jeder ihrer Sätze öffnete in mir eine Landschaft.

Es war, als ob ich sie schon immer gekannt hätte. Diese Begegnung überraschte mich keineswegs, sie lag in der Natur der
Dinge. Ich hatte es seit je schon erwartet. Ich erkannte diese
junge Frau, sie begleitete mich seit der Kindheit. Ich erkannte
sofort die Gegenwart derjenigen, von deren Existenz ich immer gewußt hatte, daß sie mit meiner eigenen irgendwo gleichzeitig verlief und zu der mich jeder Augenblick näher gebracht
hat.

Ganz von selbst, ohne mir irgendwie Fragen zu stellen, lud
ich sie bald ein, mit mir das Museum für moderne Kunst zu besichtigen, und mit schüchterner Stimme fügte ich hinzu, denn
ich war mir meines Portemonnaies nicht so sicher, daß wir zusammen dann Abendessen gehen würden. Ich war noch nie in
einem Restaurant gewesen. Höchstens hatte ich die »Turm-
cafés« in den wiederaufgebauten deutschen Wohlstandsstädten
besucht.

Am nächsten Donnerstag ertrug sie mit unendlicher Geduld mein prätentiöses Schönreden über Malerei. Vlaminck,
La Fresnaye, Juan Gris, Matisse, Bonnard oder Braque, alle
mußten sie herhalten, alle mit um so lauteren Theorien versehen, als andere Besucher in der Nähe waren, aber leiser, wenn
niemand da war. Die ganze angeeignete oder erlogene Wissenschaft defilierte dabei. Zugleich hörte ich mir selber zu, wie ich
ernst und gravitätisch meine ästhetischen Feierlichkeiten von
mir gab.

Die Idee, nicht genug Geld zu haben, um das Restaurant zu
bezahlen, machte mir größte Angst, aber im schlimmsten Fall
würde sie mir ihr Portemonnaie unter dem Tisch zureichen
und ließe nichts davon sehen. Ich hatte beschlossen, sie ins
»Voltaire« zu führen, gegenüber dem Odeontheater, es war von

ein wenig verbrauchter und trister Eleganz, für so Halbvollbörsen, ich hatte im voraus die Preise der Speisekarte einstudiert und mir eine Reservespanne gelassen, von der ich hoffte – aber wer weiß –, daß es genug sein würde.

Wir gingen zu Fuß vom Museum hinunter, es befand sich damals im rechten Flügel des Palais de New-York, inzwischen wieder Palais de Tokyo geheißen. Unterwegs lud sie mich zum Tee im »Arlequin« am Rond Point der Champs-Elysées ein, einem Café, das heute verschwunden ist wie viele der Lokale, wo wir damals zusammen hingegangen sind. Alles, was sie anhatte oder bei sich trug, fand ich wundervoll, ihr Portemonnaie, ihre Schlüssel, ihre Taschentücher und Puderdose, braun lackiert und mit Einlagen, diese Gegenstände erzählten alle ihre Geschichte, ihre Freunde hatten sie gesehen, sie hatte sie in ihr Zimmer gestellt, sie trugen es an sich. Im »Voltaire« waren wir fast die einzigen, es war still und heruntergekommen. Im Kino spielte man *Noblesse oblige,* wir kamen unerfahren, aber verlobt wieder heraus.

Ab diesem Augenblick öffnete sich für mich, jeden Tag mehr, der Weg in die Normalität, ich verließ Maubuisson und mietete bei der Mutter eines in l'Isle-Adam wiedergefundenen Mitschülers aus Florimontane ein Dienstmädchenzimmer im sechsten Stock eines Wohnhauses des Boulevard Péreire. Dieser Freund hieß Alain Laplanche, und durch seine zugleich sehr große und immer überraschende Bildung übte er auf mich einen entscheidenden Einfluß aus, in ihm war eine Art sanfter und ein wenig verzweifelter Anarchismus. Er weihte mich in den Jazz ein, in Verhaerens Poetik, in Milosz und den Surrealismus. Seine Mutter unterhielt einen Weinhandel am Boulevard Pershing, die ganze Schickeriajugend von L'Isle-Adam hat in dieser Bude gehaust und sich in der Etage, im Appartement, füttern lassen.

Natürlich war es mir schwer, den Schritt zwischen schuldbeladener Adoleszenz und Reife zu machen, und mit meiner Braut war ich so boshaft und aggressiv, wie man es nur sein kann. Ich mußte unbedingt versuchen, daß nicht stattfinde, was aus mir einen normalen Menschen gemacht hätte. Auch wenn jemand anderer darunter leiden würde, war ich mir selbst gegenüber zur Rolle des vom Schicksal Verworfenen, des Außenseiters, des genialen Unverstandenen verpflichtet, obgleich ich eigentlich nie wirklich daran geglaubt hatte.

Ich hatte nur ab und zu »Gelegenheiten« mit anderen Jünglingen oder jüngeren Herren gesucht, um mich davon zu überzeugen, aber es hielt nie, es griff nicht in mir, nahm nicht von mir Besitz, und ich wollte unbedingt Frau und Kinder haben, und siehe da! Ich war der einzigen begegnet, die alles sofort verstand und mich sozusagen im voraus erriet, ohne je irgendwelche Erklärungen oder Rechtfertigungen zu verlangen. Und genau das wollte ich verderben; sie hatte aber alles verstanden und versuchte nie, mich »zurückzuerobern«. Immer war ich es, der nach von mir angezetteltem Zank wieder anrief, wir trafen uns noch einmal, und wieder war ich mit ihr so boshaft wie nur möglich, und es war Alain Laplanche, der es abermals reparieren mußte. Und da dann alles doch so ungefähr in Ordnung war, glaubte ich den jungen, vom Fleisch gemarterten Jüngling spielen zu müssen, der nicht wußte, ob er zwischen Mädchen und Knaben wählen sollte, und abermals war es Alain Laplanche, der wieder alles zurechtbiegen mußte.

Eines Tages, nach einem besonders großen Zank, wovon ich die alleinige Ursache war, nannte ich sie in einem Hauseingang »mein Walfisch«, so daß sie trotz der Tränen lachen mußte, und alles legte sich auf einmal für die nächsten vierundvierzig Jahre zurecht, mit einigen Gewittern dazwischen, wie es sich gehört. Immer zahlreichere Fäden fingen an, mich mit dem, was mich umgab, zu verbinden: ich wurde von meinen zukünftigen Schwiegereltern zum Sonntagsbraten eingeladen.

Ich nahm den Bus der Linie 26 und stieg an der Haltestelle »Pyrénées-Ménilmontant« aus, am Hügelgrat, zwischen niedrigen Häusern, ich war da schon einmal vorbeigegangen und ahnte nicht, daß ich da so lange leben würde. An jeder Straßenecke gab es ein Blickabenteuer, als hätte die ehemalige Landschaft vom Pfad bis zum Abhang ihre Spuren hinterlassen. Es gab Hecken, Holzgitter, eiserne Portale. Weit unten, schon in der Distanz, blauhell, ein wenig schräg, der eine den anderen aufdeckend, standen still nebeneinander die beiden Türme von Notre-Dame, über dem riesigen grauen Geraune der aufgetürmten Stadt.

Ich wurde zwischen geblümten Tapeten empfangen und fühlte um mich herum eine ganze Familiengeschichte sich ausbreiten. Alte Damen saßen da, die ihre ganze Vergangenheit mitgebracht hatten, sie enthielten so unzählige Landschaften, Gesten, Anekdoten, von denen ich nichts wußte und die ein ganzes Leben ausgefüllt hatten. Farben, Gerüche, Stimmen, ein unbekanntes Leben öffnete sich mir, alles war zugleich sonderbar und vertraut; ein langer Korridor, Hammelkeule, seit der Kindheit hatte ich das so nicht mehr gegessen.

Inzwischen hatte ich den Wettbewerb für die Anstellung als Übersetzer und Studienbeauftragter beim Regierungspräsidium bestanden und wurde wieder vom Personalchef empfangen, der mir sagte, daß er froh sei, Leute wie mich anzustellen, die dem französischen Beamtenwesen Ehre machen würden. Ich traute meinen Ohren nicht. Dieses Land hatte mich also bis in seine Verwaltungsstrukturen aufgenommen. Ich konnte nicht mehr daran zweifeln, bei mir zu Hause zu sein.

Schon am nächsten Morgen gab ich, nicht ohne Bedauern, meinen Dienst als Referendar auf. Ich ging in die Rue Lord Byron, zur Documentation Française, wo ich nun von 9 bis 13 h und von 15 bis 19 h arbeiten sollte. Es war eine ein wenig schicke Stundeneinteilung, in einem balkonversehenen Büro, auf den man nicht allzu oft treten sollte, weil der Direktor der französischen Haushaltsplanung gegenüber wohnte und gefunden hätte, daß man die Staatsgelder zum Fenster herauswerfe. Ich arbeitete gegenüber eines älteren Herrn, der aus dem Englischen übersetzte. Jeden Morgen brachte man mir einen enormen Stoß aller deutschen Zeitungen, die ich dann durchlesen mußte, ich hatte zu bestimmen, was der Übersetzung wert sei. Die Artikel, die ich behalten hatte, brachte ich meinem Abteilungsleiter, der sie in eine Schublade steckte, es konnte dann aber passieren, daß einer oder zwei davon in der Documentation Française, der Dokumetationszeitschrift der Regierung, erschienen.

Im Aufzug traf ich des öfteren den Direktor der Documetantion Française, Jean-Louis Crémieux-Brilhac, dessen Geschichte jeder im Regierungspräsidium kannte. Er war aus einem Kriegsgefangenenlager in Pommern geflohen und war unter romanhaften Bedingungen durch ganz Sibirien gewandert, um sich bei de Gaulle in London einzureihen, 1945 hatte er den Bericht seiner Flucht unter dem Titel *Retour par L'URSS* (Rückkehr über die UdSSR) veröffentlicht. Er war sehr herzlich mit dem jungen, ein wenig verlorenen Referendar, der ich war. Seitdem hat er eine hervorragende Geschichte von »France Libre«* geschrieben.

Ich hatte es schwer, mich dem Büroleben anzupassen und Stunden hinter einem Tisch sitzend zu verbringen, ich war zu sehr an das Durchstreifen des Landes oder der Vorstadt gewöhnt, an das Leben im Freien. An meinem Platz sitzend, versuchte ich sogar, ohne überhaupt daran zu glauben, eine ganzes Röhrchen eines harmlosen Beruhigungsmittels zu schlucken,

* »France Libre« (Freies Frankreich) bestand aus den Franzosen, die (1940–1944) in London den Kampf gegen die Hitlerbarbarei weiterführten, den französischen Widerstand gründeten und den Verrat Pétains wiedergutzumachen versuchten.

um mich umzubringen, vor den Augen meines ziemlich verblüfften Bürokollegen. Man brachte mich schließlich im Zustand der Bewußtlosigkeit zu meinen zukünftigen Schwiegereltern zurück.

Die Hochzeit fand in der protestantischen Kirche *Le Foyer de l'Ame,* »Das Heim der Seele« (eine ziemlich anonyme Bezeichnung), Rue du Pasteur Wagner, statt. Ich flatterte irgendwo ganz oben über mir selbst, sonderbarer Zeuge meiner selbst. Die Baronin de Rothschild in Person »hatte sich bemüht« und ein schönes Tellerservice schicken lassen. Der Schwager war extra aus Deutschland gekommen und vergaß nie den höflichen Empfang meines Schwiegervaters. Meine junge Frau und ich fuhren auf Hochzeitsreise nach Saint-Piat, in der Nähe von Chartres, sechzig Kilometer vor Paris, als Beamte hatten wir nur drei Tage frei. Wir entdeckten die Wunder der Liebe in der Gastwirtschaft Nicolas, »gutbürgerliche Küche«, und gingen nach Gallardon, den Zylinder bewundern, der auf offener Straße als Schild vor einem Laden hing, und zu Fuß pilgerten wir zur Kathedrale von Chartres.

Bereits im November 1956 gab ich die Documentation Française auf, ich hatte an einer Sondersitzung den Wettbewerb zur Anstellung öffentlicher Studienräte bestanden, als guter Letzter, und fuhr zur Referendarzeit nach Lille, von der Traurigkeit der Trennung wieder einmal ergriffen. Ich entdeckte eine flache geräumige Stadt, wo die Wohnhäuser aussahen, als träten die Bewohner vor die Tür, um einen einzuladen hineinzukommen, eine freundliche, vertraute Stadt, wo man sich nicht schämen brauchte, arm zu sein, wo niemand den anderen mit seinem Aussehen kleinzukriegen suchte. Lange Straßen gingen im Horizont ineinander über, es konnte vorkommen, daß man morgens im Nebel Gruppen von Pferden durchziehen sah, die zum Abschlachten geführt wurden, manchmal drehte sich eines von ihnen um, und den ganzen Tag lang hatte man diesen Blick, als wüßte er schon alles, in sich.

Zu dieser Zeit lernte ich bei einer Freundin meiner Frau einen der originellsten Geister kennen, die mir je begegnet sind. Roger Rimbault, der sich Jean-Roger Carroy nennen ließ, hat sein Leben mit der Anfertigung eines riesenhaften Manuskripts verbracht, wie geschrieben, um nie veröffentlicht zu werden, aus dem die seltenen Auszüge, die er seinen Freunden vorlas, zu jenen großen Texten gehörten, die man in einem ganzen Leben selten zu lesen oder hören bekommt. Er kannte alles, »was zählt«, von Joel Bousquet bis Maurice Roche, er konnte Anekdoten erzählen, die immer unerwartet komisch waren, verlor sich aber in den Schlingen seines eigenen Denkens, so daß er nach fünfzig Jahren angestrengter Arbeit nur ein Nachwort zu *Ultramarin* von Malcolm Lowry veröffentlicht hat und ein sonderbar kompaktes Buch, *Incartades* geheißen, und einen schmalen Gedichtband, *Reverdie,* mit Stichen von Paolo Boni, ein Buch unter den Schönsten, das man lesen kann. Roger Rimbault war zugleich lebhaft und tief, fröhlich verzweifelt und plötzlich voller Begeisterung.

Mein erster Posten war in Gisors an der Grenze des Vexin, das war damals eine kleine Stadt mit brüchigen Bürgersteigen und, wie alte Zähne, wackeligen Häuserreihen. Sie lag um die Reste eines eigenartigen Bergfrieds zusammengekauert, der die ganze Stadt überragte und von nirgends sichtbar war. Ich schlief dort drei Nächte pro Woche in einer von Frau Balbine, der Garagistin, gemieteten Mansarde, statt ein bequemes Zimmer im Hôtel de la Gare, dem Hotel am Bahnhof, zu nehmen, es war, als ob die karge Adoleszenz mich nicht losließe.

Aus den Fenstern des kleinen Gymnasiums sah man das Land ringsherum. Das Gebäude war an einem Ende der Stadt hingepflanzt worden, ich ging kaum in die Stadt aus Angst, meine Schüler zu treffen. Ich verblieb drei Jahre mit der Abwechslung der Hin- und Herfahrten, in mir selber aufgehängt, zwischen Nostalgie und Staunen, und dabei versuchte ich eben jene Adoleszenz loszuwerden, die an mir desto fester klebte, als sie später eingesetzt hatte.

Dann kam die Vorstadt, Saint-Denis, und endlich das Sichabspielen des nicht mehr von solch seltsamer Rückkehr immer wieder unterbrochenen Alltagslebens. Die erste Busfahrt durch die ganze Nordvorstadt, von Aubervilliers bis Pantin, bleibt mir in der Erinnerung haften für immer, eine von kleinen dunklen Wolken unterbrochene Sonnenfahrt mit plötzlichen Schattenwürfen und mit jenem Gefühl der Sicherheit und der Offenheit und des Ausschweifens des Denkens unter dem endgültigen Schutz, den monatliches Gehalt und Stabilität gewähren. Ich war Staatsbeamter und konnte in Paris wohnen. Die Welt wurde ein Spektakel für Privilegierte.

Es wäre ein ganzes Buch zu schreiben über die Erzstalinisten-KP-Funktionäre des Ortes. Sie gaben sich alle Mühe, damit man glaube, daß das staatliche Gymnasium des Ortes »ein Gymnasium der Partei der Arbeiterklasse« wäre, ein Gymnasium, welches der frisch rasierte und nach Veilchen duftende Aragon süßlich verlogen und selbstzufrieden einweihen gekommen war. Man hatte es nach seinem Freund Paul Eluard benannt, der auch einige Verbrechen und Morde für die Partei schlucken mußte. Genauso stupide, wie sie rührend waren, wurden diese Funktionäre von so subtilen wie heimtückischen Geistern unterstützt, wie Jean Marcenac einer war, einer der ehemaligen Redakteure der Literaturwochenschrift der Partei *Les lettres françaises* und der mit herablassender und geduldiger Erhabenheit die Rolle der Lokalberühmtheit spielte, zynisch und großzügig zugleich versteckte er seine Strategie unter sorgfältig ausgearbeiteten Aufschneidereien. Sobald ein Schüler Bauchschmerzen hatte, wurde er eiligst zur Nachbarapotheke geschickt, die von der Gattin von Jean Marcenac betrieben wurde.

Bald kam mir meine Frau als Französisch- und Lateinlehrerin nach. Ihr verdanke ich unter so vielem anderem, so vieler Geduld, Verständnis und Einfühlung, nicht die Kenntnis des Französischen, sondern viel mehr als das, und zwar dank ihrer besonderen Gabe, die Entdeckung der Richtigkeit und Genauigkeit der Wörter, die Entdeckung der Tiefsinnigkeiten des Französischen, den die Genauigkeit der Termini eröffnet unter der Bedingung, daß man richtig auf Horizonte des Denkens zielt, die einem nicht auf Anhieb erschienen, die mir aber die Kenntnis der Sprache, die meine Frau hatte, offenbarte. Das Stadtbild konkretisierte eigentlich mehr noch als meine vorherigen Aufenthalte auf dem Lande, die Wesenszüge der Sprache. So erlaubten mir die neunzehn in Saint-Denis verbrachten Jahre, ständig durch die großen Fenster der Klassenräume die unendlichen Farbvariationen des Himmels über dem grünen Dach der Basilika zu sehen, die wie ein Hochseeschiff über der Stadt dahintrieb. Nie gab es zweimal die gleiche Beleuchtung, als ob das Vergehen der Zeit sie jedesmal anders werden ließ.

Nie wird man genug betonen, was Disponibilität, Gelassenheit und Freiheit des Geistes der materiellen Stabilität verdanken. Die Freiheit ist dann um so republikanischer. Ich hab ermessen können, was das bedeutet, als ich fast zufällig über Montboudif kam, wo Georges Pompidou geboren wurde, die Unendlichkeit des Horizonts und die fest gebaute Volksschule mit ihren hohen Fenstern und weiß gestrichenen Rahmen erklären vieles; so vieles wie das nahe Dorf, Le Chambon-sur-Lignon, wo dreihundert Einwohner mehrere Hunderte gesuchte Juden vor der Gestapo und der französischen Miliz versteckt haben.

Nach einigem Zögern hatte ich meine Malerei aufgegeben,

oft hatte ich meine Staffelei durch die Landschaften des Vexin geschleppt, aber war bei Aquarell und Deckfarben geblieben. Meine finanziellen Mittel und der Platzmangel hatten es mir nicht erlaubt, Ölfarben zu kaufen. Wie es die französische Schnulze so schön singt: Mit Öl malen ist schwer, aber schöner als mit Wasserfarben*, aber vor allem ist es viel teurer. Deshalb auch habe ich immer an der Wirklichkeit der Armut der Maler gezweifelt, in meinem Vorstadtwaisenhaus jedenfalls verbat mir meine Situation als Schützling und ewiger Student ans Malen mit Öl zu denken. Mir Leinwand und Tuben bezahlen zu lassen, lieber hätte ich mich unter dem Boden verkrochen. Ich hatte *Das Werk* von Emile Zola gelesen, und ich sah mich nicht als neuer Cézanne, sondern als fiebriger Schlawiner, der vom Genie getrieben auf die Tuben drückt und in der Rue de Seine von Galerie zu Galerie spediert wird, mit seinen mit Bindfaden zusammengehaltenen Meisterwerken unter dem Arm. Eher Hausmeister oder Nachtwächter als gescheiterter Künstler, nichts schien mir lächerlicher als »Künstler«.

Einmal verheiratet, war meine Genialität weder stark noch mächtig genug, um ihr Frau und Kinder zu opfern. Ich stellte mich mir selber vor, Pinsel in der Hand in meiner Bude, in der Schöpfung panschend, unter dem Klang der Beethovenquartette, die sich auf dem allmählich abgestotterten Plattenspieler, neuestes Modell, drehten, während meine Frau mit Privatschülern Latein nachpaukte, zum Unterhalt der Familie. Schon alleine die Idee schien mir derart obszön und lächerlich, daß sie mich sofort die Malerei für immer aufgeben ließ. Nun hatte ich glücklicherweise nicht die Kaltblütigkeit des falschen Genies. Es ist für mich nämlich unmöglich, nur zeitweise zu malen,

* La peinture à l'huile
C'est plus difficile
Que la penture à l'eau
Mais c'est bien plus beau.

Sonntagsmaler zu sein. Hätte ich mich der Malerei ausgeliefert, wäre es mit Hab und Gut gewesen, es hätte keinen Ausweg gegeben, und dunkel fühlte ich, daß ich dabei untergegangen wäre und der Welt wäre es weder besser noch schlechter gegangen; höchstwahrscheinlich hätte ich meine geistige Gesundheit dabei eingebüßt.

Da sich im Gymnasium das Gerücht verbreitet hatte, ich würde für die Ferien mit Frau und Kindern zum erstenmal über die Loire nach Süden fahren, wollten meine Kollegen mir einen Tropenhelm spendieren. Ein Freund hatte uns nämlich anerboten, uns ein Haus, welches seiner Familie gehörte, zu vermieten.

Jenes Haus befand sich in der Creuse, in Saint-Pierre Chérignat, nicht sehr weit von Bourganeuf, an der Grenze zugleich der Haute-Vienne und der Corrèze, es wurde vom Großvater unseres Kollegen und Freundes erbaut, er hatte es sich mit Eßzimmer und hölzernem Fußboden bauen lassen, Zeichen des Reichtums in den dreißiger Jahren. Er war in diesem Haus an der Gangräne gestorben, seine Schmerzen über das Land brüllend, die beiden Hände in das Geländer der Galerie verkrampft. Im Augenblick überkam uns plötzlich, meine Frau und mich, der Gedanke an diesen Tod.

Eine ungeheure Ulme beschattete das quer an den großen Bauernhof angebaute Haus. Zu einer Seite lag es zu einem großen, verwilderten Garten hin, auf der anderen blickte es über den Bauernhof, die Hügel und die Wiesen hinweg. Im Hintergrund des Gartens stand das kleine Plumpsklo mit Scheiteldach und in der Holztür ausgespartem Herz. Man saß sehr hoch da, mit hängenden Beinen und Aussicht auf die Hügel.

Meine beiden Söhne erlebten in diesem Weiler eine wundervolle Kindheit, auf einem noch nicht von der Flurbereinigung verschandelten Land, zugleich menschenleer und besonders harmonisch eingeteilt, dank Jahrhunderten der Bauernkultur, einer Landschaft, wo das Gewächs der Kastanienbäume, der Eichen, der Wiesen oder der Getreidefelder sich wunderbar der Beschaffenheit des Bodens angepaßt hatte, wo die Mühe der Menschen es vermocht hatte, der Natur zugleich sanfte und präzise Züge zu verleihen; daraus hatten sich Landschaften ergeben, in welchen sich Wälder und Felder auf subtiler Weise eingliederten. Das Land breitete sich in einem gigantischen Bogen aus, leicht abschüssig, gegenüber den Ambazacbergen, mit Kastanienwäldern voll Pfifferlingen, und Lichtungen, voll mit hohem Gras durchsetzt, wo sich die Wege verliefen, meilenweit von jeglicher Ortschaft, überall aber Zeichen der sehr alten Gegenwart der Menschen, kein Zoll Boden, der nicht die Spur davon enthielt. An jeder Wegbiegung war es die Überraschung einer neuen Aussicht, als ob diese nahen Horizonte alle Landschaften Frankreichs und Europas zusammenfaßten. Es war die Zeit, als die 2CV Citroën wie gemacht waren für die Serpentinen der rosafarbenen, asphaltierten Landstraßen. Es gab da unerschöpfliche Blickreserven für ein ganzes Leben des Schauens. Um zum Frisör, der zugleich Kaufmann war, in La Forêt zu gelangen, mußte man sich einen Durchgang durch den Wald schlagen, hinter welchem man in der Nähe von Châtelus-le-Marchaix in eine weite und üppige Landschaft hinaus kam, wo jeder Blick eine neue Folge von Wiesen und Wäldern entdeckte. Bourganeuf mit seinem schiefen Stadtplatz und die Giebelhäuser darum herum war wirklich die Stätte eines französischen Romans, eine Stadt, wo sich im ganz Kleinen die ganze Geschichte des Landes wiederholt hatte. In der Tiefe des Gehölzes verloren, erhob sich ein Gedenkstein an junge Märtyrer des französischen Widerstands, 1943–1944.

Ganz oben in der Stadt stand die Post, ein Eckgebäude im Baustil der Republik, wo eines Tages, Schlag Mittag, meine

Schwester, auf Besuch bei uns mit ihrem Mann, dem Philosophen Landgrebe, kostümierte Berühmtheit des neugermanischen, wieder unschuldig gemachten Denkens, sich verpflichtet fühlte, als Pfand für die Aufnahme in die gute Gesellschaft ein Telegramm zu schicken, zum achtzigsten Geburtstag eines dieser Philosophen, die doch alle aktive Mitläufer, wenn nicht begeisterte Nazis gewesen waren. Der verkörperte auch jene geistige Autorität, die die Welt zum Untergang führte, er war, wie man mich belehrte, vermeintlich ein »Denker«, und dazu noch hatte meine Schwester ihn in Köln gefüttert, damit man sich nicht an ihre Herkunft erinnerte. Ich schämte mich so sehr für das Postbüro von Bourganeuf und den armen Postbeamten, den sie so völlig nutzlos mittags zurückhielt, daß mir der Schweiß ausbrach. Während ich wartete, konnte ich immerhin die kastanienüberwachsenen Hügel betrachten.

Lange Reihen hellfarbener Pappeln erhoben sich plötzlich vor grellgrünen Abhängen, die zur anderen Seite, einige Schritte weiter, auf tiefe Schluchten fielen, wo alles schon fahlgelb wuchs, oder man stieß auf eine weite Ebene, von Dörfern punktiert, unter einem von senkrechten Wolken durchzogenen Himmel. Man hätte sich in eine jener Landschaften versetzt meinen können, wie sie die alten Bücher beschreiben. In welcher Entfernung man sich befand, waren die Himmelsrichtungen von romanischen gelben oder grauen Kirchen markiert, die immer auf unerwartete Weise im Raum standen, sie versammelten ihn um sich herum, bestimmten ihn, orientierten ihn, während die Schwalben ringsherum trillerten. Saint-Lénard-de-Noblat, La Souterraine, Le Dorat, Bellac, kleine Städte für die Histoire de France, an Erzählungen unerschöpflich.

Unsere Nachbarn, die Balaire, wohnten in einem etagenlosen Haus, mit einem Boden aus bloßer Erde, das nur aus einem einzigen Raum bestand. Mehr als fünfzig Jahre lang waren sie Kutscher und Köchin gewesen, es waren Figuren aus *Pain Noir* (Schwarzes Brot) von Georges-Emmanuel Clancier, ihr Leben lang wurden sie ausgebeutet, betrogen, sie waren beide von scharfer Klugheit und widerspenstigem Geist, zugleich voll Großzügigkeit und genau im Bilde, was die politischen Realitäten betraf. Sie sprachen von den Dingen ohne Bitterkeit, aber deutlich und entschieden. Sie verkörperten jene freidenkende* Arbeiteraristokratie, die den lebendigen Stoff der Republik bildet. Sie hatten die Volksschule bis zum Schulabschluß besucht, diejenige, die am Giebel die in Stein gehauene Inschrift *Liberté Égalité Fraternité* trägt. Wenn man ihnen zuhörte, merkte man, wie doch die sozialen Förderungen durch die Republik selten und langsam waren, daß sie Generationen beanspruchten und daß die einzige Chance ein Volksschullehrer war, der einen zu erkennen verstand. Alles bekam man in den allerersten Zeiten des Lebens geschenkt oder nicht geschenkt. Was mich betraf, ich schämte mich dessen ein wenig, ich hatte nur geboren zu werden, um schon alles von der Gotik und von Mozart zu wissen.

Nirgendwo sonst hatte ich so sehr das Einvernehmen der Republik und der Landschaften, die sie vereinigte, gefühlt. Ich empfand fast eine Art Stolz, ein Beamter dieses Landes zu sein, das ich willentlich und in aller Klarheit mir als das Meinige ausgesucht hatte und welches von mir keine Rechenschaft verlangte, keine Eingliederung, und welches, wie die Straßen, die es durchzogen, das Gemeingut aller war, mit ihnen allen, durch denselben Vertrag gebunden.

Nicht die »Verwurzelung« war von Bedeutung, sondern die

* Leider ist das schöne Wort »laïque« im Deutschen unübersetzbar. Es bedeutet, daß man ohne ständige Bezugnahme auf Kirche oder Religion handeln und denken kann, auf diesem Prinzip der Freiheit des Denkens beruht die französische Republik seit der Revolution.

Wahl einer Nationalität, einer Region, einer Stadt, die jemand getroffen hat. Die Naturalisierung ist nämlich ein Akt des Wollens, ein ausdrücklicher Vertrag, der beide Parteien aneinanderbindet, und die Eigenheit der französischen Nation ist eben auch, daß sie Gegenstand einer Wahl sein kann, die der Geburt gleichkommt und sie genausogut übertreffen kann.

Auf diese Weise ergab sich allmählich die Landschaftlichkeit, die nun meine Erzählungen orientieren würden, wie ich sie in mir entstehen fühlte. Ein dauerhaftes Inbild kam immer wieder in mir auf, und ich wußte nicht, ob ich es wirklich gesehen hatte oder ob es sich auf andere Bildfragmente, im Vorbeigehen erblickt, fixiert hatte: einer niedrigen Mauer entlang fährt ein Pferdewagen, eine Art Cab mit schwarzem Verdeck und einem Mikafenster hinten. Aus diesem Inbild sind alle weiteren entstanden, ohne daß es selber je vorkommt. Daraus sind die beiden ersten veröffentlichten Erzählungen entstanden, *Un corps dérisoire* (1971) (Ein belangloser Leib) und *Le Fidibus* (1972). Als diese beiden Bücher vom Verlag akzeptiert worden waren, war es, ob ich wollte oder nicht, der Eintritt in die literarische Alltäglichkeit, die viele andere so gut beschrieben haben und die an sich nicht mehr Interesse bietet als die Bücher, die aus ihr entstanden sind.

Sehr rasch aber schien mir die Literatur belanglos, angesichts des Lebenswunders meiner beiden Söhne. Sie waren es, die allem übrigen überhaupt Sinn verliehen. Sie setzten mich in der Zukunft fort und ließen mit sich und dann mit ihren eigenen Kindern die Kontinuität der Zeit weitergleiten. Wir versuchten, so gut es ging, ihnen die Welt beizubringen, in die wir sie geworfen hatten, damit die Enttäuschung der Zukunft doch nicht allzu bitter sei. Und sie scheint es tatsächlich nicht allzusehr gewesen zu sein.

Inzwischen hatte es die 1968er Ereignisse gegeben, sie waren mir nicht geheuer gewesen, sie waren mir zu theatralisch, um wirklich erwachsen und politisch zu sein. Auf sonderbare Weise waren sie mir unheimlich, als ob sie doch die Braut zu schön fanden, wie man so sagt, als ob man nun doch wirklich der Republik, der »Hure«, wie sie von den Politverbrechern genannt wird, die Kehle durchschneiden wollte. Unter der Schminke befreiender Parolen wurde auf sie gezielt, auf ihren Anspruch, auf freiheitliches, kritisch-neutrales Denken (laïque). Die auf die Straße gestiegene Lyrik nahm vorbestimmte gemeinschaftliche Färbungen an, die mir von diffuser Religiosität durchdrungen schienen, und mich hatte die Republik gelehrt, daß Inbrunst Privatsache ist und daß sie also erst zum Vorschein zu treten habe, wenn die Republik bedroht ist, was aber nun gerade nicht der Fall war.

Es erinnerte mich leider an die Jugendbewegungen in Deutschland vor 1914, es war heil und sauber, voll Begeisterung und Frische, und das alles endete, wie man weiß, mit blumengeschmückten Gewehren, nur daß es zum Glück 1968 weder Glaube noch Gewehre gab. Sofort war mir klar, daß die alte Ordnung, die tatsächlich morsch und verkommen war, im Begriff war, einzustürzen und sich ganz von alleine zu ändern, keineswegs ein neues Universitätsbonzentum brauchte, welches selber gern die Nachfolge der Vorgänger antreten möchte.

Fast immer, seit Anfang der sechziger Jahre, machte ich eine ethnologische Reise zu Allerheiligen zu meiner deutschen Familie, nach Köln, und ich sah, wie sich das Land entwickelte. Jeder war nun Demokrat geworden mit dem gleichen guten Willen, wie die Vorgänger, an der Universität ganz besonders, Nazis gewesen waren. Meine Schwester, damit man ihr verzeihe, daß es sie noch gab, empfing an ihrem Tisch dieselben Pauker aus der Universität wie in Kiel, ehemalige Parteigenossen, die vor lauter Demokratie immer demokratischer waren als ihre Mitesser. Zu ihr kam sogar ein Fleischel, irgendein Vetter, der trotz seines Namens am Leben geblieben war, weil er für die SS eine Pferderasse züchtete, für welche er der einzige Spezialist überhaupt war.

Und was einen meiner Neffen betrifft, er heiratete eine Pastorentochter, deren Vater einen Bratenrock mit breiten runden Rückenknöpfen trug und der von christlichen Pflichten sabbelte. Seine Vergangenheit war bestimmt dieselbe, wie sie es für die ganze Kirchenbelegschaft der Hitlerzeit gewesen ist. Der Neffe wurde selber Pfarrer und war lange Zeit Seelsorger einer Jugendstrafvollzugsanstalt gewesen, wo ich einen ganzen Tag verbrachte und mich lange mit dem jugendlichen, kaltblütigen Mörder eines Taxifahrers unterhielt. Der derart beschlossene Mord ist nicht in dieser Welt erklärbar, und diejenigen, die solche Morde begehen, bleiben unerreichbar, wahrscheinlich einem Schicksal zugesprochen, diesseits jeglichen moralischen Lebens, welches gleich unzugänglich ist für die Psychiatrie wie für die Theologie.

Sobald man über der Grenze war, wurde alles anders, und man fand jenseits nicht mehr die Worte oder die Ideen, die diesseits noch so klar gewesen waren. Vor der Grenze hat man sich alles vorbereitet, um zum Beispiel den Deutschen zu erklären, was der Begriff »laïcité« bedeuten konnte, aber kaum jenseits, ging es nicht mehr, die Argumente waren weg; man mußte wieder von vorne anfangen und es anders angehen. In jeder Beziehung war es anders, jeder noch so kleinen Idee galt es ein anderes Umfeld zu geben, eine andere Landschaft, andere Empfindungen. Wie denn diesen Deutschen erklären, die doch schließlich das alles so ziemlich schmackhaft gefunden hatten, mit ihren eigenen Worten, was die Okkupation und die Nazischeiße für einen Franzosen bedeutet hatten. Was wir »Débarquement« (Landung) nennen, sie nennen es »Invasion«. Es war zu jener Zeit praktisch unmöglich, ihnen die Infamie der Okkupation zu erklären, den Abscheu und die Schande, in welche sie das

Land gestürzt hatten. 1945 hatte Deutschland eigentlich nur eine hilfreiche und befreiende Okkupation gekannt.

Und doch hat sich Deutschland so grundlegend geändert, es ist so sehr das geworden, was es immer schon war, ein Land des Westens, daß alle alten Denkschablonen und Interpretationen für immer in den Schrank der Theaterkostüme zu verfrachten sind. Jede Reise bestätigte die verblüffende Wandlung dieses Landes, wo alles, ja sogar die Gesten der Leute, in kaum dreißig Jahren völlig anders geworden waren. Aus der freiwilligen Unterwerfung aufgetaucht, siehe da ein Land, welches seine ehemalige immer unterdrückte Freiheit aufbaut.

Nun bleibt aber doch jene unerklärbare Einfalt, jene Einteilung in Meinungsgruppen, die das ganze Wesen bestimmen, bis auf die Art, wie man seinen Rucksack trägt oder seine Brille aufsetzt. Irgendwo bleibt immer etwas Unangetastetes und »Reines«, welches heute zum Besten gewendet, morgen ins Schlimmste ausarten könnte. Die Wandlung aber und besonders die Beziehung zu den Frauen hat sich so grundlegend geändert, nach dem Anschein auf jeden Fall, daß die Risiken einer solchen »Kehre« ziemlich klein sind für die nächsten Jahrzehnte, aber wer weiß, ob das Geld nicht ein anderes Eroberungsmittel ist?

Ich habe immer die baldige Wiederkehr zur Beständigkeit einer immer wieder angefangenen Geschichte kommen fühlen, besonders heute, wo das Unglück der Völker sich in Mitteleuropa wieder breitmacht. Es gibt unerklärbare und rätselhafte dreißig oder vierzig Jahre dauernde Fristzeiten, die aber dann von denen beglichen werden, die im voraus schon zum kollektiven Experiment des Abgeschlachtetwerdens bestimmt sind und die man sich, man kann nie wissen, für später aufbewahrt. Als Deutscher in eine alte jüdische konvertierte Familie geboren, frommer Protestant als Kind und begeisterter Katholik als Adoleszent und gleichgültiger Agnostiker seither, Staatsbürger und französischer Beamter noch dazu und stolz, einer zu sein, wie wollten Sie, lieber Herr Barrès, daß ich nicht »Wurzeln schlage«, wo ich sogar in eine so französische Familie gekommen, daß sie ein Bilderbuch über die Republik hätte illustrieren können. Mein Schwiegervater Jean Jeoffroy aus alter, ruinierter, protestantischer Familie aus der Franche-Comté, war ein Selfmademan, der als Vierzehnjähriger arbeiten mußte, damit seine Schwester studieren konnte, er hat dann später die Schiffahrt der Autofabrik Renault geleitet, er wurde einer der Organisatoren der Widerstandsbewegung der Binnenschiffahrt, er konnte auf diese Weise eine Menge strategischer Materialien in die noch unbesetzte Südzone Frankreichs befördern lassen, damit sie nicht in die Hände der Nazis fielen. Freund von Pierre de Gaulle, wollte dieser ihm einen Orden verleihen lassen, aber mein Schwiegervater wollte davon nichts hören und ließ ihn stehen. Als Gaullist wurde er 1947 von der CGT* liquidiert und hatte einige Schwierigkeiten, bevor er dann doch wieder eine Anstellung bei einer Erdölgesellachft fand. War er ein Gaullist der ersten Stunde, so war meine Schwiegermutter eine typische Erscheinung aus dem Pariser Osten, lebhaft und würdevoll, wie ihr Mann von absoluter moralischer Aristokratie, ließ sich aber nie von den vermeintlichen Autoritäten befehligen und glaubte ihnen nie, sollten sie auch die Wahrheit sagen.

Und der kleinste Witz der Geschichte sollte es bestimmt nicht sein, mich am Dienstag, dem 9. Oktober 1984, zum Abendessen im Elyseepalast zu finden. Es war wie auf den Fotos, der gepflasterte Hof, den so viele gewichtige Blicke gestreift

* Die CGT, Confédération Générale du Travail, war die größte Gewerkschaft Frankreichs, sie wurde sehr schnell zu einem Organ der KPF, was sie heute natürlich nicht mehr ist.

hatten, der rote Teppich unter den Füßen und die Frage, wie das von Stufe zu Stufe sich anfühlen würde; es war drollig und vor allem seltsam: statt Seife zu sein, tat ich da groß mit allen diesen bekannten Gesichtern berühmter Herren in schwarzen Anzügen zwischen prunkvollen Wandtäfelungen, die edelhaft in Schulterhöhe ein wenig abgewetzt waren, es war weitläufig, vergoldet und viereckig mit Fresken und Medaillons geschmückt, unter einem ein wenig dunklen Licht. Plötzlich öffnet sich eine Doppeltür, einem Türsteher, wie aus einer Operette gekommen, sagt man Namen und Funktion, ich »Übersetzer des österreichischen Schriftstellers Peter Handke« und stürze mich in den langen Leerraum, der vor mir liegt, drücke Hände und höre François Mitterrand zu mir sagen: »Haben Sie einen schönen Abend, Herr Goldschmidt.« Ja, die Integrationen in die Republik erstaunen noch mehr diejenigen, denen es passiert, als die Zuschauer.

Meine Frau hat in jeder Beziehung jene schlüssigen, kurzen, wirksamen und immer menschlichen Reaktionen, die für die französische Lebensauffassung so bezeichnend sind. Erst im Spazieren mit ihr zusammen haben die Landschaften aufgehört, mir mehr oder weniger verboten zu erscheinen, sie hat sie zu den meinigen werden lassen. Wie niemand sonst, hat sie mir alles legitim werden und es so kommen lassen, daß sich die Wesen und Dinge mir wie von selbst geöffnet haben. Ihr verdanke ich das, was die Philosophen seit einiger Zeit »das Offene« nennen, das, was sich dem anbietet, der es anschaut. Ihr verdanke ich, daß ich mich nicht mehr des Lebens ein wenig schäme und das Leben ohne Bedenken und Zögern erleben kann. Sie ist es, die mit einem Vorsprung in der Zeit alles weiß, was man selber weiß. Sie ist ein wenig wie ein weiter Horizont, wo alles seinen entsprechenden Platz findet. Für Nuancen und Farbwerte empfindlich, hat sie dazu auch einen erstaunlichen Sinn für Farbenzusammensetzungen. Durch sie finde ich mich in eine Familie der sozialistischen Arbeiteraristokratie integriert.

Nun, meine Herren. Sie sehen, ich bin »verwurzelt«. Von Paradox zu Paradox zu kommen und alles im selben Gehirn zusammenzufügen ist nicht das am wenigsten Erstaunliche, und wie ich doch älter werde, erscheint mir mein Überleben immer weniger legitim und immer schöner. Der Zufall alleine hat mich in denjenigen geworfen, der ich bin, in jenes sonderbare »Selbst«, das man ein wenig anrüchig und unflätig mit sich herumschleppt. Woher kommt es denn, daß man sich da herausgeschummelt hat und noch am Leben ist, wo man doch abgeschafft gehörte? Man schämt sich zugleich des immer gegenwärtigen Überlebens, exaltiert sich am Wunder des Seins und profitiert von jedem Augenblick des Existierens. Bald ist es ein Schuldgefühl, das die Brust versperrt, bald ein seltsames und fröhliches Lebensglück, das eine über dem anderen.

Oft gehen wir, meine Frau und ich, um den Telegraphenhügel spazieren, den höchsten von Paris, und gehen die Rue de Belleville über der Stadt hinunter. Rue Piat, kann man von nun an durch ein schönes Eisengitter, über welchem die Inschrift »Villa Ottoz« läuft, nach einigen Schritten die Unendlichkeit fast der ganzen Ile de France übersehen.

Kein einziges der Ereignisse des ganzen Lebens hat den Blick verändert, und wenn ich mich, siebzigjährig, auf der Terrasse des neuen Gartens von Belleville aufhalte, ganz am Ende der ansteigenden Rue Piat, sehe ich demselben Vorbeiziehen immer anderer Wolken nach, und jedesmal ist es das erstemal, wie vor fünfundvierzig Jahren. Und durch die unsichtbare Überlagerung aller dieser Beleuchtungen, von Jahr zu Jahr, gehen die Erinnerungen des einen in die des anderen über. Wir schauen beide, sie und ich, durch die gemeinsam erlebten

Horizonte durch, wir hören, sie und ich, durch alle zusammen vernommenen Stimmen hindurch; es ist, als ob ohne das Wissen des einen und des anderen die Blicke untrennbar und doch voneinander unabhängig zum selben Punkt gingen.

Unendliche Himmelsfernen ziehen über Paris hinweg, welches sich von der Gare de Lyon bis zur Opéra ausbreitet und vom Avron-Plateau bis zur Seinekurve, hinter Argenteuil, welche manchmal von einer Sonnenfahrt nachgezeichnet wird. Dann kommt der Blick wieder nach links und fährt von den aufeinanderfolgenden Nuancen des Blaus der Hochhäuser der Défense bis zum strohgelben Turm von Notre-Dame de Ménilmontant. Hinter dem Durcheinander der Dächer, einfarbig, wie blaues Raunen, ragen Kuppeln hervor und steigen die Lüfterköpfe und die bemalten Röhren des Centre Pompidou wie zu hoch empor. Wolkenketten, an denen abwechslungsweise die Sonne auf- und untergeht, stehen im Himmel, wie auf einer Marine. Darüber erhebt sich ausgezackt oder stellenweise ausgespart und von Zinnen unterbrochen die ultramarinblaue Linie der Hügel, die den ganzen Süden von Paris säumt, mit dem Vélizyplateau in der Mitte, aus dem der Fernsehturm herausragt, mitten im Wald.

Vor etwa fünfzehn Jahren war die heutige Terrasse ein tönerner Abhang, über den eine zementene Pfahlbautreppe führte, und es ist die seitdem gelebte Zeit, die das Material des ganzen Lebens bildet, durch nicht einander folgende, sondern aufgeschichtete Momente; dieser Tag des November 1997 ist noch jener Tag im September 1943, als in einem plötzlichen Ruck es mir war, als ob ich in mich selber kippe, in ein »Gefühl des Existierens«, wie Rousseau es nennt, das bis heute unverändert bleibt.

Jedes Ereignis erscheint in der Erinnerung mit dem ihm eigenen Tag unter dem ihm eigenen Licht, von rechts oder links beleuchtet, unter niedrigem oder hohem Himmel. Vor dem Ereignis selber erscheint sein Licht, das damalige Wetter. Die Erinnerung stellt sie unter ein manchmal genaueres Licht als das Beleuchtete. Am Morgen jenes Maitages 1938 jedoch, als ich zehnjährig für immer fortfuhr und Eltern und Geburtshaus verließ, war der Himmel von einem präzisen Grau, welches keine Schatten warf und alles ringsherum unter dieselbe gleichförmige Beleuchtung stellte, und dieser Himmel erschien hie und da wieder, im Fluß der Zeit. Sofort erkannte man ihn wieder, es ist derselbe wie an jenem Tage, unter so vielen anderen, als die Ile de la Cité unter dem hohen Vorbeigleiten der Himmelsfluchten wie ein Schiffsbug in hohe See stieß und die Brandung der Kindheit zurückbrachte. Es ist das Knacken der Fahrradpedale bergauf über Parmain, von wo man das Oisetal entdeckt, und seine Verengung um L'Isle-Adam herum, an einem Tage des Jahres 1948. Es kann auch passieren, daß der Himmel gleich durchsichtig und eintönig ist über dem Park von Pouilly, in der Oise, dem der Weg entlangläuft und den wir so oft gehen. Zur Rechten werden Wiesen an den Waldrändern von großen, querliegenden Baumreihen unterbrochen, die Aussicht auf die Weiten des Himmels erlauben. Aus jeder entsteht ein anderer Horizont.

Während des ganzen Lebens gibt es ein derart plötzliches Vorbeiziehen von Schatten und Licht, Sonnenuntergänge hinter Bäumen oder das Geräusch der Métro, die aus der Öffnung der Station hinausfährt, und jedesmal ist man derjenige, der das alles sieht, und das Erstaunen, am Leben zu sein, bleibt das gleiche bei jedem Bild. Landschaften überlagern sich, und an der Schwelle des Alters bleibt die Überraschung, daß man lebt die gleiche, jenes Gefühl aus der Kindheit bleibt das gleiche, daß man um ein Haar davonkam und nur zufällig in denjenigen geworfen wurde, der man ist, als existiere man als solcher nur an der Oberfläche.

Entfernungen scheinen kürzer zu werden und der Blick

nicht mehr so weit zu tragen und sich weniger Sichtschneisen zu ziehen. Es ist, als ob die Landschaften auf nicht mehr so weite Fernen öffneten und sich die Horizontlinien schneller schlössen unter den großen, von der Sonne gesäumten Wolken, als ob sich die Entfernungen nach und nach zudeckten. Im Herannnahen des Alters steht weniger Unerwartetes an den Wegbiegungen, aber der geliebte Mensch wird noch mehr eins mit einem selbst. Zugleich findet wie ein Fotografieren statt von dem, was man durch das Zugfenster sieht: da situiert man zwar nicht mehr die Zukunft hinein, aber wie am ersten Tag empfindet man es als ein Wunder, am Leben zu sein.

Fresneaux, am 22. Dezember 1997

INHALT